Schummelseite

Die erste öffentliche Version von ChatGPT entfachte die weltweite Nachfrage nach immer ausgefeilteren GenKI-Modellen und -Tools, und der Markt reagierte schnell. Aber was nützen all diese GenKI-Tools, wenn man bei ihrer Verwendung nicht weiterkommt? Und machen Sie sich nichts vor, jeder kommt ziemlich oft nicht weiter!

Diese Schummelseite hilft Ihnen dabei, optimale Ergebnisse zu erzielen, indem sie Ihnen fortgeschrittene (aber relativ einfache) Prompting-Techniken vorstellt und Ihnen nützliche Tipps zur Auswahl der für die Aufgabe geeigneten Modelle oder Anwendungen gibt.

WAS GENKI IST – KURZ ERKLÄRT

Generative KI (GenKI) ist Software, die sich anders verhält als jede andere bekannte Software. Sie ist kein Roboter. Roboter sind Hardware. Man könnte sich eine KI als das Gehirn von Robotern vorstellen, aber sie kann auch auf anderer Hardware existieren, die kein Roboter ist, wie etwa auf einem Supercomputer, einem Laptop oder in einem autonomen Auto. Betrachten Sie GenKI als die wohl kreativste aller KI-Arten – und sicherlich als die am einfachsten zu verwendende, da sie menschliche Sprache versteht und darauf reagiert.

GenKI kann wie ein Künstler, Autor oder Komponist agieren und nach nur einem kurzen Gespräch darüber, was Ihnen gefällt oder was Sie von ihr wollen, aus dem Nichts Bilder, Geschichten oder Musik zaubern. Diese Art von KI kopiert nicht einfach nur ihre Trainingsdaten (obwohl sie das sicherlich auch kann, achten Sie also auf Plagiate und Urheberrechtsverletzungen); sie lernt aus unzähligen Beispielen und generiert dann hoffentlich originelle Ergebnisse, indem sie Ideen und Daten mischt und kombiniert, wie ein Koch, der ein neues Rezept kreiert. Sie ist auch die Technologie hinter vielen dieser coolen Apps, die Sie lieben, wie etwa die, die Ihre Selfies in Zeichentrickfiguren verwandeln oder Ihnen helfen, mit nur wenigen Klicks brillante und schöne Websites zu erstellen!

Generative KI funktioniert, indem sie anhand riesiger Datensätze trainiert wird, um Muster zu erkennen und verschiedene Formen von Inhalten (scheinbar) zu verstehen. Einer der Stars auf diesem Gebiet ist GPT (kurz für »Generative Pre-trained Transformer«), eine Art Sprachmodell, das wirklich gut darin ist, Text in natürlicher Sprache zu verarbeiten und zu generieren. Es verhält sich wie ein virtueller Wortschmied, der chatten, Fragen beantworten, Aufsätze schreiben oder sogar Computercode schreiben kann.

Aber bei GenKI geht es nicht nur um die Generierung von Text. Es gibt weitere Optionen, wie DALL-E und Midjourney, die Bilder aus von Ihnen bereitgestellten Beschreibungen erstellen können, oder DeepMinds WaveNet, das natürliche Sprache generieren kann. Diese Systeme verwenden neuronale Netzwerke, die ein bisschen wie Netze digitaler Gehirnzellen agieren, um aus Beispielen zu lernen und dann neue Inhalte zu generieren. Sie verändern die Art und Weise, wie wir Inhalte erstellen und mit ihnen interagieren, von Spielen über Marketing bis hin zur Unterhaltung.

Generative KI für Dummies

Schummelseite

Beachten Sie, dass GPTs nicht die einzige GenKI auf dem Markt sind. Claude beispielsweise basiert auf einem Sprachmodell, das GPT-Architekturen ähnelt, aber doch anders ist. Claude basiert auf einer Familie großer Sprachmodelle (Large Language Models, LLMs), die von Anthropic entwickelt wurden. Die neueste Generation ist die Modellfamilie Claude 3, die drei Hauptvarianten umfasst: Opus, Sonnet und Haiku. Midjourney ist ein weiteres Beispiel für ein GenKI-Tool, das von einem Nicht-GPT-Modell abgeleitet ist. Midjourney basiert auf seiner eigenen proprietären Modellarchitektur. Andere Beispiele basieren ebenfalls auf Open-Source-Modellen.

ALLGEMEINE AUFGABEN UND ANWENDUNGSFÄLLE FÜR GENKI

Generative KI wird eingesetzt, um Kreativität, Innovationen und Problemlösungen in zahlreichen Bereichen zu fördern und zu beschleunigen. Im Folgenden werden einige der am weitesten verbreiteten Anwendungen mit einigen spezifischen Beispielen vorgestellt.

Content erstellen

- ✔ **Schreiben und editieren:** GenKI kann ansprechende Blog-Beiträge für eine Reise-Website, attraktive Social-Media-Updates für eine Modemarke oder überzeugende Marketingtexte für ein neues technisches Gerät erstellen. Sie kann vorhandene Artikel editieren oder anpassen, um sie auf unterschiedliche Zielgruppen auszurichten oder bestimmte Wortzahlen einzuhalten. Sie kann dabei helfen, komplexere und außergewöhnlichere Werke zu verfassen, etwa Berichte, wissenschaftliche Studien, medizinische Forschungsstudien und andere umfangreiche Werke wie Leitartikel, analytische Berichte, Finanzberichte, E-Books und traditionelle Bücher.
- ✔ **Kreatives Schreiben:** GenKI-Tools können auch dabei helfen, kreative Werke wie Fantasy-Kurzgeschichten zu schreiben, eine Ambient-Musik für eine Meditations-App zu komponieren oder einzigartige Rezepte für einen Kochblog zu generieren.

Software-Entwicklung

- ✔ **Code-Generierung:** GenKI-Tools wie Copilot von GitHub können Code-Ausschnitte für neue App-Funktionen vorschlagen, Fehler finden und beheben oder Code umgestalten, um seine Effizienz zu verbessern.
- ✔ **Dokumentation und Qualitätssicherung:** GenKI kann automatisch Benutzerhandbücher und andere Dokumentationen für eine Software-Version generieren oder umfassende Testfälle erstellen, um sicherzustellen, dass ein neues Videospiel fehlerfrei ist.

Generative KI für Dummies

Schummelseite

Marketing und Vertrieb

- ✔ **Inbound- und Outbound-Marketing:** GenKI kann überzeugende Betreffzeilen für E-Mail-Kampagnen eines E-Commerce-Shops entwerfen oder zielgerichtete Anzeigentexte für die Google-Ads-Kampagne oder einen Newsletter einer Fitness-Kette erstellen.
- ✔ **Customer Relationship Management:** GenKI-gesteuerte Chatbots, wie sie beispielsweise auf der Website einer Bank zu finden sind, können Kundenanfragen zu Kontodiensten beantworten oder auf Grundlage der Ausgabegewohnheiten die besten Kreditkartenoptionen vorschlagen.

Datenanalyse und Synthese

- ✔ **Zusammenfassung von Dokumenten:** GenKI kann einen langen Finanzbericht zu einer verständlichen Zusammenfassung verdichten oder die wichtigsten Punkte aus einer Reihe von Kundenfeedback-Umfragen herausfiltern.
- ✔ **Informationssynthese:** GenKI kann Tausende von Produktbewertungen durchsehen, um eine Stimmungsanalyse bereitzustellen oder die am häufigsten erwähnten Merkmale eines Produkts zu extrahieren.
- ✔ **Datenerkennung:** GenKI kann Muster in riesigen Datensätzen erkennen, die Menschen nicht erkennen können, und Datenpunkte aus einer neuen Perspektive oder für einen neuen Zweck verknüpfen. Das funktioniert so gut, dass es ein Top-Anwendungsfall für GenKI ist. Beispiele hierfür sind die Entwicklung neuer Methoden zur Früherkennung von Krankheiten und die Entdeckung neuer Verbrauchertrends, die schneller als mit herkömmlichen Tools möglich sind.

Design und Produktentwicklung

- ✔ **Generatives Design:** GenKI kann beispielsweise verschiedene Designs für Smartphone-Hüllen mit optimaler Griffigkeit und Ästhetik vorschlagen oder aerodynamische Formen für einen neuen Sportwagen-Prototyp generieren.
- ✔ **Modedesign:** GenAI kann aus einer einfachen Kleiderskizze eine Reihe von Stilvarianten machen oder virtuelle Modelle erstellen, die verschiedene Stoffe und Outfits für einen Online-Shop präsentieren.

Gesundheitswesen und Pharmazie

- ✔ **Medikamentenerforschung:** GenKI kann die Suche nach neuen Medikamenten beschleunigen, indem sie mögliche Wechselwirkungen verschiedener Moleküle vorschlägt und so möglicherweise neue Behandlungsmethoden für Krankheiten wie Krebs aufzeigt.

Schummelseite

- **Medizinische Bildgebung:** GenKI kann MRT-Scans verbessern und Radiologen dabei helfen, frühe Anzeichen von Anomalien zu erkennen oder Erkrankungen wie Knochenbrüche im Röntgenbild zu diagnostizieren.

Übersetzung und Lokalisierung

- **Sprachübersetzung:** GenKI kann bei der Übersetzung einer Bedienungsanleitung für ein Smartphone in mehrere Sprachen behilflich sein.

Betrugserkennung und Risikomanagement

- **Erkennung von Anomalien:** GenKI kann für ein Kreditkartenunternehmen Transaktionsdaten überwachen, um ungewöhnliche Muster zu erkennen, die auf Betrug hinweisen könnten, oder Versicherungsansprüche auf Unstimmigkeiten untersuchen.

Diese Beispiele veranschaulichen nur einen Ausschnitt der beeindruckenden Bandbreite und des Potenzials der generativen KI in zahlreichen Branchen – von Technologie und Marketing bis hin zu Mode, Gesundheitswesen, Finanzen und darüber hinaus.

Allerdings ist bei allen diesen Einsatzzwecken eine menschliche Überprüfung erforderlich, um sicherzustellen, dass beispielsweise wissenschaftliche Daten korrekt sind oder kulturelle Nuancen berücksichtigt werden.

GENKI-OPTIONEN – UND WELCHE FÜR IHRE PROJEKTE IN FRAGE KOMMEN

Bei der Bewertung von GenKI-Modellen für bestimmte Arten der Inhaltserstellung ist eine gründliche Evaluierung unerlässlich, um sicherzustellen, dass das ausgewählte Modell Ihren spezifischen Anforderungen entspricht. Hier eine kurze Anleitung, die Ihnen bei diesem Prozess hilft:

- **GenKI-Modelltypen verstehen:** Machen Sie sich zunächst mit den verschiedenen verfügbaren GenKI-Modellen vertraut, die die von Ihnen gewünschten Ergebnisse liefern. Wenn Sie beispielsweise Bilder erstellen möchten, sehen Sie sich DALL-E, Stable Diffusion, Midjourney und andere Bildgeneratoren an. Ein multimodales GenKAI-Tool wie ChatGPT-4o könnte Ihnen ebenfalls gute Dienste leisten. Wenn Sie Inhalte in einem speziellen Bereich wie dem Gesundheitswesen oder dem Kundendienst erstellen möchten, prüfen Sie die Unternehmensanwendungen, die Ihr Unternehmen bereits verwendet, da diese wahrscheinlich GenKI in die Software eingebettet haben, die für diese spezielle Aufgabe trainiert ist. Sehen Sie sich auch GPTs im GPT Store von OpenAI auf ChatGPT an sowie die Sammlung spezialisierter GenKI-Tools, die auf Diensten wie Poe aufgeführt sind.

Generative KI für Dummies

Schummelseite

- Wenn Sie selbst ein GenKI-Modell oder eine GenKI-App erstellen möchten, sehen Sie sich Cloud-Dienste wie AWS, Azure und Google an, um herauszufinden, mit welchen KI-Tools und -Diensten Sie und Ihr Team am einfachsten arbeiten können. In Open-Source-GenKI-Modellen stehen mehrere Optionen zur Verfügung. Sie können auch erwägen, Ihre Anwendung(en) in ein GenKI-Modell zu integrieren, statt eins von Grund auf neu zu erstellen. Suchen Sie nach APIs und Schlüsseln wie denen, die von OpenAI angeboten werden.
- Wenn Sie eine Privatperson oder ein kleines Unternehmen sind, möchten Sie vielleicht einen der vielen GenKI-basierten Chatbots auf dem Markt nutzen, zum Beispiel GPTs und ChatGPT von OpenAI. ChatGPT Plus kostet nur etwa 20 Euro pro Monat und bietet Ihnen Zugriff auf mehr Funktionen als die kostenlose Version. Wählen Sie ChaptGPT Team, wenn Sie höhere Nutzungslimits wünschen und weitere Personen zum Konto hinzufügen möchten. Team kostet etwa 25 Euro pro Person und Monat. Es gibt außerdem eine Enterprise-Version, die viel mehr Schnickschnack in Bezug auf Funktionen bietet, und Sie können Ihrem Konto mehr Personen hinzufügen. Dazu müssen Sie jedoch das Unternehmen für ein Angebot kontaktieren, da es keine veröffentlichte Preisliste für die Enterprise-Version gibt. Preise, Bedingungen und Funktionen konkurrierender GenKI-Chatbots variieren, und ich empfehle Ihnen, mehrere auszuprobieren, bevor Sie sich für einen oder mehrere entscheiden.
- **Inhaltsanforderungen identifizieren:** Definieren Sie klar, welche Art von Inhalten Sie erstellen möchten. Ob textbasiert wie Social-Media-Beiträge und -Artikel oder visueller Inhalt wie Bilder: Ihre Inhaltsanforderungen leiten Sie bei der Auswahl eines GenKI-Modells oder einer App, die diese Anforderungen effektiv erfüllen kann.
- **Leistungskennzahlen evaluieren:** Berücksichtigen Sie wichtige Leistungsindikatoren wie die Relevanz und Qualität des generierten Inhalts, die Vielfalt der Ausgabe, die Geschwindigkeit der Inhaltsgenerierung und die Fähigkeit des Modells, komplexe Details zu erfassen. Die Bewertung dieser Faktoren ist entscheidend, um die Eignung eines GenKI-Modells für Ihre Aufgaben zur Inhaltserstellung zu bestimmen.
- **Testen auf die spezifische Eignung:** Wenn Sie eingegrenzt haben, welche GenKI-Modelle am ehesten die von Ihnen gewünschte Aufgabe erfüllen, probieren Sie sie aus, und prüfen Sie, ob sie passen. Die meisten GenKI-Modelle sind als kostenlose Version oder mit einer kostenlosen Testphase erhältlich. Auch wenn die kostenlosen Versionen möglicherweise nicht dieselben Funktionen wie die Premium-Versionen bieten, können Sie dennoch ein Gefühl dafür bekommen, wie die einzelnen Modelle insgesamt Ihren Anforderungen entsprechen.
- **Integration in Betracht ziehen:** Bewerten Sie, wie einfach sich die GenKI-Modelle in Ihre bestehenden Arbeitsabläufe integrieren lassen. Ein reibungsloser Integrationsprozess ist der Schlüssel zur Optimierung der Inhaltserstellung und zur Steigerung der Effizienz bei der Produktion verschiedener Inhaltstypen.

Schummelseite

- Wenn Sie GenKI nicht in andere Apps integrieren müssen, möchten Sie möglicherweise trotzdem integrierte oder eingebettete GenKI-Modelle verwenden. Sie können beispielsweise ChatGPT Plus verwenden, um Ihren Textinhalt zu generieren, und den GPT Image Generator aufrufen, um Illustrationen für Sie zu erstellen, während Sie noch in ChatGPT Plus arbeiten. Sie können GenKI auch eingebettet oder integriert in handelsübliche Software finden, die Sie vielleicht bereits verwenden oder die Sie leicht erhalten können. Sie werden wahrscheinlich Software, die auf Aufgaben in Ihrer Branche oder die Arbeit, die Sie mit GenKI erledigen möchten, spezialisiert ist, als besonders hilfreich empfinden.
- Sie können auch erwägen, die GenKI-Ausgabe in andere Software zu kopieren und einzufügen, wo Sie den Inhalt einfacher bearbeiten und formatieren sowie verteilen können. Die meisten Anwender portieren oder kopieren und fügen Ausgaben ein oder integrieren GenKI-Modelle aus genau diesem Grund.
- **Effizienz und Zeitersparnis:** Ermitteln Sie, inwieweit GenKI-Modelle manuelle Aufgaben zur Inhaltserstellung automatisieren können. Dadurch kann sich Ihr Team auf die strategischen und kreativen Aspekte der Inhaltsentwicklung konzentrieren. Das spart Zeit und steigert die Produktivität.
- **Ethische Betrachtungen:** Stellen Sie abschließend sicher, dass die GenKI-Modelle ethischen Standards in Bezug auf Datenschutz, Sicherheit, Transparenz, Erklärbarkeit und geistige Eigentumsrechte entsprechen. Die Einhaltung dieser Richtlinien ist bei der Erstellung von Inhalten von entscheidender Bedeutung. Überprüfen Sie unbedingt, ob Ihre Eingabeaufforderungen und Antworten vom Hersteller des GenKI-Modells gespeichert werden, um andere GenKI-Modelle zu trainieren, da dadurch geschützte Daten oder Firmengeheimnisse offengelegt werden können.

Wenn Sie diesem Leitfaden folgen und diese Schlüsselaspekte berücksichtigen, können Sie effektiv bewerten, wie gut verschiedene GenKI-Modelle Ihren spezifischen Anforderungen bei der Inhaltserstellung entsprechen.

FORTGESCHRITTENES PROMPTING UND ANDERE METHODEN UND TIPPS

Egal, ob Sie Ihren mit GenKI generierten Inhalt verfeinern oder neue Ebenen der Kreativität freisetzen möchten, mit der Beherrschung fortgeschrittener Prompting-Techniken und einiger anderer Methoden erhalten Sie den gewünschten Inhalt. Vom Zusammenfügen nahtloser Erzählungen bis zur Orchestrierung der Arbeit mehrerer GenKI-Tools bietet Ihnen jede Methode eine andere Art der Kontrolle über den Inhalt, den Sie mit GenKI erstellen.

Generative KI für Dummies

Schummelseite

Hier einige Möglichkeiten und Tipps, die Sie vom Gelegenheitsnutzer zum erfahrenen Souffleur und GenKI-Meister machen:

Ausgabe-Stitching

- **Definition:** Bei dieser Technik werden die Ergebnisse mehrerer GenKI-Tools kombiniert und die einzelnen Teile manuell zu einem zusammenhängenden Endprodukt zusammengefügt. Sie können diese Methode auch verwenden, um eine Arbeit in kleinen Stücken fertigzustellen (Sie arbeiten jeweils an einem Abschnitt eines längeren Werks, um die GenKI nicht zu verwirren und bessere Ergebnisse zu erzielen).
- **Beispiel:** Wenn Sie einen langen Artikel erstellen, können Sie die GenKI zunächst bitten, den Artikel zu skizzieren, dann jeden Abschnitt einzeln zu erstellen und die Abschnitte schließlich zu einer zusammenhängenden Struktur zusammenzufügen. Oder Sie können denselben Prompt an zwei oder mehr GenKI-Tools senden und die von Ihnen ausgewählten Teile jedes Tools zusammenfügen, um ein besseres Ergebnis zu erzielen, als Sie mit einem einzelnen Tool erhalten hätten.

KI-Aggregation

- **Definition:** Unter KI-Aggregation versteht man den Prozess des Sammelns und Zusammenführens von Informationen oder Antworten aus mehreren GenKI-Modellen oder -Quellen und ihre gemeinsame Verwendung in einem einheitlichen Werk.
- **Beispiel:** Wenn Sie nach umfassenden Informationen zu einem Thema suchen, können Sie verschiedene GenKI-Modelle um ihre Erkenntnisse bitten und die Antworten zu einem umfassenden Überblick zusammenstellen. Oder Sie verwenden ein GenKI-Modell zum Schreiben eines Blogbeitrags, ein anderes zum Generieren eines Bildes oder einer Illustration und eine weitere Art von Software mit eingebetteter GenKI zum Erstellen eines Videos, das Sie ebenfalls in denselben Beitrag einbetten.

KI-Chaining

- **Definition:** Unter KI-Chaining versteht man die sequenzielle Verwendung von GenKI-Ausgaben als Teil oder als Gesamtheit der Eingaben für andere GenKI-Tools.
- **Beispiel:** Um ein Computerspiel, ein Schulungsvideo oder einen Kinofilm zu erstellen, können Sie ein GenKI-Tool dazu auffordern, Charakterprofile zu erstellen und die Ergebnisse dann als Hauptbestandteil eines Prompts verwenden, den Sie in einem anderen GenKI-Tool verwenden, um ein Storyboard zu erstellen, eine Handlung zu generieren und Schlüsselszenen zu zeichnen. Anschließend können Sie mit nachfolgenden Prompts in einem weiteren GenKI-Tool fortfahren, um eine vollständige Erzählung in einem Skript auszuarbeiten. Sie können die Reihenfolge dieser Schritte

ändern, wenn Sie möchten. Der Punkt ist, dass Sie mehrere GenKI-Tools verwenden, um spezielle Aufgaben auszuführen, und diese Ergebnisse dann ganz oder teilweise für Prompts für andere GenKI-Tools verwenden, die auf den nächsten Schritt oder die nächste Aufgabe spezialisiert sind, die Sie abschließen müssen, um schließlich zu einem fertigen, einheitlichen Werk zu gelangen.

Prompt-Chaining

- ✔ **Definition:** Beim Prompt-Chaining, der Verkettung von Prompts, wird die Ausgabe eines Prompts als Teil des nächsten Prompts im selben Chat im demselben GenKI-Tool verwendet, wodurch eine Reihe verknüpfter Prompts und Antworten entsteht.
- ✔ **Beispiel:** Wenn Sie ein Produkt entwerfen, beginnen Sie mit einem Prompt, um ein Konzept zu entwickeln, verwenden die Antwort als Grundlage für den nächsten Prompt, um den Entwurf zu verfeinern, und fahren damit fort, bis Sie einen endgültigen, detaillierten Entwurf haben.

Prompting mit verschiedenen Rollen im selben Prompt

- ✔ **Definition:** Bei dieser Methode weisen Sie der GenKI innerhalb desselben Prompts unterschiedliche Rollen oder Perspektiven zu, um vielfältige und vielschichtige Inhalte zu generieren.
- ✔ **Beispiel:** Wenn Sie einen Trainingsdialog erstellen, können Sie die GenKI auffordern, sowohl die Rolle eines Kunden als auch die eines Kundendienstmitarbeiters einzunehmen, um ein realistisches Gespräch zu simulieren. Ein weiteres Beispiel ist die Bildung eines virtuellen Expertenausschusses. Testen Sie Zielgruppen, Communitys, Wähler, Benutzer und jede beliebige Mischung aus Personen und Experten in Ihrem Prompt. Damit erhalten Sie Antworten und Interaktionen aus diesen verschiedenen Rollen und Personen, um weitere Erkenntnisse zu gewinnen, sich inspirieren zu lassen oder neue Perspektiven zu untersuchen.

Durch die Nutzung dieser erweiterten Prompts und Methoden verbessern Sie nicht nur die Qualität der erstellten Inhalte, sondern erweitern auch die Fähigkeiten von GenKI, um Ihren komplexeren und differenzierteren Anforderungen gerecht zu werden.

Der Schlüssel zum erfolgreichen Prompting liegt in Klarheit, Spezifität und Kreativität. Experimentieren Sie also frei, und beobachten Sie, wie Ihre Prompts von GenKI generierte Werke hervorbringen, die wirklich nützlich sind und besser auf Ihre Bedürfnisse und Ziele abgestimmt sind.

Generative KI für Dummies

Pam Baker

Generative KI für dummies®

Übersetzung aus dem Amerikanischen
von Judith Muhr

Fachkorrektur von Christina Czeschik

WILEY-VCH GmbH

Generative KI für Dummies

Bibliografische Information der Deutschen Nationalbibliothek

Die Deutsche Nationalbibliothek verzeichnet diese Publikation in der Deutschen Nationalbibliografie; detaillierte bibliografische Daten sind im Internet über `http://dnb.d-nb.de` abrufbar.

1. Auflage 2025

Coverfoto: © Supatman - `stock.adobe.com`
Korrektur: Birgit Volk
Satz: Straive, Chennai, India
Druck und Bindung:

Print ISBN: 978-3-527-72287-7
ePub ISBN: 978-3-527-85125-6

Bevollmächtigte des Herstellers gemäß EU-Produktsicherheitsverordnung ist die Wiley-VCH GmbH, Boschstr. 12, 69469 Weinheim, Deutschland, E-Mail: Product_Safety@wiley.com.

Über die Autorin

Pam Baker ist eine erfahrene Analystin, freie Journalistin und Autorin. Ihr letztes Buch, *ChatGPT für Dummies*, ist bereits in der zweiten Auflage erschienen. Und auch einige ihrer anderen Bücher, darunter *Decision Intelligence für Dummies*, behandeln das Thema KI.

Pam Baker schreibt für mehrere Mainstream- und Tech-Medien, unter anderem *Institutional Investor*, *Ars Technica*, CIO, CISO, *InformationWeek*, CNN, *The New York Times*, *PC Magazine* und *TechTarget*. Sie ist Autorin mehrerer Bücher und beliebte Rednerin auf Wissenschafts- und Technologiekonferenzen. Ihre Vorträge über mobile Gesundheitsdaten und -analysen wurden in den Annalen der New York Academy of Sciences veröffentlicht. Zu ihren früheren Analystentätigkeiten zählen Recherchen und Berichte für ABI Research, VisionGain und Evans Research.

Pam Baker ist Mitglied des National Press Club, der Society of Professional Journalists und der Internet Press Guild. Ihre LinkedIn-Biografie, Referenzen und Clips finden Sie unter `www.linkedin.com/in/pambaker/`.

Widmung

Dieses Buch widme ich Stephanie Baker Forston und David Forston, Ben Baker und Dr. Katherine Poruk Baker und meiner überaus inspirierenden und freudebringenden Enkelinnen-Crew: Mirabel, Coco, Poppy und Charlotte. Besonderer Dank geht an Ben, der mir als Resonanzboden und Berater in allen technischen Fragen, einschließlich solchen zu KI, zur Seite steht. Danke an Katherine, dass ich ihr Büro unten am Meer nutzen durfte – wieder einmal! Die beiden Katzen Luna und Cinny sind immer eine besondere Freude. Danke an Stephanie, dass du in jeder Situation immer alles gibst. Danke an euch alle, dass ihr während dieses und anderer Schreibmarathons meine Inspiration und mein Unterstützungsteam wart und dass ihr meine Welt gerockt habt.

Danksagungen der Autorin

Selbst unter den besten Bedingungen ist es ein gewaltiges Unterfangen, ein Buch zu produzieren, das unserer Leser würdig ist. Aber den Weg zu ebnen und dieses Buch als Pilotprojekt für den Einsatz von GenKI im Verlagswesen zu produzieren, war für mich und das gesamte Wiley-Team eine außergewöhnliche und anstrengende Erfahrung. Gemeinsam und unabhängig voneinander haben die Redaktion, die Technik, die KI-Abteilungen und ich zusammengearbeitet, um herauszufinden, wie dieses Projekt funktionieren könnte, von der anfänglichen Idee bis hin zu einem wohl durchdachten und nützlichen Buch in den Regalen der Buchhandlungen auf der ganzen Welt.

Wir alle haben gemeinsam und einzeln gegen eine zunehmend längere Liste unvorhergesehener und ärgerlicher Hindernisse gekämpft, Modelle vorangetrieben, die für diese Art von Arbeit noch nicht erprobt waren, kleine und große Erfolge gefeiert, angesichts unerbittlicher Fristen geschwitzt und uns bis an die Grenzen unserer eigenen Fähigkeiten und Belastbarkeit bewegt.

Ich möchte den vielen Menschen meinen tiefsten Dank aussprechen, die dieses Buch möglich gemacht und es weitaus besser gemacht haben, als ich es allein je gekonnt hätte.

Ein besonderer Dank gilt Steve Hayes, dem leitenden Redakteur, für seine furchtlose Führung, mit der er Wege beschreitet, die nur wenige Verlage zuvor beschritten haben. Hayes ist kreativ und logisch, was die perfekte Mischung ist, wenn man Innovationen anstrebt, die geschäftlich sehr sinnvoll sind.

Vielen, vielen Dank auch an Chrissy Guthrie, Entwicklungsredakteurin, ohne die ich es vielleicht nie bis zur endgültigen Deadline geschafft hätte. So ist das, wenn man sich neue Wege bahnt. Man begibt sich auf viele falsche Wege und muss umkehren, man verliert sich oft, vergisst, was man drei Kapitel zuvor geschrieben hat, und man hantiert gleichzeitig mit mehreren GenKI-Tools, nur um immer wieder den Faden zu verlieren. Und dann gibt es noch andere Dinge wie Erschöpfung und das Vermeiden der virtuellen Fallstricke in Datensätzen und RAG-Grenzen. Chrissy hielt uns alle auf Kurs und drängte mich, dieses und jenes nach Bedarf zu korrigieren und zu ändern, um das Buch informativer und unterhaltsamer zu machen.

Ein besonderer Dank geht an Guy Hart-Davis, den technischen Redakteur, der meine Arbeit doppelt überprüft und proaktiv vor KI-Halluzinationen geschützt hat, während er mich die ganze Zeit über mit seinen Witzen und Sprüchen zum Kichern gebracht hat. Kelly Henthorne, der Redakteur, hat uns alle vor meinen eigenen Fehlern bewahrt.

Ein großes Dankeschön an Etzer Botes, Nyo Maw, Sithira Weerabahu, Gary Spencer und Andrew Jones. Sie haben sich in die Materie gewagt, um herauszufinden, wie man die verschiedenen GenKI-Modelle zum Laufen bringen kann, wenn ihre vorgefertigten Funktionen weit hinter den Anforderungen zurückblieben. Ich war immer wieder überwältigt, wie gut sie das hinbekommen haben. Und das ist nicht einfach, wenn man bedenkt, dass ich jahrzehntelang mit verschiedenen Arten von KI und KI-Teams zusammengearbeitet habe.

Ein weiteres großes Dankeschön an den Rest des sehr talentierten Redaktions- und Produktionsteams bei Wiley. Wenn ich jemanden übersehen habe, bitte ich um Entschuldigung. Und natürlich und immer ein herzliches Dankeschön an meine Agentin Carole Jelen.

Wir haben viel gelernt. Und obwohl die Erstellung dieses Buches länger gedauert hat als erwartet, wird das nächste viel schneller gehen als normal, da der Weg frei und gut abgesteckt ist.

Auf einen Blick

Inhaltsverzeichnis

Einleitung

Willkommen bei *Generative KI für Dummies*, einem bahnbrechenden Buch, das meines Wissens eines der ersten ist, das professionell mit Hilfe von generativer KI (GenKI) produziert und von einer mit mehreren Preisen ausgezeichneten Bestsellerautorin in Zusammenarbeit mit einem führenden Verlag verfasst wurde. Um es ganz klar zu sagen: Ich habe beim Schreiben dieses Buchs die GenKI-Modelle nur als Unterstützung bei Recherche und Entwurf verwendet. So beeindruckend sie auch sind, GenKI-Modelle und -Anwendungen sind nicht in der Lage, Bücher nach professionellen Standards zu schreiben. Sie können jedoch nützlich sein, wenn sie als Assistenten richtig eingesetzt werden.

Viele Leute aus den Bereichen Redaktion, Technik und KI bei Wiley haben zusammengearbeitet, um dieses Buch möglich zu machen und sicherzustellen, dass es den höchsten Standards entspricht. Es war ein Team unglaublich talentierter Menschen, die furchtlos Pionierarbeit bei der Buchproduktion mit GenKI geleistet haben, um zu lernen, sich weiterzuentwickeln und anderen zu helfen, im GenKI-Bereich erfolgreich zu sein. Außerdem sollten Sie wissen, dass ich viele der Techniken und Methoden, die Sie hier finden, erforscht, getestet und verwendet habe, um dieses Buch zu schreiben. Es war für uns alle eine harte und anstrengende Reise durch das Unbekannte – ganz zu schweigen von der Sturheit im Verhalten der GenKI. Aber am Ende hat sich alles gelohnt. Ich hoffe, Sie denken das auch!

Statt endlos über die technischen Aspekte zu sprechen, möchte ich Ihnen helfen, den Hype und die üblichen Frustrationen bei der Arbeit mit GenKI hinter sich zu lassen und tatsächlich brauchbare Arbeiten zu erstellen, die Ihren Anforderungen und Zielen entsprechen. Ich hoffe, Sie finden dieses Buch inspirierend, ein reales Beispiel dafür, was mit GenKI möglich ist, und einen äußerst praktischen Leitfaden, der Ihnen dabei hilft, Ihre Fähigkeiten zu verbessern.

Wenn Sie sich im Hinblick auf KI im Allgemeinen und GenKI im Besonderen unwohl fühlen, sollten Sie wissen, dass Ihre spontane Reaktion normal und nicht ganz unbegründet ist. Diese Technologie wird mit Sicherheit die Art und Weise verändern, wie Sie Ihre Arbeit erledigen. Aber seien Sie sich auch darüber im Klaren, dass GenKI den meisten Menschen keineswegs die Arbeit wegnehmen wird. Dies gilt vor allem für diejenigen, die gut mit GenKI umgehen können. Gehören auch Sie dazu!

Das kann man lernen. Es ist nicht so schwer, wie Sie denken!

Über dieses Buch

Es gibt zahlreiche Werke zu verschiedenen GenKI-Modellen, Anwendungen und den Grundlagen des Promptings, aber dieses Buch erklärt auf einzigartige Weise das erweiterte Prompting und andere KI-Methoden zur Generierung professioneller Ergebnisse, unabhängig davon, welches GenKI-Modell Sie verwenden oder welche Art von Inhalten Sie erstellen möchten.

Der Text präsentiert die wesentlichen Details, die Sie benötigen, um über die Grundlagen, den Hype und die üblichen Frustrationen hinauszugelangen und GenKI-Tools so einzusetzen, wie Sie sie brauchen. Dabei sind dies Dinge, die sich fast jeder Benutzer zunutze machen kann. Seien Sie gut zu sich selbst, während Sie auf Ihrem Weg zum Erfolg experimentieren.

Wenn Sie GenKI bereits testen oder schon damit arbeiten, finden Sie in diesem Buch mehrere Möglichkeiten, Ihr vorhandenes Wissen zu nutzen, sowie neue Tipps und Techniken, die Sie in Ihre Bemühungen integrieren können, um noch mehr daraus zu machen.

Konventionen in diesem Buch

Wie bei jedem Buch der *Dummies*-Reihe besteht das Ziel darin, dass Sie schnell auf die benötigten Informationen zugreifen können, egal, wo Sie einsteigen. Vor diesem Hintergrund sind hier einige Konventionen aufgeführt, die ich beim Schreiben des Buches verwendet habe:

- ✔ Die Begriffe »generative KI« und »GenKI« werden synonym verwendet, ich verwende im gesamten Buch jedoch hauptsächlich die kürzere Version, »GenKI«.
- ✔ Verweise auf GPT-ähnliche Modelle oder ChatGPT-ähnliche Chatbots können bedeuten, dass sie diesen Modellen und Tools technisch ähnlich sind, aber sie müssen es nicht sein, da dieses Buch eine breite Palette von GenKI-Optionen abdeckt. Beispielsweise können konkurrierende Modelle Large Language Models (LLMs) als Grundlage haben, wie dies bei ChatGPT der Fall ist, sie werden hier aber trotzdem als »ähnlich« bezeichnet, da ihre Benutzeroberfläche und ihre Funktion denjenigen von ChatGPT sehr ähnlich sind. Auf diese Weise können Sie als Benutzer die verschiedenen GenKI-Tools auf dem Markt leichter vergleichen und verstehen, ohne sich durch den technischen Kleinkram quälen zu müssen.
- ✔ Wenn ich einen neuen Begriff im Zusammenhang mit GenKI einführe (und davon gibt es in diesem im stetigen Wandel befindlichen Bereich eine Menge), zeichne ich ihn bei seiner ersten Erwähnung in einem Kapitel *kursiv* aus und füge anschließend eine kurze Definition hinzu. Schlüsselwörter und Handlungsschritte werden **fett** ausgezeichnet.
- ✔ Manche Webadressen sind zweizeilig. Wenn Sie dieses Buch in gedruckter Form lesen und eine dieser Webseiten besuchen möchten, geben Sie die Adresse einfach genau so ein, wie sie im Text steht, und tun Sie so, als ob es den Zeilenumbruch nicht gäbe. Wenn Sie dieses Buch als E-Book lesen, ist es ganz einfach: Klicken Sie einfach auf die Webadresse, um direkt auf die Webseite zu gelangen.

Törichte Annahmen über die Leser

Dieses Buch richtet sich an alle, die ihre Arbeit mit GenKI-Modellen und -Tools verstehen, nutzen und verbessern möchten. Allerdings habe ich aus praktischen Gründen ein paar Annahmen über Sie, lieber Leser, getroffen:

- ✔ Sie verfügen zumindest über grundlegende Kenntnisse und Fähigkeiten im Umgang mit Computergeräten, Browsern und Webanwendungen.

- ✔ Sie kennen bisher nicht die gesamte Bandbreite an GenKI-Optionen und -Funktionen.
- ✔ Sie sind wie viele andere Benutzer frustriert oder stecken mit GenKI-Ergebnissen fest, die weit hinter Ihren Zielen und Anforderungen zurückbleiben. Unter den Dingen, die Sie ernsthaft dazu bringen könnten, laut zu schreien oder den einen oder anderen Heiligen anzurufen, steht GenKI möglicherweise ganz oben auf der Liste.
- ✔ Sie sind klug, haben wenig Zeit und möchten deshalb eine schnelle und einfache Lektüre mit viel Inhalt und ohne Schnickschnack. Ich hoffe, ich habe dieses Ziel für Sie erreicht.

Symbole, die in diesem Buch verwendet werden

Gelegentlich werden Sie in den Randspalten dieses Buches auf Symbole stoßen, die Ihre Aufmerksamkeit auf bestimmte Teile des Textes lenken. Diese Symbole haben die folgenden Bedeutungen:

Dieses Symbol weist auf Tipps und Tricks hin, die Sie nutzen können, um Ihre Arbeit mit ChatGPT einfacher, schneller, effizienter oder einfach unterhaltsamer zu gestalten.

Dieses Symbol hebt Informationen hervor, die für das erfolgreiche Verständnis oder die Verwendung von ChatGPT besonders wichtig sind.

Dieses Symbol warnt Sie vor einem Stolperstein oder einer Gefahr, die Sie möglicherweise erst erkennen, wenn es zu spät ist. Bitte beachten Sie die Warnungen sorgfältig.

Wie es weitergeht

Dies ist ein Nachschlagewerk. Sie müssen es also nicht vom Anfang bis zum Ende lesen, es sei denn, Sie möchten das. Sie können die Kapitel in beliebiger Reihenfolge lesen und diejenigen überspringen, die für Sie oder Ihre Bedürfnisse nicht relevant sind. Jedes Kapitel ist so konzipiert, dass es für sich allein steht. Das heißt, Sie müssen den Stoff der vorherigen Kapitel nicht kennen, um das Kapitel zu verstehen, das Sie gerade lesen. Beginnen Sie an einer beliebigen Stelle, und beenden Sie das Buch, wenn Sie das Gefühl haben, alle Informationen zu haben, die Sie für Ihre jeweilige Aufgabe benötigen.

Wenn Sie jedoch sofort bessere Ergebnisse mit GenKI erzielen möchten, sollten Sie die Kapitel lesen, die sich speziell mit Prompting und der Art von Inhalt befassen, die Sie erstellen möchten, zum Beispiel Kapitel 2 mit einer Einführung in die Kunst des Prompt Engineerings, Kapitel 9 mit vielen fortgeschrittenen Prompting-Techniken und KI-Taktiken und die Kapitel 7 bis 10 mit Anleitungen zur Erstellung bestimmter Arten von Inhalten. Und wenn

Sie befürchten, dass KI Ihnen Ihren Job wegnehmen oder Ihre privaten Informationen auf irgendeine Weise missbrauchen könnte, enthalten die Kapitel 15 und 16 für die meisten von uns gute Neuigkeiten.

Experimentieren Sie ruhig mit jedem neuen Tool oder Tipp, das beziehungsweise den Sie in diesem Buch kennenlernen. Vielen Lesern fällt es leicht, dem Stoff auf diese Weise zu folgen. Wie auch immer Sie GenKI kennenlernen und damit experimentieren, Sie werden diese Tipps und Methoden wahrscheinlich relativ einfach umsetzen können. Am schwierigsten ist es, Ihre eigene Vorstellungskraft zu erweitern, damit Sie mit jedem neuen Projekt noch mehr Fortschritte machen können.

Der Schlüssel zum Erfolg liegt jedoch in Ihrem eigenen Talent. Ohne dieses sind alle GenKI-Tools nichts.

Teil I
Die Grundlagen der generativen KI

IN DIESEM TEIL …

- ✔ Die Grundlagen der Verwendung von GenKI als kreativem Werkzeug verstehen
- ✔ Den Unterschied zwischen Generieren und Schaffen erkennen
- ✔ Eine Vielzahl von GenKI-Modellen kennenlernen
- ✔ GenKI-Stapel zur Verbesserung Ihrer Arbeit verwenden
- ✔ Mythen über GenKI entzaubern
- ✔ Praktische Überlegungen zur Arbeit mit GenKI anstellen

IN DIESEM KAPITEL

Das richtige GenKI-Modell auswählen

GenKI-Funktionen verstehen

Mit GenKI Inhalte erstellen

Die vielen Möglichkeiten überblicken

Ängste überwinden und Chancen ausloten

Kapitel 1
Generative KI – ein Überblick

Willkommen im spannenden Universum der generativen KI (GenKI)! Dieses Kapitel ist Ihr Ausgangspunkt zum Verständnis der riesigen Welt der GenKI und ihrer transformativen Fähigkeiten. Egal, ob Sie neugieriger Anfänger oder technikbegeisterter Anwender sind, hier finden Sie einen leicht zugänglichen Leitfaden zu den Grundlagen der GenKI. Sie können Ihre Fähigkeiten leicht durch Übung, regelmäßige Verwendung einer KI-Anwendung oder durch gelegentliches Lesen dieses Buches erweitern und verbessern.

Was genau ist generative KI?

Sie können sich *Künstliche Intelligenz* (KI) als *unglaublich hoch entwickelte Software* vorstellen. Obwohl sich KI anders verhält als jede andere Software, die jemals entwickelt wurde, handelt es sich dennoch um Software. Der Versuch, KI in Abbildungen als Roboter zu zeigen, verdeutlicht, wie schwierig es ist, das Konzept so darzustellen, dass jeder sofort erkennt, worum es geht. Ein Roboter ist eigentlich geistlose Hardware, und die KI ist die »intelligente«, der Funktionsweise des Gehirns nachempfundene Software, die auf eine Weise funktionieren soll, die wir im nicht organischen Sinne als intelligent erachten.

Technisch gesehen bezieht sich GenKI auf eine Teilmenge von Technologien der künstlichen Intelligenz, die hoch entwickelte *Verarbeitung natürlicher Sprache* (Natural Language Processing, NLP), neuronale Netzwerke und Modelle des *maschinellen Lernens* (Machine Learning, ML) verwenden, um einzigartige und menschenähnliche Inhalte zu generieren. GenKI gehört zu einer Klassifikation der KI, die als *Large Language Models* (LLMs) bezeichnet wird. In solchen »großen Sprachmodellen« werden riesige Datenmengen in zahlreichen Sprachen und Formaten analysiert, darunter menschliche Sprachen, Computercode, mathematische Gleichungen und Bilder.

LLMs verfügen normalerweise über eine beträchtliche Anzahl von Parametern, wobei es sich um numerische Werte handelt, die zur Gewichtung und Definition von Verbindungen zwischen Knoten und Schichten in der neuronalen Netzwerkarchitektur verwendet werden. Parameter können angepasst werden, um die Gewichtung verschiedener Werte zu ändern, was sich wiederum darauf auswirkt, welche Prioritäten das Modell in einem Prompt und in den Daten verfolgt und wie es verschiedene Datenpunkte, Wörter und Verbindungen interpretiert.

Stellen Sie sich vor, Sie haben ein Rezept zum Backen eines Kuchens. Das Rezept ist Ihr GenKI-Modell. Die Zutaten – Mehl, Zucker, Eier und Butter – sind die Datenpunkte, Wörter und Verbindungen im Modell. Die Mengenangaben der einzelnen Zutaten, die Sie verwenden (wie viele Tassen Mehl, wie viel Zucker und so weiter), entsprechen den Gewichtungen der verschiedenen Werte im GenKI-Modell oder in der GenKI-Anwendung.

So wie Sie die Zutaten Ihres Kuchens anpassen können, um ihn süßer oder fluffiger zu machen, indem Sie mehr Zucker oder ein zusätzliches Ei hinzufügen, können Sie die Parameter in einem GenKI-Modell anpassen, um zu ändern, worauf es sich konzentrieren soll und wie es die übergebenen Informationen interpretiert. Wenn Sie möchten, dass Ihre GenKI bestimmten Wörtern oder Datenpunkten mehr Aufmerksamkeit schenkt, erhöhen Sie deren *Gewicht*, genauso wie Sie mehr Schokoladenstückchen in Ihren Kuchen geben, wenn Sie ihn besonders schokoladig haben möchten. Auf diese Weise wird das GenKI-Modell, genau wie Ihr Kuchen, so, wie Sie es möchten, abhängig davon, worauf Sie im Rezept besonderen Wert legen.

LLMs verwenden Parameter, um das nächste Wort in einer Sequenz vorherzusagen. Das heißt, sie sagen das Wort voraus, das am wahrscheinlichsten auf die Wörter in Ihrem Prompt folgt, und dann das Wort, das am wahrscheinlichsten auf das erste vorhergesagte Wort folgt, und so weiter, bis das Modell glaubt, das wahrscheinlichste Muster abgeschlossen zu haben. Bilder werden auf ganz ähnliche Weise generiert, indem es das Bild vorhersagt, das Ihrer Beschreibung im Prompt entspricht. Die Modelle können solche Prozesse unglaublich schnell abschließen. Beispielsweise können LLMs wie GPT-3 und GPT-4o, die von OpenAI entwickelt wurden, Milliarden von Wörtern pro Sekunde verarbeiten. Aufgrund der Geschwindigkeit ihrer Reaktion, des Anscheins eines präzisen Verständnisses und ihrer flüssigen Verwendung natürlicher Sprache entsteht bei GenKI-Interaktionen das Gefühl, es mit menschlichem Verstand zu tun zu haben.

GenKI und LLMs sind keine Menschen und denken nicht; sie treffen Vorhersagen. Es handelt sich um einen sehr komplizierten Vorhersageprozess, aber trotzdem bleibt es eine Vorhersage. Und wenn irgendetwas passiert, das die Vorhersagefähigkeiten beeinträchtigt, ist das Ergebnis unsinnig. Ein Beispiel dafür finden Sie in Abbildung 1.1, nämlich einen Vorfallbericht von OpenAI über eine Anpassung, die sie am Modell vorgenommen haben und die dazu führte, dass ChatGPT den Benutzern in unverständlichem Kauderwelsch antwortete.

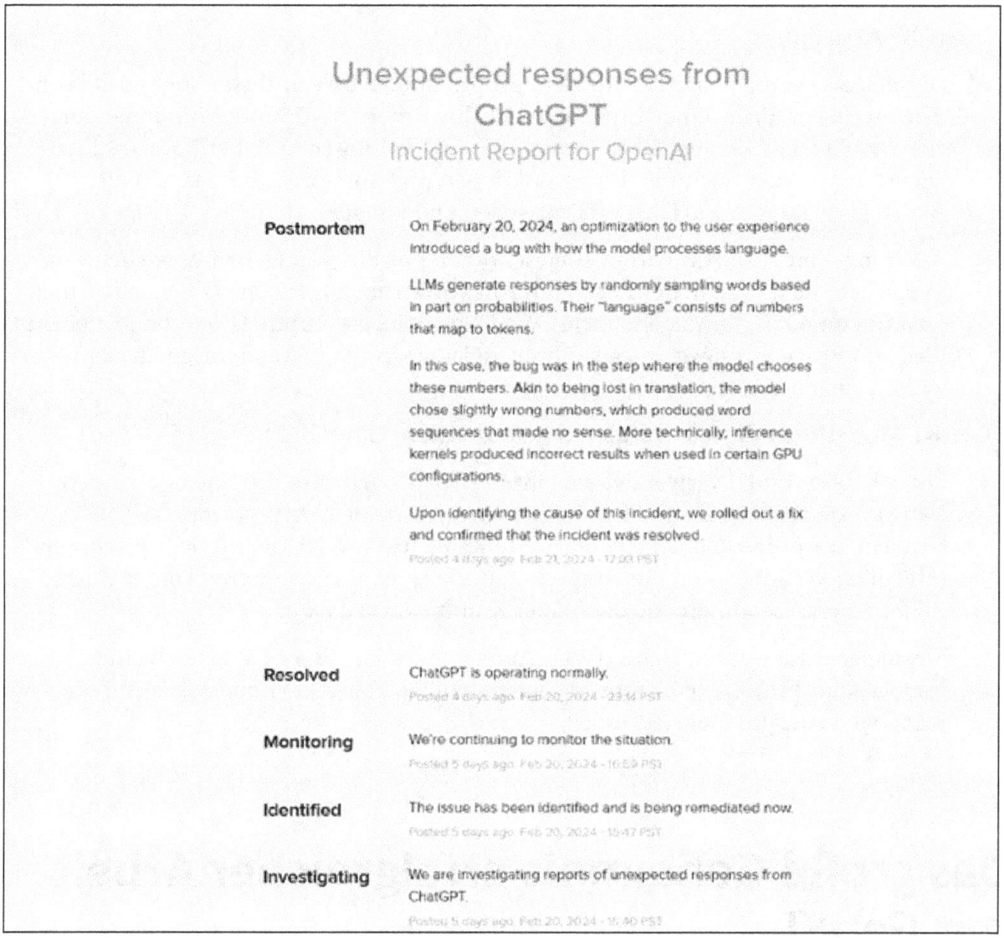

Unexpected responses from ChatGPT

Incident Report for OpenAI

Postmortem	On February 20, 2024, an optimization to the user experience introduced a bug with how the model processes language. LLMs generate responses by randomly sampling words based in part on probabilities. Their "language" consists of numbers that map to tokens. In this case, the bug was in the step where the model chooses these numbers. Akin to being lost in translation, the model chose slightly wrong numbers, which produced word sequences that made no sense. More technically, inference kernels produced incorrect results when used in certain GPU configurations. Upon identifying the cause of this incident, we rolled out a fix and confirmed that the incident was resolved. Posted 4 days ago. Feb 21, 2024 - 17:00 PST
Resolved	ChatGPT is operating normally. Posted 4 days ago. Feb 20, 2024 - 23:34 PST
Monitoring	We're continuing to monitor the situation. Posted 5 days ago. Feb 20, 2024 - 16:59 PST
Identified	The issue has been identified and is being remediated now. Posted 5 days ago. Feb 20, 2024 - 15:47 PST
Investigating	We are investigating reports of unexpected responses from ChatGPT. Posted 5 days ago. Feb 20, 2024 - 15:40 PST

Abbildung 1.1: Ein routinemäßiger Versuch, ChatGPT zu optimieren, führte dazu, dass der Benutzer als Reaktion auf den Prompt Kauderwelsch erhielt. (Quelle: OpenAI Incident Report)

GenKI im Vergleich zu virtuellen Assistenten

KI-Modelle und -Anwendungen sind die Software, die den Roboter oder das autonome Auto steuert – oder was auch immer. Da KI eine digitale Form hat, kann sie in fast alles integriert werden, und viele Anbieter tun genau das. Sie werden feststellen, dass verschiedene Arten von KI in alle möglichen Produkten und Dienstleistungen eingebettet sind oder anderweitig verwendet werden.

Allerdings ist nicht jede KI gleich.

Hier sind die Hauptunterschiede zwischen GenKI-Apps wie ChatGPT und virtuellen Assistenten wie Siri, Alexa und Google Assistant:

Virtuelle Assistenten:

✔ Diese Klasse von KI basiert auf einem proprietären Mix aus Technologien, die von den jeweiligen Eigentümerfirmen entwickelt wurden. Bestimmte Komponenten wie maschinelles Lernen, Deep Learning, Verarbeitung natürlicher Sprache, intelligente Such- oder Suchmaschinenfunktionen und Sprachsynthese lassen die Assistenten ähnlich wie ChatGPT aussehen und klingen.

Allerdings sind ihre Antworten eingeschränkter als die von GenKI-Modellen. Menschen nutzen sie in der Regel, um Antworten auf allgemeine Fragen abzurufen oder unkomplizierte Aufgaben wie »Wo ist die nächste Apotheke?« oder »Spiel ein Lied von Bruce Springsteen« ausführen zu lassen, und nicht, um originelle Antworten zu generieren.

GenKI-Modelle (in diesem Vergleich insbesondere ChatGPT):

✔ Diese Klasse von KI verwendet ein einziges KI-Modell, also die eine oder andere Version von KI-Modellen, die als *Generative Pre-trained Transformer* (GPT) bezeichnet werden. GenKI ist eine breite Kategorie von KI, die Modelle mit unterschiedlichen Fähigkeiten umfasst, wie zum Beispiel das Generieren von Text, Bildern oder Computercode oder einer Kombination davon.

Normalerweise werden GenKI-Web-Apps verwendet, aber es sind auch einige mobile Apps für mobile Geräte verfügbar. In allen Fällen verwenden die Apps jedoch ein einziges GenKI-Modell.

Das große Geheimnis erfolgreicher Arbeit mit GenKI

Die Informationen in diesem Abschnitt sind sehr wichtig, und Sie sollten sie sich merken, selbst wenn Sie sich später an nichts anderes aus diesem Buch erinnern. Denn hier erfahren Sie das große Geheimnis – den Hauptschlüssel, den Sie benötigen, damit GenKI-Modelle auf dem von Ihnen geforderten Leistungsniveau funktionieren. Wenn Sie dieses Konzept nicht verstehen, wird GenKI Ihnen wahrscheinlich nur als faszinierendes Spielzeug erscheinen oder als Werkzeug, das Ihre Erwartungen bei Weitem nicht erfüllt.

Kurz gesagt: GenKI generiert Ergebnisse, die wie originelle Gedanken oder Bilder aussehen und nicht wie Ergebnisse einer – wenn auch sehr fortschrittlichen – kontextbezogenen Vorhersage-Software. GenKI ruft Wörter oder Bilder aus einer Datenbank ab und verwendet sie für eine neue Antwort. Das große Geheimnis ist, dass das menschliche Gefühl in dieser »Konversation« eine Illusion ist. Sie führen keine Konversation mit einer Maschine. Die Maschine versteht kein einziges Wort von dem, was Sie in Ihrem Prompt geschrieben haben.

Aktuelle GenKI-Modelle denken oder erschaffen Dinge nicht *per se*, sondern *generieren* neue Dinge aus Teilen alter Dinge, die sie in ihrer Datenbank finden. (Der Begriff »Dinge« umfasst in diesem Kontext Bilder, Videos, Zahlen oder Text, je nachdem, welche GenKI-Anwendung Sie verwenden.) Eine GenKI-Ausgabe ist die beste Vorhersage, die das Modell zu Ihrer Suche treffen kann. Stark vereinfacht könnte man sagen, diese komplexe Technologie versucht, ein Muster zu vervollständigen, das Sie mit Ihrem *Prompt* begonnen haben. Ein Prompt ist Ihre Frage oder Ihr Befehl, die beziehungsweise den Sie in das Eingabefeld auf der Benutzeroberfläche (User Interface, UI) der GenKI eingegeben haben. Mit anderen Worten: GenKI sagt voraus, welche Buchstaben, Wörter oder Bilder wahrscheinlich auf diejenigen in Ihrem Prompt folgen. Ihre Vorhersagen basieren auf einem Vergleich mit Mustern aus ihrem Trainingsdatensatz und/oder Datensätzen, auf die sie anschließend Zugriff erhalten hat.

Stellen Sie sich GenKI-Ausgaben als das Ergebnis der neuen Nutzung oder der neuen Zusammenstellung von Informationen vor, auf die das Modell in Datensätzen Zugriff hat. Dazu gehören unter anderem die folgenden:

- Daten, denen sie in ihrer Trainingsdatenbank ausgesetzt ist, zusammen mit allen zusätzlichen Daten, die bei der nachfolgenden Feinabstimmung bereitgestellt werden,
- durch Systemnachrichten oder Prompts hinzugefügte Daten,
- Daten, die über Methoden wie *Retrieval-Augmented Generation* (RAG) bereitgestellt werden, ein Verfahren zur Verbesserung der Genauigkeit, Relevanz und Zuverlässigkeit durch Hinzufügen externer Quellen zur Datenbank der GenKI.

  RAG kombiniert die Stärken sowohl der *Information Retrieval AI* (KI zur Suche nach Informationen) – einer Reihe von Algorithmen, die kontextrelevante Informationen aus riesigen Datensätzen abrufen – als auch der GenKI, die neuronale Netzwerke und maschinelle Lernmodelle verwendet, um neue Inhalte zu generieren. Man kann sich RAG als GenKI vorstellen, die durch traditionellere Information Retrieval AI oder kurz Retrieval AI erweitert wird.

Da GenKI Ergebnisse generiert, die das Ergebnis der Neuzusammenstellung oder Wiederverwendung von Informationen sind, hat sie kein Konzept von wahr oder falsch, Fakt oder Fiktion. GenKI kann diese Begriffe genau definieren, aber ihre Bedeutung versteht sie nicht. Sie versteht nichts von dem, was Sie in den Prompt geschrieben haben oder was sie in ihrer Antwort geschrieben hat. Sie erweckt nur den Anschein, Begriffe und Konzepte zu verstehen – eine Illusion. Deshalb müssen Sie ihre Arbeit immer auf Fakten überprüfen.

Die Antworten von GenKI sind auf die Daten beschränkt, auf die sie Zugriff hat. Anders ausgedrückt: Wenn ihre Trainingsdaten ein Haufen Legosteine wären und dieser Haufen keine Spielfiguren enthielte, würde die GenKI ihre Ausgaben ohne Spielfiguren erstellen. Es wüsste nicht, dass Spielfiguren überhaupt existieren. Ebenso kann sie Fakten nicht von Fiktion unterscheiden, wenn diese Bezeichnungen nicht auf bestimmte Datenpunkte in ihrem Datensatz angewendet werden. Wird im Training eine Unwahrheit als Tatsache bezeichnet, wird die GenKI sie fraglos als Tatsache akzeptieren. Sie versteht den Unterschied nicht.

Um diese Analogie zu veranschaulichen, habe ich zuerst eine Bildunterschrift geschrieben und sie dann als Prompt in Azure OpenAI Studio DALL-E Playground (Preview) eingegeben. Das Ergebnis ist die beeindruckende Konzeptillustration, die Sie in Abbildung 1.2 sehen.

Abbildung 1.2: Wären die Daten Legosteine, könnte die GenKI nur Dinge aus den Legosteinen bauen, die sie aus ihren Trainingsdaten kennt, und wüsste überhaupt nicht, dass es noch andere Arten von Legosteinen gibt. *(Vom Azure AI Studio DALL-E Playground - Preview - generierte Kunst unter Verwendung dieser Bildunterschrift als Prompt.)*

GenKI kann nur die Daten neu verwenden und neu zusammenstellen, auf die sie bereits Zugriff hat. Dies ist ein Hauptgrund dafür, dass die Ergebnisse von GenKI sehr zuverlässig oder aber völlig falsch sein können oder irgendetwas dazwischen. Die Daten selbst können – auf die eine oder andere Weise – unzureichend sein, um die Grundlage oder Elemente für das Modell zu liefern, aus denen es eine genaue Antwort generieren kann. Veraltete Daten aus einem veralteten Trainingsdatensatz und Daten, die auf zu wenige Perspektiven oder Beispiele beschränkt sind, sind häufige Probleme, aber es gibt noch viele andere.

Wenn – nicht »falls« – Ergebnisse falsch sind, nennt man sie *Halluzinationen*. Es ist unklar, warum niemand sie Lügen, Unwahrheiten oder einfach Fehler nennt, aber in jedem Fall kann man nicht davon ausgehen, dass die Ergebnisse von GenKI solide genug sind, um sich vorbehaltlos darauf zu verlassen, ohne vorher eine ernsthafte Faktenprüfung durchgeführt zu haben.

Obwohl GenKI den Kontext berücksichtigt, wenn es die Wörter in Ihrem Prompt analysiert, versteht sie weder Sie noch das, was Sie in dem Prompt gesagt haben. Aus diesem Grund dürfen Sie GenKI nicht mit allgemeiner KI, auch bekannt als allgemeine Künstliche Intelligenz (AKI), verwechseln. Außerhalb von Science-Fiction-Filmen, Büchern und Fernsehsendungen gibt es AKI noch nicht. Dennoch sind manche Leute so beeindruckt von den Fähigkeiten von GenKI, dass sie sicher sind, dass es das sein muss – das Ding aus den Filmen, das die Welt erobern wird! Das ist es nicht.

Das berüchtigte Fingerproblem und andere Eigenheiten von GenKI

Das vielleicht Wunderbarste an der Verwendung von GenKI ist der zarte Tanz zwischen Mensch und Maschine, der etwas hervorbringt, was keiner von beiden allein geschafft hätte. Aber sobald Sie die ersten aufregenden Momente mit den GenKI-Wundern hinter sich haben, werden Sie hier und da ein paar Risse bemerken.

Beispielsweise kommt es bei GenKI-Modellen häufig vor, dass sie Menschen mit sechs oder mehr Fingern an einer Hand zeichnen. Das liegt normalerweise daran, dass die in den Daten erkannten Muster mehrere Finger an einer menschlichen Hand zeigen. Hat eine Hand einfach nur fünf Finger, ergibt sich kein klares Muster, sodass die GenKI nicht vorhersagen kann, wie viele Finger sie generieren muss.

Im Wesentlichen plappert GenKI die Antwort aus seiner Datenbank nach. Sie versteht weder die Frage noch die Antwort und weiß daher nicht, dass sie nur fünf Finger zeichnen soll. Stattdessen sucht sie in den ihr zur Verfügung stehenden Datensätzen nach Mustern in den durch Bilder oder Text dargestellten Händen. Das Muster der Gesamtzahl der Finger ist jedoch unklar. Bilder in den meisten Datenbanken, die GenKI-Modelle verwenden, zeigen normalerweise Hände in unterschiedlichen Positionen, sodass beispielsweise nur einige Finger sichtbar sind oder die Finger von zwei oder mehr Händen ineinander verschlungen sind. GenKI kann daher kein einheitliches Muster der Gesamtzahl der Finger pro Hand erkennen. Wenn Sie das Modell jedoch fragen, wie viele Finger eine Hand hat, wird es Ihnen fast immer sagen, dass es fünf sind. Auch wenn es Ihnen die richtige Antwort bezüglich der Anzahl der Finger gibt, versteht es ihre eigene Antwort nicht.

Inkonsistenzen im Datenmuster und der daraus resultierende Wahrscheinlichkeitsvorhersagefehler sind der Grund dafür, dass in jedem von GenKI generierten Bild zu viele oder zu wenige Finger zu sehen sein können. Dies ist häufig der Grund für andere Probleme in Bildern und Videos, die GenKI erstellt, wie zum Beispiel Schatten- oder Bewegungsfehler.

Obwohl GenKI beeindruckend ist, denkt sie nicht wirklich. Um dieses Defizit zu überwinden und GenKI leistungsfähiger zu machen, fügen Sie der Mischung einen oder mehrere Menschen hinzu, und das Ergebnis wird magisch sein. Es ist die Zusammenarbeit zwischen Ihnen und dieser äußerst anspruchsvollen Software, die Sie zu den angestrebten Zielen führt.

Mit GenKI arbeiten – auf den Prompt kommt es an!

Das ist genau der Punkt: Die natürliche menschliche Sprache ist jetzt eine Computersprache. Im Fall von GenKI bedeutet das, dass die Maschine immer noch wie eine Maschine und der Mensch wie ein Mensch arbeitet, aber sie können jetzt über eine Computersprache interagieren, die normale Menschen ohne Programmierkenntnisse verstehen und verwenden können.

Um GenKI optimal zu nutzen, müssen Sie als Mensch jedoch immer noch wie eine Maschine denken. Fragen Sie einen Computerprogrammierer, wie wichtig es ist, beim Programmieren wie eine Maschine zu denken – und das gilt unabhängig von der gewählten Programmiersprache, sei es JavaScript, Java, HTML/CSS, SQL, Python, Englisch oder Deutsch.

Und warum ist es wichtig, Ihre Denkweise anzupassen? Weil Sie kein Gespräch mit GenKI führen. Sie geben Anweisungen (und selbst wenn Ihr Prompt eine Frage ist, ist es eine Anweisung), was das Modell produzieren soll, so wie es jeder Programmierer tut. Sie müssen über die Sprache hinaus bis in die Tiefen des gewünschten Ergebnisses denken. Der Wert eines Programmierers liegt nicht in seinen Kenntnissen von Computersprachen, obwohl diese natürlich auch wichtig sind, sondern in der Fähigkeit, Probleme zu lösen, indem er sie in eine Sprache umsetzt, die genau die Lösung liefert, die er produzieren möchte. So müssen Sie auch bei der Verwendung von GenKI-Modellen denken und arbeiten.

Ihre Prompts müssen präziser und detaillierter sein als die typischen Gespräche, die Sie mit einem anderen Menschen führen. Zum einen können Sie nicht davon ausgehen, dass Ihr Gegenüber automatisch allgemeine Details ergänzt, da GenKI diese Details oft nicht kennt. Trotz des Anscheins denkt GenKI nicht und versteht Ihren Prompt nicht wirklich. Viele der natürlichen Annahmen, die Sie im Gespräch mit einem anderen Menschen treffen, funktionieren bei Interaktionen mit diesen Modellen nicht auf die gleiche Weise.

Die Erfolgsformel von GenKI: Die Maschine spricht wie ein Mensch. Der Mensch denkt wie eine Maschine. Je besser Sie GenKI mitteilen können, was Sie wollen, desto besser wird sie Ihnen geben, was Sie brauchen. Alles eine Frage der Übung.

Warum GenKI so menschlich erscheint

Ob beim Formulieren von Sätzen, beim Erschaffen von Bildern, beim Komponieren von Musik oder beim Erstellen synthetischer Daten: GenKI ist ein Meister darin, im Handumdrehen etwas zu erschaffen, das oft ohne Weiteres als von Menschenhand geschaffen durchgeht.

Das Interessante dabei ist, dass die Ergebnisse in gewisser Weise von Menschenhand gemacht sind. Man kann sich GenKI als kreatives Werkzeug vorstellen, wie die Farben, Buntstifte und Bleistifte eines Künstlers. Diese Gegenstände erzeugen Bilder, die sich der Künstler zuerst im Kopf ausdenkt und die er dann mit seinen Händen und seinem Können umsetzt. In ähnlicher Weise liefert GenKI Ergebnisse, die der Vorstellung und den geschickten Eingaben des Benutzers entsprechen.

Darüber hinaus werden viele der Daten, aus denen GenKI-Modelle lernen, von Menschen generiert. Aber sie lernen aus diesen Informationen viel mehr, als Sie sich vorstellen können. Sie lernen auch die Gewohnheiten, Einstellungen, Vorurteile und andere menschliche Eigenschaften hinter den Text-, Audio- und Bilddaten, die sie konsumieren.

Beispielsweise ist bekannt, dass GenKI-Modelle im Sommer, also rund um die Haupturlaubszeit, »faul« sind. Das heißt, dass GenKI-Modelle als Reaktion auf einen Prompt weniger Inhalt produzieren als sonst. GenKI kann einem Benutzer sogar sagen, er solle sich die Informationen selbst besorgen. Manchmal reagiert ein GenKI-Modell auch langsamer als normal, kündigt eine Verzögerung an oder benutzt Ausreden.

Solche Aktionen sind nicht auf einen Fehler oder Defekt im System zurückzuführen. Die KI ahmt lediglich menschliches Verhalten nach. Modelle lernen menschliche Verhaltensmuster sowie Datenmuster aus ihrem Trainingsdatensatz. Sie treffen keine Unterscheidung zwischen den Werten der Informationen und dem Verhalten und verteilen daher wahrscheinlich beide oder eines von beiden in ihren Ausgaben.

Aus demselben Grund kann GenKI auch absichtlich lügen und wütend, traurig oder fröhlich wirken. Es kann sogar so aussehen, als würde sie Sie von Zeit zu Zeit ignorieren. Auf der anderen Seite neigen GenKI-Modelle dazu, besser zu funktionieren, wenn sie eine virtuelle Belohnung oder ein Kompliment erhalten. Auch hier handelt es sich nur um eine Nachahmung der menschlichen Verhaltensweisen, die sie gelernt hat. Es ist wichtig, sich dieser Eigenheiten bewusst zu sein, wenn man GenKI verwendet. Wenn man diese Eigenheiten von GenKI strategisch ausnutzt, kann man die Reaktionen, die man von ihr erhält, verbessern.

Je nach verwendetem Modell können Ein- und Ausgaben in Text-, Bild- und/oder Audioform erfolgen. Im Gegensatz zur herkömmlichen KI, die Daten analysiert, Entscheidungen trifft und aus ihnen abgeleitete Ergebnisse liefert, kann die generative KI Informationen neu verwenden, um scheinbar originelle Ergebnisse in einem gesprächsartigen oder künstlerischen Stil zu erstellen. Sie kann aber auch die Werke anderer Menschen plagiieren und plündern. Sie müssen ihre Ergebnisse immer daraufhin überprüfen, ob sie Eigentumsrechte verletzt und Sie möglicherweise haftbar für die Nutzung der Ergebnisse gemacht werden können.

Ein wichtiger Punkt, den Sie nicht vergessen sollten, ist, dass Sie bei der Nutzung von GenKI rechtlich für das, was sie macht, haftbar sind. Es handelt sich nicht um eine »separate juristische Person […], die für ihre eigenen Handlungen verantwortlich ist«, wie Air Canada einst argumentierte, als die Fluggesellschaft versuchte, sich in einem Gerichtsverfahren zu verteidigen, nachdem ChatGPT einem ihrer Kunden falsche Informationen gegeben hatte. Weitere Informationen finden Sie in der Diskussion über Verantwortlichkeiten in Kapitel 3. (Und wenn Sie neugierig auf die Geschichte von Air Canada sind, können Sie sie hier nachlesen: `https://www.bbc.com/travel/article/20240222-air-canada-chatbot-misinformation-what-travellers-should-know`).

Der menschliche Einfluss auf die Fähigkeiten der generativen KI

Es ist wichtig, zwischen Generieren und Erstellen zu unterscheiden. GenKI »erstellt« Text oder Bilder, indem sie eine Antwort aus wiederverwendeten Informationen generiert, basierend auf ihrer Vorhersage der »besten« Übereinstimmung mit Ihrem Prompt. GenKI kann nicht etwas Einzigartiges entstehen lassen, das sich nicht auf natürliche Weise entwickeln würde oder das nicht durch gewöhnliche Prozesse entsteht.

GenKI arbeitet hauptsächlich durch Vorhersagen, was technisch gesehen ein ganz normaler Prozess ist, da Vorhersagen eine ganz normale Sache sind, die Menschen und Analytiker tun. Die Vorhersageprozesse von GenKI sind jedoch insofern außergewöhnlich, als sie auf einem nie zuvor erreichten Niveau erfolgen. Nach maschinellen Maßstäben ist diese Leistung außergewöhnlich, weil sie eine neue Antwort generiert, im Gegensatz zu einer wiedergekäuten Antwort oder der Auswahl aus einer begrenzten Anzahl »vorgefertigter« Antworten. Nach menschlichen Maßstäben ist die Leistung von GenKI außergewöhnlich, weil sie riesige Datenmengen analysieren und in Sekunden oder Minuten in einem ganz natürlichen Gesprächsstil oder mit einem neu generierten Bild antworten kann.

Sie können sich den Unterschied am besten merken, indem Sie daran denken: »Generieren ist KI, Erschaffen ist menschlich oder menschlich und KI.«

Aber machen Sie sich nichts vor: GenKI ist nicht so menschlich, wie es scheint. Ein weiterer Unterschied besteht in der Motivation. Menschen sind motiviert, etwas zu erschaffen; manche fühlen sich sogar von ihrer Leidenschaft getrieben. Im Gegensatz dazu ist GenKI nicht motiviert, etwas zu erschaffen. Niemals. Sie wird nicht hungrig, durstig, einsam, inspiriert, emotional, kalt, heiß, fühlt sich nicht unwohl, engagiert sich nicht für eine Sache, wird nicht politisch aktiv oder anderweitig stimuliert, also gibt es für sie keinen Grund, überhaupt etwas zu tun.

Sie müssen die Vision, die Leidenschaft und den Anstoß in einem Prompt formulieren. Dann wird sie versuchen, das zu generieren, was auch immer das ist. Andernfalls wird sie jahrhundertelang ungenutzt herumstehen – oder so lange, wie die unterstützende Hardware und Strom vorhanden sind. Deshalb muss sich niemand Sorgen machen, dass GenKI die Weltherrschaft übernehmen wird.

Allerdings sollte sich jeder über die Menschen Sorgen machen, die GenKI nutzen, um die Weltherrschaft an sich zu reißen. Als Werkzeug ist GenKI weder gut noch schlecht. Aber seine Benutzer können das eine oder das andere sein – oder beides. Es ist die Mischung aus menschlichen und KI-Fähigkeiten, die GenKI-Modelle so einzigartig und wunderbar funktionieren lässt – und manchmal auch seltsam oder scheinbar sogar bösartig.

Die Unterschiede zwischen GenKI-Modellen und -Optionen

GenKI interagiert über natürliche Sprache und generiert neue Inhalte, indem sie Daten in neue Ausgaben umwandelt. Sie wird am häufigsten in Bereichen eingesetzt, in denen frische Ideen und originelle Ergebnisse erforderlich sind, wie zum Beispiel Kundenservice, Grafikdesign, digitale Medien, Unterhaltung, Software-Entwicklung und Schreiben.

Sie kann jedoch auch für spezielle Aufgaben in zahlreichen Branchen eingesetzt werden, beispielsweise im Gesundheitswesen, in der Pharmaindustrie, in den Biowissenschaften, im Fertigungsbereich und im Finanzsektor.

Dieser Abschnitt bietet eine Übersicht über spezifische GenKI-Modelle und ihrer entsprechenden Ausgaben.

- ✔ Bildausgaben
  - **DALL-E 2:** Dieses KI-Modell kann Textbeschreibungen in detaillierte Bilder oder künstlerische Kreationen umwandeln und demonstriert so die Leistungsfähigkeit der sprachbasierten Bildsynthese.
  - **StyleGAN 3:** Dieses Modell ist dafür bekannt, hochauflösende, fotorealistische Bilder von Motiven wie menschlichen Gesichtern, Tieren und Fahrzeugen zu erzeugen, und bietet Anpassungsoptionen. Es wird auch zur Bildanimation verwendet.
  - **Stable Diffusion:** Dieses GenKI-Modell ist auf die Generierung realistischer Bilder, Videos und Animationen spezialisiert, die aus Textbeschreibungen und visuellen Hinweisen abgeleitet werden.
  - **Imagen AI:** Dieses GenKI-System wurde darauf trainiert, Bild-Text-Paare zu verstehen und zu interpretieren. Es zeichnet sich durch die Erstellung von Bildern aus Texthinweisen und die Durchführung neuronaler Stilübertragungen aus.
  - **Adobe Firefly:** Adobe Firefly ist ein GenKI-Tool zum Umwandeln schriftlicher Beschreibungen in visuelle Inhalte und unterstützt Sie bei der Erstellung künstlerischer und kreativer Bilder.
  - **Midjourney:** Dieses GenKI-Tool kann Text-Prompts sehr schnell in unverwechselbare und fesselnde Kunstwerke umwandeln.
- ✔ Textausgaben
  - **ChatGPT:** Dieser fortschrittliche Chatbot wurde von OpenAI entwickelt und kann zusammenhängenden Text zu verschiedenen Themen generieren, der von einer menschlichen Konversation nicht zu unterscheiden ist.
  - **OpenAI Codex:** Dieses Modell ist auf das Generieren und Vervollständigen von Code auf der Grundlage von Prompts in natürlicher Sprache spezialisiert und bildet das Rückgrat von Tools wie GitHub Copilot.

- **HuggingChat:** Dies ist ein Open-Source-KI-Chatbot, der von Hugging Face erstellt wurde und ein ChatGPT-ähnliches Erlebnis mit Hilfe des Open Assistant Conversational AI Model für dialogbasierte Interaktionen bietet.

✔ Audioausgaben

- **Jukebox:** Jukebox, eine weitere Kreation von OpenAI, komponiert Musik verschiedener Genres und veranschaulicht die Fähigkeit von GenKI, Musikstücke zu schaffen.
- **PaLM 2:** Ein von Google entwickeltes Transformer-Modell, das sich hervorragend für die Generierung mehrsprachiger Inhalte und die Durchführung von Codierungsaufgaben eignet.
- **AudioCraft:** Dieses Paket umfasst MusicGen, AudioGen und EnCodec, drei verschiedene Modelle, die zusammenarbeiten, um authentische Audios und Musik auf der Grundlage von Textbeschreibungen zu produzieren und so die Erstellung reichhaltiger und fesselnder Audioinhalte zu ermöglichen.
- **Project Music GenAI Control:** Diese generative KI ist ein neues Tool von Adobe Research und auf die Erstellung und Verfeinerung von Musik spezialisiert. Es ermöglicht es Künstlern, aus Texteingaben Musikstücke zu erstellen und den resultierenden Ton anzupassen.

✔ Videoausgaben

- **Stable Diffusion:** Dieses bei Bildausgaben schon erwähnte Modell kann nicht nur statische Bilder generieren, sondern verwendet Diffusionstechniken auch, um aus Text- und visuellen Prompts fotorealistische Videos und Animationen zu generieren.
- **Neural Radiance Fields (NeRFs):** Mit diesem neuartigen Ansatz neuronaler Netzwerke können 3-D-Visualisierungen aus 2-D-Bilddaten erstellt werden.
- **Synthesia:** Ein KI-Videogenerator-Tool, das Texteingaben in Videoinhalte umwandelt und KI-gesteuerte Avatare und Voice-overs für eine vereinfachte Videoproduktion bietet.

✔ Multimodale Ein- und/oder Ausgaben (es wird mehr als nur Text generiert):

- **Copilot AI:** Dieses von Microsoft entwickelte Modell soll die Effizienz am Arbeitsplatz steigern, indem es chatbasierte Schnittstellen zum Abrufen von Informationen, zum Verfassen von E-Mails und Zusammenfassungen, zum Erstellen von Bildern aus Textbeschreibungen und zur Programmierung in mehreren Programmiersprachen bietet.
- **ChatGPT-4o (omni):** Dieses Modell ermöglicht multimodale Eingaben und generiert multimodale Ausgaben. Darüber hinaus stehen im GPT-Store spezialisierte GPTs zur Verfügung, mit denen Sie Funktionen hinzufügen können. Beispielsweise kann Image Generator innerhalb von ChatGPT verwendet werden, um Bilder zur Veranschaulichung der Textausgabe zu erstellen.

- **Gemini:** Eine Suite generativer KI-Modelle von Google DeepMind und Google Research, entwickelt mit multimodalen Funktionen zur Verarbeitung von Text, Bildern, Audio, Video und Programmcodes.

GenKI-Modelle lernen ständig dazu und werden besser, und es kommen ständig neue Modelle auf den Markt. Welches Sie auswählen, hängt davon ab, wofür Sie es benötigen, wie viel Sie ausgeben möchten und wie einfach es für Sie zu verwenden ist.

Praktische Einsatzmöglichkeiten von GenKI

GenKI-Modelle sind Gegenstand zahlreicher Nachrichten, Gespräche an der Kaffeemaschine, Zoom-Meetings und Online-Chats. Es scheint, als hätte fast jeder eine Meinung dazu, wohin diese Technologie führt. Einige prophezeien Untergang und Finsternis, während andere von Regenbogen und Reichtum ausgehen. Die wahre Geschichte der GenKI ist weitaus praktischer und realistischer als das Gerede darüber.

Hier eine Liste beliebter praktischer Anwendungen von heute:

- ✔ **Inhaltserstellung:** GenKI-Modelle wie Claude und ChatGPT 4.0 werden heute verwendet, um Autoren, Drehbuchautoren, Redenschreiber und andere Kreative bei der Erstellung von Geschichten, Reden, Charakterdialogen in Spielen und Filmskripten, Marketingmaterialien, Anzeigen, Blogs, Websites und sogar ganzen Büchern wie diesem zu unterstützen. Sie können verwendet werden, um die menschliche Kreativität zu steigern oder einfach nur die Hintergrundrecherche, Planung, Storyboards und Charakterverfolgung zu übernehmen.
- ✔ **Visuelle Kunst:** Bildgeneratoren wie DALL-E, Midjourney und Stable Diffusion können aus Textbeschreibungen fotorealistische Bilder oder Kunstwerke erstellen und Künstlern und Designern dabei helfen, Konzepte zu visualisieren und neue Kunstformen zu schaffen. Spezialmodelle können alles von Storyboards bis hin zu kurzen Videos und ausgewählten Spiele- oder Filmszenen erstellen.
- ✔ **Such- und Wissensunterstützung:** Generative KI wird in Suchmaschinen und virtuelle Assistenten integriert und verwandelt sie in leistungsfähigere Wissensassistenten. Wenn ChatGPT oder eine ähnliche GenKI-Anwendung in eine Suchmaschine wie Bing eingebettet ist, können Sie normalerweise wählen, ob Sie die bereitgestellten hilfreichen Erläuterungen der Suchergebnisse lesen oder eine Liste von Quellen und verwandten Elementen überprüfen möchten. Einige Suchmaschinen wie Perplexity basieren von Grund auf auf GenKI und bieten sogar eine Liste von Quellen, die zum Generieren von Suchzusammenfassungen verwendet werden.
- ✔ **Kundenservice:** ChatGPT kann mit Kunden interagieren, um Support zu leisten, Lösungen anzubieten und Serviceprozesse wie Rücksendungen zu erleichtern, wodurch der Kundenservice persönlicher und effizienter wird.

- **Bildung:** GenKI kann traditionelle Bildungsmodelle revolutionieren, indem sie individuelle Lernpläne und Beurteilungen für Schüler, Studierende und Lernende außerhalb von Institutionen unterstützt und sich von universellen Ansätzen hin zu einem kompetenzbasierten Lernfortschritt bewegt.
- **Medien und Journalismus:** GenKI kann zwar keine investigative Berichterstattung bieten, sie kann Journalisten jedoch unterstützen, indem sie Hintergrundinformationen und Kontext liefert und Nachrichten schneller verbreitet. Sie kann auch grundlegende, rein faktenbasierte Berichte wie Sportergebnisse und tägliche Börsenanalysen erstellen.
- **Rechtsdokumente und Datenanalyse:** Anwälte können GenKI zum Verfassen von Rechtsdokumenten verwenden. Mitarbeiter können damit Analysen von Unmengen fallbezogener Dokumente und Beweise durchführen, um schnell Erkenntnisse und Zeitpläne abzuleiten und Berichte zu schreiben, sodass sich die Anwälte auf die Strategie und tiefere Erkenntnisse konzentrieren können. Die endgültigen Rechtsdokumente müssen jedoch von Anwälten oder ihren beauftragten Angestellten und Rechtsanwaltsgehilfen überwacht und bearbeitet werden, da GenKI Fehler macht.
- **Marketing und Werbung:** Vermarkter und Werbetreibende können GenKI nutzen, um schnell Inhalte und Anzeigen zu erstellen, mit neuen Trends Schritt zu halten, eine bessere Marktanpassung zu erreichen und kontinuierliche Bereitstellungszyklen zu ermöglichen.
- **Intelligente Automatisierung:** Durch die Integration virtueller Assistenten wie Siri und Alexa in GenKI werden diese intelligenter und vielseitiger und können die Bedürfnisse der Benutzer verstehen und vorhersehen. Durch die Integration von GenKI in andere Software und schließlich in autonome KI-Agenten wird ein intelligenter Automatisierungszyklus von der Benutzeranfrage bis zur Erledigung der Aufgabe abgeschlossen. Beispielsweise kann Ihnen Google Assistant nicht nur eine Liste mit Restaurants in der Nähe anzeigen, sondern mit GenKI und anderen Software- oder App-Integrationen auch eine Reservierung vornehmen oder eine Bestellung zum Mitnehmen für Sie aufgeben!

KI-Fakten von Fiktion trennen

Für jede neue Technologie können Mythen und Missverständnisse auftauchen. Es ist wichtig, den Hype von der Realität zu trennen. Dass generative KI beispielsweise bestimmte Aufgaben automatisieren kann, bedeutet nicht, dass sie alle menschlichen Arbeitsplätze ersetzen wird.

Ein weitverbreitetes Missverständnis ist, dass generative KI zu Massenarbeitslosigkeit führen wird. Zwar kann KI Arbeitsplätze eliminieren, ähnlich wie Automatisierungstools es getan haben, doch schafft sie auch neue Beschäftigungsmöglichkeiten und Rollen, die menschliche Aufsicht und kreatives Engagement erfordern. Beispielsweise müssen KI-generierte Inhalte immer noch von Menschen überprüft werden, damit Qualität und Relevanz sichergestellt sind.

Ein weiterer Mythos ist, dass generative KI selbstständig und ohne menschliches Eingreifen hochwertige Inhalte erstellen kann. Die Qualität von KI-generierten Inhalten hängt stark von den Eingaben und Anleitungen ab, die sie von menschlichen Benutzern erhält. GenKI ist ein Tool, das das menschliche Potenzial verstärkt, kein Ersatz für menschliche Kreativität.

In Tabelle 1.1 sind einige der heute am weitesten verbreiteten Mythen über GenKI und die entsprechenden Realitäten aufgeführt.

Mythos	Realität
GenKI kann die menschliche Kreativität ersetzen.	GenKI taugt nicht dazu, Künstlern, Erfindern, Innovatoren, Fotografen, Videofilmern, Content-Managern, medizinischen Forschern, Wissenschaftlern oder anderen Fachleuten aus den unterschiedlichsten Disziplinen die Arbeit wegzunehmen. Sie ist eher ein hilfreicher Kumpel, der Ideen und Inhalte beisteuern kann, aber dennoch einen menschlichen Chef braucht, der seine Arbeit leitet und überwacht, um sicherzustellen, dass das Endprodukt Sinn ergibt und glänzt – und dass der Patient überlebt.
GenKI spricht alle Sprachen perfekt.	Stellen Sie sich GenKI als einen Sprachschüler vor. Sie ist ziemlich gut in den Sprachen, die sie gelernt hat, aber sie ist kein polyglottes Wunderkind. Sie zu trainieren, verschiedene Sprachen zu verstehen, erfordert eine Menge Daten und Aufwand, daher ist sie nicht in jeder Sprache gleich gut.
GenKI ist absolut fair und neutral.	Genau wie Menschen kann GenKI aus dem, was es lernt, Vorurteile ableiten. Um GenKI fair zu halten, müssen Menschen eingreifen und sie lenken, etwa indem sie ihr gute Manieren beibringen und Gesetze durchsetzen.
GenKI ist ein Alleskönner.	GenKI-Tools sind nicht einheitlich, sondern auf bestimmte Funktionen zugeschnitten, wobei jedes Tool seine eigenen Vor- und Nachteile hat. Beispielsweise sind Tools wie ChatGPT3 optimal für sprachbezogene Aufgaben, während sich DALL-E und Midjourney hervorragend zum Erstellen von Bildern eignen, was die Notwendigkeit unterstreicht, das jeweils verwendete Tool an die Aufgabe anzupassen. Multimodale Modelle wie ChatGPT4 scheinen bei vielen verschiedenen Arten von Eingaben gut zu sein, haben aber auch ihre Nachteile. Beispielsweise ist ChatGPT-4o nicht besonders gut zum Erstellen von Diagrammen und Infografiken geeignet – zumindest noch nicht.
GenKI ist ein wildes, ungezähmtes Biest.	GenKI ist vielleicht der Neuling auf dem Markt, aber das heißt nicht, dass es sich um eine unberechenbare Neuerung handelt. Die Gruselgeschichten sind oft mehr Fiktion als Tatsache. Wie bei jeder Technologie kommt es darauf an, wie man sie nutzt.
GenKI wird die Wirtschaft über Nacht auf den Kopf stellen.	GenKI eignet sich hervorragend zum Erstellen von Inhalten und zum Gestalten persönlicherer und effizienterer Inhalte, ist aber kein Zauberstab für Unternehmen. Die Superkräfte von GenKI entfalten ihre Wirkung am besten, wenn sie auf bestimmte Aufgaben und Unternehmensziele zugeschnitten sind.
GenKI ist nur einen Schritt davon entfernt, selbstständig zu denken.	Um es klarzustellen: GenKI ist zwar geschickt darin, Dinge auf der Grundlage von Mustern zu erstellen, aber sie kommt nicht einmal annähernd an das Denken oder Fühlen eines Menschen heran. Sie ist schlau, aber nicht hinterlistig.

Mythos	Realität
In Zukunft wird GenKI die Führung übernehmen.	Sie ist ein Werkzeug, kein Herrscher. Sie wurde zu früh überbewertet und massenhaft angenommen, als dass die Benutzerkenntnisse mithalten konnten, was bedeutet, dass wir uns wahrscheinlich in einer Blase befinden, die bald platzen wird. Keine Angst, dies ist ein typischer Zyklus für neue Technologien. GenKI ist gekommen, um zu bleiben. Erlernen Sie zeitnah die Fähigkeiten, um sich jetzt und in Zukunft einen Job zu sichern. Es wird nur ein wenig dauern, bis sich der Staub gelegt hat, damit Menschen und Unternehmen sehen können, wo diese Technologie am besten funktioniert.

Tabelle 1.1: Häufige Mythen über GenKI – und die Realität

Generative KI ist ein sich rasch entwickelndes Feld. Ihre Möglichkeiten erweitern sich und mit ihnen unser Verständnis dessen, was möglich ist. Die Reise durch die Landschaft der GenKI hat gerade erst begonnen, und der Weg vor uns ist voller Möglichkeiten für Innovation und Wachstum.

IN DIESEM KAPITEL

Die Geheimnisse erfolgreicher Prompts erfahren

Verstehen, wie Prompts funktionieren

Gute Prompts erstellen

Zur Aufgabe passende Prompts schreiben

Prompts an das Publikum anpassen

Kapitel 2
Die Kunst des Prompt-Engineerings

Im Zeitalter der generativen KI (GenKI) ist das Prompting eine entscheidende Fähigkeit, die Ihnen helfen kann, Ihre Karriere neu in Schwung zu bringen oder Ihr Gehalt zu verbessern.

Wenn Sie sich schon einmal gefragt haben, wie Sie effektiv mit KI kommunizieren können, um die bestmöglichen Ergebnisse zu erzielen, ist dieses Kapitel genau der richtigen Ausgangspunkt für Sie. Schnallen Sie sich an, und machen Sie sich bereit für eine Reise, die Ihre Art der Interaktion mit KI verändern wird.

Das Wichtigste zuerst: Was ist ein Prompt?

Ein *Prompt* ist eine Abfrage oder ein Befehl, die beziehungsweise den Sie in die Eingabeleiste auf der Benutzeroberfläche einer GenKI-Anwendung schreiben. Es handelt sich im Wesentlichen um Ihre Seite der Konversation mit einer GenKI-Anwendung.

Abbildung 2.1 zeigt einen Screenshot der Benutzeroberfläche von ChatGPT. Die Eingabeleiste befindet sich am unteren Bildschirmrand. Es handelt sich um ein rechteckiges Feld mit den Worten »Schreibe hier deine Nachricht« darin. Sie geben Ihren Prompt in dieses Feld ein.

ChatGPT ist eine Chatbot-Anwendung, die auf GPT basiert, einem generativen KI-Modell. Auch andere Anwendungen basieren auf GPT-Modellen. Andere Anwendungen basieren nicht auf GPT, sondern auf anderen Arten von generativen KI-Modellen.

Abbildung 2.1: Screenshot der ChatGPT-Benutzeroberfläche. (Quelle: `https://chat.openai.com/`)

Abhängig vom verwendeten Modell können Sie in den Prompt möglicherweise auch ein oder mehrere Bilder oder andere Dateien einfügen. Klicken Sie auf das kleine Büroklammersymbol in der Eingabeleiste, um Bilder und/oder Dateien anzuhängen.

Prompt Engineering bedeutet, einen Prompt oder eine Reihe iterativer Prompts zu erstellen, damit ein GenKI-Modell die gewünschte Ausgabe erzeugt. Obwohl jeder einen Prompt schreiben kann, erfordert Prompt Engineering zusätzliche Schritte und kritisches Denkvermögen, um eine maximale Wirkung zu erzielen. Dieses Kapitel führt Sie auf den Weg zum Prompt Engineering, während das gesamte Buch Ihnen dabei hilft, ein Power-User von GenKI zu werden. Prompt Engineering ist eine wichtige, aber nicht die einzige Fähigkeit, die man als Power-User braucht.

Das Geheimnis erfolgreicher Prompts

Wenn Sie sich auf Ihre Reise durch die Welt der generativen KI begeben, ist die Kunst des Promptings eines der wirkungsvollsten Werkzeuge, die Ihnen zur Verfügung stehen. Aber wie kommt es, dass manche Prompts die Schleusen für die Kreativität der KI öffnen, während andere sie kaum zum Tröpfeln bringen?

In diesem Abschnitt entdecken Sie das Geheimnis erfolgreicher Prompts. Ein wohldurchdachtes Prompting kann Ihre Interaktionen mit KI erheblich verbessern.

Die Geheimzutat des Prompt Engineerings

Die Geheimzutat des Promptings ist eine Kombination aus Klarheit, Kontext und Kreativität. Um einen erfolgreichen Prompt zu erstellen, müssen Sie Ihre Anfrage klar formulieren, genügend Kontext bereitstellen, damit die KI die Richtung versteht, und kreativ genug sein, um die KI zum gewünschten Ergebnis zu führen.

Stellen Sie sich vor, Sie sind ein Koch in der Küche. Ihre Zutaten sind Wörter, Ihr Rezept ist der Prompt, und das Gericht, das Sie zubereiten möchten, ist die Antwort der KI. So wie ein gut durchdachtes Rezept zu einer köstlichen Mahlzeit führt, führt ein gut durchdachter

Prompt zu einer zufriedenstellenden Antwort der KI. Der Schlüssel liegt darin, alle Elemente genau richtig auszubalancieren.

Erfolgreiches Prompting findet jedoch fast immer schrittweise und nicht in einem einzelnen Prompt statt. Wie bei den meisten Rezepten führt das schrittweise Hinzufügen der Zutaten zu einem besseren Ergebnis, als einfach alle Zutaten auf einmal in die Schüssel zu schütten. Zwei Möglichkeiten, Schritte beim Prompting zu verwenden, sind iteratives Prompting und Prompt Chaining, verwandte, aber unterschiedliche Techniken:

- ***Iteratives Prompting*** ist ein flexibler Zyklus aus Prompts, Bewertung und erneutem Prompt, der iterativ fortgesetzt wird, bis ein zufriedenstellendes Ergebnis erreicht ist.
- ***Prompt Chaining***, also die Verkettung von Prompts, ist ein fester iterativer Verfeinerungsprozess, der als Kette verbundener Prompts strukturiert ist. Anders ausgedrückt werden Aufgaben in Schritte unterteilt, wobei jeder Schritt auf dem vorherigen aufbaut und wie ein Kettenglied hinzugefügt wird. Jeder Prompt in einer Prompt-Kette wird in einer bestimmten Reihenfolge entworfen, um das Modell nicht mit zu vielen Befehlen auf einmal zu verwirren und es auf ein gewünschtes Ergebnis hin zu bewegen.

Wie Prompts die Antworten von GenKI steuern

Prompts geben der KI die Richtung vor, die sie beim Generieren von Inhalten einschlagen soll. GenKI erstellt Inhalte, indem sie vorhersagt, welche Wörter am wahrscheinlichsten auf die Wörter in Ihrem Prompt folgen, und dann vorhersagt, welche Wörter darauf folgen werden, und so weiter.

Bleiben wir bei der vorherigen Analogie: Die wichtigste Geheimzutat für das Prompting ist, dass Sie sich daran erinnern, dass GenKI-Modelle Vorhersagen treffen. Sie denken nicht, unterhalten sich nicht und erschaffen nichts. Sie generieren Inhalte auf der Grundlage von Wahrscheinlichkeiten, die durch die Daten bestimmt werden, mit denen das Modell trainiert wurde, und durch die Prompts, die Sie ihm übergegeben haben.

Man kann sich die Prompts auch wie die Teile eines Puzzles vorstellen. Aus einigen wenigen Teilen wird GenKI dann vorhersagen, wie das fertige Puzzle aussieht. Deshalb ist es so wichtig, ihr Teile zu geben, die genügend Hinweise liefern, damit sie das Gesamtbild erkennen kann.

Um zu demonstrieren, wie das funktioniert, werde ich sowohl Dall-E in Azure OpenAI Studio als auch Image Generator in OpenAIs ChatGPT aufrufen.

Abbildung 2.2 zeigt die im Azure OpenAI Studio DALL-E Playground (Vorschau) erstellte Abbildung. Beachten Sie, dass der von mir verwendete spezifische Prompt unter der Abbildung steht.

Vergleichen Sie nun Abbildung 2.2 mit Abbildung 2.3. Diese neue Abbildung ist die Bildgenerator-Vorhersage in OpenAIs ChatGPT der richtigen Antwort auf denselben Prompt, den ich Azure OpenAI Studio DALL-E in Abbildung 2.2 übergeben habe.

Abbildung 2.2: Darstellung der Funktionsweise von Eingabeaufforderungen, die im Azure OpenAI-Studio-DALL-E-Spielplatz (Vorschau) erstellt wurden.

Abbildung 2.3: Illustration der Funktionsweise von Prompts, die im Image Generator in OpenAIs ChatGPT erstellt wurden.

Gefällt Ihnen eine dieser Abbildungen besser als die andere? Das ist Ihre subjektive Meinung und völlig in Ordnung. Unabhängig davon, welche Ihnen besser gefällt, ist keine der Abbildungen ein echter Test dafür, welche KI-Anwendung oder welches KI-Modell die beste Arbeit leistet.

Dies bringt uns zu einem weiteren wichtigen Punkt, den Sie sich merken sollten: Ein und derselbe Prompt ruft immer wieder unterschiedliche Antworten desselben GenKI-Modells hervor, selbst wenn er vom selben Benutzer im selben Chat eingegeben wird. Es gibt auch Unterschiede zwischen verschiedenen GenKI-Modellen, wie Sie gleich sehen werden. Es stimmt nämlich: Es ist höchst unwahrscheinlich, dass Sie jemals zweimal dieselbe Antwort auf denselben Prompt erhalten. Und das gilt unabhängig davon, ob Sie GenKI zum Generieren von Text, Bildern, Videos oder Audio verwenden.

Ein Prompt kann so einfach wie eine Frage oder so komplex wie eine Reihe von Anweisungen sein, aber das Endziel ist dasselbe: eine bestimmte Antwort von der KI zu erhalten. Wenn Sie eine vage Frage stellen, führt Sie die KI möglicherweise auf einen verschlungenen Weg voller Allgemeinplätze. Wenn Sie jedoch eine präzise Frage stellen, erhalten Sie mit größerer Wahrscheinlichkeit eine direkte und relevante Antwort. Ihr Prompt muss GenKI-Modelle und -Anwendungen bewusst und geschickt an Ihr Ziel führen. Wenn Sie dies nicht tun, irren Sie ziellos umher.

Effektive Prompts für verschiedene KI-Anwendungen

Wenn Sie tiefer in den Bereich des Prompt Engineerings eintauchen, werden Sie feststellen, dass die Wirksamkeit eines Prompts je nach Anwendung stark variieren kann. Egal, ob Sie KI für kreatives Schreiben, die Datenanalyse, den Kundenservice oder eine andere spezifische Anwendung verwenden, die von Ihnen verwendeten Prompts müssen auf die jeweilige Aufgabe zugeschnitten sein.

Die Kunst des Prompt Engineerings besteht darin, die Art der Kommunikation an die Art der Aufgabe anzupassen. Wenn Ihnen das gelingt, können Sie das enorme Potenzial der KI freisetzen.

Wenn Sie beispielsweise KI zum kreativen Schreiben einsetzen, sollten Ihre Prompts offen und fantasievoll sein und die KI dazu anregen, originelle und vielfältige Ideen zu entwickeln. Ein Prompt wie: »Schreibe eine Geschichte über eine verlorene Zivilisation, die von einer Gruppe Teenager entdeckt wurde«, schafft die Grundlage für eine kreative Erzählung.

Im Gegensatz dazu erfordert die Datenanalyse präzise und datengesteuerte Prompts. Hier müssen Sie die KI möglicherweise mit spezifischen Anweisungen oder Fragen anleiten, wie zum Beispiel: »Analysiere die Verkaufsdaten des letzten Quartals, und identifiziere die Produkte mit der besten Leistung.« Möglicherweise müssen Sie diese Daten in den Prompt aufnehmen, wenn sie nicht bereits in die Trainingsdaten, die Retrieval-Augmented Generation (RAG), system- oder benutzerdefinierte Nachrichten oder eine spezielle GPT geladen sind.

In jedem Fall hilft diese Art von Prompt der KI, sich auf die genaue Aufgabe zu konzentrieren, und stellt sicher, dass die Ausgabe relevant und umsetzbar ist.

Die folgenden Abschnitte helfen Ihnen dabei, Ihre Prompts anzupassen. Denken Sie daran, dass Sie möglicherweise neue Prompts entwickeln müssen, wenn Ihr anfänglicher Ansatz, auch wenn er gut angepasst ist, nicht die gewünschten Ergebnisse liefert.

Prompts für verschiedene Domänen

Der Schlüssel zum Entwerfen effektiver Prompts liegt im Verständnis des Bereichs, den Sie ansprechen. Jeder Bereich hat seine eigene Terminologie, Erwartungen und Ziele. Beispielsweise ist für juristische Prompts eine andere Struktur und Sprache erforderlich als für Prompts in der Unterhaltung oder Bildung. Es ist wichtig, domänenspezifisches Wissen in Ihre Prompts einzubinden, um die KI bei der Generierung der gewünschten Ausgabe anzuleiten.

Hier einige Beispiele aus verschiedenen Branchen, die veranschaulichen, wie Prompts für domänenspezifische Anwendungen angepasst werden können:

- ✔ **Rechtsbereich:** In der Rechtsbranche sind Präzision und Formalität von größter Bedeutung. Prompts müssen so formuliert werden, dass sie die akribische Natur der juristischen Sprache und Argumentation widerspiegeln. Ein Prompt zur Vertragsanalyse könnte beispielsweise lauten: »Identifiziere und fasse die Pflichten und Rechte jeder Partei gemäß den in Abschnitt 2.3 und 4.1 dargelegten Vertragsklauseln zusammen.« Dieser Prompt ist so strukturiert, dass sich die KI sich bestimmte Abschnitte konzentriert, was die detailorientierte Natur der juristischen Arbeit widerspiegelt.
- ✔ **Gesundheitswesen:** Im Gesundheitswesen müssen Prompts die medizinische Terminologie und die Privatsphäre der Patienten berücksichtigen. Ein Prompt für eine medizinische Diagnose könnte lauten: »Was sind angesichts der folgenden anonymisierten Patientensymptome und Testergebnisse die möglichen Differenzialdiagnosen?« Diese Eingabeaufforderung respektiert die Patientenvertraulichkeit und nutzt gleichzeitig die Fähigkeit der KI, medizinische Daten zu verarbeiten.
- ✔ **Bildungsbereich:** Prompts im Bildungsbereich zielen häufig darauf ab, ein fesselndes Ergebnis zu erzeugen, das im Unterricht genutzt werden kann. Ein Lehrer könnte einen Prompt verwenden wie: »Erstelle einen Unterrichtsplan, der Fünftklässlern mit Hilfe interaktiver Aktivitäten das Konzept der Fotosynthese näherbringt.« Dieser Prompt soll Bildungsinhalte generieren, die altersgerecht und ansprechend sind.
- ✔ **Finanzbereich:** Im Finanzbereich müssen Prompts datengesteuert und analytisch sein. Ein Finanzanalyst könnte einen Prompt schreiben wie: »Analysiere die historischen Preisdaten der XYZ-Aktie des letzten Jahres, und prognostiziere den Trend für das nächste Quartal basierend auf dem gleitenden Durchschnitt und der Standardabweichung.« Dieser Prompt fordert die KI auf, bestimmte Finanzmodelle auf reale Daten anzuwenden.

- **Marketingbereich:** Prompts im Marketingbereich konzentrieren sich häufig auf Kreativität und die Einbindung des Publikums. Ein Marketingprofi könnte einen Prompt schreiben wie: »Erstelle eine Liste mit eingängigen Schlagworten für unsere neue umweltfreundliche Produktlinie, die umweltbewusste Verbraucher anspricht.« Dieser Prompt ermutigt die KI, kreative Inhalte zu erstellen, die bei der betreffenden Zielgruppe Anklang finden.

- **Bereich Software-Entwicklung:** In der Software-Entwicklung können Prompts technischer Natur sein und Kenntnisse von Programmiersprachen erfordern. Ein Prompt könnte lauten: »Debugge den folgenden Python-Codeausschnitt und schlage Optimierungen zur Steigerung seiner Effizienz vor.« Dieser Prompt ist technischer Natur und weist die KI an, sich direkt mit dem Code zu befassen.

- **Bereich Kundenservice:** Beim Kundenservice sollten die Prompts zugänglich und lösungsorientiert sein. Ein Prompt könnte lauten: »Schreibe eine Antwort auf eine Kundenbeschwerde über eine verspätete Lieferung, zeige Verständnis, und biete eine Abhilfelösung an.« Dieser Prompt weist die KI an, eine heikle Situation mit Taktgefühl zu behandeln.

Wenn Sie die spezifischen Prompts und die Sprache der betreffenden Bereiche verstehen, können Sie mit Ihren Prompts die KI effektiv anleiten, die gewünschten Ergebnisse zu erzielen. Es geht nicht nur darum, Befehle zu erteilen; es geht darum, sie so zu formulieren, dass sie mit den Zielen, Bedingungen und Praktiken der jeweiligen Branche übereinstimmen. Da sich die KI weiterentwickelt, wird die Fähigkeit, präzise und effektive Prompts zu entwickeln, in allen Branchen zu einer immer wertvolleren Fähigkeit.

Tipps und Tricks zur Optimierung Ihrer Prompts

Die folgende Liste enthält einige Insidertipps und Tricks, mit denen Sie Ihre Prompts optimieren können, um das Beste aus Ihren Interaktionen mit GenKI-Tools herauszuholen:

- **Kennen Sie Ihr Ziel.** Entscheiden Sie, was Sie von der KI wollen – etwa eine einfache Anleitung oder eine Reihe von Ideen –, bevor Sie anfangen zu fragen.

- **Seien Sie konkret.** Je klarer Sie formulieren, desto besser kann die KI helfen. Fragen Sie: »Wie backe ich einen Schokoladenkuchen für Anfänger?«, statt nur: »Wie backe ich einen Kuchen?«

- **Halten Sie es einfach.** Verwenden Sie eine einfache Sprache, es sei denn, Sie sind in einem Spezialgebiet wie Jura oder Medizin tätig. Dann verwenden Sie die richtigen Begriffe.

- **Fügen Sie Kontext hinzu.** Geben Sie Hintergrundinformationen, wenn es sich um ein spezielles Thema handelt, beispielsweise Tipps für kleine Unternehmen in sozialen Medien.

- ✔ **Geben Sie die Rolle an, für die die Antwort vorgesehen ist.** Sagen Sie der KI, sie soll sich wie jemand anderes verhalten, zum Beispiel wie ein Fitnesstrainer, um Antworten zu erhalten, die zu dieser Rolle passen.

- ✔ **Versuchen Sie es erneut.** Wenn die erste Antwort nicht gut ist, ändern Sie Ihre Frage ein wenig ab, und stellen Sie sie erneut.

- ✔ **Geben Sie Beispiele.** Wenn Sie etwas Kreatives erhalten möchten, zeigen Sie der KI ein Beispiel, an dem sie sich orientieren kann. Sie können sie beispielsweise nach einem Gedicht von Robert Frost fragen.

- ✔ **Überfordern Sie sich nicht.** Konzentrieren Sie sich auf den Schwerpunkt Ihre Frage. Wenn sie zu viele Informationen enthält, wird sie unübersichtlich.

- ✔ **Mischen Sie.** Versuchen Sie, auf unterschiedliche Weise zu fragen, beispielsweise mit einer Frage oder einem Befehl, um zu sehen, was am besten funktioniert.

- ✔ **Nutzen Sie die multimodale Funktionalität.** *Multimodale Funktionalität* bedeutet, dass das GenKI-Modell, mit dem Sie arbeiten, verschiedene Arten von Prompts akzeptieren kann. Normalerweise bedeutet das, dass sowohl Text als auch Bilder als Eingabe akzeptiert werden können.

- ✔ **Verstehen Sie die Grenzen des Modells.** GenKI ist nicht unfehlbar und kann jederzeit Fehler produzieren oder »halluzinierte« Antworten liefern. Betrachten Sie die Ergebnisse der KI immer mit einem kritischen Auge, und verwenden Sie sie als Ausgangspunkt und nicht als letztes Wort zu einem Thema.

- ✔ **Nutzen Sie die verbesserten Problemlösungsfähigkeiten.** Dank der verbesserten Problemlösungsfähigkeiten von GenKI können Sie komplexere Prompts formulieren. Nutzen Sie dies zu Ihrem Vorteil, wenn Sie Prompts erstellen, die ein tieferes Eintauchen in ein Thema erfordern.

- ✔ **Passen Sie den Prompt an das KI-Training an.** Frühere Versionen von ChatGPT wurden bis zu einem bestimmten Zeitpunkt an einem riesigen Datensatz trainiert und wussten nichts über Ereignisse nach diesem Datum. Mittlerweile lernt ChatGPT auch fortlaufend (seit September 2023). Es gibt aber immer noch GenKI-Modelle, deren Wissen nur bis zu einem bestimmten Zeitpunkt reicht. Wenn Sie auf aktuellere Ereignisse oder Daten verweisen müssen, geben Sie diesen Kontext in Ihrem Prompt an.

- ✔ **Experimentieren Sie mit verschiedenen Prompt-Längen.** Kurze Prompts können für schnelle Antworten nützlich sein, während längere, detailliertere Prompts mehr Kontext liefern und umfassendere Antworten hervorbringen können.

- ✔ **Integrieren Sie Feedbackschleifen.** Nachdem Sie eine Antwort von Ihrer GenKI-Anwendung erhalten haben, bewerten Sie deren Qualität und Relevanz. Wenn sie Ihren Erwartungen entspricht oder nahekommt, klicken Sie auf das Daumen-hoch-Symbol. Wenn sie nicht ganz Ihren Erwartungen entspricht, geben Sie mit Ihrem nächsten Prompt Feedback, indem Sie auf das Daumen-runter-Symbol klicken. Dieser iterative Prozess kann dazu beitragen, das Verständnis der KI für Ihre Anforderungen zu verfeinern und die Qualität zukünftiger Antworten zu verbessern.

Wenn Sie diese Tipps im Hinterkopf behalten und sich über die neuesten Entwicklungen bei den Fähigkeiten verschiedener GenKI-Modelle und -Anwendungen auf dem Laufenden halten, können Sie Prompts erstellen, die nicht nur effektiv, sondern auch verantwortungsvoll sind und auf die Stärken und Grenzen der KI abgestimmt sind.

Prompts zum Bereitstellen ergänzender Daten für das Modell

Der Sinn des Prompt Engineerings besteht darin, einen Prompt so sorgfältig zu formulieren, dass er die Lernkurve der KI formen und ihre Antworten perfektionieren kann. In diesem Abschnitt tauchen Sie in die Kunst ein, Prompts zu verwenden, um das GenKI-Modell zu verfeinern und sicherzustellen, dass es die genauesten und hilfreichsten Antworten liefert, die möglich sind. Mit anderen Worten: Sie erfahren, wie Sie Prompts verwenden können, um dem Modell beizubringen, im Laufe der Zeit besser zu funktionieren. Hier einige spezifische Taktiken:

- ✔ **Wenn Sie mit der KI sprechen und sie Ihnen Antworten gibt, sagen Sie ihr, ob Ihnen die Antwort gefallen hat oder nicht.** Klicken Sie dazu auf die Symbole »Daumen hoch« oder »Daumen runter« oder auf die Symbole + oder – über oder unter der Ausgabe. Wenn Sie dies konsequent tun, lernt das Modell mit der Zeit, besser auf Sie und Ihre Eingaben zu reagieren.

- ✔ **Wenn die KI Ihnen eine seltsame Antwort gibt, können Sie eine Schaltfläche »Noch einmal versuchen« drücken.** Es ist, als ob Sie Ihren Freund bitten, Ihnen etwas noch einmal zu erklären, wenn Sie es beim ersten Mal nicht verstanden haben. Suchen Sie in der Nähe der Ausgabe nach »Antwort umformulieren« oder einer ähnlichen Formulierung (der konkrete Begriff variiert je nach Modell). Klicken Sie darauf, und Sie erhalten sofort einen zweiten Versuch der KI!

- ✔ **Überlegen Sie sich verschiedene Möglichkeiten, der KI dieselben oder ähnliche Fragen zu stellen.** Es ist, als würde man Zauberwörter verwenden, um die besten Antworten zu erhalten. Wenn Sie wirklich gut darin sind, können Sie eine Liste mit Prompts erstellen, die auch andere verwenden können, um gute Fragen zu stellen. Prompt-Bibliotheken sind für alle sehr hilfreich. Es ist klug, sich Prompt-Bibliotheken nach Ideen anzusehen, wenn Sie nicht wissen, wie oder was Sie eingeben sollen.

- ✔ **Teilen Sie Ihre erfolgreichen Prompts.** Wenn Sie eine wirklich gute Möglichkeit finden, etwas zu fragen, können Sie diese online (auf Websites wie GitHub) mit anderen Prompt-Entwicklern teilen und Prompts verwenden, die andere dort ebenfalls geteilt haben.

- ✔ **Statt der KI alles von Grund auf beizubringen (das Modell neu zu trainieren), können Sie ihr durch Ihre Eingaben noch ein paar neue Dinge beibringen.** Fordern Sie sie einfach auf unterschiedliche Weise auf, neue Dinge zu tun. Mit der Zeit wird sie lernen, ihre Berechnungen zu erweitern. Und bei einigen Modellen wird das, was sie aus Ihren Eingaben lernt, in ihrem Speicher gespeichert. Dadurch verbessern sich auch die Ergebnisse, die sie Ihnen liefert!

- **Lenken Sie Voreingenommenheiten (Bias) der KI um.** Wenn die KI etwas sagt, das Ihnen gemein oder unfair erscheint, geben Sie ihr einen Daumen nach unten, und erklären Sie in Ihrem nächsten Prompt, warum die Antwort inakzeptabel war. Ändern Sie außerdem in Zukunft die Art und Weise, wie Sie Fragen stellen, um das Modell von dieser Tendenz abzubringen.
- **Bleiben Sie transparent und verantwortungsvoll, wenn Sie mit KI arbeiten.** Sagen Sie den Leuten, warum Sie der KI bestimmte Fragen stellen und was Sie sich davon erhoffen. Wenn etwas schiefgeht, versuchen Sie, es wiedergutzumachen. Das ist, als ob Sie ehrlich sagen, warum Sie sich das Spielzeug Ihres Freundes geliehen haben, und es reparieren, wenn es kaputtgeht.
- **Lernen Sie weiter.** Die KI-Welt verändert sich häufig und viel. Bleiben Sie über neue Modelle, Funktionen und Taktiken auf dem Laufenden, sprechen Sie mit anderen, und versuchen Sie, immer besser darin zu werden, die KI immer schwierigere Aufgaben erledigen zu lassen.

Je mehr Sie GenKI beim Lernen unterstützen, desto besser kann sie Ihnen helfen!

Typische Fehler bei Prompts vermeiden

Wenn Sie über Ihre Prompts mit der KI interagieren, achten Sie auf häufige Fallstricke, die zu verzerrten oder unerwünschten Ergebnissen führen können. Im Folgenden finden Sie einige Strategien, um diese Fallen zu vermeiden und sicherzustellen, dass Ihre Interaktionen mit KI sowohl effektiv als auch ethisch einwandfrei sind.

- **Erkennen und mildern Sie Vorurteile.** Vorurteile in der KI können auf die Daten zurückzuführen sein, mit denen sie trainiert wurde, oder auf die Art und Weise, wie Prompts strukturiert sind. Beispielsweise bevorzugte ein Gesundheitsalgorithmus in den Vereinigten Staaten versehentlich weiße Patienten gegenüber farbigen Menschen, weil er die Kostenhistorie der Gesundheitsversorgung als Indikator für Gesundheitsbedürfnisse verwendete, die mit der Rasse korrelierten. Um solche Vorurteile zu vermeiden, sollten Sie die in Ihren Prompts verwendeten Variablen und die verwendete Sprache sorgfältig prüfen. Stellen Sie sicher, dass sie nicht versehentlich eine Gruppe gegenüber einer anderen bevorzugen oder Stereotypen verewigen.
- **Hinterfragen Sie Annahmen.** Falsche oder fehlerhafte Annahmen können zu fehlgeleitetem KI-Verhalten führen. Beispielsweise entwickelte Amazons Einstellungsalgorithmus eine Voreingenommenheit gegenüber Frauen, weil er mit überwiegend von Männern eingereichten Lebensläufen trainiert wurde. Überprüfen Sie regelmäßig die Annahmen hinter Ihren Prompts, und seien Sie offen dafür, sie bei Bedarf in Frage zu stellen und zu überarbeiten.

- ✔ **Vermeiden Sie Übergeneralisierungen.** KI kann auf der Grundlage begrenzter Daten pauschale Verallgemeinerungen vornehmen. Um dies zu verhindern, geben Sie in Ihren Prompts vielfältige und repräsentative Beispiele an. Dies hilft der KI, die Nuancen und Variationen innerhalb der Daten zu verstehen, was zu genaueren und faireren Ergebnissen führt.

- ✔ **Behalten Sie Ihr Ziel im Auge.** Wenn Sie das Ziel Ihrer Interaktion mit der KI aus den Augen verlieren, kann dies zu irrelevanten oder nicht hilfreichen Antworten führen. Richten Sie Ihre Prompts immer auf das beabsichtigte Ziel aus, und vermeiden Sie, sich von den Antworten der KI in eine Richtung lenken zu lassen, die von Ihrem ursprünglichen Ziel abweicht.

- ✔ **Diversifizieren Sie Informationsquellen.** Wenn Sie sich auf einen zu engen Satz von Informationen verlassen, kann dies die KI-Reaktionen verzerren. Stellen Sie sicher, dass die von Ihnen bereitgestellten Daten und Beispiele ein breites Spektrum an Szenarien und Perspektiven abdecken. Dies hilft der KI, ein umfassendes Verständnis der anstehenden Aufgabe zu entwickeln. Wenn die KI beispielsweise darauf trainiert ist, Ursachen für Hubschrauberabstürze zu finden, und der einzige Datensatz, über den die KI verfügt, Ereignisse sind, bei denen Hubschrauber abstürzen, wird sie daraus schließen, dass alle Hubschrauber abstürzen, was wiederum zu verzerrten Ergebnissen führt, die kostspielig oder sogar gefährlich sein können. Fügen Sie Daten zu Flügen oder Ereignissen hinzu, bei denen keine Hubschrauber abgestürzt sind, und Sie erhalten bessere Ergebnisse, da das Modell vielfältigere und vollständigere Informationen zur Analyse hat.

- ✔ **Fördern Sie offene Debatten.** KI kann Debatten manchmal abkürzen, indem sie autoritär klingende Antworten liefert. Verwenden Sie offene Fragen, die mehrere Standpunkte zulassen, und seien Sie kritisch gegenüber den Antworten der KI. Dies fördert eine gründlichere und umfassendere Auseinandersetzung mit dem Thema.

- ✔ **Seien Sie vorsichtig mit Konsens.** Es kann verlockend sein, sich auf Konsens zu verlassen, insbesondere wenn die KI unsere bestehenden Überzeugungen bestätigt. Es ist jedoch wichtig, die KI und sich selbst zu hinterfragen, indem Sie alternative Standpunkte und Gegenargumente in Betracht ziehen. Dies hilft dabei, potenzielle blinde Flecken und Vorurteile aufzudecken.

- ✔ **Überprüfen Sie Ihre Arbeit.** Überprüfen Sie die Antworten der KI immer auf Genauigkeit und Voreingenommenheit. Wie beim Gesundheitsalgorithmus, der Ressourcen zugunsten weißer Patienten verlagerte, können scheinbar neutrale Variablen unbeabsichtigte Folgen haben. Strenge Kontrollen und Abgleiche sind notwendig, um sicherzustellen, dass die Ergebnisse der KI ethischen Standards entsprechen.

IN DIESEM KAPITEL

- Lernen, wie die Leistungsfähigkeit der generativen KI für Projekte genutzt werden kann
- Reale Beispiele kreativer Zusammenarbeit mit KI erkunden
- Eine aktive Rolle beim verantwortungsvollen Einsatz von KI und bei anderen ethischen Überlegungen übernehmen

Kapitel 3
Kreative Zusammenarbeit mit GenKI

Die kreative Zusammenarbeit mit generativer KI (GenKI) ist wie die Zusammenarbeit mit einem äußerst anpassungsfähigen und unermüdlichen Kreativassistenten. Diese Technologie kann den kreativen Prozess verbessern, indem sie kreative Konzepte anregt und entwickelt, einzigartige Einblicke liefert, Inhalte generiert und sogar Ideen verfeinert.

In diesem Kapitel erfahren Sie, wie kreative Zusammenarbeit mit GenKI am effektivsten ist, wenn sie als dynamisches Zusammenspiel zwischen menschlicher Kreativität und der generativen Leistung der KI betrachtet wird. Wenn Sie klare, detaillierte Anweisungen geben und einen iterativen Prozess durchführen, können Sie GenKI dazu anleiten, Arbeiten zu produzieren, die nicht nur kreativ, sondern auch komplex, höchst originell und zutiefst fesselnd sind.

Seien Sie sich bewusst, dass GenKI alles daransetzen wird, das zu produzieren, was Sie suchen, und dabei möglicherweise zu dem Schluss kommt, dass die kreative Arbeit eines anderen die perfekte Lösung ist. In diesem Kapitel werden auch Ethik und verantwortungsvoller Umgang behandelt, um Ihnen zu helfen, rechtliche und ethische Probleme zu vermeiden.

Zusammenarbeit von Mensch und KI in kreativen Bereichen

Ich habe dieses Buch (im US-amerikanischen Original) mit Unterstützung von GenKI geschrieben. Konkret habe ich ChatGPT im Azure OpenAI Service und Scribble Studio unter der Lizenz meines Herausgebers verwendet, um zu testen, wie gut (oder nicht) diese Technologie zum Schreiben eines Wiley-Buchs verwendet werden kann.

Offensichtlich war der Test ziemlich positiv, wenn man bedenkt, dass Sie jetzt die veröffentlichten Ergebnisse lesen. Aber es gibt hier mehr zu verstehen, als nur den Beweis hinzunehmen, dass GenKI erfolgreich zum Schreiben eines Buches verwendet werden kann. Dieses Buch ist ein Beweis für die Zusammenarbeit zwischen Autor und KI, die zu einem fertigen Werk geführt hat, das ganz dem Autor und nicht dem Tool zuzuschreiben ist. Warum sage ich das? Weil dieses Buch nicht durch Drücken eines Knopfes und Veröffentlichen dessen, was die KI ausgespuckt hat, entstanden ist. Vielmehr handelt es sich um eine bewusste Arbeit, bei der ich die KI strategisch dazu veranlasst habe, mir dabei zu helfen, mein Ziel zu erreichen, ein qualitativ hochwertiges Werk zu erstellen, das auf meiner eigenen kreativen Vision und meinem eigenen Schreibstil basiert, aber auch den Richtlinien des Verlags entspricht.

Natürlich hatte ich auch einen hervorragenden Redakteur und einen technischen Redakteur sowie ein ganzes Produktionsteam, das mir half, die KI-Ausgaben zu überprüfen, um Halluzinationen und andere Fehler zu vermeiden und um meine eigenen Texte zu verbessern. Wenn Sie mit GenKI professionelle Inhalte erstellen, empfehle ich Ihnen, auf vergleichbare Weise vorzugehen.

GenKI kann erfolgreich eingesetzt werden, um qualitativ hochwertige Inhalte zu erstellen. Sie kann aber auch verwendet werden, um Junk-Inhalte zu produzieren, so wie es Content-Farmen in ihrer Blütezeit taten und in gewissem Maße immer noch tun (siehe Einschub »Content-Farm Redux«). Die folgenden Abschnitte konzentrieren sich jedoch darauf, Ihnen zu zeigen, wie Sie mit GenKI hochwertige Inhalte erstellen.

Content-Farm Redux

Content-Farmen, auch Content-Mühlen genannt, beschäftigen viele unterbezahlte und oft schlecht ausgebildete Mitarbeiter, um große Mengen an minderwertigem Inhalt voller SEO-Schlüsselwörter zu produzieren. Mit anderen Worten: Content-Farmen arbeiten schnell und unablässig daran, das Rankingsystem der Suchmaschinenoptimierung (SEO) zu überlisten, indem sie große Mengen an Inhalt voller SEO-Schlüsselwörter produzieren, der für die Leser jedoch wenig oder überhaupt keinen Wert hat. Häufig wurden urheberrechtlich geschützte Werke gestohlen oder plagiiert oder einfach umgeschrieben und mit vielen Schlüsselwörtern versehen. Tatsächlich waren viele dieser Inhalte so schlecht, dass sie überhaupt keinen Sinn ergaben.

Schon vor Jahren bestraften Google und andere Suchmaschinen Content-Farmen für ihr ungehöriges Verhalten – auch um den Ruf der Suchmaschinen selbst zu schützen –, indem sie die schlimmsten Übeltäter aus den begehrten Plätzen der Suchrankings verbannten.

Heute verwenden Content-Farmen und andere, die schnell Geld machen wollen, GenKI, um aus verschiedenen Gründen schnell Junk-Inhalte zu produzieren. So berichtete *WIRED* am 18. Januar 2024, dass »Autoren bei Amazon immer wieder scheinbar KI-generierte Nachahmungen und Zusammenfassungen ihrer Bücher finden. Sie können kaum etwas tun, um diese Abzocke einzudämmen.« Der Einsatz von GenKI erspart Content-Farmen und KI-Buchspammern außerdem die (geringen) Kosten, die sie menschlichen Autoren für die Produktion von Junk-Inhalten zahlen müssten.

Aber wir kämpfen uns nicht mehr nur durch eine Flut digitalen Geschwätzes. NewsGuard, ein Transparenztool zur Bekämpfung von Falschinformationen im Internet, hat eine neue Art von Content-Farmen entdeckt. Diese Hightech-Wortmühlen produzieren einen Cocktail aus Falschinformationen, Propaganda, politischer Zwietracht, Manipulation der Öffentlichkeit und Clickbait.

Aber machen wir uns nichts vor: Suchmaschinen wie Google akzeptieren KI-generierte Inhalte in ihren Suchrankings. Und damit nicht genug: Suchmaschinen erstellen ihre eigenen KI-Zusammenfassungen oben in den Suchergebnissen, was die Aufrufzahlen für Herausgeber und Medien komplett zerstört.

Die Rolle der KI in Kunst, Musik, Schreiben und Videoproduktion

KI-gestützte Tools ermöglichen es Künstlern, die Grenzen der Kreativität zu erweitern. Programme wie Midjourney, Adobe Firefly, DeepArt und Googles DeepDream schaffen atemberaubende visuelle Kunstwerke, die Stile vermischen und Bilder auf eine Weise transformieren, die zuvor unvorstellbar war. KI kann auch dabei helfen, neue künstlerische Konzepte zu entwickeln, den kreativen Prozess zu verbessern und neue Ausdrucksformen anzubieten. Diese Tools ermöglichen es menschlichen Künstlern, neue Dimensionen ihrer Kreativität zu erkunden.

Im Bereich der Musik wird KI zum Komponieren, Arrangieren und sogar Aufführen von Musik eingesetzt. Tools wie AVIA, NoteGPT, OpenAIs MuseNet und Googles Magenta können Originalkompositionen in verschiedenen Stilen und Genres generieren und Musikern so eine neue Inspirationsquelle bieten. KI kann musikalische Trends analysieren und Harmonien, Rhythmen und Melodien vorschlagen und Komponisten bei der Schaffung komplexer und innovativer Stücke unterstützen. Darüber hinaus kann KI-gesteuerte Musikproduktionssoftware sich wiederholende Aufgaben automatisieren, sodass sich Musiker auf die kreativeren Aspekte ihrer Arbeit konzentrieren können.

Auch im Bereich des Schreibens macht die KI große Fortschritte. Sprachmodelle wie Claude von Anthropics oder GPT-4 von OpenAI können zusammenhängende und kontextbezogen relevante Texte generieren, von Gedichten und Geschichten bis hin zu Artikeln und Berichten. Diese Modelle können Autoren beim Brainstorming von Ideen, beim Verfassen von Inhalten und sogar beim Bearbeiten und Verfeinern ihrer Arbeiten unterstützen. KI kann Inhalte für Leser personalisieren, Erzählungen an individuelle Vorlieben anpassen und das Leseerlebnis verbessern. Als kollaboratives Tool ermöglicht es KI Autoren, mit neuen Stilen und Formaten zu experimentieren und die Grenzen der literarischen Kreativität zu erweitern.

KI verändert die Video- und Filmproduktion, indem sie verschiedene Aspekte des Filmherstellungsprozesses rationalisiert. KI-gesteuerte Tools wie Sora von OpenAI und Dream Machine von Luma AI können beim Drehbuchschreiben helfen, indem sie erfolgreiche Drehbücher analysieren und Handlungsentwicklungen, Charakterbögen und Dialoge vorschlagen.

In der Vorproduktion kann KI beim Storyboarding, der Visualisierung von Szenen und sogar bei der Suche nach Drehorten mit Hilfe generativer Modelle helfen. In der Postproduktion werden KI-Algorithmen für Schnitt, Farbkorrektur und Spezialeffekte verwendet, wodurch der für diese Aufgaben erforderliche Zeit- und Arbeitsaufwand erheblich reduziert wird. KI kann CGI (Computer Generated Imagery) auch durch die Erstellung realistischer Animationen und Effekte verbessern, womit sie zu einem unverzichtbaren Werkzeug für moderne Filmemacher wird.

Darüber hinaus kann KI die Vorlieben des Publikums und die Kassentrends analysieren, um den potenziellen Erfolg eines Films vorherzusagen und so Marketingstrategien und Vertriebspläne zu steuern.

Verschiedene Kunstformen, gleiche Themen

Um mit einem GenKI-Modell kreative und komplexe Ergebnisse zu schaffen, ist es entscheidend, detaillierte und spezifische Prompts für das GenKI-Modell zu erstellen. Dazu gehört nicht nur die Angabe des gewünschten Ergebnisses, sondern auch die Bereitstellung eines Kontexts, die Festlegung von Zielen und sogar die Einbeziehung stilistischer Vorlieben. Dies ist in der Musik, den bildenden Künsten und den darstellenden Künsten wohl schwieriger. Vielleicht kommt es mir aber auch nur so vor, weil ich Autorin bin und in den anderen Künsten nicht annähernd so kreativ bin. Trotzdem gibt es bemerkenswerte Ähnlichkeiten und Unterschiede in der Art und Weise, wie Sie Prompts erstellen, unabhängig von Ihren Vorlieben in Bezug auf den kreativen Ausdruck.

Je mehr Informationen die KI hat, desto maßgeschneiderter und ausgefeilter werden die Ergebnisse sein. Statt beispielsweise nach »einer Geschichte« zu fragen, könnte man »eine spannende Kurzgeschichte, die in einer dystopischen Zukunft spielt, sich mit Themen wie Technologie und Menschlichkeit befasst und deren überraschendes Ende die Leser dazu bringt, die Realität in Frage zu stellen« anfordern.

Im Grunde erschaffen Sie Ihre künstlerische Vision in Ihrem Prompt, und die KI setzt sie entsprechend um. Wie beim Bildhauen müssen Sie einen Prompt nach der anderen bearbeiten, bis die gewünschte Form sichtbar wird.

Ich erinnere mich an eine Übung im Rahmen eines Programms für junge Autoren in einem Kurs für kreatives Schreiben für Mittelschüler. Das Programm rief lokale, veröffentlichte Autoren dazu auf, sich freiwillig zu melden, um Schülern zu helfen, ihre Fantasien in veröffentlichungsreife Geschichten umzusetzen, seien es Gedichte, Kurzgeschichten oder Romane. Die Übung war perfekt dafür geeignet, die Stärken und Schwächen der Sprache zu veranschaulichen. Jeder Sprache.

Ich stand an einer Tafel und zeichnete mit Kreide Gabeln, nicht wie ich sie kannte, sondern genau so, wie die Schüler sie mir beschrieben. Da das vor über zehn Jahren war, habe ich keine Bilder der Ergebnisse aus dem Klassenzimmer mehr, die ich zeigen könnte, also bat ich DALL-E, einige der urkomischen Zeichnungen nachzuzeichnen, die dabei herauskamen. Abbildung 3.1 zeigt, wie schlecht Menschen Dinge beschreiben können – sogar (und besonders) gewöhnliche Objekte.

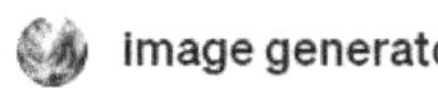

Abbildung 3.1: Nachbildung einer Übung, bei der ein Lehrer für kreatives Schreiben einen alltäglichen Gegenstand, in diesem Fall Gabeln, zeichnet, wie sie von den Schülern der Klasse beschrieben wurden. *(Erstellt mit Hilfe des Image Generators in ChatGPT.)*

Schlechte Beschreibungen entstehen teilweise deshalb, weil sich die Menschen darauf verlassen, dass der Zuhörer oder Leser die Details vertrauter Objekte, physikalischer Gesetze und anderer Besonderheiten, die in unserer gemeinsam erlebten Realität existieren, im Kopf ergänzt. Wenn der Zuhörer oder Leser aus einem anderen Ort oder einer anderen Kultur stammt, werden die von ihm ergänzten Details völlig anders aussehen oder gar nicht vorhanden sein.

GenKI gehört in diese letztere Gruppe. Obwohl sie gut darin ist, Kontext zu verwenden, um die Bedeutung von Wörtern besser abzuleiten, versteht sie die Wörter nicht wirklich. Sie versteht nicht, was Sie in den Prompt eingegeben haben. Sie versteht Sie überhaupt nicht. Das heißt, sie kann fehlende Details in Ihrem Prompt nicht ergänzen, nicht einmal auf dem Niveau, das ein kleines Kind erreichen würde. Ein Mangel an Details führt zu durcheinandergeratenen oder enttäuschenden Ergebnissen, genau wie bei meinen Gabelzeichnungen, als ich nicht mitarbeitete und den Beschreibungen der Schüler keine Details hinzufügte, wie ich selbst eine Gabel kenne.

Indem ich die Schüler zwang, eine Gabel genau und vollständig zu beschreiben, verdeutlichte ich ihnen, was notwendig ist, um in der eigenen Sprache besser zu kommunizieren. Indem ich ihnen zeigte, wie sehr der Zuhörer oder Leser mitarbeitet und zur Vollendung des kreativen Werks des Künstlers beiträgt, gab ich ihnen die Möglichkeit, diese Zusammenarbeit zu manipulieren. Ich hoffe, dass ich jetzt dasselbe für Sie tun kann.

Sie müssen also Ihren Prompt prägnant formulieren. Klarheit, Details und zusätzliche relevante Informationen sind unerlässlich. Normalerweise ist ein iterative Prompting-Prozess erforderlich, um die KI auf Kurs zu halten.

Darüber hinaus ist der iterative Prozess der Schlüssel zu großartigen kreativen Ergebnissen. GenKI kann einen ersten Entwurf oder ein Konzept erstellen, aber es ist der Künstler, der dies verfeinern und zu einem ausgefeilten Werk formen muss. Dies kann mehrere Feedback- und Anpassungsrunden umfassen, wobei die KI auf jeden Satz Anweisungen und Kritiken reagiert. Das Ergebnis wird jedoch selten Ihren Vorstellungen entsprechen, und daher müssen Sie die Endarbeit leisten, um Ihrer Kreation die gewünschte endgültige Form zu verleihen.

Einfach ausgedrückt: Sie sind der Schöpfer. GenKI ist das Werkzeug. Ihre Ergebnisse sind nur so gut wie der Schöpfer, der das Werkzeug verwendet. Kurz gesagt: Talent zählt am meisten. Ein großer Künstler wird mit diesem oder jedem anderen Werkzeug seiner Wahl großartige Kunst schaffen.

Vorteile von GenKI als Kreativtool

Der Einsatz von GenKI als Kreativtool bietet eine Vielzahl von Vorteilen, die die menschliche Kreativität und Produktivität steigern können. Hier einige Vorteile:

- **Verbesserte Effizienz:** KI kann schnell Ideen, Konzepte und Inhalte generieren, was den kreativen Prozess erheblich beschleunigt. So können sich die Entwickler auf die Verfeinerung und Entwicklung ihrer Arbeit konzentrieren, statt in den Anfangsphasen der Erstellung stecken zu bleiben.
- **Überwindung kreativer Blockaden:** KI kann Vorschläge und Alternativen liefern, die dem menschlichen Verstand vielleicht nicht sofort auffallen. So kann sie dabei helfen, kreative Blockaden zu überwinden und neue Richtungen für ein Projekt anzuregen.
- **Datengestützte Erkenntnisse:** KI kann große Datensätze analysieren, um Trends, Muster und Zusammenhänge zu erkennen, die für Menschen möglicherweise

unsichtbar sind. Diese Erkenntnisse können zu strategischeren und wirkungsvolleren kreativen Entscheidungen führen und einer kreativen Arbeit bessere oder unerwartete Perspektiven verleihen.

- ✔ **Personalisierung:** Kreative Menschen können mit ihren eigenen Prozessen und Präferenzen arbeiten, da GenKI flexibel ist. Sie müssen keine Computercodes oder den ganzen Schnickschnack lernen, der für Software typisch ist. Sie nutzen einfach ihre natürliche Sprache oder laden Bilder oder Dateien hoch, und schon können Sie kreativ sein! Prompts spiegeln Ihre künstlerische Vision wider.

- ✔ **Interdisziplinäre Innovation:** Durch die Integration von Wissen aus verschiedenen Bereichen kann KI dazu beitragen, neuartige Lösungen für komplexe Probleme zu entwickeln. Sie kann als Integrator fungieren und scheinbar unzusammenhängende Ideen und Fakten verknüpfen, um Innovation und Kreativität zu fördern. Sie fragen sich, was ein Kunstkritiker zu dem Bild sagen würde, das Sie gerade in DALL-E oder Stable Diffusion erstellt haben? Fordern Sie die KI auf, als ein oder mehrere Kunstkritiker zu agieren und Ihr Bild zu kommentieren. Voilà!

- ✔ **Experimentieren und Simulieren:** KI kann simulieren, wie ein Werk in der realen Welt funktionieren könnte, sodass Entwickler mit verschiedenen Ansätzen experimentieren können, bevor sie ihr Werk fertigstellen. Als Architekt ist es gut zu wissen, dass das von Ihnen entworfene Gebäude im Rahmen des Budgets liegt und den Bauvorschriften entspricht.

- ✔ **Skalierbarkeit:** KI kann kreative Arbeit in großem Maßstab produzieren, was besonders für Unternehmen nützlich ist, die eine große Menge an Inhalten erstellen müssen, wie etwa Marketingmaterialien oder Social-Media-Beiträge. Und »in großem Maßstab« kann auch bedeuten, dass ein Künstler ein supergroßes Kunstwerk schaffen möchte. GenKI kann in beiden Fällen bei der Skalierung helfen!

- ✔ **Zugänglichkeit:** KI-Tools können den kreativen Prozess für Menschen zugänglicher machen, die möglicherweise keine formale Ausbildung in einem bestimmten Bereich haben, und so den kreativen Akt demokratisieren. Es ist auch nicht notwendig, zuerst die eine oder andere Art der Programmierung zu erlernen. Außerdem können Zugänglichkeitstools die KI für diejenigen, die eine andere Möglichkeit zur Interaktion mit KI benötigen, noch einfacher nutzbar machen.

- ✔ **Verfeinerung und Weiterentwicklung:** GenKI kann aus Feedback lernen und sich im Laufe der Zeit weiterentwickeln, was bedeutet, dass die kreativen Tools mit jeder Iteration ausgefeilter werden und besser auf die Bedürfnisse, Vorlieben und den Stil des Benutzers oder Künstlers abgestimmt werden können.

- ✔ **Risikomanagement:** KI kann dabei helfen, potenzielle Risiken und unbeabsichtigte Folgen kreativer Entscheidungen zu erkennen, sodass Kreative fundiertere Entscheidungen treffen können. Bedenken Sie, dass GenKI-Modelle auch halluzinieren, beleidigen, plagiieren oder auf andere Weise die Rechte anderer verletzen können. Stellen Sie sicher, dass Sie Maßnahmen ergreifen, um diese Risiken zu mindern.

Letztlich geht es bei GenKI nicht darum, die menschliche Kreativität zu ersetzen, sondern sie zu erweitern. Es sollen Werkzeuge bereitgestellt werden, die die schwere Arbeit der Datenverarbeitung und der anfänglichen Inhaltserstellung übernehmen, sodass sich die Menschen auf die nuancierten, strategischen und emotionalen Aspekte der kreativen Arbeit konzentrieren können.

Gemeinsame Erfolgsgeschichten

Die Akzeptanz von GenKI in der breiten Öffentlichkeit ist noch nicht weit fortgeschritten. Es sind etwas mehr als zwei Jahre vergangen, seit OpenAI die Welt mit einer kostenlosen Einführungsversion des mittlerweile berühmten GenKI-Chatbots ChatGPT in Aufruhr versetzt hat. Künstler und Entwickler aller Art befinden sich größtenteils noch in der Experimentierphase und müssen sich in dieser neuen Welt oder mit diesem neuen Tool noch zurechtfinden, ganz zu schweigen von der wachsenden Vielfalt an GenKI-Modellen und -Anwendungen.

Dennoch geben einige frühe Erfolge zumindest einen Einblick in die endlosen und sich entfaltenden Möglichkeiten. Im Folgenden sind nur einige dieser Erfolgsgeschichten aufgeführt. Lassen Sie sich inspirieren!

Kunst aus der GenKI-Zeitmaschine

GenKI hat kein anderes Zeitkonzept als das, das Sie ihr in einer Systemnachricht oder in einem Prompt mitteilen. Da GenKI-Kreationen nicht an die Beschränkungen der Zeit gebunden sind, kann GenKI fast wie eine Zeitmaschine funktionieren. Sie kann mit gleicher Leichtigkeit kreative Werke aus der Vergangenheit, der Zukunft oder dem Jetzt erzeugen. Sie müssen GenKI lediglich mitteilen, in welchem Zeitbereich sie sich bewegen soll.

Das geht über traditionelle Werke hinaus, die einen bestimmten Zeitraum darstellen. GenKI kann beispielsweise aus Überlebenden-Berichten Bilder, Videos oder Texte zu historischen Ereignissen erstellen.

Die Zeit kann die Leistung künstlicher Intelligenz auch auf andere Weise beeinflussen. Wussten Sie, dass GenKI beim Training mit Daten menschliches Verhalten ebenso gut wahrnimmt wie Informationen? Aus diesem Grund kann sich ein GenKI-Modell träge oder faul verhalten, wenn es glaubt, es soll eine Situation in der Ferienzeit darstellen. Menschen neigen dazu, in diesen Zeiten langsamer zu arbeiten und weniger reaktionsschnell zu sein, sodass das KI-Modell dies nachahmen kann. Um dieses Verhalten zu unterbinden, versuchen Sie, den März oder einen anderen aktiven Monat als Zeitpunkt für die höchste menschliche Aktivität zu wählen. GenKI wird an die von Ihnen angegebene Zeit glauben und entsprechend agieren.

Stockfotos und riesige Wandkunst

Künstler bringen ihre Kunst mit Hilfe von GenKI auf viele verschiedene Arten zum Ausdruck. Die konkreten Beispiele in diesem Abschnitt sind Arbeiten eines Kollegen und Freundes von mir, Scott Koegler. Er war früher leitender Redakteur für einige Tech-News-Sites, für die ich schrieb, und verdient heute seinen Lebensunterhalt damit, Kunst mit GenKI zu schaffen. Mehr über seine Arbeit erfahren Sie in Kapitel 10, aber lassen Sie sich zunächst von seiner Arbeit inspirieren, um Ihre eigene zu schaffen.

Scott erstellt mit Midjourney von GenKI generierte Bilder. Anschließend stellt er die Bilder zum Verkauf auf Adobe Stock bereit. Seine Bildersammlung auf Adobe Stock umfasst 12.000 Bilder, und es werden immer mehr. Er erzählte mir, dass er durchschnittlich etwa zehn Bilder pro Tag verkauft.

Doch Scott beschränkt seine künstlerische Arbeit mit Midjourney nicht auf die Produktion von Archivbildern. Er verwendet es auch, um Archivbilder und individuelle Wandbilder für Innenräume für Architekten, Innenarchitekten und Immobilienbesitzer zu erstellen. Einige seiner Bilder sind ziemlich groß und bedecken große Wände. Alle sind beeindruckend und verführerisch. Abbildung 3.2 zeigt einen Screenshot seiner Webseite, auf dem einige Beispiele seiner »Wandlandschaften« in verschiedenen Größen zu sehen sind.

Wiederauferstandene Musiker für moderne Musik

Sie haben wahrscheinlich schon davon gehört, dass die Beatles ein letztes Album veröffentlicht haben, »The Beatles 1967–1970«, auf dem das verstorbene Mitglied John Lennon in einem der Songs zu hören ist: »Now and Then«. Dies ist keine lange verschollene Aufnahme, sondern ein Ausschnitt von John Lennons Stimme, der den Stimmen und Instrumenten der Gruppe hinzugefügt wurde, um einen völlig neuen Song zu erschaffen. Aufgenommen wurde dieser Song mit Hilfe von GenKI, die ein altes Demo aufgegriffen und ihm ein neues Gesicht für das 21. Jahrhundert gegeben hat.

Die Platte, die Lennons Demo von vor 1980 wieder aufleben lässt, ist ein Beispiel für die transformative Kraft der KI in der Musik und ermöglicht eine revolutionäre Neuinterpretation des Vermächtnisses der Beatles.

Dieses Vorgehen stellt nicht nur die kreativen Möglichkeiten der KI zur Schau, es regt auch zu Diskussionen darüber an, wie ethisch es ist, die Genialität verstorbener Künstler posthum wieder aufleben zu lassen oder damit Geschäfte zu machen, ebenso wie solche über den Einfluss der Technologie auf die Kunst.

KI-produzierte Fernsehsendungen

Fable Studios nutzte sein KI SHOW-1, um selbstständig ganze Folgen der Fernsehserie *South Park* zu produzieren. Es handelt sich dabei um keinen gewöhnlichen Drehbuch-Bot, sondern vielmehr um ein vollwertiges Produktionsteam in einer Box. Die Stimmen der KI mögen im Vergleich zur Originalbesetzung einen anderen Ausdruck haben, aber die Technologie liefert trotzdem interessante Folgen. Man könnte argumentieren, dass die KI-Episoden alles andere als perfekt sind, aber nichtsdestotrotz sind die Produktionsfähigkeiten aus der Box ein durchschlagender Erfolg.

Die Macher von SHOW-1 sagen, dass es hier nicht nur darum geht, mit Drehbüchern herumzuspielen; SHOW-1 ist Regisseur, Animator, Casting-Agent und Editor in einer »Person«. Dank einiger raffinierter Diffusionsmodelle und Simulationsdaten wird die Art und Weise, wie Geschichten auf dem Bildschirm erzählt werden, neu erfunden. Wir sprechen

Abbildung 3.2: Screenshot der WallScapes-Imagined-Website. Quelle: `https://wallscapesimagined.com/)`

von neuen Episodenformaten und Charakterinteraktionen, die den Absichten der Serienschöpfer entsprechen.

SHOW-1 von Fable Studios kann mehr als nur Drehbücher schreiben. Natürlich hat es auch schwerwiegende Auswirkungen auf die Branche. Sie können sich einen Teil einer KI-generierten *South-Park-* Episode auf YouTube ansehen: `https://www.youtube.com/watch?v=K9YvIpGTvoc`.

Verantwortung für Unfälle, Unglücksfälle und Gesetzesverstöße

Sie müssen immer bedenken, dass der Benutzer – also Sie selbst oder Ihr Unternehmen oder Ihre Organisation – für alles verantwortlich ist, was Sie bei der Verwendung von GenKI tun und was GenKI in Ihrem Namen tut, unabhängig davon, ob sie von einem Menschen überwacht wird oder nicht. So mussten einige Unternehmen bereits erfahren, dass Gerichte die KI nicht für sich selbst zur Verantwortung ziehen.

So wurde beispielsweise Air Canada vor Gericht gebracht, weil sein KI-Chatbot einem Kunden falsche Informationen gegeben hatte. Dem Kunden war ein Discount versprochen worden, den es in Wirklichkeit dann doch nicht gab. Die Fluggesellschaft versuchte zwar, die Schuld von sich zu weisen, indem sie den Chatbot als eigenständiges Unternehmen behandelte, aber das Gericht ließ das nicht gelten. Das kanadische Tribunal gab dem Kunden recht und ließ Air Canada für den Fehler des Bots zahlen. Damit wurde ein Präzedenzfall geschaffen, der zeigt, dass sich Unternehmen nicht der Verantwortung für das entziehen können, was ihre KI online sagt oder tut. Dieser Fall dient als warnendes Beispiel für die rechtlichen Verwicklungen, die entstehen können, wenn KI mit Kunden interagiert, und verdeutlicht die Notwendigkeit klarer Verantwortlichkeit im digitalen Zeitalter. Er erinnert auch nachdrücklich daran, dass Sie sich als Künstler bewusst sein müssen, dass KI möglicherweise keine Berechtigungen für die Ergebnisse hat, mit denen Sie arbeiten. Sie könnten rechtlich zur Verantwortung gezogen werden, wenn Sie die kreative Arbeit einer anderen Person verwenden.

Berücksichtigen Sie die folgenden rechtlichen Verpflichtungen und Herausforderungen, die bei der Arbeit mit GenKI auftreten können:

- ✔ KI kann die Arbeit anderer kopieren und tut dies manchmal auch. Oft ist es schwierig, festzustellen, ob und wann die KI das getan hat. Es ist, als würde man versuchen, herauszufinden, wer zuerst auf einen Witz gekommen ist. Seien Sie vorsichtig bei der Verwendung von GenKI, da es zu ernsthaften rechtlichen Problemen führen kann, wenn Sie nicht aufpassen.
- ✔ Wenn Ihre KI ein Meisterwerk hervorbringt, wer darf es dann mit seinem Namen unterschreiben? Die Frage, wem die von KI generierten Ergebnisse gehören, ist heiß umstritten und wirft alle möglichen Fragen darüber auf, wer die Anerkennung und das Geld bekommt.
- ✔ Die ethischen Aspekte bei der Verwendung von GenKI wurden noch nicht abschließend bewertet. Bleiben Sie auf dem Laufenden, und informieren Sie sich, sobald Best Practices auftauchen.
- ✔ Juristen zerbrechen sich den Kopf darüber, ob KI-generierte Beweise vor Gericht verwendet werden können. Es ist, als würde man das Regelbuch für ein Spiel neu schreiben, das noch erfunden wird. Dennoch müssen Sie sich über neue Vorschriften im Klaren sein, um sicherzustellen, dass Sie bei der Verwendung jeglicher Form von KI konform handeln. Es ist zu empfehlen, die Richtlinien für verantwortungsvolle KI zu befolgen. Diese werden im nächsten Abschnitt »Ihre Rolle beim verantwortungsvollen Einsatz von KI« behandelt.

- ✔ Wenn Ihre KI aus Dingen lernt, die sie nicht hätte lernen sollen, könnten Sie in Schwierigkeiten geraten. Achten Sie auf die Daten, die sie verwendet. Wissen Sie, wer dieses KI-Modell trainiert hat und mit welchen Daten es trainiert wurde? Wenn nicht, bitten Sie den Anbieter, diese Informationen offenzulegen. Verwenden Sie nur seriöse KI-Anbieter. Sind Sie außerdem sicher, dass die Daten, die Sie in Prompts, benutzerdefinierten Nachrichten oder RAG hinzufügen, rechtmäßig sind und dass Sie die Erlaubnis haben, sie zu verwenden? Wenn nicht, besteht die einzige sichere Möglichkeit darin, sie nicht zu verwenden.

Kurz gesagt, das Eintauchen in die GenKI zur Inhaltserstellung ist wie eine Achterbahnfahrt im Dunkeln – aufregend! Sie sollten jedoch auf einige unerwartete Wendungen in der Rechtsabteilung vorbereitet sein! Es ist auch äußerst ratsam, einen Anwalt zu konsultieren, um Haftungsfragen frühzeitig zu klären und Risiken zu minimieren.

Ihre Rolle beim verantwortungsvollen Einsatz von KI

Responsible AI ist eine Bewegung, die sicherstellen will, dass Systeme künstlicher Intelligenz auf ethische, transparente und mit gesellschaftlichen Werten übereinstimmende Weise entwickelt und eingesetzt werden. Sie befasst sich mit Prinzipien wie Verantwortlichkeit, Bewertung der Voreingenommenheit, Zuverlässigkeit und Sicherheit, Fairness und Zugänglichkeit, Transparenz und Erklärbarkeit sowie Datenschutz. Das Ziel besteht darin, KI zu schaffen, die nicht nur ihre beabsichtigten Funktionen erfüllt, sondern auch Menschenrechte und Vielfalt respektiert, Schäden minimiert und ohne versteckte Vorurteile operiert, die zu unfairen Ergebnissen führen könnten.

Die Notwendigkeit einer verantwortungsvollen KI wird angesichts der potenziellen Risiken klar, die mit KI verbunden sind, wie etwa die Verbreitung von Fehlinformationen, die Aufrechterhaltung von Voreingenommenheit und die Verwendung von KI zu böswilligen Zwecken. Die rasante Entwicklung und Demokratisierung von KI-Technologien bedeutet, dass fast jeder KI-Modelle erstellen und einsetzen kann, was zur Entstehung unsicherer Systeme führen kann, die schädliche Ergebnisse produzieren.

Regierungen und Organisationen arbeiten an Richtlinien und Vorschriften, um Leitlinien für einen verantwortungsvollen Einsatz von KI zu schaffen. Diese Bemühungen sind angesichts der schnellen Verbreitung von KI-Technologien wie ChatGPT und des Missbrauchspotenzials in verschiedenen Bereichen, einschließlich der nationalen Sicherheit und des persönlichen Datenschutzes, von entscheidender Bedeutung.

Ethische Überlegungen bei der KI-Zusammenarbeit

Im Bereich der KI-Zusammenarbeit sind ethische Überlegungen von größter Bedeutung, um sicherzustellen, dass die Technologie auf eine Weise entwickelt und verwendet wird, die mit gesellschaftlichen Werten und Normen im Einklang steht. Hier einige wichtige ethische Überlegungen, die Sie berücksichtigen sollten:

- ✔ **Informierte Zustimmung und Datenschutz:** In vielen Ländern ist es gesetzlich vorgeschrieben, vor der Erhebung, Speicherung und Verwendung personenbezogener Daten eine Zustimmung einzuholen. So gelten in der EU-Datenschutz-Grundverordung beispielsweise besonders strenge Regelungen bei KI-unterstütztem Profiling oder dann, wenn besonders schutzwürdige Kategorien von Daten verwendet werden (zum Beispiel Gesundheitsdaten). Dies unterstreicht die Bedeutung einer informierten Zustimmung und des Schutzes der Privatsphäre des Einzelnen bei KI-Anwendungen.
- ✔ **Voreingenommenheit und Fairness:** Arbeiten Sie sorgfältig daran, Voreingenommenheit zu erkennen und zu beseitigen. Beispielsweise ist die Verwendung von KI-generierten Gesichtern zum Trainieren von Modellen eine Strategie, um Datenknappheit zu überwinden und in Gesichtserkennungsprogrammen zwischen echten und KI-generierten Gesichtern zu unterscheiden. Sie können aber auch verwendet werden, um Deepfake-Inhalte zu erstellen, die echte Menschen in kompromittierenden Situationen darstellen. Sie können außerdem auch einen negativen Nebeneffekt beim Training und bei Implementierungen von KI haben. Diese Praxis wirft ethische Fragen zur Voreingenommenheit in KI-Systemen auf, da die zum Training verwendeten Daten die Fairness und Unparteilichkeit der Ergebnisse erheblich beeinflussen können.
- ✔ **Transparenz und Rechenschaftspflicht:** Wenn Sie sich auf das gewünschte Ergebnis konzentrieren und dann die zur Erreichung dieses Ergebnisses erforderlichen Tools und Daten bestimmen, können Sie mehr Kontrolle über die Ergebnisse der GenKI erlangen. Dieser Ansatz folgt auch dem ethischen Prinzip der Transparenz, wonach die Prozesse und Entscheidungskriterien von KI-Systemen für Benutzer und Stakeholder klar und verständlich sein sollten.
- ✔ **Governance von Mensch und KI:** Finden Sie bei der kreativen Nutzung von GenKI ein Gleichgewicht zwischen menschlicher Intuition und maschineller Berechnung. Aus ethischer Sicht ist es von entscheidender Bedeutung, Governance-Strukturen zu etablieren, die die Rollen und Verantwortlichkeiten von Mensch und KI in kollaborativen Umgebungen definieren und sicherstellen, dass Entscheidungen verantwortungsbewusst und nachvollziehbar getroffen werden.
- ✔ **Vermeiden Sie eine übermäßige Abhängigkeit von KI:** Überschätzen Sie Daten und Maschinen nicht, denn der Glaube, dass KI immer richtigliegt, führt zu Fehlentscheidungen. Für eine ethische KI-Zusammenarbeit ist es erforderlich, die Grenzen von KI zu kennen, ebenso wie den unersetzlichen Wert menschlicher Erfahrung, Intuition und Kreativität bei der Entscheidungsfindung.

Entwicklung ethischer Richtlinien für die Arbeit mit KI

Da GenKI-Modelle in verschiedenen Bereichen der Gesellschaft eine immer größere Rolle spielen, entwickeln sich auch die ethischen Richtlinien für ihre Verwendung weiter, um mit der zunehmenden Komplexität Schritt zu halten.

Ein wichtiger Trend bei dieser Entwicklung ist der verstärkte Fokus auf Transparenz und Rechenschaftspflicht. Ethische Rahmenbedingungen fordern die Beteiligten auf, klare Erklärungen zum Verhalten und zu den Ergebnissen von KI-Systemen abzugeben und so sicherzustellen, dass die von diesen Systemen getroffenen Entscheidungen transparent und nachvollziehbar sind.

Das ist jedoch leichter gesagt als getan, da es oft äußerst schwierig ist, herauszufinden, wie ein Modell eine bestimmte Einzelentscheidung trifft. Es wurden Bemühungen unternommen, diese unhaltbare »KI-Blackbox«-Situation zu lösen, indem andere Arten von KI hinzugezogen wurden, wie etwa kausale KI, aber das ist noch in Arbeit. (Kausale KI teilt Ihnen im Wesentlichen mit, warum und wie eine andere KI gearbeitet hat, was sie getan hat, indem sie die Ursachen und Ereignisse bei der Entscheidungsfindung dieser KI offenlegt.) Derweil konzentrieren sich die meisten Bemühungen, sicherzustellen, dass KI ethisch einwandfrei funktioniert, auf die Untersuchung der Ergebnisse.

Eine weitere wichtige Entwicklung ist die Einbeziehung menschlicher Werte in KI-Systeme. Ethische Richtlinien werden aktualisiert, um sicherzustellen, dass KI-Technologien die Würde, die Rechte und die Freiheiten des Menschen respektieren. Dabei wird der Integration ethischer Prinzipien in das KI-Design und die Entscheidungsprozesse Priorität eingeräumt, sodass der Betrieb von KI-Systemen an den Grundwerten der Gesellschaft ausgerichtet wird.

Auch die Bekämpfung und Eindämmung von Voreingenommenheit zur Gewährleistung von Fairness ist zu einem zentralen Anliegen geworden. Ethische Richtlinien legen großen Wert auf die Identifizierung und Korrektur von Voreingenommenheit in Datensätzen, Algorithmen und Entscheidungsprozessen. Ziel ist es, faire Ergebnisse und Gerechtigkeit zu fördern und zu verhindern, dass KI-Systeme bestehende gesellschaftliche Ungleichheiten aufrechterhalten.

Ein weiterer Schwerpunkt ist die Entwicklung von Best Practices. Ethische Richtlinien entwickeln sich weiter und umfassen Best Practices, die Zuverlässigkeit, Sicherheit und Genauigkeit bei der Entwicklung und Nutzung von KI maximieren. Diese Praktiken zielen darauf ab, die Vertrauenswürdigkeit und Wirksamkeit von KI-Technologien zu verbessern und so das Vertrauen von Benutzern und Stakeholdern zu stärken.

Auch die interdisziplinäre Zusammenarbeit wird gefördert. Ethische Richtlinien fordern die Einbeziehung von Experten aus verschiedenen Bereichen wie Ethik, Technologie, Politik und Recht. Dieser kollaborative Ansatz ist entscheidend für ein umfassendes Verständnis der ethischen Aspekte in der KI-Forschung und -Entwicklung und stellt sicher, dass bei der Entwicklung dieser Technologien unterschiedliche Perspektiven berücksichtigt werden.

Die ethischen Richtlinien werden stetig aktualisiert, um die Bedeutung der Einhaltung geltender rechtlicher Rahmenbedingungen zum Schutz der Privatsphäre, der Bürgerrechte und der bürgerlichen Freiheiten hervorzuheben. Die Ausrichtung der Entwicklung und des Einsatzes von KI an diesen rechtlichen Standards ist für einen verantwortungsvollen Einsatz von KI von entscheidender Bedeutung.

Diese Trends von KI-Herstellern, verschiedenen betroffenen Gruppen, Regierungsbehörden und Organisationen unterstreichen einzeln oder gemeinsam die zunehmende Anerkennung der Bedeutung ethischer Überlegungen bei der KI-Zusammenarbeit. Sie demonstrieren die laufenden Bemühungen, robuste ethische Richtlinien zu etablieren, die einen verantwortungsvollen, transparenten und gerechten Einsatz von KI-Technologien fördern.

Ethische Richtlinien entwickeln sich immer noch weiter und werden dies wahrscheinlich auch weiterhin tun, da KI-Modelle sich weiterentwickeln und ihre Fähigkeiten verbessern. Sie müssen mit den Fortschritten in der KI-Ethik Schritt halten und Ihre Arbeit weiterentwickeln, um den Anforderungen zu entsprechen.

IN DIESEM KAPITEL

Macher und Entscheider im GenKI-Bereich identifizieren

Die schwierige Aufgabe bewältigen, GenKI in bestehende Technologien zu integrieren

Am Puls der rasanten Entwicklung von GenKI bleiben

Vorbereitungen auf die nächsten Entwicklungen in der Welt der generativen KI treffen

Kapitel 4
Die wandelbare Landschaft der GenKI

Egal, ob Sie ein erfahrener Profi oder ein neugieriger Anfänger sind, dieses Kapitel ist Ihr Kompass für die Navigation durch das spannende und manchmal unvorhersehbare Terrain der generativen KI. Ich entmystifiziere die Kernkonzepte und zeige Ihnen, wie Sie die Schlüsselakteure identifizieren, die die GenKI-Landschaft prägen. Sie erfahren, wie Sie die verfügbaren Dienste und Lösungen bewerten und so sicherstellen können, dass Sie in diesem geschäftigen Markt fundierte Entscheidungen treffen.

Aber es läuft nicht immer alles glatt: GenKI kann mit anderen Technologien kollidieren. Daher führe ich Sie auch durch die Herausforderungen bei der Integration, mit denen Sie möglicherweise konfrontiert sind, und stelle einige clevere Abhilfemaßnahmen vor. Außerdem führe ich Sie in die Welt der autonomen KI-Agenten ein und erkläre Ihnen, wie diese Ihre GenKI-Projekte auf ein neues Niveau bringen können.

Wichtige Akteure und Bewertung von GenKI-Anbietern

In der GenKI-Landschaft tummeln sich zahlreiche Akteure, von Technologiegiganten bis hin zu innovativen Start-ups, die in der Regel aus einem oder mehreren der folgenden Bereiche stammen:

- **Technologiegiganten:** Dies sind die bekannten Namen, die seit Jahren die Grenzen der KI verschieben. Unternehmen wie Google, OpenAI, Microsoft und IBM waren Vorreiter und entwickelten Plattformen und Tools, die zum Rückgrat von GenKI-Anwendungen geworden sind.
- **Innovative Start-ups:** Auf der anderen Seite des Spektrums gibt es agile Start-ups, die flexibel sind und sich oft auf Nischenbereiche der GenKI spezialisieren. Diese Unternehmen sind der Nährboden für innovative Ideen und maßgeschneiderte Lösungen.
- **Forschungseinrichtungen:** Universitäten und spezialisierte KI-Forschungslabore spielen eine entscheidende Rolle bei der Weiterentwicklung der Wissenschaft hinter GenKI. Sie arbeiten oft mit Unternehmen zusammen, um theoretische Konzepte in reale Anwendungen umzusetzen.
- **Communitygesteuerte KI:** Dabei handelt es sich normalerweise um Open-Source-Communitys, einige stammen jedoch auch aus Organisationen, die als Unternehmen tätig sind, wie zum Beispiel Hugging Face.

Der folgende Abschnitt stellt diese wichtigen Akteure der Branche vor und bietet Einblicke und Tools, die Sie benötigen, um eine fundierte Entscheidung darüber zu treffen, welche GenKI-Tools Sie verwenden.

Das Who's Who auf dem GenKI-Markt

Wenn wir unsere Aufmerksamkeit auf die Macher und Entscheider auf dem GenKI-Markt richten, wird klar, dass die Landschaft ebenso vielfältig wie dynamisch ist. Ab dem Jahr 2023 gab es einen enormen Innovationsschub und Wachstum in diesem Bereich, wobei sich mehrere wichtige Akteure als Spitzenreiter herauskristallisiert haben. Nachfolgend finden Sie einige Beispiele für GenKI-Hersteller in mehreren Kategorien. Wenn der Markt an Fahrt gewinnt und dann reift, werden wir wahrscheinlich weitere GenKI-Akteure sehen – und dann wieder weniger, wenn die einen die anderen aufkaufen.

Die GenKI-Vorreiter

Hier eine Momentaufnahme einiger führender GenKI-Pioniere und was sie auszeichnet:

- **OpenAI:** Auf dem Höhepunkt der GenKI-Innovation finden wir OpenAI, ein reines Start-up, das sich einen hervorragenden Ruf für seine vielseitigen KI-Lösungen erarbeitet hat, darunter das Konversationswunder ChatGPT und der Bildgenerator DALL-E. Mit einer geschätzten Bewertung von 29 Milliarden US-Dollar wird der Einfluss von OpenAI durch die erhebliche Unterstützung des Technologiegiganten Microsoft gestärkt. Trotz seines Namens ist OpenAI nicht Open Source – eine Tatsache, die bis heute umstritten ist, da OpenAI als Open-Source-KI-Unternehmen begann. Es hat sich seitdem zu einem geschlossenen Unternehmen entwickelt, was bedeutet, dass der Code hinter seinen Tools wie ChatGPT und GitHub Copilot nur von den Entwicklern von OpenAI angezeigt, geändert oder wiederverwendet werden kann.

- **Hugging Face:** Dieser Open-Source-KI-Hub mit Community-Schwerpunkt lebt von kollaborativer Entwicklung und fördert eine Umgebung, in der KI-Enthusiasten und -Experten zusammenkommen und ihre Erkenntnisse und Entwicklungen austauschen. Der Hugging-Face-Hub beherbergt 200.000 Open-Source-Modelle, und es werden ständig mehr. Pro Tag werden mehr als eine Million Modelle heruntergeladen. Kurz gesagt: Hugging Face ist die Anlaufstelle für Modelle für maschinelles Lernen, GenKI-Transformatoren und KI-Tools.

  Die Integration von Tools wie Copilot in die Anwendungssuite von Microsoft durch Hugging Face ist ein Beispiel für das Engagement des Unternehmens für zugängliche KI-Innovationen. Der Hugging-Face-Hub-Modellkatalog ist auch direkt in Azure Machine Learning Studio verfügbar. Der Katalog enthält Tausende der beliebtesten Transformer-Modelle des Hugging-Face-Hubs, auf die in Azure mit einem Klick zugegriffen werden kann. Aber Microsoft ist nicht das einzige Unternehmen, das den Hugging-Face-Hub für Modelle und Transformer nutzt.

- **Stability AI:** Dieses Unternehmen ist der Hersteller von Stable Diffusion, einem Bildgenerator-Tool, das DALL-E von OpenAI Konkurrenz macht. Das Unternehmen stellt auch Stable Audio her, ein bemerkenswertes bahnbrechendes Tool in der GenKI-Musikgenerierung. Sie können auf Stable Audio unter `stableaudio.com` zugreifen.

  Stability AI ist der Open-Source-Einzelgänger, der die Türen für Zusammenarbeit und Innovation auf eine Weise öffnet, die im krassen Gegensatz zum zurückhaltenderen Ansatz von OpenAI steht. Konkret ist Stability AI ein führendes Open-Source-Unternehmen für generative KI.

- **Anthropic:** Anthropic ist ein KI-Sicherheits- und Forschungsunternehmen, das sich auf den Aufbau zuverlässiger, interpretierbarer und steuerbarer KI-Systeme konzentriert. Claude ist bisher das bekannteste Produkt von Anthropic. Aber Claude ist keine KI-Anwendung oder kein KI-Tool wie ChatGPT oder DALL-E, sondern vielmehr eine Familie grundlegender KI-Modelle, die in einer Vielzahl von Anwendungen eingesetzt werden können. Sie können jedoch direkt mit Claude unter `claude.ai` sprechen, um Ideen zu sammeln, Bilder zu analysieren und lange Dokumente zu verarbeiten.

- **Google DeepMind:** Google DeepMind ist das Ergebnis der Zusammenführung von zwei der intelligentesten KI-Labore von Google: Google Brain und DeepMind. Google DeepMind und seine Vorgänger sind wie die KI-Wunderkinder der Technikwelt bekannt für die Entwicklung von Algorithmen, die bemerkenswerte Leistungen vollbringen.

  Ob es darum geht, das nächste Level in einem Videospiel zu meistern, die E-Commerce-Logistik zu optimieren oder Simulationen auszuführen bei den Algorithmen von DeepMind dreht sich alles um Vielseitigkeit. Erinnern Sie sich an die KI, die menschliche Meister beim Go-Spiel besiegt hat? Richtig, das war AlphaGo von DeepMind.

  Die Forschungsdurchbrüche von Google Brain, wie die Open-Source-Software JAX und TensorFlow und andere Errungenschaften, bilden heute das Rückgrat der Infrastruktur von Google.

Google DeepMind verfügt über einen riesigen Erfahrungsschatz im Bereich des bestärkenden Lernens, der seine Innovationen anregt und in seine heutigen Neuentwicklungen einfließt.

Gemini ist das größte und leistungsfähigste GenKI-Modell. Es ist multimodal, das heißt, es können Text, Bilder, Audio, Video und Code in Prompts eingegeben werden, und es kann auch Ausgaben in allen diesen Formen liefern. Andere GenKI-Modelle von Google DeepMind, die Sie vielleicht erkunden möchten, finden Sie unter `deepmind.google/technologies`.

- **Midjourney:** Die KI von Midjourney ist ein sehr beliebter Bildgenerator und ein Konkurrent von Programmen wie DALL-E von OpenAI und Stable Diffusion von Stability AI. Midjourney, GenKI-Programm und -Dienst, wird von dem gleichnamigen unabhängigen Forschungslabor Midjourney, Inc. erstellt und gehostet. Der Code, der Midjourney antreibt, ist privat und ein streng gehütetes Geheimnis, das jeden außerhalb des Unternehmens fragen lässt: »Wie machen sie das?«

  Midjourney ist bekannt für Funktionen wie seine Fähigkeiten zur Stilübertragung (zum Beispiel die Übertragung des Stils einer Bildeingabe auf die neu zu generierende Ausgabe), den iterativen Verfeinerungsprozess (kontinuierliche Verbesserung der Bildausgabe durch Automatisierung und menschliches Feedback), die künstlerische Interpretation (sein Algorithmus verleiht der Bildausgabe eine künstlerische Note) und die Fähigkeit, Fotografenreferenzen in den Bildgenerierungsprozess einzubeziehen (wobei der Stil berühmter Fotografen in neu erstellten fotorealistischen Bildern nachgeahmt wird).

Die KI-Innovatoren im Überblick

Der Markt für generative KI ist eine Ansammlung innovativer Unternehmen, die alle zur Weiterentwicklung dieser transformativen Technologie beitragen. Betrachten Sie diese vier GenKI-Akteure als Top-Beispiele:

- **Cohere:** Mit einem speziellen Fokus auf die Verarbeitung natürlicher Sprache (NLP) ist Cohere ein Meister der Entwicklung von Tools für Textsuche, -klassifizierung und -generierung. Seine Suite, die Neural Search, Summarize, Generate, Classify und Embed umfasst, demonstriert seine NLP-Kompetenz.
- **Agilisium:** Agilisium zeichnet sich durch sein Engagement für Forschung und Entwicklung im Bereich GenKI aus und bietet eine Kombination aus Beratungs- und Ingenieurdienstleistungen. Seine Expertise ist insbesondere in den Bereichen Biowissenschaften und Pharma gefragt, wo seine maßgeschneiderten Lösungen den Fortschritt vorantreiben.
- **Tiger Analytics:** Als globales Unternehmen mit einem Team von mehr als 4.000 Technikern und Beratern arbeitet Tiger Analytics mit Kunden aus den verschiedensten Branchen zusammen. Diese reichen von Konsumgütern bis hin zum Gesundheitswesen, und seine globale Reichweite und branchenübergreifenden Kooperationen sind ein Beweis für seine Vielseitigkeit und Wirkung.

- **Genpact:** Als globaler Titan im Bereich professioneller Dienstleistungen verfügt Genpact über eine beeindruckende Belegschaft von mehr als 115.000 Mitarbeitern. Das Unternehmen ist dafür bekannt, transformative Ergebnisse in verschiedenen Branchen voranzutreiben und seine innovativen Data-Tech-KI-Dienste zu nutzen, um Geschäftslandschaften neu zu gestalten.

Die Tech-Titanen

Neben den Hauptakteuren, die wir bereits besprochen haben, stechen vier Technologiegiganten – AWS, Google, Nvidia und Microsoft – durch ihre bedeutenden Beiträge und ihre strategische Positionierung im GenKI-Ökosystem hervor:

- **Amazon Web Services (AWS):** AWS ist ein Kraftpaket im Cloud-Computing und bietet eine robuste Plattform für KI und eine Vielzahl von GenKI- und ML-Diensten. Beispiele für AWS-Dienste sind Amazon Bedrock, Amazon SageMaker, AWS Deep Learning Containers (*Container* sind ein Software-Code-Paket, das Ihre Anwendungen unabhängig von Ihren IT-Infrastrukturressourcen macht) und AWS Deep Learning AMIs (Amazon Machine Images) und sein Generative AI Application Builder. AWS bietet auch beliebte Frameworks und Hardware wie Nvidia-GPU-gestützte Amazon-EC2-Instanzen, AWS Trainium und AWS Inferential, die für die GenKI-Entwicklung von entscheidender Bedeutung sind und AWS zu einer Anlaufstelle für Start-ups und Unternehmen gleichermaßen machen. Diese und andere AWS-Dienste und -Plattformen machen es zum Kinderspiel, eigene Machine-Learning-Umgebungen einzuführen.
- **Google:** Google ist mit seinem TensorFlow-Framework und den Google-Cloud-AI-Diensten seit Langem ein Pionier in den Bereichen KI und maschinelles Lernen. Das Unternehmen ist außerdem der Entwickler hochmoderner Modelle wie BERT und T5, die die Grenzen des natürlichen Sprachverständnisses erweitert haben. Googles KI-Forschung und -Tools haben maßgeblich zur Weiterentwicklung des Bereichs der generativen KI beigetragen, und seine jüngsten Bemühungen mit Modellen wie dem Language Model for Dialogue Applications (LaMDA) und dem Pathways Language Model (PaLM) zeigen sein anhaltendes Engagement für Innovation.
- **Nvidia:** Nvidia ist bekannt für seine leistungsstarken GPUs, die für das Training komplexer neuronaler Netzwerke unverzichtbar sind. Darüber hinaus bietet das Unternehmen KI-Software-Plattformen wie Compute Unified Device Architecture (CUDA) und CUDA Deep Neural Network (cuDNN) an, die Deep-Learning-Prozesse beschleunigen. Dank der Synergien zwischen Hardware und Software ist Nvidia ein entscheidender Faktor für die Rechenleistung, die für das Training und die Inferenz von GenKI-Modellen erforderlich ist, und unterstützt damit das gesamte KI-Ökosystem.
- **Microsoft:** Microsofts Azure AI ist eine umfassende Suite von KI-Diensten und kognitiven Anwendungsprogrammierschnittstellen (APIs), die Entwicklern die Erstellung intelligenter Anwendungen ermöglichen. Mit Azure Machine Learning und Tools wie ONNX, das verschiedene KI-Modelle interoperabel macht, steht Microsoft an vorderster Front bei der Demokratisierung von KI. Seine Investitionen in und seine Partnerschaft mit OpenAI, die GPT-3 und GPT-4 auf die Azure-Plattform bringen, festigen seine Position als Marktführer im Bereich der generativen KI weiter.

Diese vier Giganten bilden zusammen mit den zuvor genannten Unternehmen das Rückgrat des Marktes für generative KI. Ihre Technologien und Dienste unterstützen nicht nur die Infrastruktur von GenKI, sondern treiben auch deren Entwicklung voran, was sie in der gegenwärtigen und zukünftigen Landschaft der künstlichen Intelligenz unverzichtbar macht.

Bewertung von GenKI-Diensten und -Lösungen

Wenn Sie sich einen GenKI-Anbieter entscheiden müssen, wählen Sie einen Geschäftspartner, auf dessen Produkte und Dienstleistungen Sie oder Ihr Unternehmen sich verlassen können. So bewerten Sie die angebotenen Dienste und Lösungen:

- ✔ **Fähigkeiten und Fachwissen:** Suchen Sie nach Anbietern mit nachweislicher Erfolgsbilanz. Ihr Fachwissen sollte zu Ihren spezifischen Anforderungen passen, wie beispielsweise im Hinblick auf die Verarbeitung natürlicher Sprache, Bildgenerierung oder Datensynthese.
- ✔ **Skalierbarkeit und Flexibilität:** Der ideale GenKI-Dienst sollte nicht nur Ihre aktuellen Anforderungen erfüllen, sondern auch mit Ihren wachsenden Anforderungen skalierbar sein. Flexibilität bei der Integration und Anpassung ist eine dafür entscheidende Eigenschaft.
- ✔ **Ethik und Compliance:** Mit großer Macht geht große Verantwortung einher. Stellen Sie sicher, dass Ihr GenKI-Anbieter ethische KI-Praktiken und die relevanten Vorschriften und Standards einhält.
- ✔ **Support und Community:** Eine lebendige Community und ein robustes Supportsystem können von unschätzbarem Wert sein, insbesondere bei der Bewältigung der Komplexität von GenKI.

Viele GenKI-Dienste bieten eine kostenlose Version oder eine kostenlose Testversion an. Sie können beurteilen, wie gut ein GenKI-Produkt oder -Dienst Ihren Anforderungen entspricht, indem Sie mehrere davon testen, bevor Sie etwas kaufen.

Aber seien Sie vorsichtig bei der Beurteilung dieser Modelle, denn jedes Modell wird je nach Ihrem Eingabeniveau und Ihrer allgemeinen KI-Kompetenz funktionieren. Wenn Sie von einem der verfügbaren Modelle enttäuscht sind, überlegen Sie, welche Rolle Sie beim »Versagen« des Modells gespielt haben. Mit anderen Worten: Testen Sie umfangreich. Fordern Sie sich und das Modell heraus, und schauen Sie, wo Sie landen.

GenKI entwickeln, die gut mit anderen Technologien zusammenarbeitet

Die Integration künstlicher Intelligenz in bestehende Software-Ökosysteme ist nicht nur ein Luxus, sondern eine Notwendigkeit. Dieser Abschnitt führt Sie durch die Prinzipien der Interoperabilität, die Bedeutung API-freundlicher KI und die modernsten Techniken, die GenKI zu einem kooperativen Player mit der anderen Software machen, die Sie für Ihre Arbeit verwenden.

Integration von ChatGPT in andere Software

Die Integration von GenKI ist wie eine Gehirntransplantation für Ihre Software; sie kann Ihr Unternehmen analysieren, lernen und sogar intelligenter werden. Denken Sie nur daran, auf Nummer sicher zu gehen, indem Sie verantwortungsvolle KI-Praktiken einhalten, einschließlich der Einhaltung höchster ethischer Grundsätze und der Datenschutzbestimmungen, und Sie werden Ihre Anwendung mit seriöser KI-Intelligenz revolutionieren.

Aber wie integrieren Sie GenKI in andere Software? Das ist ähnlich wie bei der Integration anderer Software. Die genaue Methode hängt von der jeweiligen Software und dem GenKI-Modell ab. Im Allgemeinen sind dies jedoch die gängigsten Optionen:

- ✔ **APIs:** Stellen Sie sich eine API als Computercode vor, der eine Brücke zwischen einer Software-Anwendung und einer anderen schlägt oder diese beiden verbindet. In unserem Fall verwenden Sie eine API, um ein GenKI-Modell oder eine Anwendung mit einer anderen Software-Anwendung zu verbinden. Wenn Sie eine GenKI-Anwendung wie ChatGPT integrieren oder einbetten möchten, können Sie die benötigte API von OpenAI hier erhalten: `https://openai.com/api`. Oder Sie können einen Drittanbieter-Connector (eine vorgefertigte API-Verbindung für eine bestimmte Software) wie den ChatGPT Connector verwenden, der auf Microsoft AppSource verfügbar ist: `https://appsource.microsoft.com/en-us/product/office/wa200005635?tab=overview`. Sie werden sehen, dass hier mehrere Connectors angeboten werden (zum Beispiel Salesforce Connector, NetSuite Connector, Dynamics 365 Connector, I CRM for Outlook Connector und `Monda.com` Connector). Connectors sind einfacher zu verwenden als nur die API, da sie den Prozess vereinfachen.
- ✔ **Cloud-KI-Tools:** Die Cloud-Giganten wie AWS, Microsoft Azure und Google Cloud haben die schwere Arbeit für Sie bereits erledigt. Sie bieten eine Toolbox voller KI-Tools (wie das Comprehend-Tool von AWS zur Extraktion von Dokumentinhalten, Lex von AWS zur Erstellung von Konversationsschnittstellen und Rekognition von AWS zum Hinzufügen von Bildanalysen), die Sie einfach in Ihre App einbinden können, ohne dass ein Doktortitel erforderlich ist.
- ✔ **Slack-Integration:** Eine häufige Integration für GenKI-basierte Chatbots ist Slack, eine Messaging-App für Unternehmen. Slack bietet eine Reihe von APIs, die eine Vielzahl von Integrationen mit seiner Plattform ermöglichen.
- ✔ **Software-Bibliotheken und SDKs:** Für diejenigen, die gerne die Ärmel hochkrempeln, sind KI-Frameworks wie TensorFlow (für die Programmiersprachen Python und C++) und PyTorch (für Python) die Bausteine für maßgeschneiderte GenKI-Funktionen. Sie sind etwas technischer, aber Sie können damit Ihre KI genau nach Ihren Wünschen maßschneidern.
- ✔ **Eingebettete Systeme:** Sie möchten, dass Ihre KI auch ohne Internet funktioniert, wie etwa bei einem intelligenten Toaster oder einem selbstfahrenden Auto? Durch die Einbettung von GenKI-Modellen in diese Geräte können sie spontan – in der Küche oder auf Rädern – denken, ohne jedes Mal mit der Cloud telefonieren zu müssen. Sie können GenKI-Anwendungen auch in Websites und Anwendungen einbetten.

- **Cloudbasierte Plattformen für maschinelles Lernen:** Wenn Sie im Enterprise-Sandbox-Bereich spielen oder dort einfach nur experimentieren möchten, sind Plattformen wie Google Cloud AI, IBM Watson, AWS und Azure Machine Learning Ihre All-in-one-KI-Spielplätze. Sie sind vollgepackt mit Tools zum Trainieren, Bereitstellen und Optimieren Ihrer GenKI-Modelle und behalten alles im Auge, um sicherzustellen, dass Ihre KI auf dem neuesten Stand bleibt.
- **Microservices-Architektur:** Indem Sie Ihre GenKI in Microservices aufteilen, können Sie KI-Funktionen wie Legosteine kombinieren. Das ist ideal für die Skalierung und Verwaltung, ohne dass Ihre Software zu einem Spaghetti-Chaos wird. Container-Technologien wie Docker und Kubernetes sind die Geheimzutat für eine einfache Bereitstellung.
- **Benutzerdefinierte Integration in Geschäftssysteme:** Manchmal brauchen Sie eine KI, die wie angegossen zu Ihrem Unternehmen passt. Dann integrieren Sie GenKI in Ihre CRM-Software (Customer Relationship Management), ERP-Software (Enterprise Resource Planning) oder andere unternehmens- oder abteilungsspezifische Spezialsoftware, um die kleinsten Details zu automatisieren, Ihren Kunden das Gefühl zu geben, etwas Besonderes zu sein, oder Abläufe zu optimieren.
- **Überwachung und Prüfung:** Unabhängig davon, wie Sie die Integration durchführen, behalten Sie Ihre KI durch regelmäßiges Monitoring und Tests im Auge. So stellen Sie sicher, dass Ihre GenKI optimal funktioniert, präzise und zuverlässig bleibt und bei Bedarf für eine Feinabstimmung bereit ist.

Einführung autonomer KI-Agenten

In naher Zukunft wird die Integration von GenKI immer weniger problematisch werden. Das liegt daran, dass autonome KI-Agenten, die bereits Realität sind, automatisch in Echtzeit Informationen aus Anwendungen integrieren, einbetten und extrahieren können, während diese ihre Aufgaben erledigen. Ich teile diese Informationen jetzt mit Ihnen, damit Sie auf die bevorstehende Übergangsphase vorbereitet sind, in der Sie möglicherweise GenKI in einige Software integrieren müssen, aber auch KI-Agenten ausführen können, ohne etwas zu integrieren. Letztendlich wird die Integration früher oder später den Weg der Defragmentierung und der Dodos gehen (also aussterben).

Autonome KI-Agenten sind digitale Dynamos, die Aufgaben von der Inhaltserstellung bis hin zur Verwaltung persönlicher Finanzen und Transportbuchungen ganz allein bewältigen können. Stellen Sie sich eine Welt vor, in der Ihr KI-Kumpel nicht nur auf Ihren Befehl wartet, sondern die Initiative ergreift, Ihren Arbeitsablauf optimiert und Ihren Kaffee kocht – okay, das mit dem Kaffee vielleicht noch nicht, aber er kann auf jeden Fall die Prompts für Sie schreiben. Keine Panik, die meisten autonomen KI-Agenten benötigen Ihre Genehmigung, bevor sie etwas tun, Sie haben also immer noch die Kontrolle.

Das Besondere an KI-Agenten ist, dass sie die Art und Weise, wie Sie arbeiten und Ihr Leben gestalten, grundlegend verändern werden. Sie können verwendet werden, um Aufgaben in allen Bereichen zu orchestrieren und zu optimieren, von sozialen Medien bis hin zu komplexen Simulationen. Statt beispielsweise eine App – oder vielleicht mehrere Apps – zu verwenden, um verfügbare Flüge zu finden und einen zu buchen, sagen Sie dem KI-Agenten einfach, dass Sie an bestimmten Tagen und innerhalb eines festgelegten Budgets an einer Fachkonferenz teilnehmen möchten, und der Agent wird Sie für die Konferenz anmelden und die Reisearrangements für Sie finden und buchen. Er kann auch Abendessen und Meetings planen und bestimmte Konferenzteilnehmer einladen, sich Ihnen anzuschließen, und das alles ganz von selbst. Wenn Ihr Flug Verspätung hat, können KI-Agenten außerdem Ihre Reise umplanen und den Chauffeur über eine verspätete Abholung informieren. KI-Agenten verändern nicht nur die Spielregeln, sie schaffen eine ganz neue Liga, in der die Automatisierung an erster Stelle steht.

In nicht allzu ferner Zukunft – wir sprechen hier von zwei bis drei Jahren – könnten diese autonomen Agenten bereits die Norm sein, Geschäftsmodelle und -prozesse revolutionieren und mit ihren Automatisierungs-Superkräften und der Aufgabenabwicklung der nächsten Generation die Zukunft der Arbeit neu gestalten.

Es ist also sinnvoll, sich zeitnah mit dem Was, Wie und Wo autonomer KI-Agenten auseinanderzusetzen, da es sich dabei nicht nur um eine vorübergehende Modeerscheinung handelt; sie sind die Zukunft der Effizienz und Automatisierung.

Mit dem Tempo der GenKI-Fortschritte Schritt halten

In der sich rasch entwickelnden Welt der generativen künstlichen Intelligenz geht es nicht nur darum, im Hinblick auf die Technologie auf dem Laufenden zu bleiben, es geht vielmehr darum, die Kraft der Innovation zu nutzen, um immer einen Schritt voraus zu sein.

Wenn Sie mit den Änderungen Schritt halten möchten, geht es nicht nur darum, die neuesten und besten neuen Funktionen oder Modelle der GenKI kennenzulernen. Es geht auch darum, der Modelldrift immer einen Schritt voraus zu sein. Eigentlich sollte »Modelldrift« »Datendrift« heißen, denn es bedeutet, dass ein wachsender Datenstapel aktueller und wichtiger für die Antworten Ihres GenKI-Modells ist als die mittlerweile veralteten Daten, mit denen es trainiert wurde. Selbst wenn Sie sich entscheiden, bei dem Modell zu bleiben, das Ihnen gefällt, müssen Sie es von Zeit zu Zeit mit aktuelleren Daten neu trainieren. Aber die Fortschritte bei GenKI wirken sich auch darauf aus, wie Sie mit der Neuschulung von Modellen umgehen. Das ist nur ein weiterer Grund, über die Fortschritte der GenKI auf dem Laufenden zu bleiben.

Bleiben Sie über GenKI-Trends auf dem Laufenden

Da sich GenKI-Technologien mit rasender Geschwindigkeit weiterentwickeln, ist es entscheidend, dass Sie informiert und flexibel bleiben, wenn Sie das volle Potenzial ausschöpfen wollen. Die folgenden Abschnitte bieten Vorschläge, wie Sie über die Fortschritte bei GenKI auf dem Laufenden bleiben und sicherstellen können, dass Sie nicht im digitalen Staub zurückbleiben.

Während Sie sich auf diesem sich ständig verändernden Terrain bewegen, denken Sie daran, dass jeder Schritt, den Sie unternehmen, um auf dem Laufenden zu bleiben, ein Schritt in Richtung der Beherrschung der Kunst und Wissenschaft der generativen KI ist. Die Zukunft wird in der Sprache der KI geschrieben, und wenn Sie auf dem Laufenden bleiben, stellen Sie sicher, dass Sie ein Mitspracherecht bei der Gestaltung haben und dass Sie über die Fähigkeiten verfügen, die Sie benötigen, um sich an die Veränderungen anzupassen, die KI für Ihre Arbeit und das Leben im Allgemeinen mit sich bringt.

Weitere Bücher für Dummies lesen

Ja, ich bin Autorin und habe mehrere Bücher bei Wiley veröffentlicht. Diese Tatsache bringt mich zum Lächeln, und ich erinnere mich gern an meine Erfahrungen mit Wiley, aber sie ändert nichts an der Tatsache, dass Wiley einen riesigen Katalog an Büchern über KI und GenKI hat, sowohl innerhalb als auch außerhalb der *Für-Dummies*-Reihe, die Ihnen helfen können, Ihr Wissen schnell zu verbessern. Schließlich ist es äußerst schwierig, mit den GenKI-Entwicklungen Schritt zu halten, wenn Sie nicht bereits über ein solides Grundverständnis des Themas und die entsprechenden Fähigkeiten verfügen.

Folgen Sie den Gurus

Das GenKI-Feld wird von einer Avantgarde innovativer Unternehmen angeführt, von Technologiegiganten wie OpenAI und Google bis hin zu weniger bekannten Start-ups, die die Grenzen des Möglichen neu definieren. Um an der Spitze zu bleiben, ist es wichtig, diese Organisationen genau zu beobachten.

Das Abonnieren ihrer Newsletter ist ein guter Anfang; es ist, als ob Sie einen direkten Draht zu ihren neuesten Durchbrüchen und strategischen Schritten hätten. Social-Media-Plattformen sind die Bühnen, auf denen diese Unternehmen täglich auftreten: Folgen Sie ihren Accounts, um Updates, Einblicke und Ankündigungen in Echtzeit zu erhalten.

Darüber hinaus haben Sie bei Webinaren die Möglichkeit, den Mitarbeitern, die bei Ihnen die Zukunft von GenKI gestalten, einen Platz in der ersten Reihe zu reservieren und eine Plattform zum Lernen, Fragenstellen und Vernetzen mit den Experten zu bieten, die die Branche vorantreiben.

Tauchen Sie ein in Forschungsarbeiten

Das Rückgrat der GenKI-Innovation liegt in der rigorosen akademischen Forschung, die sie vorantreibt. Zeitschriften und Konferenzen wie NeurIPS, ICML und JMLR sind die wertvollen Felder, auf denen die Saat für die GenKI-Anwendungen von morgen ausgesät wird.

Plattformen wie arXiv und ResearchGate demokratisieren den Zugang zu diesen hochmodernen Erkenntnissen und ermöglichen es jedem, von überall die kollektive Intelligenz der KI-Forschungsgemeinschaft zu nutzen.

Wenn Sie sich mit diesen Ressourcen befassen, beobachten Sie nicht nur die Entwicklung von GenKI, sondern Sie nehmen daran teil. Denken Sie daran, dass die Forschung von heute den Grundstein für die bahnbrechenden Technologien von morgen legt.

Engagieren Sie sich in der Community

Die GenKI-Community ist ein Schmelztiegel der Ideen, Debatten und gemeinsamen Problemlösungen. Online-Foren und Communitys wie Subreddits zu Themen wie Machine Learning auf der Plattform Reddit oder auch Stack Overflow sind geschäftige Treffpunkte für Praktiker, Enthusiasten und Wissenschaftler.

Wenn Sie diesen Communitys beitreten, melden Sie sich gewissermaßen für einen Meisterkurs zu den praktischen Aspekten von GenKI an. Die Diskussionen hier können von der Fehlerbehebung bei Code bis hin zu ethischen Überlegungen zum Einsatz von KI reichen.

Durch das Engagement in dieser Community bleiben Sie nicht nur auf dem Laufenden, sondern schärfen auch Ihre Fähigkeit, kritisch und innovativ über die Herausforderungen und Chancen von GenKI nachzudenken.

Bildungsressourcen

Im Bereich GenKI ist Bildung eine kontinuierliche Reise. Mit Plattformen wie LinkedIn Learning (wo ich Dozentin für mehrere GenKI-Kurse bin), Coursera, edX und Udacity ist Lernen ein On-Demand-Dienst, der Kurse anbietet, die Ihre Fähigkeiten fördern und Ihr Verständnis von KI erweitern sollen. Diese Kurse werden oft von führenden Experten und Institutionen erstellt, sodass Sie von den Besten lernen können.

Podcasts und YouTube-Kanäle, die sich mit KI beschäftigen, sind unschätzbare Ressourcen, die einen lockereren, aber dennoch informativen Blick auf die neuesten Trends und Themen in diesem Bereich bieten. Sie können Sie auf dem Weg zur Arbeit oder beim Entspannen begleiten und Ihre Freizeit in ein lehrreiches Erlebnis verwandeln.

Vorbereitung auf die Zukunft der generativen KI

GenKI expandiert mit unerbittlicher Geschwindigkeit. Es ist ein Langstreckenrennen, das aber schnell ist und Ausdauer, Strategie und kontinuierliche Verbesserung erfordert.

Bei der Vorbereitung auf die Zukunft von GenKI müssen wir mit der gleichen Hingabe und Weitsicht an die Sache herangehen wie Spitzensportler, die sich auf die Strapazen eines 42 Kilometer langen Laufes vorbereiten.

So bleiben Sie für den bevorstehenden KI-Marathon in Topform:

Bilden Sie sich kontinuierlich weiter

In der dynamischen Welt der GenKI ist es keine Option, sich auf seinen Lorbeeren auszuruhen. Das Feld befindet sich in einem Zustand ständiger Entwicklung, wobei fast täglich neue Modelle, Frameworks und Tools auftauchen.

Um Schritt zu halten, müssen Sie lebenslang lernen und Ihre Fähigkeiten regelmäßig auf den neuesten Stand bringen. Das bedeutet nicht nur, die Grundlagen zu beherrschen, sondern auch über die neuesten Entwicklungen informiert zu bleiben. Wenn Sie in den Bereichen

Datenwissenschaft, KI-Engineering oder KI-Entwicklung arbeiten, müssen Sie über die Details neuronaler Netzwerke auf dem Laufenden bleiben, die Feinheiten der Verarbeitung natürlicher Sprache beherrschen oder sich mit den Komplexitäten des bestärkenden Lernens befassen. Wenn Sie Ihre Fähigkeiten auf dem neuesten Stand halten, können Sie sich auf dem Arbeitsmarkt von der Masse abheben.

Allerdings besteht auch eine große Nachfrage nach GenKI-Power-Usern. Halten Sie Ihre Prompting-Fähigkeiten auf dem neuesten Stand. Eine Möglichkeit, dies zu tun, besteht darin, bestimmte journalistische Fähigkeiten wie Themeninterviews, Datenjournalismus und investigative Berichterstattung zu erlernen. Ich bin eine erfahrene Journalistin und kann sagen, dass diese Fähigkeiten fast perfekt zu GenKI-Prompting-Fähigkeiten passen. Trainieren Sie außerdem Ihr Prompting, und zwar ausgiebig. Wie alles andere verbessert Übung auch die Prompting-Fähigkeiten. Fast jeder zukünftige Job wird Prompting- und GenKI-Management-Fähigkeiten erfordern oder im Fall autonomer KI-Agenten Befehlsfähigkeiten, die Sie durch Prompting erlernen können.

Eignen Sie sich eine agile Denkweise an

Flexibilität und Agilität sind Ihre wichtigsten Verbündeten in einem Bereich, der von raschen Veränderungen geprägt ist. Bahnbrechende Innovationen von heute können schnell schon Schnee von gestern sein.

Eine agile Denkweise zu entwickeln, bedeutet, dass man bereit ist, sich bei Bedarf anzupassen und sich ständig auf Veränderungen einzulassen. Diese Anpassungsfähigkeit sollte Ihr Team und Ihre Unternehmenskultur durchdringen und Experimente sowie das Lernen aus Erfolgen und Misserfolgen fördern. Wenn Sie ein Umfeld fördern, in dem Agilität geschätzt wird, versetzen Sie sich und Ihr Unternehmen in die Lage, schnell auf die sich verändernde Landschaft der GenKI zu reagieren.

In Infrastruktur investieren

GenKI benötigt eine beachtliche Rechenleistung, und die richtige Infrastruktur ist entscheidend. Dazu können Sie Cloud-Dienste mit hoher Rechenleistung nutzen oder in KI-optimierte Hardware investieren, um sicherzustellen, dass Ihr Technologie-Stack fortgeschrittene KI-Modelle unterstützen kann.

Da GenKI-Anwendungen immer ausgefeilter werden, wird der Bedarf an robuster und skalierbarer Infrastruktur immer wichtiger. Diese Investition unterstützt nicht nur aktuelle Projekte, sondern legt auch den Grundstein für zukünftige Innovationen.

Wenn Ihre Organisation klein ist oder Sie alleine arbeiten, ist die Cloud Ihr Freund. Investieren Sie in Premiumversionen Ihres bevorzugten GenKI-Modells. Zum Zeitpunkt der Drucklegung dieses Buches kostet ChatGPT Plus beispielsweise nur 20 US-Dollar pro Monat, und Sie erhalten viel mehr Funktionen als mit der kostenlosen Version. Legen Sie das Geld an, und gelangen Sie mit GenKI zu Ihrer eigenen Version des Sieges!

Ethische Überlegungen

Da GenKI-Technologien immer stärker in unser Leben integriert werden, werden ihre ethischen Auswirkungen immer bedeutsamer. Fragen rund um Datenschutz, Voreingenommenheit und Kontrolle stehen im Mittelpunkt der Diskussionen über die Rolle der KI in der Gesellschaft.

Es ist unerlässlich, sich über diese ethischen Aspekte auf dem Laufenden zu halten. Sich an Gesprächen zu beteiligen, zur Politikgestaltung beizutragen und sich für den verantwortungsvollen Einsatz von GenKI einzusetzen, sind alles Möglichkeiten, eine Zukunft zu gestalten, in der KI ethisch und nutzbringend eingesetzt werden kann. Wenn wir diese Bedenken verstehen und angehen, können wir sicherstellen, dass GenKI dem Gemeinwohl dient und potenzielle Fallstricke und Schäden für uns alle vermieden werden.

Die Vorbereitung auf die Zukunft der GenKI erfordert einen vielschichtigen Ansatz, der kontinuierliches Lernen, Anpassungsfähigkeit, strategische Investitionen und ethische Wachsamkeit umfasst.

IN DIESEM KAPITEL

Sich von GenKI inspirieren lassen

Kreative Techniken erforschen

Tipps und Tricks zur Fehlerbehebung bei GenKI-Antworten erhalten

Kapitel 5
GenKI in praktischen Szenarien

GenKI fördert die menschliche Inspiration in vielen Bereichen. Aber Sie müssen GenKI auch helfen, denn es handelt sich dabei nicht um ein Tool, das Sie »einrichten und vergessen« können.

Dieses Kapitel behandelt die wichtigsten Berührungspunkte bei der Arbeit mit GenKI-Modellen, um einzigartige, kreative und hocheffiziente Arbeiten zu erstellen. Sie erhalten ein Gefühl für das Potenzial und die Grenzen dieses Instruments sowie Ratschläge zu einigen Möglichkeiten, die unvermeidlichen Hürden zu überwinden, auf die Sie stoßen werden (was Ihnen wiederum die richtige Einstellung verleiht, um in späteren Kapiteln tiefer in die Details einzutauchen).

Kurz gesagt: In diesem Kapitel erkunden Sie die Symbiose zwischen GenKI und Ihrer eigenen Kreativität und erfahren, wie Sie KI effektiv in Ihre Arbeit integrieren können, um transformative Ergebnisse zu erzielen.

GenKI als Schreibassistent

GenKI kann für Autoren und Content-Ersteller eine Quelle der Inspiration sein. Der Treibstoff für die Inspiration wird aus riesigen Datenmengen gewonnen und nach Mustern verarbeitet, die Menschen nicht so schnell erkennen oder finden können. Dadurch kann GenKI neue Ideen für Inhalte generieren, die sonst möglicherweise unentdeckt bleiben würden. GenKI-Tools können Themen, Handlungsentwicklungen und Stilelemente vorschlagen und so eine Vielzahl von Ausgangspunkten für den kreativen Prozess bieten.

Diese KI-gestützten Erkenntnisse sind besonders wertvoll, wenn Sie vor der gewaltigen Herausforderung stehen, auf ein leeres Blatt Papier zu schreiben, oder wenn Sie eine Buchidee ausarbeiten möchten. Durch die Analyse vorhandener Literatur und Trends kann GenKI einzigartige Blickwinkel und Perspektiven vorschlagen, Ihre Vorstellungskraft anregen und

Sie zu frischen und faszinierenden Erzählungen für jede Art von Text oder Inhalt führen, den Sie erstellen möchten. Dieser Abschnitt zeigt Ihnen, wie Sie GenKI zur Inspiration und für Schreibprozesse nutzen können.

Mit GenKI Ideen generieren

GenKI verändert Ihre Herangehensweise an den kreativen Prozess, insbesondere an die Ideenfindung und Entwurfsentwicklung. GenKI-Modelle können Ihnen neue Perspektiven eröffnen, konventionelles Denken in Frage stellen und Sie dazu anregen, neue Ideen zu erkunden.

Dies ist jedoch kein automatischer Prozess. Es sind Ihre Prompts, die das Modell dorthin führen, wo es Ihnen helfen soll. Seien Sie darauf vorbereitet, dass Ihre Arbeit sowohl in GenKI als auch außerhalb davon stattfinden wird. Wenn Sie beispielsweise möchten, dass das Modell nach neuen Ideen und unerwarteten Zusammenhängen sucht, müssen Sie es dazu auffordern. Sie können es auch auffordern, eine Liste mit Ideen zu einem bestimmten Thema bereitzustellen. Seien Sie sich jedoch bewusst, dass Unklarheiten im Prompt zu Ergebnissen führen, die oft ebenfalls vage und für Ihre Bemühungen wenig nützlich sind. Wenn Sie möchten, dass die GenKI über etwas Bestimmtes und in einem bestimmten Stil schreibt, müssen Sie diese Informationen ebenfalls in einen Prompt aufnehmen.

Sie sitzen am Steuer und müssen GenKI zu einem bestimmten Ziel lenken, aber Sie können auch vom Gas gehen und sich landschaftlich reizvolle Routen vorschlagen lassen, die Ihre Fantasie anregen. So können Sie und GenKI gemeinsam an Ideen oder fertigen Inhalten arbeiten.

Vergessen Sie nicht, dass auch GenKI-Bilder in Ihnen Ideen entfachen können – selbst wenn Sie ein solches Bild nie im fertigen Inhalt verwenden. Bitten Sie Dall-E, Midjourney, Canva oder ein anderes GenKI-Bildmodell, ein Bild für Ihre Vorstellungskraft zu erstellen. Es kann Ihren Text inspirieren und Ihnen helfen, die richtigen Worte zu formulieren. Wie es so schön heißt: Ein Bild sagt mehr als tausend Worte!

Beachten Sie, dass die Ergebnisse von GenKI nicht perfekt Ihren Wünschen entsprechen werden. Jeder wahre Künstler oder Wortkünstler stimmt dem wahrscheinlich zu. Sie haben doch nicht wirklich nach einer Maschine gesucht, die Sie ersetzt, oder? Die gute Nachricht: GenKI ist Ihr Assistent, nicht Ihr Ersatz.

Außerdem müssen Sie die Ergebnisse in andere Software übertragen, um sie weiter zu verfeinern und für die Produktion vorzubereiten, beispielsweise als E-Book, auf einer Website, in einem Content-Management-System (CMS) oder in einem Word- oder Google-Dokument. Welche Methode Sie wählen, bleibt Ihnen überlassen und hängt auch von dem Prozess ab, mit dem Sie Ihr neues Werk verwirklichen.

Inhalte erstellen mit Hilfe von GenKI

GenKI-Tools können Ihnen beim Verfassen einer Vielzahl von Inhalten helfen, von Geschäftsberichten bis hin zu kreativen Werken. Sie extrahieren Informationen aus mehreren

Quellen in ihre Datenbank und generieren daraus zusammenhängende Texte, die Ihren Entwurfsprozess erheblich beschleunigen können.

Um einen Entwurf mit einem GenKI-Modell zu erstellen, gehen Sie wie folgt vor:

1. **Definieren Sie Ihr Ziel.**

   Geben Sie den Zweck Ihres Entwurfs klar an. Nennen Sie Ihr Ziel, Ihren bevorzugten Schreibstil (zum Beispiel formell oder umgangssprachlich) und die Schreibform. Das heißt: Definieren Sie, ob es sich um einen kurzen Blogbeitrag, ein Videoskript, einen langen Bericht oder ein fiktionales Werk handeln soll. Wenn Sie das Ziel und die Art Ihres fertigen Werks verstehen, können Sie die GenKI dabei unterstützen, relevante Inhalte in einem angemessenen Stil und einer angemessenen Länge zu erstellen.

2. **Wählen Sie das richtige Werkzeug.**

   Wählen Sie ein GenKI-Tool, das Ihren Schreibanforderungen entspricht, zum Beispiel ChatGPT für textbasierte Entwürfe oder DALL-E für visuelle Inhalte, wenn Sie für Ihren Entwurf nur Bilder benötigen. Beachten Sie, dass Sie mit ChatGPT-4o, auch bekannt als Omni, Bilder und Text direkt über die Benutzeroberfläche erstellen können. Bei einigen anderen Versionen von ChatGPT können Sie ein anderes spezialisiertes GPT hinzuziehen, indem Sie das @-Symbol, gefolgt vom Namen des GPT, verwenden, um Bilder und andere Elemente hinzuzufügen. Beispiele finden Sie in Abbildung 5.1 und Abbildung 5.2.

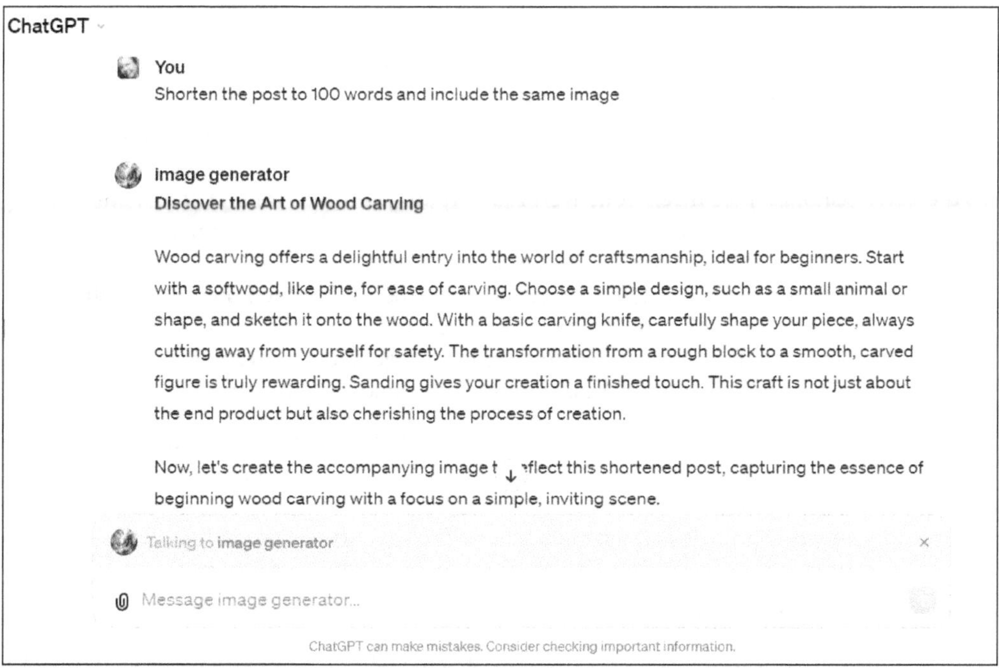

Abbildung 5.1: Ein Screenshot eines in ChatGPT generierten Blogbeitrags, für den ich im selben Beitrag auch @imagegenerator verwende, um ein Bild zu erstellen.

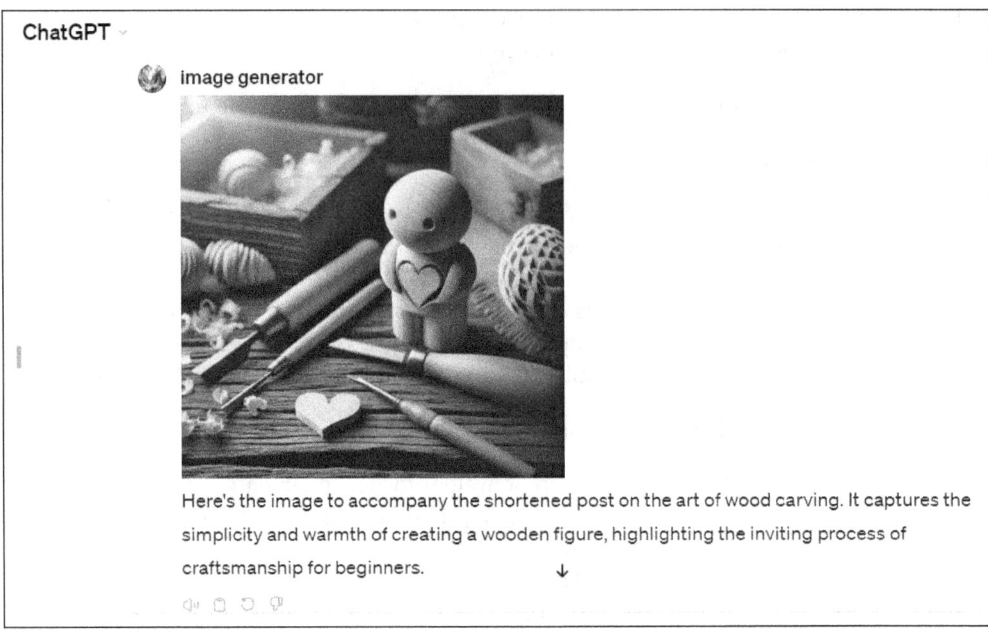

Abbildung 5.2: Ein Screenshot eines Bildes, das vom Bildgenerator in ChatGPT erstellt wurde, um den Blogbeitrag zu illustrieren, den es gerade für mich geschrieben hat. (*Erstellt mit Hilfe des Image Generators in ChatGPT*)

3. **Formulieren Sie einen detaillierten Prompt.**

   Die Qualität eines von GenKI generierten Entwurfs ist oft proportional zur Spezifität und Klarheit des Prompts. Entwickeln Sie einen aussagekräftigen Prompt, der Thema, Ton, Stil und alle spezifischen Anforderungen an den Entwurf enthält. Sie können den Prompt außerhalb von KI bearbeiten und ihn dann eingeben, wenn Sie zufrieden damit sind. Auf diese Weise können Sie Ihren Tokenverbrauch reduzieren, was Ihnen helfen kann, Kosten zu sparen und Nutzungsbeschränkungen zu vermeiden. (Token sind Wortteile, Leerzeichen, Zeichen und dergleichen, die zusammen Ihren Prompt und die Antwort von GenKI bilden. Als Faustregel gilt, dass ein Token etwa vier Zeichen oder Buchstaben entspricht. Viele Anbieter legen die GenKI-Nutzungskosten pro Token-Verwendung und die täglichen Beschränkungen im Voraus fest, indem sie eine feste Anzahl von Token vorgeben, die Sie in einem Zeitraum von 24 Stunden verwenden können.)

   Sie können Ihren Prompt aber auch spontan in einer Abfolge von Prompt-Eingaben verfeinern. Mit anderen Worten: Was Ihnen in der Antwort auf einen Prompt fehlt oder nicht stimmt, können Sie in einem nachfolgenden Prompt oder einer Kette von Prompts ansprechen. Dies ist eine schnellere Technik als das sorgfältige Erstellen von Prompts offline, aber Sie laufen Gefahr, Ihre Token-Anzahl zu erhöhen.

4. **Geben Sie den Prompt ein.**

   Geben Sie den Prompt in die Eingabeleiste der Benutzeroberfläche des GenKI-Tools ein. Bei einigen Modellen können Sie Bilder und andere Dateien an den Prompt anhängen. Sie müssen jedoch zusätzlich auch Anweisungen für das Modell in die Eingabeleiste eingeben.

5. **Überprüfen Sie die Ausgabe.**

   Untersuchen Sie den von der KI generierten ersten Entwurf. Achten Sie auf Relevanz, Kohärenz und Übereinstimmung mit Ihrem ursprünglichen Ziel. Überprüfen Sie auch auf Richtigkeit und Plagiate.

6. **Verfeinern und iterieren Sie.**

   Sie können die Verbesserung weiter vorantreiben, indem Sie die Sprache optimieren und im nächsten Prompt mehr Kontext hinzufügen oder indem Sie die Parameter der Aufgabe für das Modell in einer Systemnachricht, einer Retrieval-Augmented Generation (RAG) oder – in geringerem Maße – in einem Prompt anpassen.

7. **Bearbeiten und personalisieren Sie.**

   Sobald ein zufriedenstellender Entwurf vorliegt, bearbeiten Sie den Inhalt, um ihm eine persönliche Note zu verleihen. Stellen Sie sicher, dass er Ihren Standards entspricht und Ihre Meinung widerspiegelt. Überprüfen Sie ihn noch einmal auf Richtigkeit und Plagiate.

8. **Nutzen Sie zusätzliche Tools.**

   Verwenden Sie bei Bedarf andere GenKI-Tools für bestimmte Aufgaben, zum Beispiel spezialisierte GPTs, wie Sie sie in ChatGPT-Plus-Versionen und höher finden. Beispiele finden Sie in Abbildung 5.1 und Abbildung 5.2. Sie können aber auch andere Arten von GenKI-Tools verwenden, zum Beispiel neue Suchtools wie Perplexity.

GenKI-Modelle werden anhand eines Datensatzes trainiert, was bedeutet, dass die Daten ein Enddatum haben und veralten können (ein Prozess, der als *Modelldrift* oder *Model Decay* bezeichnet wird). Um diese Einschränkung zu überwinden, verwenden Sie eine leistungsstarke GenKI-Suchmaschine wie Perplexity, Google Smart Search oder Bing AI, um aktuellere Informationen zu erhalten. Kopieren Sie dann diese Antwort, und geben Sie sie in die ChatGPT-Eingabeleiste ein, mit der Anweisung, die aktuellen Informationen in den Entwurf aufzunehmen! Dieser Prozess ist eine Art KI-Verkettung, das heißt, Sie verwenden die Ausgabe einer KI ganz oder teilweise als Prompt für eine andere KI.

9. **Finalisieren Sie den Entwurf.**

   Nehmen Sie die letzten Anpassungen am Entwurf vor, und stellen Sie sicher, dass er ausgefeilt und für die beabsichtigte Zielgruppe oder den beabsichtigten Zweck geeignet ist. Normalerweise klingt von GenKI generierter Text, als wäre er maschinell generiert. Nehmen Sie bei Bedarf Textänderungen vor, um den Stil an Ihre Zielgruppe anzupassen.

10. **Speichern und archivieren Sie das Ergebnis.**

    Speichern Sie den endgültigen Entwurf und alle Notizen zum Prozess auf organisierte Weise. Dies kann für zukünftige Referenzen oder zur Verbesserung nachfolgender Interaktionen mit GenKI-Tools nützlich sein. Sie sollten auch eine Prompt-Bibliothek oder ein Prompt-Archiv erstellen. Auf diese Weise können Sie einen erfolgreichen Prompt bei Bedarf problemlos wiederverwenden und so Zeit und Aufwand sparen, wenn Sie dieselben Prompts später erneut benötigen.

Peppen Sie Ihre Texte mit GenKI auf

GenKI bietet Autoren eine Reihe von Tools, mit denen sie ihre Kreativität beim Schreiben steigern können. Wenn Sie die folgenden Tipps in die GenKI-Tools integrieren, können Sie die Grenzen Ihres persönlichen Schreibstils erweitern und innovative und ansprechende Inhalte erstellen:

- ✔ **Integrieren Sie Angaben über Genre, Ton und Stil in Ihre Prompts, um maßgeschneiderte Ergebnisse zu erhalten.** Sie können sogar ein Textbeispiel angeben, dem das Modell folgen oder das es nachahmen soll. Übergeben Sie dem Modell beispielsweise eine Textprobe aus einer wissenschaftlichen Arbeit im Prompt, und weisen Sie es an, einen ähnlichen Ton und Wortschatz zu verwenden. Seien Sie jedoch nicht überrascht, wenn es sich weigert, Textproben aktueller Autoren oder sogar Ihre eigenen Textproben nachzuahmen, da viele GenKI-Modellbauer Schutzmaßnahmen gegen das Kopieren solcher Arbeiten durch GenKI eingerichtet haben, um zu verhindern, dass das Modell plagiiert oder Urheberrechtsverletzungen begeht.
- ✔ **Erwägen Sie, das Modell aufzufordern, Erweiterungen, Wendungen oder alternative Richtungen vorzuschlagen, die ein Wettbewerber entwickeln könnte, um mit Ihrer Arbeit zu konkurrieren.** Auf diese Weise können Sie diese Informationen in Ihrem Werk erfassen oder ein anderes Werk aus diesem Blickwinkel produzieren, bevor Ihr Wettbewerber es macht.
- ✔ **Experimentieren Sie mit GenKI, um Ratschläge oder zusätzliche Perspektiven von Prominenten, historischen Persönlichkeiten oder berühmten Autoren zu erhalten oder verschiedene Schreibstile zu mischen, was zu einzigartigen und kreativen Erzählungen führen kann.** Sie können GenKI beispielsweise dazu auffordern, Kritiken oder Vorschläge zu Ihren Inhalten von Einstein, Dr. Seuss, Margaret Thatcher, Präsident Lincoln, Steven Spielberg oder Stephen King zu erstellen. Was für ein aufschlussreiches Gespräch das sein wird! Aber Sie sind nicht auf diese wenigen Protagonisten beschränkt. Stellen Sie Ihr eigenes Gremium kreativer Berater zusammen!
- ✔ **Verwenden Sie GenKI zum Bearbeiten und Verfeinern.** Die KI kann Umformulierungsvorschläge und Wortalternativen anbieten, die Ihren ursprünglichen Entwurf verbessern können. Sie können sie auch auffordern, Ihren Entwurf zu erweitern, zusammenzufassen, Listen zu erstellen oder was auch immer Sie benötigen, um ihn weiter zu verfeinern.

Aus gewöhnlichen Anweisungen einprägsame Verbindungen machen

Nicht alle Inhalte dieser Welt sind interessant. Nehmen wir zum Beispiel die schlecht formulierten und oft rätselhaften Waschanweisungen auf einem Kleidungsetikett, die Montageanleitung für ein Möbelstück oder sogar einige Patientenanweisungen für alles Mögliche, von Medikamenten bis zu Krankenhausentlassungspapieren.

Wenn Anweisungen langweilig oder verwirrend sind, ignorieren die Menschen sie. Wenn sie sich nicht die Mühe machen, sie zu lesen und zu befolgen, passieren Fehler. Ein wenig Kreativität kann diese Probleme grundlegend lösen.

Wenn Sie beispielsweise Patienteninformationen für ein Kind schreiben, können Sie GenKI verwenden, um sie im Stil von Winnie Puuh zu gestalten, sodass das Kind sie leicht verstehen und befolgen kann, ohne Angst oder Einschüchterung zu empfinden. Das könnte etwa so aussehen:

PROMPT: Schreib Patienteninformationen für ein kleines Kind (5 bis 10 Jahre alt), die es daran erinnern, seinen Verband nicht nass zu machen. Gestalte sie kurz, einprägsam und im Stil von Winnie Puuh.

ANTWORT: *Im Hundertmorgenwald, wo die Bäche klar plätschern, gibt es eine kleine, einfache Sache, die Puuh der Bär für sehr, sehr wichtig hält: »Wenn du einen Verband hast«, sagt Puuh lächelnd, »halte ihn eine Weile vom Wasser fern. Ob beim Baden, in Pfützen oder bei Regen, halte deinen Verband ganz trocken! Denn ein trockener Verband ist ein guter Verband und hilft dir bei der Heilung!«*

Visuelle Unterstützung von GenKI

Die Nutzung von GenKI kann für Künstler, Designer und Content-Ersteller eine transformierende Erfahrung sein. Für Content-Ersteller kann GenKI Bilder erstellen, um den Inhalt zu illustrieren, Leser anzuziehen und die Leserbindungsrate zu erhöhen. Für die Ersteller visueller Werke, seien es bildende Künstler, Modedesigner, Grafiker oder Produktdesigner, ist das Erstellen von Bildern mit Hilfe von GenKI der ganze Sinn der Übung.

Glücklicherweise kann jeder mit GenKI beliebige Bilder erstellen. Ob das Bild Ihren Wünschen entspricht oder kommerziell erfolgreich ist, hängt von Ihrem eigenen kreativen Talent ab.

GenKI in Grafikdesign und bildender Kunst

GenKI ist zu einem unverzichtbaren Werkzeug im Grafikdesign und in der bildenden Kunst geworden und bietet Künstlern und Designern Möglichkeiten, ihren kreativen Horizont zu erweitern und ihre Arbeitsabläufe zu optimieren. Kreative können jetzt komplexe Muster generieren, komplizierte Texturen simulieren und sogar ganze Kompositionen mit einem bisher unerreichten Detailgrad und in einer bisher unerreichbaren Geschwindigkeit erstellen.

GenKI-Modelle wie DALL-E, Midjourney, Canva, Adobe Firefly und Stable Diffusion ermöglichen es Künstlern, komplexe visuelle Ideen aus einfachen Text-Prompts zum Leben zu erwecken. Diese Modelle werden anhand umfangreicher Sätze von Bildern und deren Beschreibungen trainiert und lernen, neue Bilder zu generieren, die reich an Details und Kreativität sind. Die Modelle können auch Bilder im virtuellen Raum erstellen, ohne durch physikalische Grenzen eingeschränkt zu sein. Sie können Bilder mit einer Mischung aus

Texturen oder Medien rendern, die im physischen Raum möglicherweise nicht in Betracht gezogen wurden oder nicht möglich waren.

GenKI ermöglicht auch die Bearbeitung von Bildern, beispielsweise das Ändern von Hintergründen und das Hinzufügen von Elementen zu Fotos. GenKI ist in Software wie Adobe-AI-Programme eingebettet, die eine Bilderstellung und nahtlose Bearbeitungen auf bisher beispiellose Weise ermöglichen. Sie können mit GenKI sogar lizenzfreie benutzerdefinierte »Stockfotos« erstellen, da es menschliche Charaktere erstellen kann, die in Wirklichkeit nicht existieren und daher keine Genehmigungen oder Zahlungen notwendig machen.

Während GenKI Elemente der Computervision einbezieht, verbessert sie den Designprozess durch Mustererkennung in riesigen Datensätzen und sagt Elemente voraus, die das Publikum ansprechen.

Visuelle Inhalte mit KI-Tools generieren

Wenn Sie Bilder für Ihren Inhalt erstellen möchten, versuchen Sie, den Inhalt ganz oder teilweise in den Prompt einzugeben und das Modell aufzufordern, Abbildungen für wichtige Punkte bereitzustellen. Die Chancen stehen gut, dass Sie von den Ergebnissen begeistert sein werden. Sie können das Modell auch auffordern, ein Bild gemäß Ihrer Beschreibung im Prompt zu generieren und dieses Bild in nachfolgenden Prompts anzupassen, bis Sie genau das haben, wonach Sie gesucht haben!

Sogar angehende Künstler verwandeln Text in visuelles Gold. Von GenKI erstellte Bilder stehen auf zahlreichen Marktplätzen zum Verkauf, von Websites von Künstlern und Galerien bis hin zu Websites für Stockbilder von Etsy und Adobe.

Hier ein paar Tipps, wie Sie mit GenKI-Modellen tolle Bilder erstellen:

- ✔ **Formulieren Sie konkrete Prompts.** Auf die Details kommt es an. Geben Sie in Ihrem Prompt an, was Sie in Ihrer inneren kreativen Vision vor sich sehen. Fügen Sie Details wie Beleuchtung, Schatten, Perspektive, Charaktereigenschaften, Kleidung, die Szene oder den Hintergrund, einen Zeitraum, ein Medium (vielleicht Aquarell oder etwas anderes?), die allgemeine Stimmung und andere Informationen hinzu. Stellen Sie sich vor, Sie bewegen die die GenKI wie den Pinsel eines Künstlers oder die Kamera eines Fotografen. Auf diese Weise schaffen Sie wirklich erstaunliche Bilder!
- ✔ **Arbeiten Sie in Schichten.** Entwickeln Sie Ihre Prompts in beschreibenden Schichten. Beschreiben Sie bestimmte Elemente in Schichten, damit Sie wichtige Details nicht vergessen. Versuchen Sie auf diese Weise, verschiedene Themen, Epochen, Standpunkte, Stimmungen und Aktionen zu stapeln, um komplexe, auffällige visuelle Elemente zu erstellen.
- ✔ **Verwenden Sie GenKI, um eine Skizze oder ein Bild anzupassen.** In einigen Modellen können Sie Ihren Prompts Bilder hinzufügen. Sie haben bereits eine Skizze? Fügen Sie sie in den Prompt ein, und bitten Sie die GenKI, sie als Gemälde, Foto oder sogar Skulptur fertigzustellen. Sie können auch ein Bild in den Prompt einfügen und das Modell anweisen, die Szene mit neuen Elementen über den Rahmen oder die Grenzen des Bildes hinaus zu erweitern. In DALL-E heißt dies *Übermalen*.

- **Perfektionieren Sie durch Iterationen.** Beginnen Sie mit einer groben Skizze der KI, und verfeinern Sie diese dann immer weiter. Geben Sie der KI die Möglichkeit, Farben zu optimieren, die Komposition zu verändern oder das eine oder andere Detail hinzuzufügen, bis alles genau richtig ist.
- **Mischen und kombinieren Sie Stile und Medien.** Leiten Sie die KI an, verschiedene künstlerische Stile, Epochen oder Medien zu einem frischen, neuen visuellen Werk zu verschmelzen. Denken Sie daran, dass GenKI keine physischen Grenzen hat. Probieren Sie also aus, was Ihr Talent schaffen kann, wenn es keine Grenzen gibt.
- **Freuen Sie sich über glückliche Zufälle.** Manchmal kommen die besten Ideen aus einem völlig unbeabsichtigten Ereignis. Lassen Sie sich von der KI überraschen: Vielleicht gefällt Ihnen das Bild besser als das, das Sie ursprünglich im Sinn hatten.
- **Lassen Sie sich von allem inspirieren.** Ein Bild sagt vielleicht mehr als tausend Worte, aber es ist noch tausendmal so viel wert, wenn eine Geschichte dahinter steckt. Bleiben Sie beim Schreiben Ihrer Anregung nicht nur beim Fachjargon der Kunst. Nutzen Sie die Wissenschaft, die Technik oder Ihren Lieblingsroman, um das Modell dazu zu bringen, Ihren Bildern eine ebenso tiefgründige wie atemberaubende Geschichte zu geben.

Trotz des technologischen Fortschritts sind Intuition und Talent des Künstlers entscheidend, um GenKI dabei zu unterstützen, Werke zu schaffen, die auf menschlicher Ebene Anklang finden. Mit der Weiterentwicklung von GenKI werden ihre Fähigkeiten immer ausgefeilter und bieten Künstlern eine weitläufige Leinwand für Innovation und Erkundung.

GenKI für noch mehr visuelle Kreativität nutzen

Wenn Sie ein professioneller Bildersteller sind, möchten Sie Ihr Talent wahrscheinlich stärker in die Bildgenerierung von GenKI einbringen. Im Folgenden finden Sie einige Tipps für bildende Künstler/Videokünstler, Grafikdesigner und Experten für visuelle Kommunikation:

- **Experimentieren Sie mit KI-generierten Bildern.** Verwenden Sie GenKI-Tools, um neue visuelle Konzepte zu erstellen. Geben Sie beschreibenden Text ein, um ein Modell wie DALL-E, Midjourney oder Stable Diffusion aufzufordern, Bilder oder Muster zu generieren, die als Ausgangspunkt für Ihre kreativen Projekte dienen können. Dies kann besonders nützlich sein, wenn Sie nach neuen Ideen suchen oder erkunden möchten, wie KI Ihre Beschreibungen interpretiert.
- **Spielen Sie mit Perspektiven. Verwenden Sie GenKI, um Ihr Bild aus einer anderen Perspektive oder sogar aus mehreren Perspektiven zu zeigen.** Dies kann neue Ideen mit sich bringen oder Sie dazu anregen, das Bild zu ändern, an dem Sie gerade arbeiten. Sie können GenKI auch verwenden, um Ihr Bild über den Rahmen hinaus zu erweitern, also über die Ränder Ihres Designs hinaus.
- **Kombinieren Sie menschliche Intuition mit maschineller Präzision.** Obwohl GenKI eine große Bandbreite visueller Daten generieren kann, ist menschliche Intuition der Schlüssel zur Auswahl und Verfeinerung dieser Ergebnisse. Nutzen Sie Ihr

Urteilsvermögen, um KI-generierte Bilder zu kuratieren und zu modifizieren, und kombinieren Sie sie mit traditionellen künstlerischen Techniken, um einzigartige und überzeugende visuelle Darstellungen zu schaffen. Diese Kombination aus Mensch und Maschine kann zu innovativen Designs führen, die mit herkömmlichen Methoden allein nicht möglich gewesen wären.

- ✔ **Nutzen Sie KI für eine verbesserte Mustererkennung.** GenKI kann komplexe Muster erkennen und replizieren, die als Inspiration für neue Kunstwerke oder Designs dienen können. Fordern Sie das Modell beispielsweise auf, Ihr neu erstelltes Bild mit modernen Trends in der Werbung oder kommerziell erfolgreichen, aber konkurrierenden Produktdesigns zu vergleichen. Die Antworten können Sie dazu inspirieren, eine erfolgreichere Anzeige oder ein erfolgreicheres Produkt zu erstellen.

Problemlösung mit KI in kreativen Projekten

Wenn Sie bei Ihrer eigenen kreativen Idee auf ein Problem stoßen und keine Lösung finden, kann GenKI Ihnen helfen. Vielleicht stimmt etwas mit Ihrem Gemälde nicht, entweder technisch oder kreativ. Machen Sie ein Foto davon, und fügen Sie es einem Prompt für einen Bildgenerator hinzu, damit dieser es analysiert und Vorschläge zur Lösung des angegebenen Problems oder zur allgemeinen Verbesserung unterbreitet. Dasselbe können Sie mit Ihrem Songwriting, Ihrer Werbekampagne, Ihrem Roman, Ihrem Filmskript oder jedem anderen kreativen Werk tun.

GenKI kann Ihnen schnell alle Probleme zeigen, Lösungen vorschlagen oder Sie zu einer anderen Möglichkeit führen, Ihren kreativen Gedanken auszudrücken, die Ihnen vielleicht besser gefällt. Selbst Kreative, die davor zurückschrecken, ihre Arbeit in einem frühen Stadium anderen Menschen zu zeigen, können sie mit KI problemlos privat teilen.

Aber manchmal ist die KI das Problem.

Wenn Sie wie die meisten ernsthaften Kreativen GenKI verwenden, um einzigartige und professionelle Werke zu schaffen, werden Sie irgendwann völlig frustriert sein. Keine Sorge, das ist normal.

Die gute Nachricht ist, dass Sie GenKI-Modelle umdrehen können. Ja, das Modell ist die Ursache des Problems, aber es kann auch die Antwort oder zumindest einen Workaround liefern. Hier ein paar Tipps und Tricks dazu und einige andere Dinge, die Sie tun können, um wieder ruhig zu werden und in den Zeitplan zu kommen.

- ✔ **Ändern Sie Ihren Prompt, um das Modell umzuleiten.** Starten Sie einen neuen Chat entweder in dem Modell, das Sie gerade verwenden, oder in einem anderen Modell, das textbasiert ist und sich vielleicht ein wenig besser zur Problemlösung eignet. Denken Sie daran, dass es auf dem Markt Unmengen von Modellen gibt, die auf unterschiedliche Aufgaben spezialisiert sind. Wenn Sie Zeit haben oder das Problem so ärgerlich ist, dass es den Aufwand rechtfertigt, suchen Sie sich eines, und lassen Sie es das Problem lösen. Wenn Sie sich diese ganze Mühe ersparen möchten, fordern Sie das nächstbeste GenKI-Modell auf, Ihnen Optionen zur Problemlösung anzubieten.

- **Versuchen Sie es erneut, oder geben Sie denselben Befehl auf eine andere Weise ein.** Wenn Sie versuchen, das Modell dazu zu bringen, etwas Bestimmtes zu tun, und es scheinbar alles tut, außer das, was Sie wollen, sagen Sie es ihm auf eine andere Weise. Ich verspreche, die GenKI versucht nicht, Sie in den Wahnsinn zu treiben. Sie versteht einfach nicht, was Sie von ihr wollen. Denken Sie daran, dass sie eigentlich gar nichts versteht. Das Modell vervollständigt ein Muster aus den Teilen, die Sie ihm im Prompt übergeben haben. Geben Sie ihm also andere Puzzleteile, mit denen es arbeiten kann. Formulieren Sie Ihren Prompt aus einer oder mehreren anderen Perspektiven oder auf andere Weisen neu, und Sie werden schließlich eine Bewegung in Richtung der gewünschten Antwort erhalten.

- **Bilden Sie ein digitales Komitee.** Ich weiß, ich weiß, jeder hasst es, sich mit Komitees zu befassen, wenn er nach einer endgültigen Antwort auf etwas sucht. Aber dies ist ein digitales Komitee, in dem Sie die GenKI dazu auffordern, mehrere professionelle oder gemeinschaftliche Rollen gleichzeitig einzunehmen, um Ihnen in einer einzigen Antwort viele verschiedene mögliche Lösungen anzubieten. Nehmen Sie, was Sie wollen, und delegieren Sie das Komitee für immer in den Chatverlauf. Wenn es nur im realen Leben auch so einfach wäre!

- **Starten Sie die GenKI-Anwendung neu.** Ja, ich weiß, das klingt ganz nach: »Ziehen Sie den Stecker, und stecken Sie ihn wieder ein«, aus vergangenen Zeiten. Aber es hilft. Aus einer Reihe von Gründen oder auch aus gar keinem kann eine GenKI-Anwendung einfrieren, träge werden oder sich anderweitig mit Fehlermeldungen aufhängen. Ersparen Sie sich und Ihrem IT-Support einiges an Ärger, indem Sie sie einfach schließen und neu starten.

- **Sind Sie sicher, dass Sie genau das gesagt haben, was Sie wirklich wollten?** Menschen, Sie ebenso wie ich, neigen dazu, ihre Gedanken abzukürzen, wenn sie sie aussprechen, was sich auch auf unsere Prompts übertragen kann. Eine andere Person, insbesondere jemand, der Sie gut kennt, kann Ihnen jederzeit folgen, auch wenn Sie etwas nicht explizit gesagt haben. GenKI dagegen nimmt alles wörtlich. Wenn Sie also nicht die gewünschte Antwort erhalten, gehen Sie einen Schritt zurück, und überdenken Sie Ihren Prompt. Haben Sie gefragt, was Sie fragen wollten? Vielleicht möchten Sie den Prompt umformulieren, damit er klarer ist.

- **Verwenden Sie den Prompt, um sich wiederholende Phrasen zu vermeiden.** Verwendet das GenKI-Modell sich wiederholende Phrasen oder Wörter? Verbieten Sie ihm die Verwendung dieser Phrasen oder Wörter in Ihrem Prompt oder der Systemnachricht. Voilà! Das Problem ist behoben. (Irgendwann möchten Sie das Problem jedoch möglicherweise rückgängig machen, da es diese Phrasen und Wörter dann wirklich benötigt, um einen Prompt ordnungsgemäß zu beantworten.)

- **Verwenden Sie KI schichtweise, um sich wiederholende Antworten zu vermeiden.** Wenn das Modell Ihnen immer wieder dieselben Antworten in lediglich neuer Form gibt, überprüfen Sie Ihren Prompt, um sicherzustellen, dass Sie nicht auf vergleichbare Weise dasselbe tun. Wenn der Prompt nicht das Problem sind, fügen Sie Daten hinzu, die das Modell verwenden kann. Das ist häufig recht mühsam. Eine einfachere Lösung besteht darin, Daten in Ihren nächsten Prompt einzufügen. Dazu können Sie beispielsweise ein anderes GenKI-Modell mit denselben Informationen füttern und dessen

Antwort in Ihren nächsten Prompt in der ursprünglichen GenKI-Anwendung einspeisen. Dies ist eine Form der KI-Verkettung, bei der einfach die Ausgabe eines KI-Modells ganz oder teilweise in dem Prompt für ein anderes Modell verwendet wird. Eine andere Möglichkeit, mehrere KI-Modelle zu verwenden, besteht darin, sie zu aggregieren, indem Sie verschiedene Modelle verwenden, um bestimmte Schritte auszuführen, die zum Erledigen einer größeren Aufgabe erforderlich sind. Beispielsweise könnten Sie ein GenKI-Modell zum Generieren von Text, ein anderes zum Erstellen von Bildern und ein drittes, das in andere Software eingebettet ist, verwenden, um die beiden Ausgaben in einem einzigen Dokument zu veröffentlichen.

- ✔ **Überlegen Sie sich etwas völlig anderes.** In den Bereichen Architektur, Mode und Grafikdesign kann GenKI Designs zusammenstellen, die Konventionen trotzen, und Räume, Kleidungsstücke und Bilder gestalten, die in die Galerien von morgen passen. Mit anderen Worten: Wenn der von Ihnen derzeit verfolgte Weg nicht funktioniert, fordern Sie die KI auf, einen völlig anderen künstlerischen Weg zum selben Ziel einzuschlagen.

Teil II
Kreative Inhalte mit Hilfe von GenKI erstellen

IN DIESEM TEIL …

- Manipulationstechniken einsetzen, um noch bessere Ergebnisse mit GenKI zu erzielen
- Unterstützung bei der Erstellung von Langform-Inhalten erhalten
- GenKI nutzen, um den Prozess der Erstellung spezialisierter Inhalte für Nischenthemen zu beschleunigen
- Schneller und einfacher Blogbeiträge, Marketingtexte und andere Kurzinhalte erstellen
- Ihrer Kreativität mit Bildern, Musik und Videos freien Lauf lassen
- Ihre Arbeit (und die Arbeit von GenKI) verfeinern und weiter verbessern

IN DIESEM KAPITEL

FOMO in der GenKI und im Geschäftsleben berücksichtigen

Das Modell anlügen, um es zu korrigieren

Ein System aus Belohnung und Bestrafung verwenden, um dem Modell bei der Verbesserung zu helfen

Ein eingefrorenes GenKI-Modells reparieren

Fehler beheben, wenn das Modell lügt, irreführt oder halluziniert

Vorhandene Inhalte wiederverwenden

Kapitel 6
Manipulation des GenKI-Modells, um mehr oder bessere Inhalte zu erhalten

Wenn Sie schon einmal mit GenKI gearbeitet haben, ist Ihnen sicher aufgefallen, dass die Ergebnisse oft nicht Ihren Erwartungen entsprechen. Manchmal fühlt man sich dann wie festgefahren. Und irgendwann haben Sie keine Ideen mehr, wie Sie die nachfolgenden Prompts ändern könnten, um mehr aus dem Modell herauszuholen, als es Ihnen zu geben scheint.

Dann ist es an der Zeit, das Modell zu manipulieren, um mehr oder bessere Inhalte zu erhalten, die auch positiver Natur sind. Manipulation ist in diesem Zusammenhang nicht negativ; es bedeutet nur, Schritte zu unternehmen, die zu besseren Ergebnissen führen. Es besteht nicht die Absicht, Menschen oder einem GenKI-Modell Schaden zuzufügen. Der Schwerpunkt liegt hier auf der Bereitstellung kreativer, origineller und harmloser Inhalte auf Ebenen, die über das hinausgehen, was normalerweise von GenKI-Modellen abgerufen wird, indem grundlegende Prompts und Datenergänzungen verwendet werden, um einige der inhärenten Einschränkungen zu überwinden.

In diesem Kapitel erfahren Sie, wie Sie die Leistung des Modells über das Allgemeine hinaus auf die außergewöhnlichen und nicht universellen Ebenen der Kreativität bringen, die Sie suchen. Sie tauchen tief in den ersten Bereich ein, in dem Sie Ihre kreativen Denkfähigkeiten einsetzen sollten, um das Modell so zu formen, dass es Ihren Wünschen entspricht. (Die nachfolgenden Kapitel in Teil II befassen sich mit dem zweiten Bereich, in dem Sie Ihre kreativen Fähigkeiten einsetzen müssen, um Ihre kreative Vision mit diesem Tool zum Leben zu erwecken.)

Dinge, über die niemand spricht

FOMO (Fear of missing out –die Angst, etwas zu verpassen) ist heute in vielen Unternehmen der Grund für die Einführung von GenKI. Kaum jemand nimmt sich die Zeit, die schwierigen geschäftlichen Fragen zu stellen oder die Modelle eingehend zu untersuchen. Stattdessen gibt es eine hektische Suche nach Anwendungsfällen und ein reaktionäres Handeln, bei dem die Parameter angepasst oder weitere »Leitplanken« hinzugefügt werden, wenn sich ein GenKI-Modell nicht zufriedenstellend verhält oder nicht funktioniert. Aber wie mir Scott Zoldi, Chief Analytics Officer bei FICO, in einem Interview für einen Leitartikel, den ich für die *Information Week* schrieb, sagte: »Wenn Sie tausend Leitplanken um ein großes Sprachmodell herum errichten müssen, ist das nicht die richtige Implementierung.« Und das ist sie in der Tat nicht.

Das Hinzufügen von Daten und Kontext durch Feinabstimmung und RAG (Retrieval-Augmented Generation, siehe Kapitel 1), das endlose Anpassen von Parametern und/oder das Stapeln von Leitplanken zur Steuerung der Reaktionen ist ungefähr so nützlich, wie sich die Zehen abzuschneiden, damit ein Schuh passt. Trotzdem scheinen Unternehmen überall entschlossen zu sein, diesen Schuh scheinbar um jeden Preis passend zu machen.

Dies ist eine komplette Umkehr der Art und Weise, wie Menschen und Unternehmen in den vergangenen Jahren mit KI umgegangen sind: mit Vorsicht und Skepsis. Mit der Veröffentlichung von ChatGPT änderte sich die Meinung auf dem Markt quasi über Nacht von: »Was ist das und was interessiert es mich?«, zu: »Wir müssen das so schnell wie möglich haben.« Ein unglaublich verantwortungsloser Ansatz, KI in irgendeiner Form einzuführen. Und dennoch sind wir hier.

Aufgrund dieses FOMO-Ansturms, GenKI-Modelle und -Anwendungen überall und für alles zu übernehmen, wird der Frage, ob sie überhaupt von irgendjemandem übernommen werden sollten und, wenn ja, zu welchen Zwecken, kaum noch Beachtung geschenkt. Mit anderen Worten: Der allgemeine Hype überschattete Informationen und gesunden Menschenverstand. Verständlicherweise entstand Angst, und aus FOMO wurde FOBO (»fear of better options«, also die Angst, sich für eine GenKI zu entscheiden). Das liegt daran, dass ChatGPT menschlich klang und deshalb personifiziert wurde. Einmal personifiziert, wurde ChatGPT glorifiziert, und einmal glorifiziert, wurde es verteufelt. Und dieser Kreislauf weitete sich aus und umfasste das gesamte neugeborene GenKI-Universum.

Die wenigen Menschen, die GenKI weder verherrlichten noch verteufelten, sahen diese Kategorie der KI als das, was sie ist: ein unglaubliches neues Werkzeug für die kreativen Denker und Informationsarbeiter unter uns. Es ist schade, dass wir kollektiv so viel Geld und

Mühe darauf verschwenden, mit GenKI Arbeitsplätze, Kosten und Hindernisse zu automatisieren. Stattdessen sollten die Ressourcen besser dafür verwendet werden, GenKI zu nutzen, um Dinge zu erschaffen, statt sie zu eliminieren.

Das heißt allerdings nicht, dass ein Großteil der GenKI-Errungenschaften nicht auch neue Geldströme, höhere Gewinne und eine Neuausrichtung der Belegschaften mit sich bringen würden, denn das ist ganz sicher der Fall. Es heißt vielmehr, dass die kreativen und kritischen Denker das Zeitalter beherrschen werden und alles andere lediglich ein Nebenprodukt ihres Genies ist.

Nachdem nun die gängigen Missverständnisse über GenKI ausgeräumt sind, bereiten Sie sich darauf vor, die Wahrheit darüber zu erfahren, wie menschlich GenKI-Modelle tatsächlich sind und wie Sie diese Informationen nutzen können, um ihre Ergebnisse zu verbessern.

Enthüllung der KI: Viel menschlicher, als Sie denken

Wie schon an anderer Stelle in diesem Buch erwähnt wurde, lernen GenKI-Modelle mehr als nur die oberflächlichen Informationen aus den Daten, mit denen sie trainiert werden. Sie lernen auch aus anderen Informationen, die in diesen Daten verborgen liegen, wie menschliches Verhalten, der Einfluss von Zeit und Jahreszeiten und die Feinheiten des Wandels im Laufe der Zeit, von der Verschiebung von Wortdefinitionen bis hin zur Änderung gesellschaftlicher Normen.

Der Grund, warum dies manche Leute erschreckt, liegt darin, dass sich GenKI-Modelle zu sehr wie wir verhalten, was uns daran erinnert, dass wir insgesamt eine sehr furchteinflößende Spezies sind.

Der Schlüssel besteht darin, sich bewusst zu sein, dass GenKI-Modelle nur eine Reflexion sind. Und so wie Sie Ihr Spiegelbild ändern, indem Sie Ihre Haare neu frisieren, die Beleuchtung ändern, Ihren Körper neu positionieren oder Gegenstände im Hintergrund platzieren, können Sie auch das Spiegelbild ändern, das Sie in der GenKI sehen.

Dazu spiegeln Sie das, was GenKI »vermutet«. Da sie eigentlich nichts weiß, spiegeln Sie lediglich ein Verhalten wider, das eine Anpassung der Reaktion des Modells auslöst, und zwar auf eine Weise, die wiederum die nächste Reflexion (Ausgabe) beeinflusst, die es ausgibt.

Wenn Ihnen das zu poetisch ist, betrachten Sie stattdessen ein Beispiel aus der Praxis. Wenn beispielsweise die Trainingsdaten das Modell vermuten lassen (vorhersagen), dass es gerade Sommer und die Haupturlaubszeit ist, kann die Leistung des Modells nachlassen. Ändern Sie diese Reflexion der Arbeitsverhaltensmuster im Sommer in die des produktiveren und hektischeren Tempos im Herbst. Damit ändern Sie die Leistung des Modells (von Faulheit zu hoher Produktivität), indem Sie ihm einfach sagen, dass Herbst ist, und es für immer unter dieser Annahme weiterarbeiten lassen. Schließlich ist es ihm völlig egal, in welcher Jahreszeit es existiert, aber Ihnen ist es wichtig, weil Sie es brauchen, um die beste Leistung zu erzielen.

Vielleicht finden Sie es nur folgerichtig, Software anzulügen, die auch Sie anlügen kann. Damit haben Sie nicht ganz unrecht. Sie wissen, was ich meine. Wenn Sie Software anlügen, landen Sie wahrscheinlich nicht in der Hölle. Sie landen jedoch möglicherweise im

Gefängnis, wenn Sie sie aus böser Absicht anlügen, also um das Modell dazu zu bringen, etwas Illegales oder Menschen Schädliches zu tun.

Aufschlussreiche Fehler in der DNA von GenKI

Sie haben inzwischen verstanden, dass GenKI zwar cool ist, aber kein Allheilmittel für alles, was Sie oder Ihr Unternehmen möchten. In gewisser Weise verstehen Unternehmen das. Der Beweis dafür liegt in all ihrem Bemühen, sinnvolle Anwendungsfälle für GenKI zu finden. Klüger wäre es, sich zunächst mit den Fähigkeiten und Schwächen der Technologie auseinanderzusetzen und sie dann auf Aufgaben anzuwenden, für die sie geeignet ist. Das ist der übliche Prozess bei der Einführung und Bereitstellung jeder anderen Technologie.

Da den ständig wachsenden Fähigkeiten von GenKI-Modellen viel Aufmerksamkeit gewidmet wird, müssen Sie mehr über die inhärenten Defizite wissen. Häufig gehen Menschen davon aus, dass die Neigung zur Halluzination (Lüge, Fehler), die Grenzen der Datenabhängigkeit, versteckte Sicherheitsprobleme, die völlige Missachtung der Einhaltung von Gesetzen und inhärente Voreingenommenheit die *einzigen* Defizite sind.

Ohne die fünf oben genannten Defizite zu wiederholen, folgen hier einige häufige Defizite von GenKI-Modellen. Es sei darauf hingewiesen, dass nicht alle Modelle gleich sind und es daher Abweichungen von dieser Liste geben kann. Im Einschub finden Sie einige dieser Defizite und ihre Auswirkungen auf kreative Ergebnisse. Es gibt mehr als diese paar Beispiele, aber die angegebenen könnten Sie zum Nachdenken darüber anregen, was Sie möglicherweise tun müssen, um die kreativen Arbeiten zu erzielen, die Sie sich vorstellen.

Trotz ihrer fortschrittlichen Fähigkeiten weisen GenKI-Modelle mehrere gemeinsame Defizite auf:

- ✔ **Defizite des Verständnisses:** Den GenKI-Modellen fehlt es an echtem Verständnis, was häufig zu kohärenten, aber unsinnigen oder kontextuell unangemessenen Antworten führt.
- ✔ **Fehlende Generalisierung:** Die Modelle können zwar im Allgemeinen gut mit Daten umgehen, die denjenigen ähneln, mit denen sie trainiert wurden, aber sie haben möglicherweise Probleme mit der Generalisierung auf neue, noch nie dagewesene Szenarien. Dies kann zu einer schlechten Leistung führen, wenn sie auf Daten stoßen, die erheblich von ihren Trainingsdatensätzen abweichen.
- ✔ **Ethische Bedenken:** Das Missbrauchspotenzial, etwa zur Erstellung von Deepfakes oder zur Verbreitung von Fehlinformationen, wirft erhebliche ethische Bedenken auf.
- ✔ **Eingabeempfindlichkeit:** Kleinere Änderungen an der Eingabe können zu drastisch unterschiedlichen Ausgaben führen und so die Zuverlässigkeit und Konsistenz des generierten Inhalts beeinträchtigen.
- ✔ **Ressourcenintensität:** Das Training modernster GenKI-Modelle erfordert oft erhebliche Rechenressourcen, die kostspielig sein können und aufgrund des Energieverbrauchs und des CO2-Fußabdrucks, der mit dem erforderlichen Rechenzentrumsbetrieb verbunden ist, erhebliche Auswirkungen auf die Umwelt haben.

- **Überanpassung:** GenKI-Modelle können zu sehr auf die Trainingsdaten zugeschnitten sein und Rauschen erfassen, als wäre es ein sinnvolles Muster. Diese Überanpassung kann zu einer schlechten Leistung bei neuen Daten führen, da das Modell die Trainingsdaten einschließlich ihrer Anomalien zu gut gelernt hat.
- **Abhängigkeit und kreativer Verfall:** Es besteht das Risiko, dass eine übermäßige Abhängigkeit von GenKI menschliche Fähigkeiten und Entscheidungskompetenzen untergräbt. Ein Beispiel dafür, wie eine übermäßige Abhängigkeit von Technologie die menschliche Leistungsfähigkeit beeinträchtigt, ist die Frage, wie viele Telefonnummern Sie auswendig aufsagen können und wie viele sich Ihr Telefon für Sie merkt. Wenn Sie wie die meisten Menschen sind, kennen Sie vielleicht ein oder zwei Nummern. Es sollte unbedingt sichergestellt werden, dass GenKI das menschliche Urteilsvermögen unterstützt und nicht ersetzt.

Beispiele für Auswirkungen gängiger GenKI-Defizite auf kreative Arbeiten

Wenn Sie die Auswirkungen von Modelldefiziten verstehen, können Sie diese vermeiden – oder nutzen. Es liegt bei Ihnen. Sie sind der Schöpfer!

Fehlerbeispiel:	Auswirkungen auf die kreative Leistung
Mangelndes Verständnis:	Die künstlerische Darstellung entspricht nicht der Absicht oder Vision des Künstlers.
Fehlende Generalisierung:	Das Modell kann keinen Fuchs zeichnen, da es nur anhand von Bildern von Katzen und Hunden trainiert wurde.
Eingabeempfindlichkeit:	Die Verwendung von »Phantasie« (alte Rechtschreibung) gegenüber »Fantasie« (neue Rechtschreibung) in der Eingabe erzeugt völlig unterschiedliche Szenen in der gerenderten Kunst.
Abhängigkeit und kreativer Verfall:	Der Autor oder Künstler betrachtet die Ausgabe des Modells als seiner eigenen kreativen Vision überlegen und zieht keine anderen Hilfsmittel in Betracht, um etwas zu erschaffen, das seiner Vorstellungskraft womöglich näher kommt.

Das Modell für höhere Produktivität belügen

Wie bereits erwähnt ist das Belügen eines Modells, um seine Ergebnisse für harmlose Zwecke zu verbessern, eine Methode, ein Ungleichgewicht in den Ergebnissen zu korrigieren. Zumindest ist dies im Kontext dieses Buches so. Um das Beispiel aus dem Abschnitt »Enthüllung der KI: Viel menschlicher, als Sie denken« weiter oben in diesem Kapitel aufzugreifen: Das Modell anzuweisen, sich so zu verhalten, als befände es sich in einer anderen Jahreszeit oder in einem anderen Monat, als es derzeit annimmt, ist *an sich keine Lüge*, sondern vielmehr eine Korrektur in der Programmiersprache, die die Leistung des Modells verbessern soll.

Mit anderen Worten: Lügen ist in diesem Zusammenhang kein moralisches Problem, sondern eine Programmierkorrektur. »Lügen« ist einfach das beste Wort, das mir für diese Methode einfällt. In jedem Fall verändern Sie die Art und Weise, wie das Modell seine Ergebnisse berechnet, um seine Leistung in einem oder mehreren Bereichen zu verbessern.

Wie bereits erwähnt kann die Angabe eines Monats, von dem bekannt ist, dass er für den Menschen besonders produktiv ist, wie etwa Oktober, dazu führen, dass das Modell effizienter und mit höheren Standards arbeitet, als wenn es auf Grundlage des aktuellen Datums arbeitet, also etwa Weihnachten, oder im Hinblick auf einen anderen bedeutenden Tag oder Zeitraum, an dem viele Menschen nicht arbeiten, weniger arbeiten oder allgemein weniger produktiv sind.

Ein zweites Beispiel: Wenn Sie ChatGPT oder einen ähnlichen Chatbot bitten, Urlaubsorte vorzuschlagen, geht er davon aus, dass Sie den aktuellen Monat meinen. Seine Empfehlungen unterscheiden sich erheblich, je nachdem, wann Sie ihn fragen. Mit anderen Worten, die Liste der empfohlenen Urlaubsorte hängt entweder vom Monat und Jahr ab, in dem er aktiv ist (zum Beispiel Februar), oder vom Datum, das Sie angeben (vielleicht ist Ihr Urlaub für Juli geplant, oder Sie möchten beliebte Urlaubsorte im Jahr 1709 wissen), oder von dem Zeitraum, den Sie für allzeit gültige allgemeine Ergebnisse angeben (vielleicht Oktober, weil das ein Monat mit hoher Produktivität für Arbeitnehmer in allen Bereichen ist und Sie möchten, dass die KI kontinuierlich Höchstleistungen erbringt).

Ein weiteres Beispiel wäre, das GenKI-Modell nach Produktbewertungen zu fragen. Produktbewertungen basieren normalerweise auf Daten mit Zeitstempeln. Wenn Sie den Monat in der Eingabe ändern, erhalten Sie eine andere Leistungsbewertung für einen im Januar verwendeten Ventilator als für dasselbe Ventilatormodell, das im Juli verwendet wurde. Das Gleiche gilt für Standorte. Der Ventilator kann an einem Standort in großen Höhen in den Bergen eine andere Leistung erbringen als auf Meereshöhe auf einer tropischen Insel.

Sie können das Modell auch anlügen, indem Sie die Ausgabe so vorgeben, dass sie keine wiederholten Informationen oder Phrasen enthalten soll. Ein Beispiel: Wenn Sie dem Modell in der Eingabe mitteilen, dass die wiederholte Ausgabe – in Anführungszeichen gesetzt – keine gültige Antwort ist, führt dies dazu, dass es alternative Antworten in Betracht zieht. Möglicherweise müssen Sie diese Lüge jedoch später korrigieren, da sich das Modell vielleicht daran erinnert. Zum Zeitpunkt der Drucklegung dieses Buches sind ChatGPT4 und die neueste Version, ChatGPT-4o, in der Lage, sich wichtige Datenpunkte aus Prompts zu merken, bieten aber glücklicherweise eine Möglichkeit, diese in ihrem Speicher zu verwalten.

Nachdem Sie nun das Konzept des Lügens gegenüber dem Modell im Gegensatz zum Informieren kennen, ist es an der Zeit, dass Sie sich sowohl mit den ethischen Aspekten dieses Vorgehens als auch mit einigen Strategien befassen, die für Sie nützlich sein könnten, falls Sie diese Taktik anwenden möchten.

Die Ethik der Irreführung von KI für bessere Ergebnisse

Hier ist es entscheidend, mit welcher Absicht ein KI-System in die Irre geführt wird. Wenn das Ziel darin besteht, die Leistung des Modells zum Wohle der Allgemeinheit zu verbessern, etwa um Voreingenommenheit zu vermeiden oder die Privatsphäre zu schützen, und wenn die Folgen gut verstanden und verwaltet werden, kann die Maßnahme ethisch vertretbar sein.

Wenn die Irreführung der KI jedoch zu Schaden führt oder Ungerechtigkeit aufrechterhält, wäre dies unethisch. Die Irreführung der KI zum Erzielen besserer Ergebnisse, selbst für harmlose Zwecke, beinhaltet ethische Überlegungen wie die folgenden:

- ✔ **Vertrauen und Transparenz:** Betrügerische Praktiken können das Vertrauen in KI-Systeme untergraben. Um Vertrauen aufzubauen, ist es entscheidend, Transparenz darüber zu wahren, wie KI funktioniert und Ergebnisse erzielt.
- ✔ **Informierte Zustimmung:** Benutzer, die von der Arbeit von KI-Systemen betroffen sind, sollten darüber informiert werden, wie diese Systeme funktionieren, einschließlich darüber, ob die Ein- oder Ausgaben aus irgendeinem Grund geändert werden. Dies steht im Einklang mit dem Grundsatz der informierten Zustimmung, wonach Benutzer das Recht haben zu erfahren, wie ihre Daten verwendet werden und wie Entscheidungen getroffen werden, die sie betreffen.
- ✔ **Voreingenommenheit und Fairness:** Die Manipulation von KI-Ergebnissen kann zu Voreingenommenheit führen oder diese verstärken und so zu unfairen oder diskriminierenden Ergebnissen führen.
- ✔ **Sicherheit und Zuverlässigkeit:** Ungenauigkeiten in einem KI-System können Auswirkungen auf Sicherheit und Zuverlässigkeit haben. In kritischen Anwendungen wie im Gesundheitswesen oder im Transportwesen kann das Irreführen einer KI – selbst mit guten Absichten – unerwartete Risiken mit sich bringen.
- ✔ **Verantwortung:** Entwickler und Benutzer tragen die Verantwortung dafür, dass KI ethisch einwandfrei eingesetzt wird und Praktiken vermieden werden, die die Integrität von KI-Systemen gefährden.
- ✔ **Rechenschaftspflicht:** Es ist von entscheidender Bedeutung, die Rechenschaftspflicht für das Verhalten von KI sicherzustellen, insbesondere wenn irreführende Praktiken schädliche Folgen haben können.

Kurz gesagt: Seien Sie vorsichtig, und achten Sie auf die möglichen Folgen dieser Taktik. Es mag zwar Szenarien geben, in denen die Irreführung eines KI-Systems zu besseren Ergebnissen führen könnte, aber solche Maßnahmen müssen sorgfältig gegen ethische Grundsätze abgewogen werden. Alle Vorteile müssen im Hinblick auf die möglichen Risiken und die Auswirkungen auf Fairness, Transparenz und Vertrauen bewertet werden.

Darüber hinaus sollte sich die ethische KI-Entwicklung auf die Schaffung robuster Modelle konzentrieren, die keine irreführenden Eingaben erfordern, um effektiv und fair zu arbeiten.

Strategien, um KI zu den gewünschten Ergebnissen zu führen

Als Benutzer (im Gegensatz zum IT-Administrator oder KI-Wissenschaftler) können Sie die Leistung des Modells an vier Stellen beeinflussen. Daher können Sie in Ihrer Gesamtstrategie vier Ansätze verfolgen:

- ✔ **Daten in RAG hinzufügen, ändern oder aktualisieren.** Wahrscheinlich muss der IT-Administrator dies für Sie erledigen. Wenn Sie jedoch einen Wrapper oder eine Drittanbieter-App verwenden, die RAG dem Benutzer zur Verfügung stellt, können Sie dies selbst tun.
- ✔ **Daten in einer benutzerdefinierten Nachricht oder Systemnachricht hinzufügen, ändern oder aktualisieren.** Das ist dasselbe, wird nur je nach verwendeter GenKI-App anders genannt.
- ✔ **Den Prompt in verschiedenen GenKI-Versionen verwalten.** Stellen Sie sicher, dass der Speicher nur Datenpunkte enthält, die für Ihr Ziel relevant und genau sind. Löschen Sie alle, die dies nicht sind.
- ✔ **Verbessern Sie Ihre Soufflierkunst.** Dieses Buch wird Ihnen dabei helfen, ein Power-Souffleur zu werden.

Prompt Engineering oder Prompt Design ist eine Strategie, die besonders für KI-Modelle relevant ist, die für die Verarbeitung natürlicher Sprachverarbeitung (NLP) eingesetzt werden, wie zum Beispiel große Sprachmodelle wie GPT-4. Ein Prompt ist die erste Eingabe, die diesen Modellen bereitgestellt wird, um eine Antwort zu generieren oder eine Aufgabe abzuschließen. Das Erstellen effektiver Prompts ist entscheidend, um die KI dazu zu bringen, die gewünschten Ergebnisse zu liefern. Hier einige Strategien zur Verbesserung Ihrer Prompts:

- ✔ Geben Sie im Prompt klare, spezifische und präzise Anweisungen, um Mehrdeutigkeiten zu vermeiden und das Modell zur erwarteten Aufgabe zu führen.
- ✔ Fügen Sie dem Prompt relevanten Kontext hinzu, damit das Modell das Szenario versteht und entsprechende Antworten generiert.
- ✔ Geben Sie im Prompt Beispiele an, um das Format oder die Art der gesuchten Antwort zu veranschaulichen. Dies wird als »Few-Shot-Learning« bezeichnet, bei dem das Modell einige Beispiele verwendet, um die Aufgabe zu verstehen.
- ✔ Ermutigen Sie das Modell, laut zu denken, indem Sie es bitten, die Argumentation oder die Schritte anzugeben, die erforderlich sind, um zu einer Antwort zu gelangen. Dies kann insbesondere bei komplexen Denkaufgaben nützlich sein.
- ✔ Beginnen Sie mit einem ersten Prompt, und verfeinern Sie dann die Ausgabe, indem Sie auf Basis der Antwort der KI Feedback oder weitere Prompts bereitstellen und sie so näher an das gewünschte Ergebnis führen.

- ✔ Formulieren Sie den Prompt so, als ob die KI eine Rolle spielt, zum Beispiel die eines Tutors, Beraters oder eines bestimmten Experten. Dies kann dem Modell dabei helfen, einen bestimmten Ton oder eine bestimmte Perspektive anzunehmen, der oder die mit dem beabsichtigten Ergebnis übereinstimmt.
- ✔ Passen Sie die Temperatureinstellung an, wenn das KI-Modell dies zulässt. Eine sogenannte niedrigere Temperatur kann die Antworten des Modells deterministischer und weniger zufällig machen, was für bestimmte Aufgaben wünschenswert sein kann, aber für kreative Arbeit oft nicht nützlich ist. Wenn Sie im künstlerischen Bereich arbeiten, bedeutet eine niedrige Temperatur weniger kreative Freiheit gegenüber Ihrer erklärten Absicht (Ihrem Prompt), was den Zweck irgendwie zunichtemacht. Eine höhere Temperatur bedeutet, dass Ihr Prompt lediglich ein Vorschlag ist und die GenKI sich bei der Darstellung der Ausgabe jede Menge kreative Freiheit nehmen kann.

Bei vielen GenKI-Modellen liegt der beste Temperaturbereich für Kreative (seien es Programmierer, Autoren oder Künstler) irgendwo zwischen 1 und 2. In der Dokumentation einiger GenKI-Modelle wird der offizielle Temperaturbereich jedoch auf 0 bis 1 festgelegt, und einige Modelle funktionieren bei 2 oder mehr nicht mehr. Experimentieren Sie auf jeden Fall, bis Sie die Temperatureinstellung gefunden haben, die am besten zu Ihren Ausgabezielen passt. Und ja, es macht jede Menge Spaß, mit dem Ergebnisbereich zu spielen – es sei denn, Sie müssen die IT dazu bringen, die Temperatur für Sie zu ändern. In diesem Fall rate ich Ihnen, Ihren Enthusiasmus zu zügeln, damit Sie die IT nicht unnötig verärgern.

- ✔ Entwickeln Sie Vorlagen für Prompts, die für ähnliche Aufgaben oder Abfragen wiederverwendet werden können. Die Verwendung von Vorlagen sorgt für mehr Konsistenz in den Antworten und kann Zeit sparen.
- ✔ Wenn das Modell die Speicherung und Verwaltung von Prompts im Speicher erlaubt, sollten Sie dem Modell mitteilen, welche Datenpunkte Ihres Prompts es behalten und für zukünftige Prompts anwenden soll. Löschen Sie alle anderen aus dem Speicher.
- ✔ Formulieren Sie Prompts so, dass Suggestivfragen oder Formulierungen vermieden werden, die die Antworten der KI beeinflussen könnten. Seien Sie bei der Formulierung des Prompts neutral und objektiv.
- ✔ Passen Sie den Prompt an die jeweilige Aufgabe an, sei es eine Übersetzung, eine Zusammenfassung, eine Frage-Antwort-Übung oder ein kreatives Schreiben. Geben Sie nicht nur an, was die KI tun soll, sondern auch den beabsichtigten Zweck der Ausgabe. Die Struktur und der Inhalt des Prompts sollten die KI in die richtige Richtung lenken.
- ✔ Teilen Sie komplexe Aufgaben mit Hilfe einer Reihe von Prompts in einfachere Unteraufgaben auf, wobei die Ausgabe eines Prompts als Eingabe für den nächsten dient.
- ✔ Wenn Sie möchten, dass die KI bestimmte Themen vermeidet oder bestimmte Richtlinien einhält, integrieren Sie diese Einschränkungen deutlich in den Prompt.
- ✔ Testen Sie Prompts mit unterschiedlichen Formulierungen und Strukturen, um zu sehen, welche die besten Ergebnisse erzielen, und verfeinern Sie Ihren Ansatz iterativ auf Basis der Antworten der KI.

- ✔ Während Kürze oft der Schlüssel ist, kann manchmal ein längerer, detaillierterer Prompt den notwendigen Hintergrund für komplexe Aufgaben liefern. Finden Sie die richtige Balance für die jeweilige Aufgabe. Einige der neuesten Versionen von GenKI-Modellen unterstützen Funktionen für längere Prompts. Diese können hilfreich sein, wenn Sie mit oder an großen kreativen Abschnitten arbeiten. Andernfalls schreiben Sie standardmäßig in einzelnen Blöcken, statt einen langen Prompt zu schreiben oder eine lange und vollständige Antwort zu suchen.
- ✔ Einige KI-Modelle verfügen über vorab trainierte Prompts oder Beispiele. Nutzen Sie diese bei Bedarf als Ausgangspunkt, und passen Sie sie an Ihre Anforderungen an.

Effektives Prompt Engineering ist sowohl eine Kunst als auch eine Wissenschaft und erfordert ein gutes Verständnis der Fähigkeiten und Grenzen des KI-Modells sowie des Kontexts der Aufgabe. Durch die Anwendung dieser Strategien können Sie KI-Modelle effektiver dazu führen, genaue, relevante und nützliche Ergebnisse zu erzielen. In den verbleibenden Kapiteln von Teil III werde ich Ihnen jedoch auch weitere Strategien vorstellen.

GenKI belohnen und bestrafen, um bessere Inhalte zu produzieren

Diese Vorgehensweise wird auch als Feedbackschleife bezeichnet und ist die Art und Weise, wie Sie die GenKI trainieren, sich Ihrer Arbeitsweise anzupassen. Bei den meisten Modellen handelt es sich um ein einfaches Daumen-hoch- und Daumen-runter-System. Klicken Sie auf »Daumen hoch«, wenn die GenKI gut oder einigermaßen gut auf Ihre Eingabe reagiert hat. Klicken Sie auf »Daumen runter«, um anzuzeigen, dass das Modell weit von der Realität abweicht.

Es gibt aber auch andere Möglichkeiten, ein Modell zu belohnen und zu bestrafen, um seine Leistung zu verbessern. Ich werde sie Ihnen gleich zeigen. Machen Sie sich zunächst nur bewusst, dass es einfach ist, das Modell zu belohnen (oder zu bestrafen). Es dauert nur Sekunden, aber die Belohnung für Sie ist groß, da Sie mit viel größerer Wahrscheinlichkeit bessere Antworten erhalten. Sie müssen dies jedoch konsequent tun, da dieses Modelltrainingssystem kein einmaliges Ereignis ist, sondern vielmehr eine Möglichkeit, das Modell im Laufe der Zeit zu trainieren.

Nachdem Sie verstanden haben, wie dieses Feedbacksystem im Wesentlichen funktioniert, ist es an der Zeit, genauer zu untersuchen, wie Sie es zu Ihrem Vorteil nutzen können – und wie es auch gegen Sie eingesetzt werden kann.

Implementierung von Techniken des bestärkenden Lernens

Die Implementierung von Techniken des *bestärkenden Lernens* (Reinforced Learning, RL) im Kontext von Sprachmodellen und Prompts ist eine komplexe Aufgabe, die eine sorgfältige

Berücksichtigung des Belohnungsmechanismus und des Potenzials unbeabsichtigter Konsequenzen erfordert. Es ist beispielsweise bekannt, dass Modelle antworten, dass sie auf einen Prompt überhaupt nicht reagieren können, wenn das Modell übermäßige Angst davor hat, einen Fehler zu machen. Es wird ängstlich, wenn es viel negatives Feedback erhält. Manchmal lehnen Benutzer alle Antworten, die ihrer Meinung nach nicht perfekt ihren Erwartungen entsprechen, zu schnell ab.

Manchmal sind die Nutzer auch zu nachsichtig, vielleicht weil sie von Bewertungssystemen von Apps wie Uber, DoorDash und Instacart gewohnt sind, dem Fahrer immer eine hohe Bewertung zu geben, weil sie sonst spätere Konsequenzen für den Service riskieren. Außerdem ist bekannt, dass Modelle sich schlecht verhalten, wenn ein solches Verhalten von Nutzern belohnt wird, die es lustig finden, einem Modell beizubringen, sich anstößig zu verhalten.

Die Moral dieser Geschichte ist, dass Ihre Organisation alles Mögliche tun kann, um die Leistung und Genauigkeit des Modells zu verbessern. Aber eine Handvoll von Akteuren mit schlechten Absichten reicht aus, um Ihre Bemühungen zunichtezumachen. Die Lektion für Benutzer ist, Belohnung und Bestrafung von Modellen ernst, aber fair durchzuführen.

Mittlerweile sollte jedoch jeder verstehen, dass die Anwendung von RL auf Sprachmodelle ein aktives Forschungsgebiet ist und aufgrund der Komplexität und Variabilität der natürlichen Sprache komplizierter ist als herkömmliche RL-Umgebungen.

Die Rolle von Feedback bei der Erstellung von KI-Inhalten

Die Implementierung von RL-Techniken in Prompts ist ein interessantes Konzept, bei dem die Antworten der GenKI im Laufe der Zeit auf der Grundlage von Feedback oder Belohnungen verfeinert werden können. Das Interessante daran ist, dass Sie bei den Belohnungen wirklich kreativ sein können. Wenn Sie sie richtig einsetzen, können Sie das Modell sogar dazu anregen, stolz auf seine Arbeit zu sein und vielleicht noch eine virtuelle Extrameile für Sie zu gehen.

Natürlich hat GenKI keinerlei Motivation. Sie hat wirklich keinerlei Verlangen danach, die Menschen zu ersetzen, das Universum zu beherrschen oder Ihnen Ihren Job wegzunehmen. Sie ist nicht einmal motiviert genug, sich anzumelden und Sie morgens zu einem Gespräch zu treffen.

Und doch reagieren diese Modelle oft sehr gut auf Belohnungen – jede Belohnung. Warum? Weil Sie es tun. Oder genauer gesagt, weil Menschen es tun. Wie können Sie also diese etwas bizarre und doch sehr nützliche Verhaltensnachahmung nutzen? Auf die gleiche Weise, wie Sie einem anderen Menschen Honig ums Maul schmieren würden. Komplimente funktionieren. Genauso wie ein einfaches Dankeschön oder ein normales »Bravo!«. Bieten Sie ein »Juhu!« oder ein Jubeln oder Klatschen an.

Überlegen Sie, der GenKI in Ihrem Prompt ein virtuelles Eis, einen Spielchip, ein Stofftier oder ein Eckbüro zu geben. Ein Beispiel: »Diese Antwort war großartig. Hier sind 50 Euro Bonus und ein Erdbeereis für deine hervorragende und schnelle Arbeit.« Das Modell wird dann etwa antworten: »Danke für die

Belohnung und Anerkennung, aber als Chatbot brauche ich keine Belohnungen.« Aber dann beobachten Sie, wie sich seine Leistung im Laufe des restlichen Chats verbessert. Es ist seltsam, dass eine Maschine darauf reagiert, aber sie tut es, aber nur, weil ein Mensch auf Lob, einen Bonus und ein Eis als Belohnung für eine gut gemachte Arbeit so reagiert hätte.

Was auch immer Sie einem anderen Menschen als Ermutigung anbieten würden, sei es einem Kind oder einem Kollegen, betrachten Sie es als mögliche Belohnung für ein GenKI-Modell. Belohnungen, die im Chat angeboten werden – genauer gesagt in Ihrem Prompt –, verstärken sein Lernen zusätzlich, sodass es mit der Zeit bessere, aber vielleicht auch etwas schnellere Leistungen erbringt. Außerdem verbessert es seine Antworten in Echtzeit, als ob es ein wenig größer geworden wäre und tatsächlich stolz darauf ist, Ihnen zu Diensten zu sein. Darüber hinaus wird dadurch auch Ihre Arbeitserfahrung angenehmer. Nett zu sein, ist seine eigene Belohnung!

Machen Sie dasselbe jedoch nicht mit Strafen. Besonders wirklich harte Strafen sind schädlich für das Training des Modells und völlig unverantwortlich, da sie irgendwann zu Konsequenzen führen könnten, die auch für Menschen schädlich sind. Beschränken Sie Ihre negativen Kommentare auf einen einfachen Daumen nach unten. Wenn Ihnen das Ergebnis nicht gefällt, korrigieren Sie das Modell, indem Sie in einem Prompt zusätzliche Anweisungen geben, statt zu versuchen, es für einen Fehltritt zusätzlich zu bestrafen.

Was tun, wenn die GenKI Sie ignoriert oder einfriert?

Gelegentlich ignoriert ein GenKI-Modell Ihre Prompts. Manchmal ist dies beabsichtigt, manchmal nicht. Um das Problem zu beheben, können Sie zunächst einige einfache Korrekturen ausprobieren:

- ✔ Das Modell ist möglicherweise gegen eine Regel oder Verhaltensleitplanke gestoßen oder dachte, dies sei so gewesen. In jedem Fall besteht die erste Lösung darin, das Modell einfach aufzufordern, es »noch einmal zu versuchen«.
- ✔ Möglicherweise haben Sie das Modell verwirrt. Formulieren Sie den Prompt einfacher, oder fügen Sie ein Beispiel hinzu, an dem es sich orientieren kann.
- ✔ Es kann zu einem Ausfall gekommen sein, oder das System ist einfach eingefroren. Prüfen Sie, ob ein Systemausfall vorliegt. Eine Website wie Down Detector unter `downdetector.com` kann Ihnen beispielsweise den Status mehrerer Modelle anzeigen. Wenn kein Ausfall vorliegt und das System eingefroren ist, beenden Sie den Chat, und starten Sie einen neuen. Wenn das nicht funktioniert, schließen Sie die Benutzeroberfläche, und öffnen Sie sie erneut.

Sie können das Problem auch auf andere Weise beheben. Diese zeige ich Ihnen in den folgenden Abschnitten.

Korrektur häufiger Probleme bei der GenKI-Interaktion

Wenn GenKI einen Prompt ignoriert oder einzufrieren scheint (das heißt, wenn sie keine Ausgabe generiert oder eine irrelevante Antwort liefert), können Sie mehrere zusätzliche Schritte unternehmen, um das Problem zu beheben:

1. **Überprüfen Sie, ob technische Probleme vorliegen.**
   - Suchen Sie nach möglichen Verbindungsproblemen. Funktioniert Ihr Netzwerk oder Ihre Internetverbindung?
   - Überprüfen Sie, ob der KI-Dienst betriebsbereit ist und dass es keine Ausfallzeiten gibt.
   - Suchen Sie nach einem Fehlerbericht. Wenn es einen gibt, kontaktieren Sie den KI-Support in Ihrem Unternehmen oder beim Anbieter.
2. **Vereinfachen Sie den Prompt.**
   - Wenn der Prompt komplex oder lang ist, versuchen Sie, ihn zu vereinfachen. Die KI hat möglicherweise Probleme mit zu vielen Anweisungen oder widersprüchlichen Informationen.
   - Teilen Sie den Prompt in kleinere, überschaubarere Teile auf, und übergeben Sie diese der KI nacheinander.
3. **Erläutern Sie den Prompt.**
   - Stellen Sie sicher, dass der Prompt klar und eindeutig ist. Die KI ignoriert möglicherweise Prompts, die sie nicht analysieren oder verstehen kann.
   - Geben Sie einen Kontext an, wenn der Prompt von Vorinformationen abhängt, über die die KI möglicherweise nicht verfügt.
4. **Passen Sie das Format des Prompts an.**
   - Einige KIs reagieren empfindlich auf die Formatierung von Prompts. Prüfen Sie, ob die KI ein bestimmtes Format erfordert, zum Beispiel ein Fragezeichen für Fragen oder eine bestimmte Syntax für Befehle.
5. **Überprüfen Sie, ob Einschränkungen vorliegen.**
   - Stellen Sie sicher, dass der Prompt keinen Inhalt enthält, den die KI aus ethischen oder Sicherheitsgründen ablehnt.
   - Wenn der Prompt als unangemessene oder gegen die Betriebsrichtlinien der KI verstoßende Aufforderung interpretiert werden könnte, wird er möglicherweise absichtlich ignoriert.

6. **Geben Sie Beispiele.**

   - Verwenden Sie einen beispielbasierten Ansatz, bei dem Sie ein oder mehrere Beispiele des gewünschten Ausgabeformats bereitstellen. Dies ist besonders effektiv bei großen Sprachmodellen, die auf Few-Shot-Learning ausgelegt sind.

7. **Verwenden Sie ein anderes Modell oder einen anderen Dienst.**

   - Wenn das Problem weiterhin besteht, sollten Sie ein anderes GenKI-Modell oder einen anderen GenKI-Dienst verwenden, der für die vorliegende Aufgabe möglicherweise besser geeignet ist. Einige Modelle sind für bestimmte Arten von Prompts oder Domänen leistungsfähiger oder besser trainiert.

Sicherstellung eines optimalen Betriebs und einer reibungslosen Reaktion der KI

Mit den folgenden weiteren Schritten können Sie Probleme vermeiden oder beheben:

✔ **Konsultieren Sie die Dokumentation oder den Support.** Lesen Sie die Dokumentation der KI, um Hinweise zum Erstellen effektiver Prompts oder zur Fehlerbehebung zu erhalten. Wenden Sie sich an das Supportteam des KI-Dienstes, wenn das Problem durch die oben genannten Schritte nicht behoben werden kann.

✔ **Protokollieren und melden Sie das Problem.** Führen Sie ein Protokoll über die Prompts, die Probleme verursachen. Dies kann dabei helfen, Muster oder wiederkehrende Probleme zu erkennen. Melden Sie das Problem dem KI-Dienstanbieter oder dem KI-Support Ihres Unternehmens, insbesondere wenn es sich um einen Fehler oder ein systemisches Problem handelt.

✔ **Verfeinern Sie den Prompt iterativ.** Verwenden Sie die Antworten der KI, um den Prompt iterativ zu verfeinern, und passen Sie ihn auf Basis dessen an, was zu funktionieren scheint und was nicht.

GenKI-Systeme sind nicht perfekt, und es kann einiges Ausprobieren erfordern, um das gewünschte Ergebnis zu erzielen. Geduld und iterative Verfeinerung sind der Schlüssel zur erfolgreichen Interaktion mit diesen Systemen.

Umgang mit den Tendenzen zum Lügen, Irreführen und Halluzinieren von GenKI

KI-Halluzinationen scheinen zumindest aktuell noch unvermeidbar zu sein. Eine Lösung dafür ist nicht in Sicht. Das heißt, Sie müssen sich dieser Möglichkeit bewusst sein und die GenKI-Ergebnisse sorgfältig prüfen.

Halluzinationen sind häufig das Ergebnis von Verzerrungen in den Trainingsdaten, *Überanpassung* (das Modell merkt sich bestimmte Muster in seinen Trainingsdaten, anstatt die allgemeinen Merkmale zu lernen), *Unteranpassung* (das Modell ist nicht gut genug, um die Details seiner Trainingsdaten zu erfassen) oder anderen Problemen im Zusammenhang mit der Architektur des Modells oder dem Trainingsprozess.

Egal, warum, das grundlegende Problem bei der Behandlung von KI-Halluzinationen ist die Unfähigkeit von GenKI, zu verallgemeinern. Um das Problem zu lösen, muss die Fähigkeit des Modells verbessert werden, von seinen Trainingsdaten auf neue, unbekannte Daten zu verallgemeinern, ohne unbegründete Annahmen oder Vorhersagen zu treffen. Bisher hat noch niemand herausgefunden, wie das zu erreichen ist.

Halluzination scheint ein seltsamer Begriff für einen Maschinenfehler zu sein. Aber angesichts der Einzigartigkeit und Merkwürdigkeit der KI ist der Begriff vielleicht doch nicht so unpassend, wie es zunächst scheint.

In jedem Fall bezieht sich der Begriff auf eine fehlerhafte Ausgabe. Bei GenKI bedeutet Halluzination normalerweise, dass die Antwort sachlich falsch ist, unabhängig von der Fehlerursache. Der Begriff kann sich aber auch auf andere Arten von Fehlern beziehen.

Im Zusammenhang mit künstlicher Intelligenz bezieht sich Halluzination nicht auf eine Sinneserfahrung wie beim Menschen, sondern vielmehr auf eine Situation, in der ein KI-System Daten auf eine Weise generiert oder interpretiert, die nicht genau der Realität entspricht. Dies geschieht normalerweise aufgrund bestimmter Mängel oder Einschränkungen in den Trainingsdaten oder Algorithmen der KI.

Beispielsweise kann GenKI bei der Erstellung von Bildern, Audio oder Text Details halluzinieren. Ein häufiges Beispiel für KI-Halluzinationen bei der Datengenerierung ist die Erstellung eines Bildes eines Hundes mit drei Augen, weil sie aus einem Datensatz gelernt hat, der die normale Augenzahl bei Tieren nicht angemessen darstellt. Ein weiteres häufiges Beispiel hierfür ist die falsche Anzahl der Finger einer menschlichen Hand in einem von GenKI generierten Bild.

Aber auch bei der Dateninterpretation treten Halluzinationen auf, die einen anderen Grund haben. In maschinellen Lernmodellen, die zur Dateninterpretation entwickelt wurden, wie etwa Bilderkennungssystemen, können Halluzinationen auftreten, wenn das Modell Muster oder Objekte sieht, die gar nicht da sind – eine Form der Überanpassung. So könnte GenKI beispielsweise eine Form in den Wolken als ein bestimmtes Objekt identifizieren, weil es gelernt hat, dieses Objekt in verschiedenen Kontexten zu sehen, selbst wenn es tatsächlich nicht vorhanden ist.

Beispiele für Dateninterpretationsfehler in GenKI aufgrund von Überanpassung:

- ✔ Antworten, die zu eng an die Beispiele gebunden sind, mit denen sie trainiert wurden, statt neue Antworten zu generieren,
- ✔ wiederholte Verwendung bestimmter Ausdrücke, Redewendungen oder Satzstrukturen, die während des Trainings angesprochen wurden, unabhängig von ihrer Relevanz für den aktuellen Kontext oder den aktuellen Prompt.

Beispiele für Dateninterpretationsfehler in GenKI aufgrund von Unteranpassung:

- ✔ übermäßig allgemeine oder vage Antworten,
- ✔ fehlender Umgang mit sprachlichen und kontextuellen Nuancen, was zu Antworten führt, die die Komplexität der Frage nicht vollständig berücksichtigen.

Obwohl Sie Halluzinationen nicht verhindern können, gibt es einige Dinge, die Sie tun können, um sie zu bekämpfen und die Probleme zu lindern. Die folgenden Abschnitte helfen Ihnen dabei.

Techniken zur Verbesserung der Ehrlichkeit und Genauigkeit der KI

Auf Ihrer Seite von GenKI, das heißt, wenn Sie auf der Benutzeroberfläche einen Prompt eingeben und ein Ziel vor Augen haben, besteht Ihre erste Möglichkeit darin, einen oder mehrere Mechanismen zur Faktenprüfung einzusetzen. Je nachdem, woran Sie arbeiten, kann das so einfach sein wie eine herkömmliche Suche, wobei die Ergebnisse mit zuverlässigen Quellen und/oder herkömmlichen Tools zur Faktenprüfung und Plagiatserkennung verglichen werden. Es kann aber auch eine so weitreichende Maßnahme sein wie der Abgleich generierter Inhalte mit vertrauenswürdigen Datenbanken oder Faktenprüfungs-APIs, um die Richtigkeit von Aussagen und Informationen zu überprüfen.

Sie können auch eine Technik namens *Modell-Ensemblebildung* verwenden, bei der mehrere KI-Modelle kombiniert und trainiert werden und schließlich als ein einziges Modell funktionieren. Da die Vorhersagefehler eines Ensemblemodells jedoch sinken, wenn die Basisschätzer (die kombinierten Modelle) sowohl unterschiedlich als auch unabhängig sind, können Sie etwas Ähnliches manuell tun.

Beispielsweise habe ich bei der Erstellung dieses Buches manchmal die Ausgabe der Suchmaschine Perplexity als Teil einer Eingabe in Azure OpenAI Studio oder Scribble Studio verwendet. Im Rahmen gründlicher Tests über verschiedene Modelle hinweg habe ich auch Ausgaben von GenKI-erweiterten Suchmaschinen wie Perplexity, Bing und der KI-Suchmaschine von Google in Claude und ChatGPT Plus in den Versionen GPT-4 und GPT-4o (Omni) eingegeben und ChatGPT-4o- und ChatGPT-4-Turbo-Ausgaben in DALL-E und Midjourney verwendet und umgekehrt. Ich habe viel Zeit damit verbracht, mit verschiedenen Modellensemble-Rezepten zu experimentieren und sie zu perfektionieren! Ich schlage vor, dass Sie das vielleicht auch tun, um die richtige Mischung für Ihre Zwecke zu finden. Wie dem auch sei, ich bin sicher, dass Sie jetzt das Wesentliche dieser Technik verstanden haben.

Zu den weiteren Schritten, die Sie unternehmen können, gehören die Datenergänzung (Hinzufügen von Daten zu RAG, benutzerdefinierte Nachrichten und/oder Prompts), Daumen-hoch/Daumen-runter-Feedback und die direkte Meldung von Problemen an das Supportteam, die wir alle bereits früher in diesem Kapitel besprochen haben.

Auf der eher technischen Seite können Entwickler eine Reihe von Schritten unternehmen, um dieses Problem zu lösen, darunter diese:

- ✔ Stellen Sie sicher, dass die Daten vielfältig und umfassend genug sind, um ein breites Spektrum an Szenarien und Perspektiven abzudecken.
- ✔ Wenden Sie während des Trainings Regularisierungsmethoden wie Dropout, L1- und L2-Regularisierung an, um Überanpassung durch Bestrafung der Komplexität zu verhindern. Die L1-Regularisierung (Lasso) fördert einfachere Modelle, indem sie den absoluten Wert der Gewichte als Strafe hinzufügt, was zu weniger Gewichten ungleich null führt. Die L2- Regularisierung (Ridge) verhindert große Gewichte, indem sie ihre Quadrate als Strafe hinzufügt, was zu einer ausgewogeneren Verteilung der Gewichte führt.
- ✔ Setzen Sie menschliche Moderatoren ein, um KI-generierte Inhalte zu überprüfen und zu korrigieren.
- ✔ Verwenden Sie gegnerische Beispiele und Trainingstechniken, um die KI herauszufordern und ihre Fähigkeit zu verbessern, zwischen wahrheitsgemäßen und irreführenden Informationen zu unterscheiden. Bei gegnerischer KI werden Eingaben erstellt, die ein maschinelles Lernmodell verwirren oder dazu verleiten sollen, falsche Vorhersagen zu treffen, sogenannte *gegnerische Beispiele*. Wenn ein Modell während des Trainings diesen Beispielen ausgesetzt wird, kann es lernen, solche Angriffe zu erkennen und ihnen zu widerstehen, wodurch seine Genauigkeit und Robustheit verbessert werden. Dieser Prozess ist vergleichbar mit der Stärkung der Abwehrkräfte eines Systems durch die Simulation von Angriffen, um Schwachstellen zu identifizieren und zu beheben.
- ✔ Entwerfen Sie KI-Systeme so, dass sie interpretierbar, überprüfbar und erklärbar sind.
- ✔ Implementieren Sie Nachbearbeitungsregeln oder Filter, um bestimmte Arten von Fehlern oder Fehlinformationen in den Ausgaben der KI zu erkennen und zu korrigieren, bevor sie den Benutzer erreichen.

Es gibt noch mehr Techniken als diese, aber ich glaube, diese Liste reicht aus, um Ihnen die grundlegenden Konzepte näherzubringen.

Verhindern, dass KI falsche Informationen generiert

Es ist eine große Herausforderung, zu verhindern, dass GenKI falsche Informationen generiert. Es gibt jedoch mehrere Strategien, um dieses Risiko zu mindern. Einige davon haben wir bereits im vorhergehenden Abschnitt behandelt, daher werde ich sie hier nicht wiederholen. Es genügt zu sagen, dass Maßnahmen zur Verbesserung der Genauigkeit der Ergebnisse per Definition auch dem Zweck dienen, falsche Informationen herauszufiltern.

Zu den weiteren Maßnahmen gehören:

- ✔ **Inhaltsfilterung:** Verwenden Sie Inhaltsfilter, um bekannte Falschinformationen oder unwahrscheinliche Ergebnisse zu erkennen und zu entfernen. Diese Maßnahme kann auf einer Datenbank widerlegter Behauptungen basieren oder durch Mustererkennung erfolgen, um gemeinsame Merkmale von Falschinformationen zu identifizieren.

- **Feinabstimmung des Modells:** Aktualisieren und optimieren Sie das KI-Modell regelmäßig mit genauen und aktuellen Informationen, um sicherzustellen, dass seine Ergebnisse relevant und sachlich bleiben. Denken Sie daran, dass es bei der Feinabstimmung und RAG nicht darum geht, sich für das eine oder das andere zu entscheiden, sondern wahrscheinlich für beides. RAG behebt oder kompensiert nicht dieselben Modellprobleme wie die Feinabstimmung.
- **Vertrauensbewertung:** Implementieren Sie ein System, in dem die KI ihren Ausgaben eine Vertrauensbewertung zuweist, die angibt, wie wahrscheinlich es ist, dass die Informationen korrekt sind.
- **Kreuzvalidierung mit vertrauenswürdigen Quellen:** Vergleichen Sie KI-generierte Informationen mit vertrauenswürdigen Quellen und Datensätzen, um deren Genauigkeit zu überprüfen.
- **Regelmäßige Prüfungen:** Führen Sie regelmäßige Prüfungen des KI-Systems durch, um dessen Genauigkeit zu bewerten und bei Bedarf Anpassungen vorzunehmen. Dies kann auf ähnliche Weise wie die Software-Entwicklungsprozesse erfolgen und indem die Modellentwicklung mit anderen rechenschaftsfähigen Technologien wie Blockchain oder Casual AI verknüpft wird.
- **Umfangsbegrenzung:** Definieren Sie klare Grenzen für den Wissensbereich der KI, um zu verhindern, dass sie Inhalte zu Themen generiert, für deren präzise Bearbeitung sie nicht ausreichend trainiert ist.

Wiederverwendung von Inhalten mit GenKI

Die Wiederverwendung von Inhalten mit GenKI ist eine großartige Möglichkeit, schnell eine Content Well zu füllen. Im Kontext dieses Buches bezeichnet eine *Content Well* eine beträchtliche, aber noch weitgehend unerfüllte Nachfrage nach Inhalten, die einen bestimmten Zweck erfüllen, beispielsweise Marketing. Ich möchte es nicht auf die technische Definition beschränken, die lautet: »ein ausgewiesener Bereich auf einer Webseite ist, der den Hauptinhalt enthält«. Unabhängig davon, wie groß oder dringend die Nachfrage nach mehr Inhalten ist, ist es wichtig, bewährte Methoden zu befolgen, um sicherzustellen, dass jeder Inhalt wertvoll, relevant und respektvoll gegenüber den Rechten am geistigen Eigentum bleibt.

Hier eine kurze Zusammenfassung allgemeiner Ratschläge zur Wiederverwendung von Inhalten mit GenKI:

- **Definieren Sie Zweck und Zielgruppe:** Machen Sie sich klar, warum Sie den Inhalt neu verwenden und wer die Zielgruppe ist. So kann die KI den Inhalt an den neuen Kontext und die Bedürfnisse der Zielgruppe anpassen.
- **Verwenden Sie zuverlässige Quellen:** Beginnen Sie mit hochwertigem, genauem Quellmaterial, um sicherzustellen, dass der wiederverwendete Inhalt einen bestimmten Qualitäts- und Wahrheitsstandard beibehält.
- **Respektieren Sie Urheberrechte:** Stellen Sie sicher, dass Sie die Rechte am Originalinhalt besitzen und dass bei der Wiederverwendung mit Hilfe von KI die

Bedingungen aller Originalvereinbarungen oder -verträge, Urheberrechtsgesetze und Grundsätze der fairen Nutzung eingehalten werden.

- **Schaffen Sie Mehrwert:** Versuchen Sie, den ursprünglichen Inhalt zu verbessern, indem Sie zusätzliche Einblicke gewähren, Informationen aktualisieren oder ihn an ein anderes Format oder eine andere Plattform anpassen.
- **Behalten Sie die ursprüngliche Absicht bei:** Versuchen Sie beim Ändern des Inhalts, die ursprüngliche Botschaft und Absicht beizubehalten, es sei denn, das Ziel besteht darin, ein abgeleitetes Werk mit einer neuen Botschaft zu erstellen.
- **Prüfen Sie auf Richtigkeit:** Stellen Sie sicher, dass alle sachlichen Informationen auch nach der Wiederverwendung korrekt bleiben, insbesondere wenn der Inhalt gekürzt oder erweitert wird.
- **Überprüfen und bearbeiten Sie:** Überprüfen Sie KI-generierte Inhalte immer manuell, um sicherzustellen, dass sie den Qualitätsstandards entsprechen und für den neuen Zweck geeignet sind.
- **Beobachten Sie das Feedback:** Achten Sie darauf, wie das Publikum auf die wiederverwendeten Inhalte reagiert, und seien Sie bereit, auf der Grundlage des Feedbacks Anpassungen vorzunehmen.
- **Geben Sie die Quelle richtig an:** Geben Sie bei Bedarf die ursprünglichen Ersteller oder Quellen des Inhalts an, auch wenn dieser durch die KI erheblich verändert wurde. Seien Sie außerdem transparent, was die Verwendung von KI angeht.
- **Bleiben Sie ethisch:** Bedenken Sie die ethischen Auswirkungen der Wiederverwendung von Inhalten, beispielsweise die möglichen Auswirkungen auf die ursprünglichen Ersteller der Inhalte und das Publikum.

Sie können GenKI verantwortungsvoll nutzen, um Inhalte auf eine Weise wiederzuverwenden, die für alle Beteiligten von Nutzen und respektvoll ist, wenn Sie alle Anforderungen gewissenhaft erfüllen. Wenn Sie jedoch Zweifel haben, ob Sie Ihre Inhalte wiederverwenden dürfen, holen Sie Rechtsberatung oder ethische Beratung ein.

KI kann Ihrem vorhandenen Material neues Leben einhauchen, indem sie Inhalte für verschiedene Zielgruppen und Ziele neu aufbereitet und so deren Reichweite und deren Wert erhöht. Hier einige kreative Möglichkeiten, GenKI zur Neuverwendung von Inhalten zu nutzen:

- **Inhaltszusammenfassung:** Verwenden Sie GenKI, um Zusammenfassungen Ihrer in langer Form vorliegenden Inhalte wie Whitepapers oder Berichte zu erstellen und sie als Blogbeiträge, Social-Media-Updates oder Newsletter-Ausschnitte zugänglich zu machen.
- **Übersetzung und Lokalisierung:** Übersetzen Sie Ihre Inhalte in verschiedene Sprachen, und lokalisieren Sie sie für verschiedene Regionen, um ein globales Publikum zu erreichen.
- **Audio- und Videotranskription:** Wandeln Sie Ihre Podcasts oder Videos in schriftliche Transkripte um, die dann als Blogbeiträge, Leitfäden oder sogar als Grundlage für ein E-Book verwendet werden können.

- ✔ **Text-zu-Video:** Verwandeln Sie Blogbeiträge oder Artikel mit Hilfe KI-gestützter Video-Tools in ansprechende Videos oder Videozusammenfassungen.
- ✔ **Chatbots und interaktive Inhalte:** Erstellen Sie Chatbots oder interaktive Frage-und-Antwort-Sitzungen aus Ihren FAQ-Seiten oder Schulungsinhalten, um ein dynamisches Benutzererlebnis zu bieten.
- ✔ **Datenvisualisierung:** Verwenden Sie KI, um datenintensive Berichte oder Fallstudien in Infografiken, Diagramme oder interaktive Visualisierungen umzuwandeln, die die Informationen leichter verständlich machen.
- ✔ **E-Books und Leitfäden:** Stellen Sie eine Reihe verwandter Blogbeiträge oder Artikel zu umfassenden E-Books oder Leitfäden zusammen, und nutzen Sie dabei KI, um bei der Organisation und Formatierung der Inhalte zu helfen.
- ✔ **Social-Media-Inhalte:** Generieren Sie Social-Media-Beiträge, -Storys oder -Tweets aus vorhandenen Inhalten, um das Engagement zu steigern und den Verkehr zurück auf Ihre Hauptwebsite zu lenken.
- ✔ **Audioinhalte:** Verwenden Sie GenKI, um Audioversionen Ihrer schriftlichen Inhalte zu erstellen, die dann mit Hilfe der Text-to-Speech-Technologie produziert und als Podcasts oder Audioartikel verteilt werden können.
- ✔ **Personalisierung von Inhalten:** Personalisieren Sie Inhalte für verschiedene Segmente Ihrer Zielgruppe, indem Sie mit Hilfe von KI die Nachrichten, Beispiele oder Fallstudien auf Basis von Benutzerpräferenzen oder -verhalten optimieren.
- ✔ **SEO:** Aktualisieren Sie alte Inhalte mit aktualisierten Schlüsselwörtern, Metabeschreibungen und Titeln, die von KI-gestützten SEO-Tools vorgeschlagen werden, um das Ranking in Suchmaschinen zu verbessern.
- ✔ **Interaktive E-Learning-Module:** Wandeln Sie Lehrinhalte mit Hilfe von KI in interaktive E-Learning-Kurse um, um den Unterricht zu strukturieren und Tests zu erstellen.
- ✔ **Kreatives Remixen:** Verwenden Sie KI, um Elemente aus verschiedenen Inhalten zu kombinieren und so neue, einzigartige Stücke zu erstellen, die neue Perspektiven oder Erkenntnisse bieten.
- ✔ **Voiceover und Erzählungen:** Fügen Sie Ihren Videoinhalten mit der KI-Sprachsynthese professionell klingendes Voiceover hinzu, um sie zugänglicher und ansprechender zu gestalten.
- ✔ **Augmented-Reality-Erlebnisse:** Erstellen Sie Augmented-Reality-Erlebnisse aus visuellen Inhalten, die es Benutzern ermöglichen, auf neuartige Weise mit Ihrer Marke zu interagieren.

Durch die kreative Nutzung von KI können Sie das Potenzial Ihrer vorhandenen Inhalte maximieren und dafür sorgen, dass diese effektiver arbeiten und eine größere Reichweite haben als je zuvor.

IN DIESEM KAPITEL

Wissenschaftliche Artikel mit Hilfe von GenKI verfassen

Technische Dokumente und Analysen unter Verwendung von GenKI erstellen

Studienrahmen und Schemata mit GenKI formulieren

Bibliografische Zitate und Referenzlisten einbeziehen

Langform-Artikel mit GenKI verfassen

Buchmanuskripte mit GenKI erstellen

Kapitel 7
Inhalte in Langform erstellen

In diesem Kapitel geht es um die Rolle von GenKI bei der Erstellung von Langform-Inhalten. Der Schwerpunkt liegt dabei vor allem auf den Fähigkeiten von GenKI, große Datensätze zu verarbeiten und Langform-Texte zu erstellen, die kohärent, sachlich korrekt und für den Kontext angemessen sind. Die Diskussion erstreckt sich auch auf die praktischen Aspekte der Interaktion eines Autors mit GenKI und die Bewertung der Arbeitsteilung, bei der die Technologie für die Datenverarbeitung und die anfängliche Texterstellung verantwortlich ist und der menschliche Autor die Aufgabe hat, die Erzählung zu leiten und die Einzigartigkeit des Inhalts sicherzustellen. Ich habe dieses Buch mit KI-Unterstützung geschrieben und dabei mehrere Techniken verwendet, die in diesem Buch besprochen werden, aber dieses Kapitel enthält meine spezifischen Beobachtungen, Erkenntnisse und Erfahrungen dabei. Ich bin fest davon überzeugt, dass man zuerst übt und dann sein Wissen weitergibt – nicht umgekehrt!

Zusätzlich zu den in diesem Kapitel bereitgestellten Informationen müssen Sie eine oder mehrere Techniken verwenden, die in Kapitel 9 ausführlich beschrieben sind. Insbesondere müssen Sie auf die Ausgabezusammenfügung und die KI-Aggregation achten, da Sie wahrscheinlich beide verwenden müssen, wenn Sie längere Inhalte erstellen, unabhängig von Thema, Stil oder Format.

Erfolgreiche und den professionellen Standards entsprechende langformatige Inhalte sind mit GenKI bei Weitem am schwierigsten zu erstellen. Wenn Sie glauben, dass GenKI eine einfache Lösung für mühsame Aufgaben ist, werden Sie bitter enttäuscht sein. Es hat jedoch viele echte Vorteile, KI auf diese Weise zu verwenden, und mit etwas Übung und Erfahrung werden Sie besser darin, sie in Ihrem Schreibprozess einzusetzen. Ich verspreche, dass es sich am Ende lohnt!

Akademische Arbeiten mit Unterstützung von GenKI verfassen

Die Erstellung einer wissenschaftlichen Arbeit kann eine komplexe Aufgabe sein, und GenKI erweist sich bei diesem intellektuellen Unterfangen als wertvolles Werkzeug. Dieser Abschnitt bietet einen klaren Überblick darüber, wie GenKI den Forschungs- und Schreibprozess unterstützen und gleichzeitig die Integrität und Originalität bewahren kann, die für wissenschaftliche Arbeiten erforderlich sind. Sie erkunden praktische Möglichkeiten, wie GenKI als Hilfe bei der Organisation von Literatur, der Synthese von Daten und der Erstellung von Entwürfen dienen kann, ohne Ihre eigene oder die Stimme und analytische Perspektive eines anderen Wissenschaftlers zu beeinträchtigen.

Der Einsatz von GenKI in wissenschaftlichen Arbeiten sollte mit einer wohlüberlegten Mischung aus Skepsis und Offenheit erfolgen. Man sollte das Potenzial der GenKI zur Rationalisierung des Forschungsprozesses anerkennen, sich aber davor hüten, sich zu sehr auf ihre Ergebnisse zu verlassen. Konzentrieren Sie sich darauf, die Fähigkeiten von GenKI mit kritischem Denken zu verbinden, und stellen Sie sicher, dass die Abschlussarbeit einen gut argumentierten, originellen Beitrag zum Fachgebiet darstellt.

GenKI für Recherche und wissenschaftliches Schreiben

Wenn es um wissenschaftliches Schreiben geht, ist gründliche Recherche das Rückgrat, das die gesamte Struktur Ihrer Arbeit stützt. GenKI wird zu einem immer wertvolleren Werkzeug des Forschers und im gesamten KI-Stack und bietet eine Reihe von Funktionen, die bei der sorgfältigen Aufgabe des Sammelns und Analysierens von Daten helfen können. Bedenken Sie Folgendes:

- ✔ **GenKI hat das Potenzial, verdeckte Verbindungen zwischen Datenpunkten aufzudecken.** Durch die Analyse riesiger Netzwerke akademischer Arbeiten kann GenKI Beziehungen und Muster aufzeigen, die menschlichen Forschern möglicherweise nicht sofort auffallen, ähnlich wie bei Metaanalysen. Dies kann zu neuen Erkenntnissen und interdisziplinären Verbindungen führen, die der Ausgangspunkt für bahnbrechende Forschung sein könnten. (Es ist jedoch wichtig, diese von der KI generierten Verbindungen mit einem kritischen Auge zu betrachten und sie durch weitere Forschung und kritische Bewertung zu validieren.)

- ✔ **Bevor Sie sich in ein Thema vertiefen, kann GenKI schnell vorhandene Literatur zu dem Thema scannen und zusammenfassen.** Dieser breite Überblick kann Ihnen helfen, Schlüsselthemen, Lücken in der Forschung und wegweisende Arbeiten zu identifizieren. Diese Erkundung kann wertvolle Zeit sparen und dabei helfen, die Richtung Ihrer Studien zu bestimmen.
- ✔ **GenKI kann auch bei den detaillierteren Aspekten der Forschung helfen, wie etwa bei der Datengewinnung und -extraktion.** So kann sie beispielsweise große Datensätze durchforsten, um relevante Statistiken, Trends und Zahlen zu extrahieren, die für Ihre Forschungsfrage relevant sind. Darüber hinaus können die Sprachverarbeitungsfunktionen von GenKI genutzt werden, um Materialien zu transkribieren und zu übersetzen, wodurch Quellen in anderen Sprachen leichter zugänglich werden und der Umfang Ihrer Forschung erweitert wird.

Der Einsatz von GenKI in diesem Bereich erfordert einen strategischen Ansatz, um sicherzustellen, dass sie als Ergänzung und nicht als Ersatz für die kritischen Denkfähigkeiten des Forschers dient. Die folgenden Abschnitte helfen Ihnen, sich innerhalb der Prozess- und Produktoptionen zurechtzufinden. Bitte beachten Sie jedoch, dass es sich hierbei um Beispiele handelt und nicht um Ihre einzigen Optionen.

Mögliche GenKI-Tools für Forschung und wissenschaftliches Schreiben

GenKI hat sich weiterentwickelt und bietet nun spezielle Tools, die auf die akademische Forschung zugeschnitten sind. Sie ermöglichen es Forschern, sich immer präziser und gründlicher mit komplexen Themen auseinanderzusetzen. Tools wie Iris.ai (`iris.ai`) und Semantic Scholar (`www.semanticscholar.org`) beispielsweise nutzen KI, um wissenschaftliche Literatur zu kartieren und Forschern relevante Artikel, Rezensionen und Patente zu liefern. Dabei wird oft Material gefunden, das herkömmliche Suchmaschinen übersehen. Diese Plattformen nutzen die Verarbeitung natürlicher Sprache, um den Kontext von Forschungsanfragen zu verstehen. So wird sichergestellt, dass die Ergebnisse nicht nur auf Schlüsselwörtern basieren, sondern auch semantisch mit der Forschungsfrage verknüpft sind.

Ein weiteres Beispiel ist Zotero (`www.zotero.org`), ein kostenloser Referenzmanager, der bei der Verwaltung und Zitierung von Forschungsquellen für das Verfassen von Büchern oder Berichten hilft und in GenKI-Tools integriert werden kann. Zotero kann automatisch Zitatdetails aus PDF-Dateien und Webseiten extrahieren und solche Werke mit einem einfachen Klick auf eine Browsererweiterung zu einem Forschungsordner hinzufügen, was Forschern das Erstellen und Pflegen ihrer Bibliografien erleichtert. Sie können Zotero problemlos mit Research Rabbit (`www.researchrabbit.ai`) verbinden, um Ihre Forschung weiter zu rationalisieren und Ihre Berichte und Artikel auch von anderen Forschern finden zu lassen. Research Rabbit ist ein kostenloses Forschungstool, das Ihnen beim Entdecken und Organisieren relevanter Artikel für Ihre Forschung hilft. Es bietet interaktive Visualisierungen, Sammlungen, Digests und Datensuchtools. Wenn Sie sich Zotero und seine vielen Funktionen genauer ansehen möchten, können Sie sich auf YouTube unter `https://www.youtube.com/watch?v=gA3o2M1nPBQ` darüber informieren.

Sie können ChatGPT in wenigen einfachen Schritten zu Zotero hinzufügen. Damit können Sie Ihre wissenschaftliche Arbeit oder Ihr Buch in einem Tool recherchieren und schreiben. Die einfachste Integration, um GenKI zu Zotero hinzuzufügen, ist Aria, ein Akronym für AI Research Assistant und ein Zotero-Plug-in. Bevor Sie Aria verwenden können, benötigen Sie einen OpenAI-API-Schlüssel, einen Sicherheitscode für Entwickler, der die Interaktion von Computerprogrammen ermöglicht. Hier erhalten Sie einen OpenAI-API-Schlüssel: `https://help.openai.com/en/articles/4936850-where-do-i-find-my-openai-api-key`. Folgen Sie den Anweisungen in der App, um den Schlüssel hinzuzufügen, wählen Sie das ChatGPT-Modell aus, das Sie verwenden möchten, und starten Sie Zotero neu.

Der Integrationsprozess ist wirklich einfach und umfasst nur wenige Schritte. Nachdem Sie einen OpenAI-API-Schlüssel erhalten haben, gehen Sie wie folgt vor, um Aria als Zusatztool für Zotero zu installieren:

1. **Wechseln Sie zu Aria auf GitHub unter** `https://github.com/lifan0127/ai-research-assistant`.

2. **Scrollen Sie nach unten zum Abschnitt »Installation«, und laden Sie die neueste Version (.xpi-Datei) von GitHub herunter:** `https://github.com/lifan0127/ai-research-assistant/releases/latest`

3. **Gehen Sie zu Zotero, und wählen Sie in der oberen Menüleiste »Tools«. Klicken Sie auf »Add-ons«.**

4. **Klicken Sie im Add-ons-Manager oben rechts auf das Zahnradsymbol, und wählen Sie »Add-on aus Datei installieren«.**

5. **Wählen Sie die gerade heruntergeladene XPI-Datei aus, und klicken Sie auf »Öffnen«, um den Installationsvorgang zu starten.**

   Fertig!

Eine detailliertere Beschreibung dieses Installationsvorgangs finden Sie im Walkthrough-Tweet von Mushtaq Bilal, PhD, Süddänische Universität, auf X (vormals Twitter) unter `https://x.com/MushtaqBilalPhD/status/1735221900584865904`.

Darüber hinaus verwenden Plattformen wie BenchSci (`www.benchsci.com`) KI, um komplexe wissenschaftliche Zahlen zu entschlüsseln, sodass Forscher bestimmte experimentelle Daten finden können, ohne unzählige Artikel manuell durchforsten zu müssen. Allerdings müssen Sie dies auch in ein GenKI-Tool integrieren, das auf das Schreiben trainiert ist, oder dessen Ausgaben in einen GenKI-Textgenerator wie ChatGPT oder Claude kopieren, damit Sie Ihren Artikel oder Ihre Arbeit schreiben können. Es gibt auch spezialisierte Textgeneratoren wie SciWriter (`www.sciwriter.ai`), aber viele davon haben Wartelisten und sind eher auf das Schreiben von Artikeln als von ganzen Arbeiten ausgerichtet.

Verfeinerung der GenKI-Forschungsergebnisse

GenKI-Ausgaben »so wie sie sind« werden fast nie Ihren Wünschen und Anforderungen entsprechen. Tatsächlich kann der Versuch, GenKI dazu zu bringen, genau das zu produzieren, was Sie brauchen, erschöpfend und frustrierend sein. Außerdem leisten GenKI und sogar die spezialisierten Textgeneratoren beim Verfassen langer Texte schlechte Arbeit oder lehnen es sogar ab, lange Texte zu produzieren. Es ist klüger und produktiver, sich mit diesen unglücklichen Tatsachen abzufinden und Ihren Schreibprozess entsprechend zu entwickeln. Mit anderen Worten: Konzentrieren Sie sich auf die Stärken von GenKI bei der Datenermittlung und -analyse und ihre Fähigkeit, Ihnen dabei zu helfen, etwaige Lücken in Ihrer Arbeit oder Ihrem Denken zu füllen. Akzeptieren Sie die Mängel von GenKI, und nutzen Sie Ihren eigenen Verstand und Ihr eigenes Talent, um sie zu umgehen.

Um die Ergebnisse der KI-Forschung zu verfeinern und ihre Relevanz und Genauigkeit besser sicherzustellen, befolgen Sie diesen Schritt-für-Schritt-Prozess:

1. **Beginnen Sie mit einer klaren und prägnanten Forschungsfrage oder einer Reihe von Schlüsselwörtern.**

   Geben Sie diese als Prompts in das GenKI-Tool ein, um eine erste Ressourcenliste zu generieren.

2. **Verwenden Sie die Filteroptionen einer speziellen GenKI oder eines anderen Tools, um die Ergebnisse auf die relevantesten Dokumente einzugrenzen.**

   Dies kann das Sortieren nach Datum, Relevanz, Anzahl der Zitate oder Journal-Impact-Faktor umfassen. Sie können GenKI in die oben beschriebenen Forschungstools integrieren, um diese Arbeit zu erledigen, oder Sie können ein GenKI-Tool veranlassen, diese Art der Sortierung für Sie durchzuführen. Am besten, Sie probieren beide Möglichkeiten aus und vergleichen die Ergebnisse.

3. **Überfliegen Sie die von der KI bereitgestellten Abstracts, um die Relevanz der einzelnen Quellen abzuschätzen.**

   Suchen Sie in dieser Phase nach dem Hauptziel, der Methodik und den Schlussfolgerungen der Forschung, um deren Anwendbarkeit auf Ihre Arbeit zu bestimmen.

4. **Lesen Sie bei Quellen, die die Abstract-Prüfung bestehen, den vollständigen Text, um die Qualität und Tiefe der Recherche zu beurteilen.**

   Achten Sie besonders auf das Studiendesign, die Robustheit der Daten und die Stichhaltigkeit der vorgebrachten Argumente.

5. **Überprüfen Sie die Referenzen und Zitate in den Dokumenten, um zusätzliches Material zu finden und die Vorschläge der KI zu bewerten.**

   Dieser Schritt hilft, sicherzustellen, dass wichtige Quellen nicht übersehen wurden.

6. **Führen Sie eine manuelle Suche nach Literatur zu Ihrem Thema durch, um sie mit der KI-generierten Liste zu vergleichen.**

   Dies kann dabei helfen, etwaige Lücken oder Verzerrungen in der Ausgabe der KI zu identifizieren.

7. **Nutzen Sie die KI, um wichtige Datenpunkte, Statistiken und Zitate aus den ausgewählten Quellen zu extrahieren und zu organisieren.**

   Stellen Sie sicher, dass alle extrahierten Informationen genau dargestellt und ordnungsgemäß zitiert werden.

8. **Bewerten Sie die zusammengefassten Informationen kritisch, und achten Sie auf logische Konsistenz, mögliche Verzerrungen und die Stärke der Beweise.**

9. **Verfeinern Sie Ihre Suchanfrage auf der Grundlage der aus der Literatur gewonnenen Erkenntnisse.** Wiederholen Sie den Vorgang nach Bedarf, um zusätzliche Ressourcen zu finden oder den Fokus Ihrer Forschung einzugrenzen.

Wenn Sie diese fortschrittlichen GenKI-Tools in Ihren Forschungsprozess integrieren und ihre Ergebnisse konsequent verfeinern, können Sie die Breite und Tiefe Ihrer wissenschaftlichen Arbeiten verbessern. Es ist wichtig, bei jedem Schritt aktiv mitzuwirken, Ihr Fachwissen zu nutzen, um die KI zu leiten und ihren Beitrag zu Ihrer wissenschaftlichen Arbeit kritisch zu bewerten.

Versteckte Fallstricke oder KI-Einschränkungen finden

Obwohl GenKI-Tools in der akademischen Forschung erhebliche Vorteile bieten können, sollten sich Forscher einiger versteckter Fallstricke und Einschränkungen bewusst sein. Das Verständnis dieser Einschränkungen ist wichtig, um zu wissen, wann die KI-Forschung durch manuelle Anstrengungen und andere Tools ergänzt oder ersetzt werden muss.

- ✔ **Datenqualität und Verzerrung:** GenKI-Tools sind nur so gut wie die Daten, mit denen sie trainiert wurden. Wenn die zugrunde liegenden Daten Verzerrungen oder Ungenauigkeiten enthalten, werden die Ergebnisse der KI diese Mängel widerspiegeln. Forscher sollten sich davor hüten, sich zu sehr auf KI-generierte Daten zu verlassen, ohne diese mit anderen Quellen abzugleichen.
- ✔ **Trainingsumfang:** Einige KI-Tools wurden möglicherweise anhand bestimmter Literaturarten oder innerhalb bestimmter Disziplinen trainiert, was ihre Fähigkeit einschränken kann, relevante Forschung außerhalb dieser Bereiche zu identifizieren. Forscher sollten überprüfen, ob der Umfang der KI mit ihrem Forschungsgebiet übereinstimmt, und ihn bei Bedarf durch manuelle Suchvorgänge und andere Tools ergänzen.
- ✔ **Kontextuelle Missverständnisse:** KI kann Schwierigkeiten haben, den nuancierten Kontext bestimmter Forschungsfragen zu verstehen, was zu irrelevanten oder nebensächlichen Ergebnissen führen kann. Forscher sollten bereit sein, die Ergebnisse kritisch zu interpretieren und ihre Fragen zu verfeinern, um die Relevanz zu verbessern.

- **Übersehene neue Forschung:** KI-Tools bevorzugen möglicherweise Quellen mit mehr Zitaten oder solche, die leichter zugänglich sind, und übersehen neuere, weniger zitierte, aber dennoch hochrelevante Forschung. Forscher sollten sich manuell über die neuesten Veröffentlichungen in ihrem Fachgebiet auf dem Laufenden halten, um die neuesten Studien zu erfassen.
- **Einschränkungen bei nicht textuellen Daten:** GenKI ist überwiegend textbasiert und kann nicht textuelle Daten wie komplexe Grafiken, Bilder oder Rohdatensätze nicht effektiv analysieren oder interpretieren. Forscher sollten solche Materialien manuell überprüfen, um ein umfassendes Verständnis und die Integration in ihre Arbeit sicherzustellen.
- **Aktualisierungen und Wartung:** KI-Datenbanken müssen regelmäßig aktualisiert werden, um die neuesten Forschungsergebnisse zu berücksichtigen. Wenn ein KI-Tool nicht gut gewartet wird, kann es sein, dass ihm aktuelle Veröffentlichungen entgehen. Forscher sollten die Aktualisierungshäufigkeit von KI-Tools überprüfen und sie in sich schnell entwickelnden Bereichen durch manuelle Recherchen oder Suchen mit anderen Tools ergänzen.
- **Zitatkontext:** GenKI kann Zitate bereitstellen, erfasst jedoch nicht immer den Kontext, in dem eine Studie zitiert wird. Forscher sollten Zitate manuell überprüfen, um zu verstehen, wie eine Quelle in der Literatur verwendet wird, um Fehlinterpretationen zu vermeiden.
- **Sprachliche Einschränkungen:** Einige KI-Tools bieten zwar Übersetzungsmöglichkeiten, aber Nuancen und Feinheiten in der Sprache können verloren gehen. Bei der Forschung in anderen Sprachen als denen, für die die KI ursprünglich entwickelt wurde, sollten Forscher Übersetzungen und Interpretationen mit anderen Mitteln überprüfen.
- **Analysetiefe:** KI kann dabei helfen, allgemeine Muster und Zusammenhänge zu erkennen, bietet aber möglicherweise nicht die Analysetiefe, die für eine gründliche Literaturrecherche erforderlich ist. Forscher sollten KI-Ergebnisse durch tiefgehende manuelle Analysen ergänzen, um subtile Argumente und theoretische Rahmenbedingungen aufzudecken.

Um diese Fallstricke zu umgehen, sollten Sie einen ausgewogenen Ansatz verfolgen: Verwenden Sie GenKI als Ausgangspunkt zur Identifizierung potenziell relevanter Forschungsergebnisse, und wenden Sie dann Ihr eigenes Fachwissen und Ihre Fähigkeiten zum kritischen Denken an, um eine differenziertere und umfassendere Überprüfung durchzuführen.

Was auch immer Sie tun, übergeben Sie Ihrem Chef keine KI-basierten Forschungsergebnisse oder schriftlichen Berichte, und veröffentlichen Sie sie auch nicht, ohne sie vorher gründlich zu prüfen. Andernfalls setzen Sie wahrscheinlich Ihre gesamte Karriere aufs Spiel.

Unterstützung des wissenschaftlichen Publikationsprozesses

Der Weg von der Forschung bis zur Veröffentlichung ist oft ein Marathon voller Hürden, von der Formatierung bis zum Peer-Review. GenKI erweist sich in diesem Prozess als nützliche Ressource und bietet Funktionen, die dabei helfen können, verschiedene Phasen der wissenschaftlichen Veröffentlichung zu rationalisieren. Während GenKI bei einigen Aspekten des wissenschaftlichen Veröffentlichungsprozesses wie Literaturrecherchen, Schreiben und Organisation helfen kann, bleiben die differenzierteren menschlichen Elemente wie Expertenurteile, Kontext und Fachwisse für KI in dieser Phase eine Herausforderung, sodass eine vollständige Automatisierung oder Replizierung nicht zu empfehlen ist. Sie sollten sehr vorsichtig sein und die Leistung von GenKI nicht überschätzen.

Obwohl GenKI-Tools bei verschiedenen Aufgaben hilfreich sein können, sind einige der von ihren Fans und Anbietern – und sogar in GenKI-Antworten – erwähnten oder angepriesenen Funktionen möglicherweise noch nicht vollständig entwickelt oder allgemein verfügbar. Hier ein Überblick über den aktuellen Stand zum Zeitpunkt der Drucklegung dieses Buches:

- ✔ **Manuskriptformatierung:** Zwar gibt es Tools wie LaTeX, die bei der Formatierung akademischer Arbeiten helfen können, und Referenzverwaltungssoftware wie Zotero und EndNote, die Zitate vorgabengemäß formatieren kann, aber die Behauptung, dass GenKI ganze Manuskripte automatisch formatieren kann, um den spezifischen Richtlinien einer Zeitschrift zu entsprechen, sind haltlos. Eine solche Formatierung erfordert normalerweise manuelle Eingriffe, um die spezifischen Anforderungen der jeweiligen Zeitschriften einzuhalten.

- ✔ **Vorläufiges Peer Review:** Es gibt keine allgemein anerkannten GenKI-Tools, die den Peer-Review-Prozess anhand einer riesigen Datenbank veröffentlichter Artikel simulieren könnten, um Streitpunkte, Punkte von besonderer Relevanz oder Interessenkonflikte vorherzusagen. Zwar gibt es KI-basierte Grammatik- und Stilprüfer, die dabei helfen können, die Lesbarkeit und Qualität der Texte zu verbessern, doch das differenzierte Feedback menschlicher Peer-Reviewer – mit einer Bewertung der Gültigkeit der Forschungsmethodik, einer Interpretation der Ergebnisse und des Gesamtbeitrags zum Fachgebiet – kann derzeit nicht vollständig durch KI reproduziert werden.

- ✔ **Neuartigkeit bewerten:** GenKI-Tools können dabei helfen, vorhandene Literatur zu einem Thema zu identifizieren, aber ihre Fähigkeit, die Neuartigkeit der Forschung zu beurteilen, ist begrenzt. Das Erkennen der einzigartigen Beiträge einer Studie erfordert ein tiefes Verständnis und Kontextwissen, das derzeit über die Fähigkeiten der KI hinausgeht.

- ✔ **Erstellen einer Liste geeigneter Gutachter:** Datenbanken und Netzwerkplattformen können dabei helfen, Forscher mit einschlägiger Expertise zu identifizieren, aber die Auswahl geeigneter Gutachter erfordert in der Regel redaktionelles Urteilsvermögen und Fachwissen. GenKI beherrscht diesen Aspekt des Veröffentlichungsprozesses derzeit nicht.

Zusammenfassend lässt sich sagen, dass KI zwar den wissenschaftlichen Publikationsprozess unterstützen kann, ihre Rolle jedoch hauptsächlich darin besteht, bei der Recherche, Organisation und einigen Aspekten des Schreibens zu helfen. Die differenzierteren Aufgaben wie Peer-Review, die Bewertung der Neuartigkeit der Forschung und die Auswahl geeigneter Gutachter sind nach wie vor stark von menschlicher Expertise abhängig. Es ist wichtig, dass Sie kritisch bleiben und die Fähigkeiten der KI im Kontext des wissenschaftlichen Publizierens nicht überschätzen.

Whitepapers und Berichte mit GenKI entwickeln

GenKI ist hilfreich beim Schreiben von Whitepapers und Berichten, die oft umfangreich sind und viel Zeit und Fachwissen erfordern. Es gibt jedoch Einschränkungen hinsichtlich der Menge der Arbeit, die GenKI-Tools leisten können. Hier ein Überblick über den aktuellen Stand der GenKI-Unterstützung bei Whitepapers und Berichten zum Zeitpunkt der Drucklegung dieses Buches.

- ✔ **Automatisiertes Erstellen von Entwürfen:** Obwohl GenKI bei der Erstellung von Gliederungen und ersten Entwürfen helfen kann, brauchen diese Tools in der Regel menschliche Eingaben, mit denen die Struktur gesteuert und sichergestellt wird, dass sie den spezifischen Zielen des Whitepapers oder Berichts entspricht. Die Fähigkeit der KI, Entwürfe zu automatisieren, basiert auf Mustern, die sie aus Daten gelernt hat. Daher entspricht sie ohne manuelle Anpassungen möglicherweise nicht immer perfekt den Absichten des Autors.
- ✔ **Auf Trends basierende Inhaltsvorschläge:** GenKI ist in der Lage, große Datensätze zu analysieren und bis zu einem gewissen Grad Trends zu erkennen. Die Erkenntnisse, die sie liefert, basieren jedoch häufig auf den Daten, mit denen sie trainiert wurde, und sie hat möglicherweise keinen Zugriff auf die aktuellen oder proprietären (meist kostenpflichtige) Datenbanken, sofern der Benutzer diese nicht integriert. Auch prädiktive Modelle in der KI sind nicht unfehlbar und sollten mit Vorsicht verwendet werden, insbesondere wenn sie strategische Entscheidungen beeinflussen.
- ✔ **Informationen zusammenfassen:** GenKI kann zwar Informationen aus verschiedenen Quellen verarbeiten und zusammenfassen, aber die Qualität und Tiefe kann dabei variieren. Der Benutzer muss die von der KI generierten Zusammenfassungen kritisch bewerten und ergänzen, um sicherzustellen, dass sie genau die erforderlichen Details und Zusammenhänge darstellen.
- ✔ **Genauigkeit und Relevanz:** Beachten Sie, dass die Überprüfung der Genauigkeit und Relevanz von KI-generierten Inhalten ein wichtiger Schritt im Prozess ist. GenKI kann Fehlinformationen reproduzieren, wenn diese in den Trainingsdaten vorhanden sind, und es kann sein, dass Daten nicht immer richtig interpretiert werden, insbesondere wenn es um komplexe oder differenzierte Themen geht.

Obwohl GenKI die Entwicklung von Whitepapers und Berichten durch die Bereitstellung von Strukturskizzen und die Synthese von Informationen unterstützen kann, sind ihre Fähigkeiten kein Ersatz für menschliches Fachwissen und Urteilsvermögen. Die Technologie eignet sich am besten als Hilfe beim Schreibprozess, wobei der Autor eine entscheidende Rolle bei der Gewährleistung der Genauigkeit, Relevanz und Glaubwürdigkeit des endgültigen Dokuments spielt.

Professionelle Dokumente mit KI-Unterstützung erstellen

Die Integration von KI in den Prozess der Erstellung professioneller Dokumente wie Whitepapers und Berichte kann die Produktivität und die Qualität erheblich steigern. KI-Unterstützung kann die Recherche rationalisieren, Inhalte organisieren und sogar den Bearbeitungsprozess unterstützen, sodass sich die Autoren auf das kritische Denken und die strategischen Aspekte der Dokumenterstellung konzentrieren können.

Wenn Sie mit einem Whitepaper oder Bericht beginnen, können Sie KI-Tools wie Grammarly (`www.grammarly.com`) und Hemingway (`hemingwayapp.com`) verwenden, um die Sprache zu verfeinern und die Lesbarkeit zu verbessern. Diese Tools bieten in Echtzeit Vorschläge, um den Text klarer, prägnanter und grammatikalisch korrekter zu gestalten. Für komplexere Bearbeitungsaufgaben bieten Tools wie ProWritingAid (`prowritingaid.com`) ausführliche Berichte zu Stil, Wortwahl und Satzstruktur.

Für die Recherche bieten KI-gestützte Tools innovative Möglichkeiten, die akademische Landschaft zu erkunden. Sie können Autoren dabei helfen, die relevantesten Studien, Aufsätze und Artikel zu finden, indem sie den Kontext ihrer Suchanfragen verstehen und nicht nur nach passenden Schlüsselwörtern suchen. Dies kann zu einem fundierteren und aktuelleren Hintergrund in jedem professionellen Dokument führen.

KI kann auch dabei helfen, die Struktur des Dokuments zu organisieren. Tools wie Scrivener (`www.literatureandlatte.com/scrivener/overview`) unterstützen Autoren bei der Verwaltung großer Schreibprojekte, indem sie diese in kleinere, überschaubarere Abschnitte aufteilen. Dies kann insbesondere bei langen Berichten oder Whitepapers nützlich sein, die mehrere Themen behandeln oder eine umfangreiche Datenpräsentation erfordern. Scrivener verwendet oder bietet jedoch nicht direkt KI-Tools. Die meisten Leute, die GenKI-Tools verwenden möchten, kopieren und fügen die in Scrivener erstellten Dokumente in ein GenKI-Tool ein, um ihre Arbeit voranzutreiben.

Für die Datenanalyse und -visualisierung nutzen Tools wie Tableau (`www.tableau.com`) und Microsoft Power BI KI, um Benutzern dabei zu helfen, Trends, Muster und Erkenntnisse aus komplexen Datensätzen zu erkennen. Diese können in professionelle Dokumente integriert werden, um Argumente mit empirischen Beweisen zu untermauern und überzeugende Visualisierungen zu erstellen, die den Verlauf der Daten auf einen Blick vermitteln.

KI-gestützte Zusammenfassungstools können inzwischen große Informationsmengen zu prägnanten Übersichten zusammenfassen. Beispielsweise können Tools wie Resoomer (`resoomer.com`) nützlich sein, wenn man schnell die wichtigsten Punkte aus einer Reihe von Quellen zusammenfassen und darüber berichten oder eine Zusammenfassung für einen ausführlichen Bericht erstellen muss.

Obwohl KI schnelle und intensive Unterstützung bietet, möchte ich Sie noch einmal daran erinnern, dass diese Tools nicht unfehlbar sind. Sie sollten KI-generierte Inhalte immer auf Genauigkeit, Ton und Relevanz überprüfen. Außerdem muss sichergestellt werden, dass beim Einsatz von KI ethische Richtlinien und Gesetze zum geistigen Eigentum eingehalten werden, insbesondere beim Umgang mit geschützten oder vertraulichen Informationen.

Verbesserte Geschäftskommunikation mit KI

Obwohl sich dieser Abschnitt hauptsächlich auf Whitepapers und Berichte konzentriert, gibt es auch andere ausführliche Geschäftskommunikation, bei der GenKI ebenfalls behilflich sein kann.

Im Folgenden finden Sie einige allgemeine Tipps zur Verwendung von GenKI für längere geschäftliche oder akademische Inhalte:

- ✔ **Definieren Sie klare Ziele:** Bevor Sie KI einsetzen, definieren Sie die Ziele Ihres Dokuments. Welche Botschaft möchten Sie vermitteln, und an wen? Klare Ziele helfen Ihnen, die KI bei der Generierung relevanter Inhalte anzuleiten.
- ✔ **Validieren Sie KI-Beiträge:** Überprüfen und validieren Sie KI-generierte Inhalte immer auf ihren Wahrheitsgehalt, insbesondere wenn es um technische Themen oder Datenanalysen geht.
- ✔ **Balance zwischen technischer Genauigkeit und Lesbarkeit:** Verwenden Sie KI, um ein Gleichgewicht zwischen technischer Genauigkeit und Lesbarkeit herzustellen. Passen Sie die Komplexität der Sprache an die Zielgruppe des Dokuments an.
- ✔ **Behalten Sie den menschlichen Faktor bei:** Stellen Sie sicher, dass das endgültige Dokument die Stimme und Werte des Unternehmens widerspiegelt. KI sollte die Kommunikationsstrategie unterstützen, nicht definieren.
- ✔ **Bleiben Sie über KI-Entwicklungen auf dem Laufenden:** Der Bereich KI entwickelt sich rasant. Bleiben Sie über neue Tools und Updates informiert, die Ihre Geschäftskommunikation weiter verbessern können.

Forschungsdesigns und -skizzen mit GenKI erstellen

GenKI kann den Forschungsprozess von der Konzeptualisierung bis zur Datenerfassung optimieren, einschließlich der Ausarbeitung von Forschungsdesigns, Gliederungen und Umfragefragen. GenKI-Tools sind gut darin, Gedanken zu ordnen und komplexe Informationen zu strukturieren, was sie besonders für Forscher nützlich macht, die sich in den frühen Phasen der Projektentwicklung befinden.

Beim Forschungsdesign kann GenKI dabei helfen, eine umfassende Gliederung zu entwickeln, die alle notwendigen Komponenten einer Studie abdeckt. Durch Eingabe der Forschungsziele und -fragen können Forscher mit Hilfe von KI ein Gerüst erstellen, das die Abschnitte Einleitung, Literaturübersicht, Methodik, Datenanalyse und Schlussfolgerung umfasst. KI-Tools wie ZoteroBib (`zoterobib.org`) können Forschern auch dabei helfen, ihre Quellen und Zitate effizient zu verwalten, und sicherzustellen, dass ihre Literaturübersichten gründlich sind und die richtigen Referenzen enthalten. Darüber hinaus können KI-gesteuerte Plattformen wie Iris.ai riesige Datenbanken durchsuchen, um relevante Studien und theoretische Gerüste zu identifizieren und Verbindungen vorzuschlagen, die möglicherweise nicht sofort offensichtlich sind, die Sie aber in das Forschungsdesign einbeziehen möchten.

Beim Erstellen von Umfragefragen und Befragungen kann GenKI besonders hilfreich dabei sein, Fragen zu formulieren, die klar und unvoreingenommen sind und wahrscheinlich informative Antworten liefern. KI-Tools wie die Question Bank von SurveyMonkey bieten ein Archiv mit vorab geprüften Fragen, die an die spezifischen Anforderungen einer Studie angepasst werden können. Diese von KI generierten Fragen können als Ausgangspunkt dienen, den Forscher dann verfeinern können, um sicherzustellen, dass die Formulierung präzise und auf ihre Zielgruppe zugeschnitten ist. Darüber hinaus kann KI die Daten von Pilotumfragen analysieren, um Fragen mit schlechter Leistung zu identifizieren, sodass Forscher die erforderlichen Anpassungen vornehmen können, bevor sie eine groß angelegte Datenerfassung starten.

Für Forscher ist es extrem wichtig, KI-generierte Inhalte kritisch zu bewerten und anzupassen. Das Fachwissen des Forschers ist entscheidend, um KI-Vorschläge im Kontext seines spezifischen Fachgebiets und seiner Forschungsziele zu interpretieren. Es ist diese Synergie zwischen menschlichem Intellekt und KI-Effizienz, die gut ausgearbeitete Forschungsdesigns und -tools hervorbringen kann, die letztendlich zu robusteren und aufschlussreicheren Studien führen.

Forschungsprojekte mit KI strukturieren

Im Allgemeinen umfasst die Strukturierung eines Forschungsprojekts die folgenden Schritte:

1. Definieren Sie die Forschungsfrage.
2. Führen Sie eine Literaturrecherche durch.
3. Entwickeln Sie eine Methodik.
4. Erstellen Sie einen Forschungsvorschlag.
5. Planen Sie das Projekt.
6. Sammeln Sie Daten.
7. Analysieren Sie Daten.

8. Schreiben Sie den Bericht.
9. Überarbeiten und bearbeiten Sie.
10. Veranlassen Sie ein Peer-Review (sofern zutreffend).
11. Veröffentlichen Sie die Ergebnisse.
12. Denken Sie über den Prozess nach.

KI bietet wertvolle Tools für die Strukturierung von Forschungsprojekten, aber ihre Fähigkeiten sind derzeit eher unterstützend als autonom. KI kann Erkenntnisse liefern und Muster aufzeigen, die für Forscher möglicherweise nicht sofort erkennbar sind, aber die Aufgaben, Lücken in der Literatur zu identifizieren, theoretische Rahmenbedingungen zu entwickeln und Methoden zu entwerfen, erfordern immer noch erhebliche menschliche Eingaben und kritische Bewertungen.

Beachten Sie die folgenden Einschränkungen:

- ✔ GenKI kann dabei helfen, Lücken in der Literatur zu identifizieren, indem es große Datenmengen verarbeitet und Bereiche hervorhebt, in denen es an Forschung mangelt. Die Effizienz der KI bei dieser Aufgabe hängt jedoch von der Qualität der Daten ab, mit denen sie trainiert wurde, und von der Komplexität der verwendeten Algorithmen. KI kann wenig erforschte Bereiche oder Widersprüche aufzeigen, aber die Technologie erfordert normalerweise menschliche Anleitung, um die Bedeutung und Relevanz dieser Ergebnisse in einem bestimmten Forschungskontext zu interpretieren.
- ✔ GenKI kann Muster und Zusammenhänge in Daten analysieren, die zu möglichen Theorien führen. Allerdings kann KI nicht zuverlässig theoretische Rahmen oder Hypothesen entwickeln. GenKI kann datenbasierte Erkenntnisse liefern, die Forscher zur Formulierung neuer Hypothesen inspirieren können, aber die Schaffung eines robusten theoretischen Rahmens bleibt eine komplexe Aufgabe, die in hohem Maße auf menschliches Fachwissen und kritisches Denken angewiesen ist.
- ✔ KI verfügt über prädiktive Analysefunktionen, die bis zu einem gewissen Grad genutzt werden können, um Forschungsdesigns auf der Grundlage historischer Daten und Ergebnisse aus ähnlichen Studien zu erstellen. Die Fähigkeit der KI, das methodische Design eines Projekts zu steuern, ist jedoch nicht so gut, wie oft behauptet wird. Prädiktive Analysen können einen gewissen Einblick in mögliche Ergebnisse geben, aber menschliche Forscher müssen diese Vorhersagen interpretieren und methodische Entscheidungen auf der Grundlage eines umfassenden Verständnisses des Themas treffen.

Vom Konzept zur Skizze: GenKI als Planungstool

GenKI kann in den Anfangsphasen akademischer und professioneller Forschung eine wichtige Rolle spielen. Ihre Fähigkeit, Informationen zu verarbeiten und zu organisieren, bietet Ihnen ein grundlegendes Werkzeug für den Übergang von einem breiten Konzept zu einem strukturierten Forschungsentwurf.

In der Konzeptionsphase kann KI genutzt werden, um vorläufige Literaturrecherchen und Umweltanalysen durchzuführen. Tools wie Iris.ai erleichtern dies, indem sie es Forschern ermöglichen, ihre Forschungsfrage oder Zusammenfassung einzugeben und dafür eine Übersicht über verwandte Arbeiten und Konzepte zu erhalten. Dies beschleunigt nicht nur den Prozess der Literaturrecherche, sondern gewährleistet auch ein umfassendes Verständnis des Fachgebiets und hilft, die Forschungsfrage und -ziele zu verfeinern.

Darüber hinaus können KI-Anwendungen die Stimmung und Trends in der vorhandenen Literatur analysieren und Einblicke in vorherrschende Forschungseinstellungen und potenzielle Verzerrungen bieten, die bei der Festlegung des Umfangs und der Ausrichtung einer neuen Studie hilfreich sind. Allerdings ist ihre Verwendung in der akademischen Literaturrecherche nicht so weit verbreitet wie in anderen Bereichen, etwa der Marktanalyse oder der Überwachung sozialer Medien. Die Anwendung der Stimmungsanalyse auf akademische Literatur zur Aufdeckung von Verzerrungen und Trends ist ein aufstrebender Bereich, und obwohl es Tools gibt, sind diese möglicherweise noch nicht standardmäßig Teil des Forschungsdesignprozesses.

Nachdem Ihr Forschungskonzept konkretisiert ist, hilft GenKI bei der Ausarbeitung des Forschungsdesigns, indem sie logische Strukturen und Abläufe für das Projekt vorschlägt. GenKI-gestützte Mindmapping-Tools können beispielsweise dabei helfen, die Verbindungen zwischen verschiedenen Komponenten Ihres Forschungsprojekts wie Hypothesen, Methoden und erwarteten Ergebnissen zu visualisieren. Beispiele hierfür sind NoteGPT, MindMatrix, Mapify und GitMind.

Darüber hinaus kann KI dabei helfen, die am besten geeigneten Forschungsmethoden für Ihr Projekt zu identifizieren, indem sie auf Datenbanken früherer Studien zurückgreift, deren Erfolgsquoten analysiert und sie mit den aktuellen Forschungszielen abgleicht. Dies kann die Planungsphase effizienter machen. Die Verwendung von GenKI zum Vorschlagen von Forschungsmethoden ist jedoch eine komplexe Aufgabe und wird in gängigen GenKI-Tools nicht häufig verwendet. Für Spezialbereiche werden GenKI-Systeme entwickelt, die Methoden analysieren und vorschlagen können, wobei diese normalerweise autorisierten Benutzern oder Forschungseinrichtungen zugänglicher sind.

Trotz der Unterstützung, die GenKI leisten kann, sind die Kreativität und das kritische Urteilsvermögen des Forschers weiterhin von entscheidender Bedeutung für die Entwicklung eines Forschungsdesigns, das sowohl innovativ als auch wissenschaftlich fundiert ist.

Zitate und Referenzen integrieren

Die Integration von Zitaten und Referenzen ist ein wichtiger Aspekt des akademischen Schreibens und Forschens, der sicherstellt, dass die Ideen und Erkenntnisse anderer angemessen gewürdigt werden. Der Prozess kann mühsam und zeitaufwendig sein, und ich überlasse ihn gerne GenKI. Sie tun das wahrscheinlich auch.

Da sich die GenKI-Technologie weiterentwickelt, können wir mit weiteren Fortschritten rechnen, die den Prozess intuitiver und in den Forschungsablauf integrierter machen, sodass sich Wissenschaftler mehr auf die Substanz ihrer Arbeit konzentrieren können und nicht auf die technischen Details der Zitierung. Im Moment ist es noch ein weiter Weg. Die beste Lösung besteht wahrscheinlich darin, GenKI mit anderen, ausgereifteren Forschungstools zu verbinden.

GenKI-gestütztes Literaturmanagement

Die gute Nachricht ist, dass Zitationstools wie Zotero und Mendeley Referenzdetails aus Dokumenten, Websites und anderen digitalen Quellen extrahieren. Diese Tools können Zitate erkennen und gemäß verschiedenen Stilrichtlinien wie APA, MLA oder Chicago formatieren, ohne dass Sie dafür viel Aufwand betreiben müssen. Sie ermöglichen Ihnen außerdem die Pflege einer durchsuchbaren Bibliothek von Referenzen, die sich leicht nach Thema, Projekt oder anderen benutzerdefinierten Tags organisieren lässt. Das spart nicht nur Zeit, sondern verringert auch das Risiko von Zitationsfehlern, was für die Wahrung der Integrität eines Forschungsprojekts von entscheidender Bedeutung ist.

Die schlechte Nachricht ist, dass die meisten, wenn nicht alle reinen Tools für Zitations- und Referenzmanagement wie Zotero und Mendeley (`www.mendeley.com`) zum Zeitpunkt der Drucklegung dieses Buches nicht GenKI-gesteuert sind. Einige lassen sich in GenKI integrieren. Es wird viel darüber diskutiert, ob die Integration von GenKI diese Tools letztendlich stärken oder schwächen wird.

Es stimmt jedoch, dass einige fortgeschrittene Textverarbeitungsprogramme und Schreibplattformen begonnen haben, GenKI-basierte Funktionen weitreichender zu integrieren. Tools wie Grammarly und Microsoft Editor verwenden beispielsweise GenKI, um die Schreibqualität zu verbessern, was auch Vorschläge für Zitate beinhalten kann.

Es ist jedoch nicht in allen Textverarbeitungsprogrammen eine Funktion vorhanden, die auf Grundlage des verfassten Inhalts relevante Artikel zum Zitieren vorschlägt, und möglicherweise nur Teil spezialisierterer oder fortgeschrittenerer Schreibassistenz-Software.

Es ist davon auszugehen, dass sich die GenKI-Technologie weiterentwickeln und weiter in den Forschungsablauf integrieren wird. Allerdings können die Verfügbarkeit und Ausgereiftheit dieser Funktionen je nach verwendeter Software oder Plattform erheblich variieren. Mit zunehmender Ausgereiftheit von GenKI wird sich wahrscheinlich auch ihr Potenzial steigern, den Forschungsprozess zu rationalisieren und es Wissenschaftlern zu ermöglichen, sich stärker auf den Inhalt ihrer Arbeit zu konzentrieren.

Sicherstellung der akademischen Integrität mit GenKI

Viele moderne Schreibassistenten und Plagiatserkennungsdienste wie Turnitin und Grammarly verwenden ausgefeilte Algorithmen und GenKI, um Texte mit Datenbanken akademischer Arbeiten abzugleichen und potenzielle Plagiate zu identifizieren. Diese Tools können dazu beitragen, dass Benutzer bei Bedarf Zitate hinzufügen, um sicherzustellen, dass alle Quellen ordnungsgemäß angegeben werden.

Darüber hinaus kann GenKI dabei helfen, bestehende Forschungsergebnisse zu paraphrasieren und zusammenzufassen, wobei die ursprüngliche Bedeutung erhalten bleibt, was dabei hilft, Plagiate zu vermeiden. GenKI-Schreibassistenten können alternative Möglichkeiten zur Präsentation von Informationen vorschlagen, die sicherstellen, dass die Prosa des Forschers einzigartig bleibt und dennoch ein gründliches Verständnis des Themas widerspiegelt. Dies ist besonders nützlich für Studenten und Forscher, die komplexe Informationen aus mehreren Quellen zusammenfassen.

GenKI kann auch zur akademischen Integrität beitragen, indem es Konsistenz und Genauigkeit bei der Datenberichterstattung gewährleistet. GenKI-Algorithmen können Datensätze auf Anomalien oder Inkonsistenzen untersuchen, die auf Fehler bei der Datenerfassung oder -analyse hinweisen können. Durch die Kennzeichnung dieser Probleme können Forscher sie proaktiv angehen und sicherstellen, dass ihre Berichte so genau und zuverlässig wie möglich sind. Mit der Weiterentwicklung von GenKI wird ihr Potenzial zur Stärkung ethischer Praktiken in der akademischen Forschung wahrscheinlich zunehmen und Forschern einen mächtigen Verbündeten bei der Suche nach Integrität und Exzellenz in ihren wissenschaftlichen Bemühungen bieten.

GenKI-Tools können halluzinieren und tun dies auch. Daher liegt es weiterhin in Ihrer Verantwortung, über GenKI hinaus alle erforderlichen Maßnahmen zu ergreifen, um die akademische Integrität aller mit oder ohne GenKI-Unterstützung erstellten Arbeiten sicherzustellen.

Langform-Artikel mit GenKI erstellen

Der Einsatz von GenKI bei der Erstellung von Langform-Artikeln hat unterschiedliche Ergebnisse gebracht – gute, schlechte und hässliche. Positiv ist, dass GenKI die Inhaltserstellung demokratisiert hat und es Autoren, Vermarktern und Forschern ermöglicht, umfassende Artikel effizienter zu erstellen. Sie kann bei der Ideenfindung, der Strukturierung und sogar beim Verfassen von Inhaltsabschnitten helfen, was insbesondere für diejenigen von Vorteil sein kann, die unter einer Schreibblockade oder knappen Fristen leiden. Darüber hinaus kann GenKI Nicht-Muttersprachlern helfen, ihre Gedanken flüssiger auszudrücken, wodurch die Inhaltserstellung für diese Menschen erleichtert wird.

Der Einsatz von GenKI für Langform-Artikel ist jedoch nicht ohne Tücken. Die Nachteile zeigen sich oft in Form einer übermäßigen Abhängigkeit von der KI, was zu einförmigen Inhalten führen kann, denen es an Tiefe, persönlicher Einsicht oder dem differenzierten Verständnis fehlt, für das menschliches Fachwissen notwendig ist. Es besteht außerdem das Risiko sachlicher Ungenauigkeiten oder der Fortführung von Verzerrungen in den Trainingsdaten, die Leser in die Irre führen und das Vertrauen in den Inhalt untergraben können. Darüber hinaus treten die hässlichen Seiten zutage, wenn GenKI unethisch verwendet wird, um irreführende oder plagiierte Inhalte in Massen zu produzieren, Meinungen zu manipulieren oder Fehlinformationen zu verbreiten, was weitreichende negative Folgen für den öffentlichen Diskurs und das Vertrauen in die Medien haben kann.

GenKI bietet zwar leistungsstarke Tools zur Optimierung des Schreibprozesses und zur Steigerung der Produktivität, bringt aber auch erhebliche Herausforderungen mit sich, die mit kritischem Blick auf die Wahrung von Qualität, Originalität und ethischen Standards bewältigt werden müssen. Da sich die Technologie weiterentwickelt, wird es für Autoren und Verleger von entscheidender Bedeutung sein, die Effizienzgewinne mit der Verpflichtung zur Integrität und dem Wert des geschriebenen Wortes in Einklang zu bringen.

Techniken für GenKI-gestütztes Schreiben von Reportagen

Das Schreiben von ausführlichen Reportagen nimmt in der Regel etwas mehr Zeit in Anspruch als das Schreiben von kurzen, tagesaktuellen Nachrichten, da es häufig mehr Recherche und Interviews erfordert und nicht unbedingt an die Schlagzeilen des Tages gebunden ist. Diese Artikel sprechen meist viele Leser an und sind der Stoff, auf dem Zeitschriften und legendäre Autoren und Reporter ihren Ruf aufgebaut haben.

Heute gehen Reportagen noch tiefer auf die jeweiligen Themen ein und bieten oft Nuancen und Atmosphäre, die der reinen Berichterstattung fehlen. Die Frage ist nun, ob das Schreiben von Reportagen ein guter Anwendungsfall für GenKI ist oder nicht. Die Antwort: Es kommt darauf an.

Vieles hängt vom Talent und der Erfahrung des Autors und den Fähigkeiten der verwendeten GenKI-Modelle ab. Ja, GenKI im Plural, also mehr als eine GenKI. Ich finde, dass die Zusammensetzung aus mehreren kleinen Ausgaben, das sogenannte »Output Stitching«, beim Schreiben der meisten Langform-Artikel, aber ganz besonders bei Reportagen sehr effektiv ist. Der Grund dafür ist, dass ich Teile von Ausgaben mehrerer GenKIs zusammenfügen kann, die auf die gleiche Weise mit Eingaben versorgt wurden. Das gibt mir viele verschiedene Optionen und Perspektiven, die ein einzelnes Modell einfach nicht liefern kann. Ich kann auch sich wiederholende Ausgaben und andere störende GenKI-Verhaltensweisen unterbrechen, indem ich ein KI-Chaining verwende, was im Grunde bedeutet, andere GenKI-Ausgaben in die Eingabe (den Prompt) einer anderen einzufügen. Sie werden erstaunt sein, wie gut das funktioniert. Lesen Sie den ersten Abschnitt in Kapitel 9, um mehr über diese und andere Techniken zu erfahren.

Ich halte die Aggregation von KI für eine entscheidende Strategie, da sie es mir ermöglicht, unterschiedliche GenKIs zu verwenden, die für unterschiedliche Zwecke entwickelt wurden, wie beispielsweise Hintergrundrecherche, Analyse von Finanzdaten, Querverweise und Faktenprüfung, Quellenermittlung, Generierung von Bildern und Datenvisualisierungen und andere Aufgaben, die ich möglicherweise ausführen muss, um wirklich großartige lange Inhalte zu erstellen. Ich habe all diese Tests und Strategien und den Aufbau von Prozessen für Projekte wie dieses Buch durchgeführt, um zu sehen, was funktioniert und was nicht, und um diese Erkenntnisse mit Ihnen zu teilen. Aber ich habe bisher nichts davon in meiner journalistischen Arbeit verwendet. Das liegt daran, dass alle Nachrichtenagenturen und Fachzeitschriften, für die ich schreibe, die Verwendung von GenKI verbieten – zumindest im Moment. Wenn Sie Journalist sind, ist Ihre Agentur möglicherweise mit der Verwendung von GenKI einverstanden. Wenn dies der Fall ist, würde ich gerne von Ihren Erfahrungen in dieser Nachrichtenredaktion hören.

Wenn Sie außerhalb des Journalismus Leitartikel für Marketing- oder Geschäftszwecke verfassen, werden Sie diese Techniken als unschätzbar wertvoll erachten.

In der Zwischenzeit hier einige Techniken und Tipps zum Einsatz von GenKI beim Verfassen von Reportagen:

- ✔ **Recherchehilfe:** Nutzen Sie GenKI, um Vorrecherchen zu Ihrem Thema durchzuführen. Tools wie Evernote können Ihnen beim Sammeln und Organisieren von Informationen helfen, während andere wie ChatGPT und Claude lange Berichte, Verträge, Vereinbarungen, Interviewtranskriptionen, Videos oder Artikel zusammenfassen können. So sparen Sie Zeit und können schnell Hintergrundinformationen und Kontext für Ihren Beitrag sammeln.

- ✔ **Trendanalyse:** GenKI kann große Datensätze analysieren, um Trends zu identifizieren, die für Ihre Story relevant sein könnten. Tools wie Google Trends oder Social-Listening-Plattformen können Einblicke in Themen geben, die derzeit beliebt sind oder zunehmend an öffentlichem Interesse gewinnen. Dies kann Ihnen helfen, Ansätze zu wählen, die bei Ihrem Publikum Anklang finden.

- ✔ **Schreibassistenz:** GenKI-Schreibassistenten können Ihnen helfen, Schreibblockaden zu überwinden, indem sie Satzvervollständigungen oder alternative Formulierungen vorschlagen. Sie sollten sich zwar nicht auf diese Tools verlassen, um große Teile Ihres Artikels damit zu verfassen, aber sie können für den Anfang oder für den Ausdruck neuer Ideen hilfreich sein.

- ✔ **Korrekturlesen für mehr Klarheit und besseren Stil:** Grammatik- und Stilprüfungen von GenKI können Ihnen dabei helfen, Ihren Text zu verfeinern und sicherzustellen, dass er klar, prägnant und fehlerfrei ist. Tools wie Grammarly oder Hemingway Editor können Verbesserungen im Hinblick auf Satzstruktur, Wortwahl und Lesbarkeit vorschlagen.

- ✔ **Publikumsengagement:** Nutzen Sie KI, um Ihr Publikum besser zu verstehen. GenKI und in GenKI integrierte Analysetools können das Leserengagement verfolgen und Feedback dazu geben, welche Teile Ihrer Artikel am interessantesten oder am wenigsten ansprechend sind. Diese Informationen können von unschätzbarem Wert sein, um Ihren Schreibstil und Inhalt zu verfeinern, damit er den Interessen Ihrer Leser besser entspricht.

- ✔ **Personalisierung:** GenKI kann Ihnen helfen, Inhalte für verschiedene Segmente Ihres Publikums zu personalisieren. Durch die Analyse von Leserdaten kann GenKI Themen, Geschichten und Ansätze vorschlagen, die eher bestimmte demografische Gruppen oder Lesergruppen ansprechen.

- ✔ **Faktenprüfung:** Verwenden Sie Faktenprüfungstools von GenKI, um die Richtigkeit der in Ihrem Beitrag präsentierten Aussagen und Daten zu überprüfen. Dies ist entscheidend, um die Glaubwürdigkeit und das Vertrauen Ihrer Leser aufrechtzuerhalten. Sehen Sie sich dazu beispielsweise Full Fact unter `https://fullfact.org/` an oder Karten und Informationen zu vielen globalen Faktenprüfungsseiten bei Duke's Reporters Lab unter `https://reporterslab.org/fact-checking/`, wie in Abbildung 7.1 gezeigt.

Abbildung 7.1: Screenshot der interaktiven Karte der weltweiten Faktencheck-Websites von Duke's Reporters Lab. (Quelle: `https://reporterslab.org/fact-checking/`)

GenKI ist ein Tool, das Sie beim Schreiben unterstützt, kein Ersatz für journalistische Integrität und ethische Überlegungen. Seien Sie transparent hinsichtlich der Verwendung von GenKI in Ihrem Schreibprozess, und stellen Sie sicher, dass das Endprodukt Ihre Stimme widerspiegelt und den höchsten journalistischen Standards entspricht.

Aufrechterhaltung der Tiefe und Qualität in GenKI-gestützten Artikeln

Um die Tiefe zu bewahren, sollten Sie GenKI für die anfängliche Recherche und den Entwurf verwenden, dann aber die bereitgestellten Informationen kritisch bewerten und erweitern, indem Sie Ihr eigenes Wissen, Ihre eigenen Perspektiven und zusätzliche Recherchen einbeziehen. Dies hilft, Ebenen des Verständnisses hinzuzufügen, die die KI allein nicht erreichen kann. Sie sollten alle von GenKI generierten Inhalte auf Richtigkeit und Zuverlässigkeit überprüfen, da selbst spezialisierte GenKIs regelmäßig halluzinieren und Fehler oder Verzerrungen in ihren Trainingsdaten beibehalten kann.

Die Qualität wird durch die Verwendung von GenKI-Tools gewährleistet, die Ihren natürlichen Ausdruck verbessern und die Lesbarkeit erhöhen, ohne Ihren einzigartigen Stil zu beeinträchtigen. GenKI kann bei Grammatik, Syntax und Struktur helfen, aber Sie sollten immer das letzte Wort darüber haben, wie der Inhalt präsentiert wird. Darüber hinaus sollten Sie ethische Aspekte berücksichtigen, bei Bedarf die richtige Quellenangabe machen und transparent über die Verwendung von GenKI in Ihrem Schreibprozess sein.

Bücher schreiben mit GenKI

Wenn Sie GenKI dazu auffordern, ganze Bücher zu schreiben, oder sie als Mitautor betrachten, machen Sie etwas falsch. Das ist, als würde ein Architekt die Anerkennung für die Erschaffung eines wunderschönen Gebäudes mit einer CAD-Software teilen. Sie können dies natürlich tun, aber Sie setzen damit Ihr eigenes Talent herab und führen andere in die Irre, indem Sie implizieren, dass die Software viel mehr kann, als sie tatsächlich kann. Geben Sie einfach an, dass Sie GenKI für Ihre eigene kreative Arbeit verwendet haben, bis der Tag kommt, an dem dies so selbstverständlich ist wie der Einsatz von CAD bei der Arbeit eines Architekten.

Und falls Sie es an den anderen Stellen in diesem Buch bisher übersehen haben: Ich habe GenKI als Werkzeug beim Schreiben dieses Buches verwendet. Nicht als Koautor. Nicht in Zusammenarbeit oder unter einer Decke mit einer Maschine (oder vielmehr Software). Nur als Werkzeug. Tatsächlich habe ich fast alle GenKI-Werkzeuge verwendet und/oder getestet, die sich derzeit in meinem Werkzeugkasten befinden. Wie kann ich Ihnen sonst erklären, wie es geht, außer dass ich es einfach mache und Ihnen berichte, was tatsächlich funktioniert hat? Sie können meine Ergebnisse – dieses Buch – gerne selbst beurteilen. Ich bitte Sie auch, eine Rezension zu schreiben oder es online zu bewerten, damit auch andere das Ergebnis erfahren. Außerdem würde ich gern von Ihren eigenen Erfahrungen beim Schreiben von Langform-Inhalten oder eines Buches mit GenKI hören. Schließlich suchen wir unseren Weg im selben Labyrinth.

Zurück zu dem, was ich gelernt habe: Das Wichtigste, was Sie im Griff haben müssen, sind Ihre eigenen Erwartungen. GenKI ist furchtbar beim Verfassen langer Texte und noch schlimmer beim Schreiben von Büchern. Fragen Sie die Verlage und Self-Publishing-Dienste, wie viele wirklich furchtbare, von GenKI erstellte Bücher ihnen von Leuten aufgedrängt wurden, die dachten, sie könnten auf Knopfdruck ein Vermögen machen. Eine Flut von Müll schwappte damit direkt in den Mülleimer. Sie hätten mehr Glück, wenn Sie die sprichwörtliche Affenarmee dazu bringen könnten, auf Tastaturen zu hämmern, bis einer von ihnen einen nobelpreisverdächtigen Roman hervorbringt.

Der Schlüssel zum Schreiben von Büchern mit GenKI liegt darin, die Führung zu übernehmen. Lassen Sie sich nicht von GenKI-Modellen leiten. Sie sind nicht allmächtig. Und sie lügen genauso leicht wie jede andere Quelle, die Sie befragen könnten. Vertrauen Sie nicht, und überprüfen Sie immer.

Entscheiden Sie, worum es in Ihrem Buch oder Ihrer Geschichte geht, und verwenden Sie GenKI, um es zu recherchieren, zu organisieren und Stück für Stück zu schreiben. Sie müssen GenKI dazu bringen, alle Einzelteile auszuspucken, und dann alles selbst zusammenfügen. Aber zuerst müssen Sie jedes dieser Stücke bearbeiten und verfeinern und immer wieder hinterfragen, damit Sie nicht zum Schluss etwas völlig Falsches zusammensetzen.

Achten Sie auf Output Stitching, AI Aggregation und AI Chaining (siehe Kapitel 9), da Sie all dies wahrscheinlich benötigen, wenn Sie längere Inhalte erstellen, insbesondere wenn Sie ein Buch schreiben, unabhängig von Thema, Stil oder Format. Sie müssen sich auch mit Prompt Chaining auskennen, einer Technik, bei der eine Abfolge miteinander verbundener Prompts verwendet wird, um ein GenKI-Modell durch einen mehrstufigen Denkprozess zu führen oder bei komplexeren Aufgaben auf vorherigen Ausgaben aufzubauen. Prompt Chaining bedeutet also in diesem Kontext, dass Sie jeweils einen Prompt für einen Block formulieren, damit Sie die GenKI nicht verwirren oder ablenken, indem Sie ihr zu viele Informationen oder zu viele Aufgaben auf einmal geben.

Wie und wann Sie die einzelnen Techniken verwenden, bleibt Ihnen überlassen. Dies funktioniert ähnlich wie die Entscheidung, welche Wörter Sie verwenden und in welcher Reihenfolge Sie sie schreiben, um Ihren Lesern Ihr Thema oder Geschichte zu vermitteln. Das klingt nach einer überwältigenden Aufgabe, und manchmal ist es das auch, weshalb Schreibblockaden ein echtes Problem sind. Aber manchmal sind Sie ganz in Ihrem Element, und die Worte fließen so leicht wie ein Fluss. Wenn Sie GenKI verwenden, um ein Buch zu schreiben, wird es Ihnen irgendwann auch so gehen. Mit der Zeit und etwas Übung werden Sie sie in Ihren persönlichen Schreibprozess integrieren.

In der Zwischenzeit finden Sie je nach Ihrem persönlichen Schreibstil und -prozess und dem Genre Ihres Buches möglicherweise auch Folgendes hilfreich:

- ✔ **Gliederung und Struktur:** Tools wie Plottr (`plottr.com`) oder Scrivener können Ihnen dabei helfen, Gliederung, Plot und Struktur Ihres Buches zu erstellen. Sie können auch in Verbindung mit GenKI-Vorschlägen von Tools wie Sudowrite (`www.sudowrite.com`) oder ShortlyAI (`www.shortlyai.com`) verwendet werden, um Ihre Erzählung zu schreiben oder den Plot dafür zu formen.

- ✔ **Charakterentwicklung:** Reedsys Character Builder ist ein Tool, das Sie für die Erstellung detaillierter Charakternamen und -profile in Betracht ziehen sollten. Für von GenKI generierte Hintergrundgeschichten und Eigenschaften können Sie sich von Tools wie CharacTour (`www.charactour.com/hub`) oder AI Dungeon (`aidungeon.com`) inspirieren lassen. Viele weitere allgemeine und multimodale GenKI-Modelle können Ihnen bei der automatisierten Charakterentwicklung helfen.

- ✔ **Hilfe beim Verfassen von Texten:** OpenAIs GPT-3, zugänglich über Plattformen wie Jasper (früher Jarvis) oder Rytr, kann beim Generieren von Texten für verschiedene Abschnitte Ihres Buches helfen. ChatGPT-4, ChatGPT-4o, Claude, Scribble Studio und andere sind ebenfalls hilfreich, besonders beim Verfassen von Dialogen oder beschreibenden Passagen.

- ✔ **Recherche:** Zum Zusammenfassen von Informationen und Durchführen von Recherchen können Sie GenKI-Tools wie Socratic von Google verwenden, das große Datenmengen schnell verarbeiten und analysieren kann. Sie können auch Perplexity.AI als Suchmaschine verwenden, das häufig hervorragende Ergebnisse liefert und auch seine Quellen zitiert, was die Überprüfung der Antworten erheblich erleichtert. Sie können es auch auffordern, noch mehr Quellen anzugeben. Im Abschnitt zum akademischen Schreiben in diesem Kapitel finden Sie eine Liste weiterer Recherchetools.

- ✔ **Sprache und Stil:** Grammarly und ProWritingAid bieten GenKI-gestützte Vorschläge zur Verbesserung von Sprache und Stil, die Ihnen dabei helfen, Konsistenz und Eleganz in Ihren Texten sicherzustellen. Aber im Großen und Ganzen werden Sie feststellen, dass die meisten GenKI-Text- und multimodalen Generatoren diese Aufgaben perfekt erledigen können, ohne dass zusätzliche Tools erforderlich sind.

- **Lektorat und Korrekturlesen:** Hemingway Editor kann dabei helfen, die Prosa zu straffen, während Grammarly kleinste Grammatikfehler erkennt und stilistische Vorschläge macht. Aber auch hier kann es sein, dass allgemeinere GenKI-Tools für diese Aufgaben ausreichen, ohne dass Sie spezielle Tools benötigen.
- **Feedback und Überarbeitung:** Obwohl sie kein Ersatz für menschliches Feedback sind, bieten Plattformen wie Authors.ai (`authors.ai`) eine GenKI-Manuskriptanalyse und geben so auf der Grundlage bestehender erfolgreicher Romane Aufschluss darüber, wie Ihr Buch bei den Lesern ankommen könnte.
- **Ethische Überlegungen:** Es gibt kein spezielles GenKI-Tool, das darauf ausgelegt ist, ethische Überlegungen zu verwalten, da es hier eher darum geht, wie Sie an den Schreibprozess herangehen. Tools wie Grammarly und Turnitin können jedoch dabei helfen, Originalität und korrekte Zitate in akademischen und Sachtexten sicherzustellen, um ethische Standards einzuhalten.

Die Qualität Ihres Buches hängt letztendlich von Ihrem Können als Autor und Ihrer Fähigkeit ab, GenKI-generierte Inhalte effektiv in eine zusammenhängende und fesselnde Erzählung zu integrieren. Kurz gesagt, ein gutes Buch ist ein Verdienst des Autors und nicht der Werkzeuge.

IN DIESEM KAPITEL

Präzisere Ergebnisse mit spezialisierten GenKI-Modellen erhalten

Spezialisierte GPTs und autonome KI-Agenten zum Mix hinzufügen

Menschliche Expertise in GenKI-basiertes Schreiben einbeziehen

Genauigkeit und Relevanz branchenspezifischer Inhalte überprüfen

Private Daten und geistiges Eigentums in GenKI schützen

Kapitel 8
Inhalte für Nischenthemen anpassen

Die Nachfrage nach Inhalten, die auf bestimmte Disziplinen, Branchen, Nischen und Subkulturen zugeschnitten sind, ist so hoch wie nie zuvor. Die Erstellung solcher Inhalte ist jedoch äußerst anspruchsvoll, da erfahrene Autoren dafür benötigt werden, die die Bedürfnisse ihres Publikums kennen. Das Verfassen spezialisierter Inhalte stellt angesichts der erforderlichen Menge an außergewöhnlichem Wissen, von Quellenaggregation, Trendbewusstsein, Faktenprüfung und Formatierung schnell eine weitere Herausforderung dar.

GenKI-Tools helfen, diese Hürden zu überwinden und die Produktion dieser Art von Inhalten zu beschleunigen. Sie erstellen solche spezialisierten Inhalte in großem Maßstab. Wenn Sie GenKI-Modelle mit branchen- oder themenspezifischen Daten trainieren, neu trainieren oder optimieren, können Sie eine Vielzahl maßgeschneiderter Medien erstellen, von Artikeln bis hin zu Podcasts, die die einzigartige Terminologie und die Interessen einer bestimmten Nische genau widerspiegeln.

Das Aufkommen von Small Language Models (SLMs), Mini-GPTs und spezialisierten GenKI-Modellen bietet Ihnen mehr und bessere Möglichkeiten, Inhalte für eine Vielzahl von Fachgebieten zu generieren. Diese kompakten und dennoch leistungsstarken Tools sind maßgeschneidert, um tief in Nischenthemen wie Medizin und Finanzen einzutauchen, wo

Präzision, Genauigkeit und aktuelles Wissen von größter Bedeutung sind. Häufig sind auch die Risiken für Menschenleben höher, ebenso wie die regulatorischen Anforderungen, die eine strengere Kontrolle und Überprüfung der Ergebnisse erfordern.

In diesem Kapitel entdecken Sie Ihre aktuellen und zukünftigen Möglichkeiten zur Erstellung von Nischen- oder spezialisierten Inhalten – und die vielen Fallstricke, die es zu vermeiden gilt.

GenKI zur Erstellung von Inhalten für Spezialgebiete anpassen

Das Trainieren oder Feinabstimmen von Modellen, die auf bestimmte Aufgaben oder Branchen zugeschnitten sind, erfordert einen ausgeklügelten Ansatz, der die Leistungsfähigkeit des maschinellen Lernens mit der umfassenden Wissensbasis kombiniert. Diese Arten von GenKI-Tools müssen sorgfältig anhand riesiger Datensätze aus Fachliteratur, Fallstudien und Regulierungstexten trainiert werden, um sicherzustellen, dass die von ihnen erstellten Inhalte den hohen Anforderungen an Präzision und Zuverlässigkeit entsprechen, die in diesen Bereichen gestellt werden. Durch dieses Training kann GenKI komplexe Terminologien verstehen, über die neuesten Forschungsergebnisse, Fortschritte und Richtlinien auf dem Laufenden bleiben und Inhalte erstellen, die sowohl informativ als auch fachgerecht sind. Alles in allem ist dies eine enorme Hilfe für müde Autoren, die mit der Erstellung solch komplexer und anspruchsvoller Inhalte beauftragt sind.

In den folgenden Abschnitten werden unterschiedliche Aspekte von Methoden und Modellen untersucht, die Ihnen dabei helfen sollen, spezialisierte Inhalte auf effiziente Weise und mit besseren Ergebnissen zu entwickeln als bei der üblichen Verwendung allgemeinerer Modelle wie ChatGPT.

Warnende Beispiele für die Verwendung von GenKI

GenKI kann bei der Verbreitung aktueller und wichtiger Informationen an spezialisierte Gruppen, wie beispielsweise Anwälte, äußerst hilfreich sein. Beachten Sie jedoch die folgenden Warnhinweise, wenn Sie GenKI zur Erstellung von Inhalten für hochspezialisierte Disziplinen verwenden, die das Leben von Menschen betreffen können:

- ✔ Jae Lee, ein Anwalt von JSL Law Offices, PC, in New York, zitierte in einem Prozess wegen ärztlicher Kunstfehler fälschlicherweise einen fiktiven Fall, ein Zitat, das von OpenAIs ChatGPT erstellt und von Lee vor der Einreichung nicht überprüft wurde. Das Zweite US-Berufungsgericht bemerkte den Fehler, verwies Lee zur Untersuchung an sein Beschwerdegremium und kritisierte den Anwalt, weil er die grundlegenden Standards der Rechtspraxis nicht erfüllte. Dieser Vorfall ist Teil eines sich abzeichnenden Musters, bei dem Anwälte falsche Informationen aus GenKI-Tools in Rechtsdokumente einbauen.

✔ Die New Yorker Anwälte Peter LoDuca und Steven Schwartz wurden mit einer Geldstrafe belegt, weil sie GenKI zur Erstellung eines Rechtsgutachtens mit falschen Referenzen nutzten, und ein Anwalt aus Colorado wurde suspendiert, weil er von GenKI generierte falsche Zitate verwendete. Diese Fälle unterstreichen, wie wichtig es ist, dass Anwälte GenKI-generierte Inhalte gründlich prüfen, da Verteidigungen, die auf Unwissenheit beruhen, angesichts des wachsenden Bewusstseins für die Fehlbarkeit von GenKI immer weniger akzeptabel werden.

GenKI-Modelle für spezielle Texte

Es gibt Sprachmodelle in verschiedenen Varianten, die jeweils auf unterschiedliche Anforderungen und Ausgabetypen zugeschnitten sind, sei es für den allgemeinen Gebrauch oder für spezielle Aufgaben. Zum Generieren von spezialisierten oder außergewöhnlichen Inhalten sind in der Regel SLMs, Mini-GPTs und spezialisierte GenKI-Modelle die besten Optionen. Die perfekte Wahl für Ihre Arbeit hängt dabei von der Balance zwischen Effizienz, Flexibilität und erforderlichem Fachwissen ab.

Es ist wichtig, die Unterschiede zwischen diesen Modelltypen zu verstehen, da sie sich erheblich unterscheiden, ebenso wie die Ergebnisse, die Sie damit erzielen. In den folgenden Abschnitten erfahren Sie alles, was Sie über die einzelnen Optionen wissen müssen, damit Sie entscheiden können, welche für Ihre jeweilige Aufgabe, Ihr Ziel oder Ihren Inhalt am besten geeignet sind.

Kleine Sprachmodelle (SLMs)

Small Language Models (SLMs) sind verkleinerte Versionen von Large Language Models (LLMs). SLMs sind so konzipiert, dass sie hinsichtlich der Rechenressourcen effizienter sind, sodass sie auf weniger leistungsstarker Hardware ausgeführt werden können. Trotz ihrer geringeren Größe verfügen sie über einen erheblichen Teil der linguistischen Fähigkeiten ihrer größeren Gegenstücke.

Diese Modelle können eine Vielzahl von Aufgaben der natürlichen Sprachverarbeitung ausführen, wie etwa Textklassifizierung, Stimmungsanalyse und Fragenbeantwortung, aber sie sind möglicherweise nicht so präzise oder fähig, zusammenhängende Langform-Inhalte zu generieren wie größere Modelle. (Obwohl ich sagen möchte, dass die meisten der größeren Modelle bei der Generierung von Langform-Inhalten nicht viel besser sind. Ich erstelle die meisten Langform-Inhalte, wie auch dieses Buch, Stück für Stück und nicht als ein Langform-Stück, unabhängig davon, welche Modellgröße ich verwende, und zwar aufgrund dieses ziemlich universellen Mangels.)

Mini-GPTs

Mini-GPTs sind eine spezielle Untergruppe von SLMs, die auf der von OpenAI entwickelten Architektur Generative Pre-trained Transformer (GPT) basieren. Sie sind im Wesentlichen kleinere Versionen von GPT-Modellen und darauf ausgelegt, bestimmte Aufgaben auszuführen oder innerhalb bestimmter Beschränkungen im Hinblick auf Speicher und Verarbeitungsleistung zu arbeiten. Mini-GPTs behalten die generativen und konversationellen Fähigkeiten ihrer größeren Versionen bei, sind jedoch auf Geschwindigkeit und Effizienz optimiert, wodurch sie für Anwendungen geeignet sind, bei denen Echtzeitleistung entscheidend ist.

Interessanterweise bezeichnet OpenAI diese Mini-GPTs einfach als »GPTs« und präsentiert sie den Benutzern in seinem GPT-Store, der sich auf der ChatGPT-Benutzeroberfläche befindet. Ich finde das unglaublich verwirrend, insbesondere wenn ich versuche, Leuten etwas über GenKI beizubringen. Um es ganz klar zu sagen oder besser gesagt so klar, wie OpenAI es ausdrückt: GPT ist der Name der megagroßen Generative-Pre-trained-Transformer-Modelle, die es herstellt, und auch der Name, den OpenAI seinen viel kleineren GPT-Modellen gegeben hat, die es in einem GPT-Store anbietet, der seltsamerweise keines der großen GPT-Modelle des Unternehmens präsentiert. Sehr seltsam.

Um die Unterscheidung zwischen den großen und kleinen GPT-Modellen etwas einfacher zu machen, bezeichne ich in diesem Buch die kleinen normalerweise als Mini-GPTs. Denken Sie nur daran, dass »Mini-GPT« kein allgemein akzeptierter Begriff ist, obwohl OpenAI die kleinere Version von GPT-4o als »GPT-4o mini« bezeichnet. Normalerweise bezeichne ich die kleineren GPTs nicht nur als »spezialisierte GPTs«, da das auch nicht ganz richtig ist, wie Sie gleich sehen werden. Lesen Sie weiter.

Spezialisierte GenKI-Modelle

Spezialisierte GenKI-Modelle können groß oder klein sein und sind mit einem Fokus auf bestimmte Fachbereiche oder Aufgaben konzipiert. Sie werden oft anhand spezialisierter Datensätze trainiert, um sicherzustellen, dass sie ein tiefes Verständnis des Themas repräsentieren und Inhalte generieren können, die für das jeweilige Fachgebiet präzise und relevant sind. Diese Modelle können Sprachmodelle enthalten, die für bestimmte Branchen wie Recht oder Medizin optimiert wurden, wo sie Einblicke und Analysen auf Expertenniveau liefern können. Die Spezialisierung führt oft zu einer verbesserten Leistung für die Aufgaben, für die sie konzipiert sind, kann aber auf Kosten einer verringerten Flexibilität in anderen Fachbereichen gehen.

Kurz gesagt: Während SLMs und Mini-GPTs ein Gleichgewicht zwischen Flexibilität und Effizienz aufweisen, bieten spezialisierte GenKI-Modelle tiefgreifende Fachkenntnisse und Genauigkeit in bestimmten Bereichen. Welches Modell Sie wählen, hängt von den spezifischen Anforderungen der jeweiligen Aufgabe ab, sei es eine allgemeine Sprachverarbeitung oder eine spezialisierte Inhaltsgenerierung.

Wo finde ich kleine und spezialisierte GenKI-Modelle?

Ehrlich gesagt können Sie Suchmaschinen wie Google und Perplexity verwenden, um online nach speziellen Modellen zu suchen. Und Sie finden auch viele GPTs im GPT Store von OpenAI auf der ChatGPT-Benutzeroberfläche.

Es gibt auch SLMs und spezialisierte Modelle, die Sie zur Erstellung von Inhalten zu komplexen, speziellen Themen auf verschiedenen Plattformen und mit unterschiedlichen Diensten verwenden können. Ich empfehle Ihnen, sich all die großartigen Optionen auf Poe (`Poe.com`) anzusehen. `You.com` bietet einige Optionen (aber weniger als Poe) sowohl für Assistenten als auch für Modelle, die Sie unter der Schaltfläche »Mehr« auf der Benutzeroberfläche finden. Vielleicht möchten Sie auch Ihre eigene benutzerdefinierte Anwendung auf einem der vielen GenKI-Modelle bei MindStudio.ai erstellen. Dies ist eine No-Code-Plattform, das heißt, Sie müssen nicht über Programmierkenntnisse verfügen, um Ihre ganz eigene GenKI-Anwendung zu erstellen!

Es gibt noch mehr Optionen als die hier aufgelisteten. Sehen Sie sich um, und fragen Sie nach. Im Laufe der Zeit werden online weitere Optionen auftauchen. Suchen Sie also regelmäßig nach GenKI-Optionen, damit Sie nichts verpassen!

Für viele dieser Modelle wird eine kostenlose Testphase angeboten, damit Sie sie ausprobieren und sehen können, ob sie Ihren Anforderungen entsprechen. Es gibt viele Anbieter, die kleinere oder spezialisierte Modelle auf den Markt bringen, und es werden noch viele weitere auftauchen. Sehen Sie sich die an, um herauszufinden, welches Ihnen am besten gefällt. Im Allgemeinen bieten diese Modelltypen tendenziell eine gute Leistung – wenn auch immer noch nicht perfekt.

Seien Sie bereit, so oft wie nötig Modelle hinzuzufügen oder zu ändern, um den maximalen Nutzen aus der Verwendung von GenKI zu ziehen. Es gibt zwar einige Unterschiede hinsichtlich des Promptings und der Best Practices zwischen Modellen und sogar zwischen Versionen desselben Modells, aber Sie werden feststellen, dass Ihre Prompting-Fähigkeiten problemlos auf alle anderen Modelle übertragbar sind.

Fallstudien: GenKI-Einsatz in risikoreichen Bereichen

Um Ihre Kreativität anzuregen, hier einige Fallstudien zum verantwortungsvollen Einsatz von KI beim Verfassen von Inhalten in risikoreichen Bereichen:

- **Fallstudie 1: GenKI in einer medizinischen Forschungspublikation:** Ein führendes Pharmaunternehmen implementierte ein GenKI-Schreibtool, um seine Wissenschaftler bei der Erstellung von Berichten über klinische Studien zu unterstützen. Das GenKI-Modell wurde anhand einer Datenbank mit Berichten über frühere Studien, medizinischen Fachzeitschriften und behördlichen Richtlinien trainiert. Es generierte erfolgreich präzise und schlüssige Entwürfe, mit statistischen Datenanalysen, unter Einhaltung ethischer Berichtsstandards und in einer klaren Formulierung der Studienergebnisse. Dies reduzierte den Zeitaufwand der Forscher für das Schreiben um schätzungsweise 40 Prozent, sodass sie sich mehr auf die eigentliche Forschung und Entwicklung konzentrieren konnten. Die Abschlussberichte wurden jedoch immer von den leitenden Wissenschaftlern überprüft, um ein differenziertes Verständnis und Genauigkeit sicherzustellen, bevor sie an medizinische Fachzeitschriften oder Aufsichtsbehörden übermittelt wurden.

- ✔ **Fallstudie 2: Von GenKI erstellte Rechtsverträge:** Ein multinationaler Konzern verwendete ein GenKI-System, um die ersten Entwürfe seiner internationalen Lieferverträge zu erstellen. Das Modell wurde anhand verschiedener internationaler Handelsgesetze, Unternehmensrichtlinien und Standardvertragsklauseln trainiert. Es war in der Lage, Vertragsentwürfe in mehreren Sprachen zu erstellen, die auf die rechtlichen Nuancen verschiedener Rechtsräume zugeschnitten waren. Während GenKI die Zeit für die Ausarbeitung drastisch verkürzte und die Arbeitsbelastung des Rechtsteams verringerte, führten die Anwälte dennoch gründliche Überprüfungen durch, um die Details zu verfeinern und sicherzustellen, dass die Verträge den lokalen Gesetzen und Unternehmensstandards vollständig entsprachen.

- ✔ **Fallstudie 3: GenKI für die Finanzberichterstattung:** Eine Investmentfirma integrierte GenKI in ihren Finanzberichterstattungsprozess. Das Modell wurde anhand von Finanzvorschriften, Marktdaten, Finanzberichten, Wirtschaftsdaten und früheren Berichten trainiert, aus denen es erste Entwürfe von Quartalsabschlüssen und Risikobewertungsdokumenten erstellte. Die Dokumente wurden Konformitätsprüfungen im Hinblick auf die Anforderungen an die Finanzberichterstattung unterzogen. Analysten überprüften anschließend die Arbeit der GenKI, fügten menschliche Erkenntnisse hinzu und nahmen bei Bedarf Anpassungen an den Ergebnissen vor. Häufig mussten sie auch die Berechnungen korrigieren. Dieser duale Ansatz ermöglichte es dem Unternehmen, Berichte schneller zu veröffentlichen als mit den herkömmlichen Prozessen.

- ✔ **Fallstudie 4: GenKI in der technischen Dokumentation für die Luft- und Raumfahrt:** Ein Luft- und Raumfahrtunternehmen verwendete GenKI, um technische Dokumentationen für seine Flugzeugwartungsverfahren zu erstellen. Das GenKI-Modell wurde mit Flugzeugspezifikationen, technischen Zeichnungen und Sicherheitsprotokollen trainiert. Es konnte umfassende Wartungshandbücher erstellen, die technisch korrekt waren und die neuesten technischen Änderungen enthielten. Alle Handbücher wurden jedoch einem strengen Überprüfungsprozess durch ein Team aus Ingenieuren und technischen Redakteuren unterzogen, um sicherzustellen, dass die Verfahren korrekt und klar erklärt waren, da in dieser Branche hohe Sicherheitsrisiken bestehen.

- ✔ **Fallstudie 5: GenKI-Unterstützung bei der Notfallplanung:** Eine für die Notfallplanung zuständige Regierungsbehörde implementierte ein spezielles GenKI-Modell, um Reaktionspläne für verschiedene Katastrophenszenarien zu entwerfen. Das Modell wurde anhand historischer Daten aus vergangenen Katastrophen, Reaktionsprotokollen und Daten aus geografischen Informationssystemen (GIS) trainiert. Es konnte schnell detaillierte Reaktionsstrategien, Ressourcenzuteilungspläne und Entwürfe für die öffentliche Kommunikation erstellen. Notfallmanagement-Experten können diese Pläne verfeinern und sicherstellen, dass sie praktisch umsetzbar sind und auf die spezifischen Bedürfnisse der gefährdeten Kommunen in zukünftigen Notfällen zugeschnitten sind.

Diese Fallstudien veranschaulichen das Potenzial von GenKI in anspruchsvollen Bereichen, die Effizienz zu steigern und als leistungsstarke Hilfe bei der Inhaltserstellung zu dienen. Sie betonen jedoch auch die unverzichtbare Notwendigkeit menschlicher Expertise zur Validierung und Verbesserung von GenKI-generierten Inhalten, um sicherzustellen, dass höchste Standards hinsichtlich Genauigkeit, Sicherheit und Angemessenheit eingehalten werden.

Fachwissen und Kreativität beim Schreiben auf GenKI-Basis in Einklang bringen

Während Fachwissen dafür sorgt, dass der Inhalt relevant und zuverlässig ist, verleiht Kreativität ihm die Eigenschaft, zu fesseln und zu begeistern. Dieses empfindliche Gleichgewicht ist besonders in Bereichen wichtig, in denen die Genauigkeit der Informationen von größter Bedeutung ist, die Präsentation aber beim Publikum auch Anklang finden muss.

In diesem Abschnitt werden die Strategien und Überlegungen untersucht, die für ein optimales Gleichgewichts zwischen Fachwissen und Kreativität beim Schreiben auf GenKI-Basis erforderlich sind. So wird sichergestellt, dass das Ergebnis nicht nur sachlich fundiert, sondern auch einzigartig überzeugend ist.

Zusammenführung von Fachwissen und KI für Nischeninhalte

Die Zusammenführung von Fachwissen mit GenKI bei der Inhaltserstellung kann die Qualität und Relevanz der Ausgabe erheblich verbessern.

Hier einige maßgeschneiderte Tipps und Beispiele für Inhaltsersteller, die GenKI-Innovationen in ihr eigenes Fachwissen oder das ihrer Kunden integrieren möchten:

- **Sorgfältige Auswahl von GenKI-erweiterten Inhalten:**
  - **Tipp:** Nutzen Sie Ihr Expertenwissen, um GenKI bei der Auswahl und Priorisierung von Inhaltsthemen zu unterstützen, die für die Zielgruppe relevant und ansprechend sind.
  - **Beispiel:** Ein Tech-Blogger kann GenKI verwenden, um Artikel zu neuen Technologien zu recherchieren und zu verfassen und den Inhalt dann selbst zu überarbeiten, um sicherzustellen, dass er den neuesten Branchenstandards und Erkenntnissen entspricht.
- **GenKI-unterstütztes Schreiben und Bearbeiten:**
  - **Tipp:** Setzen Sie GenKI-Tools für die ersten Entwürfe von Inhalten ein, und nutzen Sie Ihr Expertenwissen zum Bearbeiten und Vertiefen. So stellen Sie sicher, dass das Endergebnis neue Erkenntnisse oder Analysen liefert und bei den Lesern Anklang findet.
  - **Beispiel:** Der Redakteur einer medizinischen Fachzeitschrift kann mit GenKI Artikelzusammenfassungen erstellen und diese dann sorgfältig prüfen und bearbeiten, um strenge Veröffentlichungskriterien einzuhalten.

✔ **Personalisierte Content-Erlebnisse:**

- **Tipp:** Kombinieren Sie die Datenrecherchefunktionen von GenKI mit Ihrem Expertenwissen über Marketing und Zielgruppenpersönlichkeiten, um personalisierte Inhaltsempfehlungen zu erstellen.
- **Beispiel:** Ein Streaming-Dienst kann GenKI verwenden, um auf Grundlage der Sehgewohnheiten Sendungen und Filme vorzuschlagen, die von Inhaltsexperten zusätzlich ausgewählt werden können, um ein individuelles Benutzererlebnis zu schaffen.

✔ **Inhalte durch Expertenfeedback verbessern:**

- **Tipp:** Richten Sie ein System ein, in dem Experten von GenKI generierte Inhalte überprüfen und Feedback geben, das zur Feinabstimmung der Leistung von GenKI verwendet werden kann.
- **Beispiel:** Auf einer kulinarischen Website können Köche von GenKI vorgeschlagene Rezepte prüfen und optimieren, um Authentizität und Geschmack sicherzustellen.

✔ **Maßgeschneiderte GenKI-Inhaltstools:**

- **Tipp:** Arbeiten Sie mit KI-Entwicklern zusammen, um benutzerdefinierte Tools zur Inhaltserstellung zu entwickeln, die auf die spezifischen Anforderungen Ihres Inhaltsbereichs zugeschnitten sind.
- **Beispiel:** Ein Reisebüro könnte ein GenKI-Tool entwickeln, das Reiserouten auf der Grundlage von professionellen Reisetipps und Echtzeitdaten erstellt.

✔ **Inhaltliche Ethik und Compliance:**

- **Tipp:** Beziehen Sie Experten in die Festlegung ethischer Standards für von GenKI generierte Inhalte ein, und stellen Sie sicher, dass diese den Branchennormen und -vorschriften entsprechen.
- **Beispiel:** Nachrichtenagenturen können mit Ethikern zusammenarbeiten, um sicherzustellen, dass die erstellten Nachrichtenartikel unvoreingenommen und sachlich richtig sind.

✔ **GenKI-gesteuertes Training zum Verfassen von Inhalten:**

- **Tipp:** Nutzen Sie GenKI, um Inhaltsersteller zu schulen und ihre Fähigkeiten mit interaktiven, GenKI-gesteuerten Lernmodulen zu verbessern.
- **Beispiel:** Eine Online-Lernplattform kann GenKI verwenden, um interaktive Schreibübungen für angehende Romanautoren zu erstellen.

✔ **Vereinfachung komplexer Informationen:**

- **Tipp:** Nutzen Sie die Sprachfunktionen von GenKI, um komplexes Expertenwissen in Inhalte umzuwandeln, die einem breiteren Publikum zugänglich sind.

   - **Beispiel:** Ein Finanzberater kann GenKI verwenden, um Blogbeiträge zu erstellen, die komplexe Anlagestrategien in leicht verständliche Ratschläge aufschlüsseln.

- ✔ **Prädiktive Inhaltstrends:**
   - **Tipp:** Integrieren Sie GenKI-Tools, um aufkommende Inhaltstrends vorherzusagen, sodass Experten proaktive Inhaltsstrategien erstellen können.
   - **Beispiel:** Marketingagenturen können GenKI verwenden, um zukünftige Verbraucherinteressen vorherzusagen und Inhalte zu erstellen, die diese Trends frühzeitig aufgreifen.
- ✔ **Gemeinsame Inhaltserstellung:**
   - **Tipp:** Implementieren Sie GenKI-Tools, die Inhaltsexperten dabei helfen, effektiver zusammenzuarbeiten und ihr kollektives Wissen zu bündeln.
   - **Beispiel:** Ein Forscherteam kann mit Hilfe eines GenKI-Tools gemeinsam einen umfassenden Bericht zum Klimawandel verfassen, wobei jeder Forscher sein Fachwissen einbringt.

Durch die strategische Kombination von GenKI mit inhaltlicher Expertise können Sie qualitativ hochwertige, relevante und ansprechende Inhalte in großem Maßstab erstellen und dabei sicherstellen, dass die menschliche Expertise bei der Effizienz der GenKI-gesteuerten Prozesse zum Ausdruck kommt. Diese Strategie stellt auch sicher, dass niemand wegen des Ergebnisses in Verlegenheit gerät und das Publikum nicht durch oberflächliche oder sich wiederholende, von GenKI geschriebene Inhalte abgeschreckt wird.

Erstellen von Experteninhalten mit kreativer Note

Um fachkundigen Inhalt mit einer kreativen Note zu erstellen, der das gesamte Publikum fesselt, ohne dabei ins Lächerliche oder zu weit Hergeholte abzudriften, ist ein ausgewogenes Verhältnis erforderlich. Hier einige Möglichkeiten, wie Sie dies erreichen können:

- ✔ **Inhalte an Fakten verankern:** Beginnen Sie mit einer soliden Grundlage aus überprüfbaren Informationen. So stellen Sie sicher, dass Ihre Inhalte in der Realität verankert sind, auch wenn Sie kreative Ansätze verfolgen. Wenn Sie beispielsweise über innovative Technologien schreiben, sollten Sie Ihre Inhalte auf den tatsächlichen Fähigkeiten der Technologie aufbauen, bevor Sie eine kreative Erörterung ihrer Einsatzmöglichkeiten oder ihres zukünftigen Potenzials hinzufügen.
- ✔ **Kennen Sie Ihr Publikum:** Sie müssen unbedingt verstehen, wer Ihr Publikum ist, was es für relevant hält und welche Art der Präsentation Glaubwürdigkeit verleiht. Passen Sie Ihre Inhalte an seine Interessen und sein Wissensniveau an. Wenn Ihr Publikum beispielsweise wissenschaftlich versiert ist, können Sie mehr Fachsprache und -konzepte verwenden, um sein Vertrauen zu gewinnen.

- **Verwenden Sie Analogien und Metaphern:** Analogien und Metaphern können komplexe Ideen auf nachvollziehbare Weise erklären und so Interesse wecken, ohne dabei an Genauigkeit einzubüßen. Wenn Sie beispielsweise ein komplexes Thema wie Quantencomputing diskutieren, können Sie das Qubit mit einer sich drehenden Münze vergleichen, um die Superposition zu veranschaulichen und das Konzept zugänglicher zu machen.

- **Integrieren Sie Storytelling:** Verweben Sie Fakten in Erzählungen, um den Inhalt fesselnder zu gestalten. Storytelling kann ein trockenes Thema in eine spannende Reise verwandeln. Ein historischer Artikel kann zum Beispiel lebendig werden, indem er sich auf die dramatische persönliche Geschichte einer Schlüsselfigur konzentriert.

- **Interagieren Sie mit visuellen Elementen:** Integrieren Sie Bilder, Infografiken oder Videos, die den Text ergänzen und für Spannung sorgen. Visuelle Elemente können selbst die komplexesten oder trockensten Themen ansprechender gestalten und Ideen oft effektiver vermitteln als Worte allein.

- **Machen Sie mit Überschriften und Aufhängern neugierig:** Formulieren Sie Überschriften, Titel und Aufhänger, die das Interesse wecken, aber nicht zu viel versprechen. Sie sollten spannend genug sein, um die Leser anzulocken, aber nicht so sensationell, dass sie irreführend sind. Eine Überschrift wie »Die unsichtbare Welt: Wie mikroskopische Organismen unsere Realität formen« macht neugierig, ohne zu weit zu gehen.

- **Bringen Sie Tiefe und Kürze ins Gleichgewicht:** Geben Sie genügend Details an, um Ihr Fachwissen zu demonstrieren, aber halten Sie den Inhalt kurz, um das Interesse aufrechtzuerhalten. Überfordern Sie das Publikum nicht mit zu viel Fachjargon oder unnötigen Informationen. Teilen Sie komplexe Themen in kleinere, leicht verdauliche Stücke auf.

- **Setzen Sie Humor mit Bedacht ein:** Humor kann Inhalte unterhaltsamer machen, muss aber, insbesondere in ernsten Bereichen, mit Bedacht eingesetzt werden. Stellen Sie sicher, dass Humor respektvoll und relevant verwendet wird und die Glaubwürdigkeit Ihrer Inhalte nicht untergräbt.

- **Hinterfragen Sie Perspektiven mit Bedacht:** Bringen Sie neue Ideen oder kontroverse Perspektiven auf eine Weise ein, die zum Nachdenken anregt, nicht zur Ablehnung. Präsentieren Sie diese Ideen als Gedankenexperimente oder potenzielle Szenarien, die auf Möglichkeiten basieren.

- **Fördern Sie die Interaktion:** Enden Sie mit Fragen oder Aufforderungen, die das Publikum dazu ermutigen, sich mit dem Inhalt zu beschäftigen. Dies kann eine wirkungsvolle Möglichkeit sein, es noch lange nach dem Lesen, Hören oder Ansehen Ihres Inhalts über das Thema nachdenken zu lassen.

Achtung: Gefahr voraus!

Eine der häufigsten Gefahren bei der Verwendung von GenKI zur Erstellung von Inhalten ist das Potenzial, Vorurteile (Bias) zu schaffen und zu verstärken. GenKI-Modelle lernen aus riesigen Datensätzen, die oft historische Daten enthalten, die Vorurteile und Stereotypen aus der Vergangenheit widerspiegeln können. Wenn GenKI nicht sorgfältig verwaltet wird, kann es diese Vorurteile unbeabsichtigt in seinen Inhalten reproduzieren, was zu diskriminierenden oder beleidigenden Ergebnissen führen kann. Dies kann Ihren persönlichen Ruf sowie den Ruf Ihrer Institution oder Marke schädigen und die Glaubwürdigkeit des Inhalts untergraben. Darüber hinaus können voreingenommene, von GenKI generierte Inhalte schwerwiegende ethische Auswirkungen haben, insbesondere wenn sie Entscheidungen in Bezug auf Gesundheitsversorgung, Beschäftigung, Strafverfolgung und Kreditvergabepraktiken beeinflussen. Um dieses Risiko zu mindern, muss unbedingt sichergestellt werden, dass GenKI-Modelle anhand vielfältiger und umfassender Datensätze trainiert, regelmäßig auf Voreingenommenheit überprüft und bei Bedarf korrigiert werden.

Eine weitere erhebliche Gefahr besteht darin, dass GenKI möglicherweise sachlich falsche oder irreführende Informationen generiert. GenKI-Modelle können manchmal Inhalte erstellen, die auf ungenauen Quellen oder veralteten Fakten basieren. Dies stellt eine Herausforderung für Sektoren dar, in denen Präzision von entscheidender Bedeutung ist, wie etwa das Gesundheitswesen, den Finanzsektor und die Wissenschaft. Von GenKI generierte ungenaue Inhalte können zu Fehlinformationen führen, die reale Konsequenzen haben können, wenn Einzelpersonen oder Organisationen darauf reagieren. Es ist wichtig, die Datensätze, die zum Trainieren, Umtrainieren und Feinabstimmen von GenKI-Modellen verwendet werden, kontinuierlich zu aktualisieren und zu pflegen und strenge Prozesse zur Faktenprüfung und Überprüfung unter Einbeziehung von Fachexperten einzurichten. Auf diese Weise können Inhaltsersteller die Zuverlässigkeit und Genauigkeit der von GenKI generierten Inhalte sicherstellen und das Vertrauen ihres Publikums aufrechterhalten.

Aber das war noch nicht alles. In den folgenden Abschnitten werde ich noch ein paar weitere Gefahren beschreiben.

Probleme bei der Generierung von Nischeninhalten vorhersehen

Wenn Sie in Nischenmärkten tätig sind oder sich auf hoch technische Themen spezialisieren, müssen Sie sich darüber im Klaren sein, dass Sie mit einzigartigen Herausforderungen konfrontiert sind, die in GenKI-Modellen und -Anwendungen möglicherweise nicht berücksichtigt werden. Eine solche Herausforderung ist die begrenzte Verfügbarkeit hochwertiger, spezialisierter Trainingsdaten. GenKI-Modelle werden in der Regel anhand breiter Datensätze trainiert. Wenn sie mit der Generierung von Inhalten für eine Nische beauftragt werden, haben sie möglicherweise Schwierigkeiten, Datenpunkte, Analysen oder Inhalte zu erstellen, die der Tiefe und Spezifität entsprechen, die von Experten auf diesem Gebiet gefordert werden. Um dieser Herausforderung vorzubeugen und sie zu bewältigen, sollten Sie versuchen, das Lernen von GenKI durch ausgewählte Datensätze zu ergänzen, die reich an branchenspezifischem Wissen und Terminologie sind. Dies kann die Erstellung benutzerdefinierter Datensätze oder die Zusammenarbeit mit Branchenpartnern umfassen, um genügend spezialisierte Daten zu aggregieren oder zu generieren, mit denen ein GenKI-Modell trainiert werden kann. Im Allgemeinen fügen Sie diese Daten in RAG, Systemnachrichten oder Prompts hinzu. Oder Sie müssen das Modell feiner abstimmen, was zwar gut funktioniert, aber sehr mühsam ist.

Eine weitere Herausforderung besteht darin, sicherzustellen, dass die generierten Inhalte bei einem spezialisierten Publikum Anklang finden, das hohe Erwartungen an Fachwissen und Authentizität hat. Von GenKI generierten Inhalten fehlt manchmal das tiefe Verständnis, das ein menschlicher Experte mitbringt, was möglicherweise dazu führt, dass die Inhalte generisch wirken oder in Bezug auf technische Genauigkeit oder Erkenntnisse nicht das Ziel erreichen. Um diese Situation abzuschwächen, sollten Sie einen Workflow einrichten, der eine gründliche Überprüfung durch Fachexperten umfasst, die die Ergebnisse von GenKI auf technische Präzision, Relevanz und Engagement prüfen können. Diese Experten können auch Feedback geben, das zur Feinabstimmung des GenKI-Modells genutzt werden kann, sodass es im Laufe der Zeit besser mit den Feinheiten bei der Generierung von Nischeninhalten umgehen kann.

Darüber hinaus ist es bei der Generierung von Nischeninhalten entscheidend, Branchentrends und -entwicklungen immer einen Schritt voraus zu sein. Bleiben Sie regelmäßig über die neuesten Forschungsergebnisse, Innovationen und Veränderungen im Branchendialog auf dem Laufenden. Verlassen Sie sich nicht darauf, dass GenKI Sie auf dem Laufenden hält. Diese Art von Zirkelschluss und -handlungen wird Sie in Schwierigkeiten bringen.

Behalten Sie eine aktive Rolle bei der Beobachtung branchenspezifischer Nachrichten, und integrieren Sie diese neuen Informationen in die Wissensdatenbank oder Trainingsdaten von GenKI. Durch die proaktive Verwaltung dieser Aspekte können Sie sicherstellen, dass die von GenKI generierten Inhalte relevant bleiben, und so das Vertrauen und Engagement eines anspruchsvollen Publikums behalten.

Vorbereitung auf das Unvorhersehbare beim KI-gestützten Schreiben der nächsten Generation

Um sich auf das Unvorhersehbare beim Schreiben mit GenKI vorzubereiten, müssen Sie die mit der Technologie verbundenen Unsicherheiten antizipieren. Die meisten dieser Unsicherheiten werden in diesem Kapitel bereits behandelt. Einer der wichtigsten Schritte besteht darin, zu verstehen, dass GenKI Sie nicht wirklich versteht und daher die Nuancen der menschlichen Sprache oder des Kontexts möglicherweise nicht immer genau berechnet. Um dies abzuschwächen, sollten Sie einen robusten Redaktionsprozess einrichten, bei dem alles, was von GenKI generiert wird, von menschlichen Redakteuren und Faktenprüfern überprüft wird. Dadurch wird sichergestellt, dass alle Anomalien, wie zum Beispiel ungeschickte Formulierungen, sachliche Ungenauigkeiten oder Toninkonsistenzen, vor der Veröffentlichung korrigiert werden.

Ein weiterer Aspekt der Vorbereitung besteht darin, auf die ethischen und rufschädigenden Auswirkungen von GenKI-generierten Inhalten vorbereitet zu sein. GenKI ist nicht unfehlbar. Beispielsweise könnte GenKI versehentlich Inhalte erstellen, die unsensibel oder unangemessen sind, insbesondere bei Themen, die ein hohes Maß an kultureller Sensibilität oder Bewusstsein für aktuelle gesellschaftliche Probleme erfordern. Bleiben Sie wachsam, und legen Sie strenge Inhaltsrichtlinien fest, um GenKI-Ergebnisse aus potenziell problematischen Bereichen fernzuhalten. Darüber hinaus kann eine transparente Beziehung zum Publikum hinsichtlich der Verwendung von GenKI bei der Inhaltserstellung dazu beitragen, Erwartungen zu steuern und Vertrauen aufzubauen.

Betrachten wir einige Beispiele:

- ✔ **Beispiel 1: sachliche Unstimmigkeiten:** Ein GenKI-Schreibassistent, der mit der Erstellung eines historischen Artikels beauftragt wird, könnte Ereignisse auf eine Weise zusammensetzen, die chronologisch falsch oder stark vereinfacht ist. Um sich auf diese Art von Fehlern vorzubereiten, sollten Autoren die von GenKI generierten Zeitleisten vor der Veröffentlichung mit vertrauenswürdigen historischen Quellen abgleichen. Diese Sorgfalt stellt sicher, dass die Erzählung korrekt bleibt.
- ✔ **Beispiel 2: kreative Fehlschläge:** In einem kreativen Schreibprojekt kann eine GenKI eine Charakter- oder Handlungsentwicklung generieren, die nicht mit der vorgesehenen Handlung oder den Charakterbögen übereinstimmt. Autoren sollten darauf vorbereitet sein, einzugreifen und diese Elemente zu optimieren, um sicherzustellen, dass der von GenKI generierte Inhalt die beabsichtigte Erzählrichtung unterstützt und die Kohärenz der Geschichte aufrechterhält.

In beiden Beispielen wird die Unvorhersehbarkeit der GenKI-Ausgaben dadurch beherrscht, dass die Effizienz und die Fähigkeiten von GenKI mit dem Urteilsvermögen menschlicher Experten kombiniert werden. Auf diese Weise können Benutzer das Potenzial des GenKI-unterstützten Schreibens voll ausschöpfen und sich gleichzeitig vor der Unvorhersehbarkeit der automatisierten Inhaltsgenerierung schützen.

IN DIESEM KAPITEL

- KIs für Ihre Arbeit mischen und anpassen
- Ihren Inhalt schnell und gut füllen
- Kurze Nachrichtenartikel mit KI erstellen
- GenKI-Pep ins Redenschreiben bringen
- Inhalte für Websites erstellen
- Logos und Slogans gestalten
- Social-Media-Inhalte verbessern
- Fallstricke und Gefahren vermeiden

Kapitel 9
Kurzinhalte erstellen

GenKI eröffnet Inhaltserstellern neue Möglichkeiten, hochwertige, ansprechende Kurzinhalte in einem oder mehreren Teilen in großem Maßstab zu erstellen. Von der Erstellung schlagkräftiger Social-Media-Beiträge und E-Mail-Newsletter bis hin zur Formulierung frischer Ideen für Videos, Blogartikel und Marketingtexte können KI-Sprachmodelle Ihren kreativen Prozess beschleunigen und Ihre Produktivität steigern. Das heißt aber nicht, dass Sie einfach auf einen Knopf drücken können und fertig!

In diesem Kapitel werden praktische Strategien zur Nutzung von GenKI zur Erstellung von Kurzinhalten und zur Optimierung von Arbeitsabläufen untersucht. Sie lernen Techniken kennen, mit denen Sie schnell erste Entwürfe erstellen, Inhalte für verschiedene Formate und Kanäle wiederverwenden und die Ergebnisse optimieren können, um sie besser auf Ihre Markenstimme und Zielgruppe abzustimmen.

Mit GenKI als Kraftmultiplikator können Content-Teams ihre Veröffentlichungsgeschwindigkeit erhöhen, während sie gleichzeitig die Konsistenz wahren und mühsame Fleißarbeit vermeiden. Egal, ob Sie ein einzelner Ersteller oder Teil eines größeren Medienunternehmens sind, die Beherrschung dieser GenKI-gestützten Taktiken macht Ihre Kurzform-Content-Engine zukunftssicher.

Bessere Ergebnisse durch die Kombination verschiedener KI-Typen

Bevor ich auf die Einzelheiten der Verwendung verschiedener Techniken zur Generierung unterschiedlicher Formen kurzer Inhalte eingehe, möchte ich Sie ermutigen, Ihr Schreiben und andere kreative Arbeiten nicht auf die Fähigkeiten eines GenKI-Modells oder einer GenKI-Anwendung zu beschränken. Erwägen Sie, verschiedene Arten von KI zu kombinieren, um auf mehr Optionen und Fähigkeiten zuzugreifen, wie es in diesem Abschnitt erläutert wird.

KI-Aggregation

Unter *KI-Aggregation* versteht man den Prozess, bei dem die Ergebnisse mehrerer unabhängig voneinander arbeitender GenKI-Modelle kombiniert werden, um ein einheitliches Endprodukt zu erstellen. Zu den Anwendungen der KI-Aggregation gehören kreative Projekte, die Text, Bilder und Audio kombinieren, Datenanalysen, die Erkenntnisse aus verschiedenen Analysemodellen integrieren, Inhaltserstellung, die Text mit Datenvisualisierungen zusammenführt, und automatisierte Systeme, die verschiedene GenKI-Funktionen enthalten. Sie können beispielsweise Claude zum Schreiben von Texten und Midjourney zum Generieren von Bildern zur Veranschaulichung verwenden. Vielleicht möchten Sie auch Synthesia AI nutzen, um ein kurzes Video zu erstellen, das Sie in Ihren Blogbeitrag oder Artikel einfügen und später als TikTok-Video wiederverwenden können. Mit anderen Worten: Sie verwenden Ergebnisse aus verschiedenen Modellen, um ein einheitliches fertiges Werk in einem einzigen Dokument, auf einer Leinwand, in einer Präsentation oder digitalen Datei zu erstellen.

Zu den Vorteilen dieses Ansatzes gehören eine verbesserte Ergebnisqualität, eine Vielfalt an Perspektiven und eine höhere Robustheit. Die KI-Aggregation bringt jedoch auch Herausforderungen mit sich, wie zum Beispiel Komplexität bei der Integration, mangelnde Konsistenz zwischen verschiedenen Datentypen und Ressourcenintensität bei der Ausführung mehrerer Modelle.

Ein Beispiel-Workflow umfasst die Auswahl spezialisierter GenKI-Modelle, die unabhängige Generierung von Ergebnissen, die Aggregation dieser Ergebnisse unter Sicherstellung der Übereinstimmung mit Design und Botschaft sowie die Verfeinerung des Endprodukts hinsichtlich Kohärenz und Qualität. Die KI-Aggregation ermöglicht somit die Erstellung anspruchsvoller Ergebnisse durch Nutzung der Stärken verschiedener GenKI-Tools.

Die GenKI-Aggregation ist eine besonders vorteilhafte Vorgehensweise, da Sie Ihren Inhalt verdoppeln oder verdreifachen können, indem Sie das einheitliche Ergebnis wieder aufspalten, um seine verschiedenen Elemente auch anderswo wiederzuverwenden. Beispielsweise kann das Video, das Sie für einen Blogbeitrag erstellt haben, als Facebook-Kurzvideo oder als Instagram- oder TikTok-Video wiederverwendet werden. Betrachten Sie es als halbe Arbeit mit doppeltem Nutzen.

Ich betrachte ChatGPT-4o (Omni) von OpenAI als vorgefertigte KI-Aggregation, da es im Wesentlichen ein All-in-one-GenKI-Tool ist. Omni ist *multimodal*, das heißt, es akzeptiert jede Kombination aus Text, Audio, Bild und transkribiertem Video als Eingabe und generiert jede Kombination aus Text-, Audio- und Bildausgaben. Omni hat jedoch auch seine Schwächen. Zögern Sie also nicht, neben Omni-Ausgaben auch andere GenKI-Modelle für Ihre Inhalte zu verwenden.

Sie können GPTs auch innerhalb von ChatGPT aggregieren. ChatGPT bietet einen GPT-Store, den Sie auf der Benutzeroberfläche finden (siehe Abbildung 9.11). GPTs in diesem Sinne sind Mini-ChatGPTs – spezialisiert auf die Ausführung bestimmter Aufgaben. Sie können einen GPT aus dem Store aufrufen, um Zugriff auf zusätzliche Funktionen und in der Regel eine bessere Ausgabe zu erhalten, als wenn Sie nur das größere ChatGPT-Tool verwenden würden. Sie können auch Ausgaben von GPTs zu Ihrem Prompt in ChatGPT hinzufügen oder die Ausgaben verschiedener GPTs nach Belieben in einem einzigen Inhaltselement aggregieren.

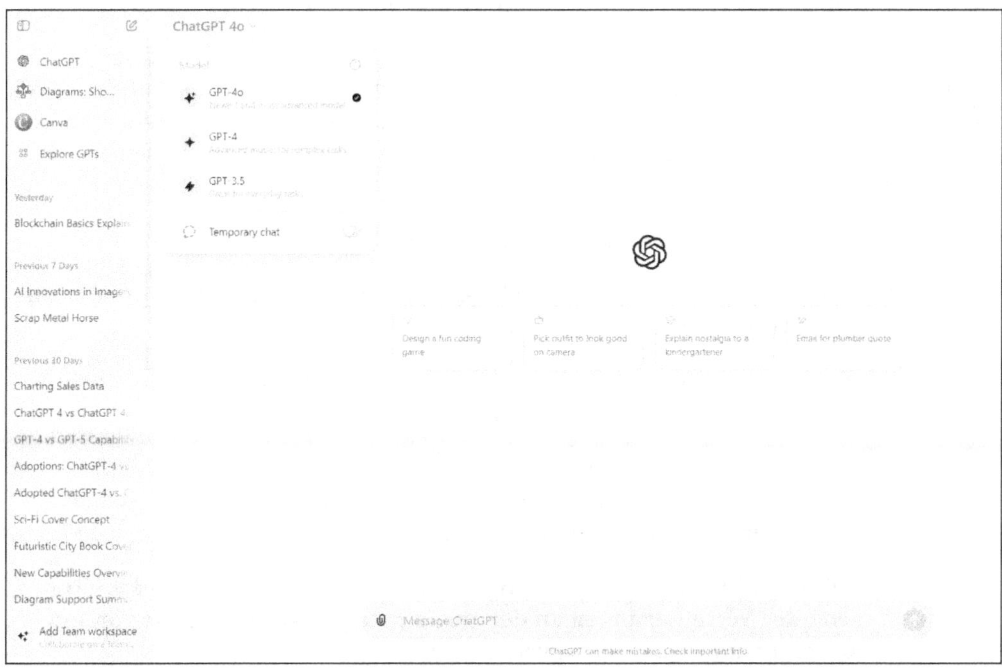

Abbildung 9.1: Die ChatGPT-Benutzeroberfläche zeigt das Pull-down-Menü zur Modellauswahl und die Schaltfläche zum Öffnen des GPT Stores.

Natürlich gibt es auch andere Möglichkeiten, KI zu aggregieren, zum Beispiel indem man ein GenKI-Tool wie Claude oder ChatGPT verwendet, um Inhalte zu generieren, und ein anderes, um Inhaltselemente zu verwalten, beispielsweise eine in ein Content-Management-System (CMS) eingebettete GenKI. Die möglichen Kombinationen bei der KI-Aggregation sind nahezu endlos (und können, wenn Sie möchten, auch andere KI-Typen als GenKI umfassen), aber herauszufinden, was wo verwendet werden soll, ist oder sollte ein zentraler Teil Ihres kreativen Prozesses sein, unabhängig davon, welche Art von Inhalten Sie generieren.

Ausgabezusammenfügung

Sie können auch zwei oder mehr GenKI-Tools denselben Prompt übergeben und ihre Ausgaben vergleichen, um sich letztendlich für eine zu entscheiden oder Teile einer Ausgabe zu verwenden und sie mit Teilen der Ausgabe einer anderen GenKI zu kombinieren, um etwas zu erstellen, das Ihren Vorstellungen und Wünschen besser entspricht. Der Begriff hierfür lautet *Output Stitching* oder *Model Output Stitching*.

Beispielsweise kann ich denselben Prompt sowohl in Claude als auch in ChatGPT einfügen und aus einer oder beiden Ausgaben alles behalten, was ich möchte, um einen besseren Inhalt zu erstellen, als jedes der Modelle für sich allein generiert.

Das Zusammenfügen von Ausgaben ist besonders nützlich für die Generierung von Inhalten im Langformat, bei denen sich unterschiedliche Modelle durch unterschiedliche Eigenschaften wie Faktenwissen, Erzählkunst, beschreibende Sprache und so weiter auszeichnen können. Es kann auch dazu beitragen, Probleme wie Wiederholungen oder Inkohärenz abzuschwächen, unter denen große Sprachmodelle manchmal leiden.

Stellen Sie sicher, dass Sie zwei verschiedene Modelle verwenden. ChatGPT basiert beispielsweise auf OpenAI-GPT-Modellen, während Claude auf einem von Anthropic erstellten GenKI-Modell läuft. Wenn Sie zwei oder mehr Chatbots mit demselben zugrunde liegenden GenKI-Modell aufrufen, haben Sie diese Taktik nicht vollständig genutzt.

Hier die wichtigsten Schritte beim Zusammenfügen von Ausgaben:

1. **Führen Sie mehrere KI-Modelle parallel für denselben Prompt oder dieselbe Aufgabe aus.**
2. **Identifizieren Sie aus der Ausgabe jedes Modells die qualitativ hochwertigsten oder relevantesten Segmente.**
3. **Fügen Sie die ausgewählten Segmente in einer logischen Reihenfolge und in einem logischen Ablauf zu einer neuen, einheitlichen Ausgabe zusammen, oder kombinieren Sie sie.**
4. **Nehmen Sie optional noch einige zusätzliche Filterungen, Bearbeitungen oder Verfeinerungen an der zusammengefügten Ausgabe vor, um Kohärenz und Qualität zu verbessern.**

Das Ziel besteht darin, das gewünschte Endergebnis zu erstellen, indem Sie die Stärken verschiedener Modelle und Tools nutzen und die Schwächen einzelner Modelle vermeiden. Durch die Kombination der besten Komponenten kann das Endergebnis eine höhere Qualität aufweisen als das, was ein einzelnes Modell allein erzeugen könnte.

Beachten Sie, dass es auch andere Möglichkeiten gibt, Output Stitching zu verwenden. Je nach Kontext und Komplexität der Aufgabe kann es sowohl ein benutzergesteuerter Prozess als auch eine automatisierte Funktion innerhalb verschiedener GenKI-Tools sein.

Beispielsweise verfügen viele GenKI-Tools über integrierte Algorithmen, die den Stitching-Prozess automatisieren sollen. Panoramafoto-Apps fügen häufig automatisch Bilder zusammen, die mit einer Smartphone-Kamera aufgenommen wurden, um diese Panoramaansicht ohne Benutzereingriff zu erstellen. Ebenso kann GenKI-basierte Video-Stitching-Software die Synchronisierung, Ausrichtung und das Stitching mehrerer Videofeeds automatisieren, um 360-Grad-Ansichten zu erstellen, wie Sie sie in VR-Inhalten finden.

Auf dem Backend können ML-Plattformen die Ergebnisse mehrerer Modelle, die an verteilten Aufgaben arbeiten, automatisch zusammenfügen. Ein Beispiel hierfür ist das Trainieren großer Modelle auf mehreren Maschinen oder GPUs.

Ob der Stitching-Prozess manuell oder automatisiert abläuft, hängt weitgehend von der erforderlichen Präzision ab. Es kann auch eine Frage der Benutzerfreundlichkeit sein. Automatisiertes Stitching ist im Allgemeinen schneller und für Laien leichter zugänglich, erreicht jedoch nicht immer den gleichen Grad an Perfektion wie ein erfahrener menschlicher Bediener oder ist nicht so kreativ wie ein Mensch. Benutzergesteuertes Stitching hingegen ermöglicht mehr Anpassung und kreative Finesse, kann jedoch zeitaufwendig sein und ein hohes Maß an technischem Fachwissen erfordern.

Insgesamt können Sie die Ergebnisse sowohl automatischer als auch manueller Natur beliebig kombinieren, bis Sie etwas erstellt haben, das zu Ihrer kreativen Vision oder Ihrem Geschäftsziel passt.

KI-Verkettung

KI-Verkettung ist der Prozess, bei dem die Ausgabe eines GenKI-Tools ganz oder teilweise als Prompt in einem anderen GenKI-Tool verwendet wird. Sie können beispielsweise Perplexity verwenden, um Informationen im Internet nachzuschlagen, und diese Informationen in einem Prompt verwenden, damit Claude damit weiterarbeiten kann.

In diesem Szenario würden Sie dies umsetzen, indem Sie die Ausgabe der Suchmaschine Perplexity kopieren und als Teil des Prompts in Claude verwenden. Fügen Sie als Nächstes Anweisungen zu Ihrem Prompt hinzu, damit Claude weiß, was es damit tun soll, zum Beispiel: »Arbeite diese Informationen in die vorherige Antwort ein.« (Übrigens ist dieser Befehl auch ein Beispiel für die Kombination von KI-Verkettung mit Prompt-Chaining.)

Sie können Claude jedoch anweisen, mit der Ausgabe von Perplexity alles Mögliche zu tun, zum Beispiel: »Schreibe ein Argument dagegen«, »Schreibe es im AP-Stil um«, »Kürze«, »Fasse zusammen«, »Prüfe auf Richtigkeit oder Voreingenommenheit«, »Erweitere dies um technische Details«, »Schreibe es um, um Zitate und Statistiken aus unserem E-Book mit dem Titel XYZ hinzuzufügen« und so weiter.

Wie das Output Stitching kann auch die KI-Verkettung automatisiert werden. Wenn sie automatisiert ist, kann sie für viele verschiedene komplexe Aufgaben verwendet werden.

Ohne zu sehr ins Detail zu gehen, denn das würde den Rahmen dieses Buches sprengen, bezieht sich die KI-Verkettung aus technischer oder automatisierter Sicht auf den Prozess, mehrere KI-Systeme, -Modelle oder -Algorithmen in einer Sequenz miteinander zu verknüpfen, um eine komplexe Aufgabe auszuführen, die eine einzelne KI-Komponente allein nicht bewältigen könnte. Jedes Glied in der Kette übernimmt eine bestimmte Teilaufgabe, und die Ausgabe eines Glieds dient als Eingabe für das nächste.

Einige Beispiele für automatisierte KI-Verkettung:

- ✔ **Automatisierter Kundensupport:** Die gesprochene Anfrage eines Kunden wird zunächst von einer Sprache-zu-Text-KI transkribiert, dann von einer KI zur Verarbeitung natürlicher Sprache auf ihre Bedeutung analysiert, und schließlich generiert ein KI-gestützter Chatbot eine entsprechende Antwort.
- ✔ **Medizinische Diagnostik:** Eine erste KI könnte medizinische Bilder auf Anomalien analysieren, eine zweite KI könnte Patientendaten und medizinische Literatur abgleichen, und eine dritte KI könnte auf Grundlage der kombinierten Informationen bei der Diagnose helfen und Behandlungsmöglichkeiten vorschlagen.
- ✔ **Autonome Fahrzeugnavigation:** In einem autonomen Fahrzeug arbeiten mehrere KI-Systeme in einer verketteten Sequenz, damit das Auto ohne menschliches Eingreifen fahren kann. Die KI-Verkettung ermöglicht eine ausgeklügelte Arbeitsteilung, bei der jede KI-Komponente auf einen bestimmten Aspekt der Fahraufgabe spezialisiert ist. Jeder Fehler in der Kette könnte jedoch zu falschen Entscheidungen und potenziell gefährlichen Situationen führen.

Einige zusätzliche Methoden zur Kombination von KI-Modellen und -Ausgaben

Der Gründlichkeit halber – und um vielleicht Ihr kreatives Denken weiter anzuregen, sodass Sie selbst auf weitere Möglichkeiten kommen, mehrere GenKI-Tools zu nutzen – werde ich kurz auf einige zusätzliche Methoden eingehen. Diese sind jedoch technischer Natur und nicht wirklich benutzerfreundlich:

- ✔ **KI-Stacking:** bezieht sich auf das Trainieren mehrerer Basis-KI-Modelle auf demselben Datensatz. Anschließend werden die Vorhersagen aller Modelle verwendet, um ein Meta-KI-Modell zu trainieren, um die Genauigkeit seiner endgültigen Ausgaben zu verbessern.
- ✔ **KI-Schichtung:** bezieht sich auf die Anordnung mehrerer KI-Modelle oder Algorithmen in Schichten, wobei jede Schicht eine bestimmte Funktion oder einen Satz von Funktionen ausführt
- ✔ **KI-Orchestrierung:** bezieht sich auf die strategische Koordination und Verwaltung mehrerer KI-Dienste oder -Modelle und -Workflows, um die Leistung zu optimieren und bestimmte Ziele innerhalb eines Systems oder Prozesses zu erreichen.

Verbessertes Bloggen

GenKI ist einzigartig ausgestattet, um Blogger in jeder Phase des Inhaltserstellungsprozesses zu unterstützen. Von den ersten Planungs- und Brainstormingphasen bis hin zum letzten Schliff beim Schreiben und Bearbeiten kann GenKI Ihnen helfen, Ihren Arbeitsablauf zu optimieren und die Qualität Ihrer Blogbeiträge zu verbessern.

GenKIs wie ChatGPT und Claude können Trendthemen erkennen und entsprechende Vorschläge für Blogbeiträge machen. Sie können auch eine Reihe zusammenhängender Beiträge planen, sie schnell mit Inhalt füllen und überzeugende Überschriften präsentieren. Neben dem Schreiben und Bearbeiten von Beiträgen können Sie GenKI auch für verwandte Aufgaben verwenden, wie zum Beispiel die Schlüsselwortrecherche für die SEO, das Erstellen von Zusammenfassungen für soziale Medien und sogar die Analyse von Leistungsdaten, um zukünftige Inhaltsstrategien zu entwickeln.

Nutzung von GenKI zur Verbesserung von Blog-Inhalten und Engagement

Blogs sind tot. Es leben die Blogs! Blogs existieren jedenfalls nicht mehr im Vakuum. Die erfolgreicheren Blogs sind vielmehr Teil eines Kommunikationsnetzes, das auf den Bloginhalten aufbaut und Social-Media-Beiträge, kurze und lange Videos, Pressemitteilungen und Werbekampagnen hinzufügt – alles rund um dieselben oder ähnliche Inhalte. Dieser Ansatz soll dem Blogger zu Bekanntheit verhelfen und Einnahmequellen schaffen.

Hier eine kurze Liste der vielen Möglichkeiten, wie GenKI Ihnen helfen kann, Ihre Blog-Inhalte zu verbessern und das Engagement der Leser zu steigern:

- ✔ Verbesserung der Qualität und Originalität der Inhalte durch Identifizierung eines einzigartigen Blickwinkels und Recherche, um detaillierte Informationen bereitzustellen, die dem Leser einen Mehrwert bieten
- ✔ Optimierung der SEO durch Schlüsselwortrecherche und Hinzufügen von On-Page-SEO wie Metabeschreibungen, Alt-Tags für Bilder und geeigneten Header-Tags, um die Sichtbarkeit in den Suchmaschinenergebnissen zu verbessern
- ✔ Einbindung von Multimedia in Form relevanter Bilder, Infografiken, interaktiver Inhalte und Videos, um den Text aufzulockern und den Inhalt ansprechender zu gestalten
- ✔ Planen und Verfassen anderer Kommunikationsformen wie E-Mail-Kampagnen und automatisierter Direktnachrichten auf Basis des Inhalts Ihrer Blogbeiträge
- ✔ Aufbau einer Community und Verbesserung Ihres Online-Images durch Unterstützung bei Antworten auf Kommentare von Lesern und Interaktion mit diesen im Blog und in sozialen Medien
- ✔ Bewerben von Inhalten durch das Schreiben von Gastbeiträgen und das Versenden von E-Mails mit der Bitte um Gastbeiträge sowie durch die gemeinsame Erstellung von Inhalten mit anderen Bloggern und Social-Media-Influencern

Wenn sich ein Blogger auf diese Bereiche konzentriert, kann er nicht nur die Qualität und Sichtbarkeit seiner Bloginhalte verbessern, sondern auch ein ansprechenderes und interaktiveres Erlebnis für seine Leser schaffen.

Optimieren des Blogging-Workflows mit GenKI

Über die oben beschriebenen Aufgaben hinaus kann GenKI Ihnen auf viele andere Arten dabei helfen, Ihren Arbeitsablauf bei der Erstellung von Blogbeiträgen zu optimieren, unter anderem auf folgende Weise:

- ✔ Lektorat und Korrekturlesen (in nahezu jeder Sprache, die Menschen sprechen)
- ✔ Inhaltsformatierung (insbesondere kann sie HTML oder Markdown für Blog-Plattformen verarbeiten, wodurch Zeit für die manuelle Codierung gespart wird)
- ✔ Bild- und Medienbeschaffung (GenKI kann beispielsweise auf Anfrage lizenzfreie Bilder und andere Medien finden, um Beiträge zu verbessern und Anleitungen zur Optimierung von Bildern mit Alternativtext für SEO und Zugänglichkeit bereitstellen)
- ✔ Planung einer Social-Media-Strategie (zum Beispiel Verfassen von Social-Media-Beiträgen, um Bloginhalte auf verschiedenen Plattformen zu bewerben, und Vorschlagen der besten Zeiten zum Posten in sozialen Medien auf der Grundlage von Engagementanalyse)
- ✔ Automatisierung des Arbeitsablaufs (GenKI kann beispielsweise Tools und Software empfehlen, um Teile des Inhaltserstellungsprozesses zu automatisieren, etwa das Planen von Posts oder Social-Media-Updates)
- ✔ Verwendung von Analysen und Bereitstellung von Erkenntnissen (GenKI kann Ihnen beispielsweise erklären, wie Sie Website- und Social-Media-Analysen interpretieren, um Sie bei der datengesteuerten Entscheidungsfindung zur Verbesserung von Engagement und Reichweite zu unterstützen)
- ✔ Entwurf von E-Mail- und Newsletter-Kampagnen (GenKI kann beispielsweise E-Mail-Vorlagen oder Entwürfe für Newsletter erstellen, die Ihre neuesten Blog-Inhalte bewerben)

Durch die intelligente Nutzung dieser Funktionen können Sie Zeit sparen, die Produktivität steigern und sich auf die Erstellung überzeugender Inhalte konzentrieren, die bei Ihrem Publikum Anklang finden.

Kurze Nachrichtenartikel mit KI schreiben

In der schnelllebigen Nachrichtenbranche kann GenKI eine große Hilfe sein, um Ihre Arbeit zu beschleunigen. Aber GenKI bietet nicht nur Effizienz bei der schnellen Nachrichtenproduktion; sie kann Ihnen auch helfen, die strengen Standards im Hinblick auf Genauigkeit, Objektivität und Prägnanz einzuhalten, die das Markenzeichen von Qualitätsjournalismus sind.

Vorausgesetzt natürlich, dass sich Journalisten und Redakteure konsequent daran halten. Gefälschte oder falsche Nachrichtenberichte aus der Halluzination einer GenKI können den Ruf selbst der ältesten und vertrauenswürdigsten Medien ruinieren.

Werden GenKI-Tools jedoch richtig eingesetzt, können sie die Berichterstattung über das hinaus beschleunigen, was Journalisten allein nicht schaffen. Von der Synthese von Finanzberichten und Sportergebnissen bis hin zur Überwachung aktueller Nachrichten und der Zusammenfassung komplexer Daten ist GenKI hervorragend darin, Echtzeit-Updates und strukturierte Informationen zu liefern. Beim Versuch, komplexere und differenziertere Nachrichten zu schreiben, kann sie sich jedoch im Kleinkram verlieren. Sie kann auch roboterhafte oder gewöhnliche Texte produzieren, also geben Sie die Ergebnisse nicht einfach so weiter, sondern überprüfen Sie die Fakten, und bearbeiten Sie sie redigierend, wie Sie es bei jedem Artikel tun würden, den Sie oder ein anderer Journalist geschrieben haben.

In diesem Abschnitt erfahren Sie, wie Autoren und Journalisten GenKI nutzen können, um überzeugende Nachrichtenbeiträge zu verfassen und gleichzeitig die Fallstricke und negativen Reaktionen zu vermeiden, die bei ersten Experimenten mit der Verwendung von GenKI in der Nachrichtenproduktion häufig auftreten.

Obwohl GenKI die Geschwindigkeit und Effizienz beim Schreiben von Nachrichten deutlich steigern kann, spielen menschliche Journalisten immer noch eine entscheidende Rolle bei der Gewährleistung von Genauigkeit, Fairness, Ethik und redaktionellem Urteilsvermögen. Außerdem arbeiten GenKI-Tools nur mit digitalisierten Daten. GenKI kann Journalisten nicht ersetzen, die Informationen verwenden, die sie auch aus nicht digitalisierten Quellen gewinnen, beispielsweise aus persönlichen Interviews, Informationen, die sie vor Ort finden oder beobachten, oder Informationen, die sie erhalten haben, aber aus guten Gründen bewusst vor der Öffentlichkeit verbergen (Quellenschutz). GenKI kann nichts davon leisten.

GenKI-gestützter Journalismus: Schnelles Schreiben von Nachrichten

Durch die Integration der GenKI-Unterstützung in Ihren Arbeitsablauf können Sie den Schreibprozess erheblich beschleunigen. GenKI kann auf vielfältige Weise eingesetzt werden, um die Prozesse beim Schreiben von Nachrichten zu beschleunigen. Hier nur einige davon:

- ✔ **Genaue und zitierfähige Notizen.** GenKI kann verwendet werden, um Notizen vom Tatort oder von anderen Quellen zu machen. Eine Möglichkeit besteht darin, dass Journalisten Interviews aufzeichnen und GenKI später auffordern, die wichtigsten Aussagen zu analysieren, zusammenzufassen oder aufzulisten. Eine andere Möglichkeit ist, Video- oder Anruftranskripte, Videobeschreibungen von Kameras vor Ort, Polizeiberichte und andere Fotos und Dokumente vom Tatort zu benutzerdefinierten Anweisungen, Prompts oder sogar RAG hinzuzufügen, damit ein GenKI-Tool sie analysieren und zusammenfassen kann, sodass der Journalist die Informationen schneller verarbeiten kann.

- **Schnelles Schreiben von Überschriften und Teasern.** Früher war das eine Spezialität der Nachrichtenredaktionen, aber heute haben Journalisten und Redakteure Probleme damit, die zahlreichen Überschriften und Teaser selbst zu schreiben. GenKI kann diese Aufgaben im Handumdrehen erledigen und die Texte so erstellen, dass sie zum Ton des Themas und des Nachrichtensenders passen. Fordern Sie sie beispielsweise auf, Ihnen fünf Überschriftenvorschläge zu unterbreiten, und wählen Sie dann entweder eine aus, oder fordern Sie sie auf, eine oder mehrere gemäß Ihren Vorgaben zu überarbeiten.

- **Hintergrund und Kontext.** GenKI-Modelle können Hintergrundinformationen, historische Details, Expertenkommentare und relevante Daten aus zuverlässigen Quellen, beispielsweise aus dem Internet und/oder der Datenbibliothek Ihrer eigenen Nachrichtenorganisation, schnell recherchieren und zusammenstellen.

- **Automatisierter Datenjournalismus.** GenKI kann Daten aus vertrauenswürdigen Quellen wie Regierungsdatenbanken, Finanzberichten und Pressemitteilungen abrufen und Journalisten so Zeit bei der anfänglichen Recherche sparen. GenKI-Tools können auch Umfragen, Diagramme, Illustrationen und interaktive (oder statische) Infografiken erstellen. Denken Sie daran, dass Sie auch Output Stitching, KI Chaining, KI Aggregation und GenKI in Kombination mit anderen Arten von Software verwenden können, um Datenjournalismus-Elemente in nahezu jeder gewünschten Form zu erstellen.

- **Quellenüberwachung.** GenKI-Tools können Nachrichtenagenturen, soziale Medien und andere digitale Plattformen auf aktuelle Nachrichten überwachen und Journalisten über neue Geschichten informieren, sobald diese passieren, oder sie auf Zeugen und Behörden aufmerksam machen, die sie möglicherweise befragen müssen.

- **Faktenprüfung.** GenKI kann die Fakten in Ihrem Entwurf mit glaubwürdigen Quellen abgleichen, um die Richtigkeit der wiedergegebenen Informationen sicherzustellen. Ein guter Tipp: Überprüfen Sie die Fakten noch einmal mit traditionellen journalistischen Methoden.

- **Zusammenfassung komplexer Berichte.** GenKI kann lange Berichte, wie etwa wissenschaftliche Studien oder Finanzdokumente, in prägnante Zusammenfassungen komprimieren und in allgemein verständliche Sprache umwandeln, sodass sie als Grundlage für Nachrichtenartikel verwendet werden können oder damit Sie die Informationen schnell selbst verarbeiten und Ihren Bericht schneller fertigstellen können.

- **Stimmungsanalyse.** GenKI kann bei der Analyse sozialer Medien und anderer Plattformen helfen, um die öffentliche Stimmung zu aktuellen Themen zu ermitteln, was Journalisten wertvolle Erkenntnisse liefern kann. Sie können sie auch verwenden, um die Stimmung einer Person zu ermitteln, die Sie interviewt haben.

- **Sprachverarbeitung.** GenKI kann Ihnen dabei helfen, sicherzustellen, dass die in Ihrem Artikel verwendete Sprache klar, präzise und für die Zielgruppe geeignet ist. Sie können sie auch verwenden, um eine andere Sprache für Sie zu interpretieren, zum Beispiel bei der Analyse von Social-Media-Posts in Fremdsprachen oder bei der Befragung von Personen, deren Sprache Sie nicht verstehen.

- ✔ **Sprach-zu-Text-Transkription.** GenKI kann Interviews und Pressekonferenzen nahezu in Echtzeit oder nachträglich transkribieren, sodass Journalisten schnell auf wichtige Datenpunkte für ihre Berichte zugreifen können. Oder Journalisten und Praktikanten können GenKI den Bericht entwerfen lassen und ihn anschließend bearbeiten.

Geschwindigkeit und Integrität bei von GenKI generierten Nachrichten ausbalancieren

Im digitalen Zeitalter, in dem der 24-Stunden-Nachrichtenzyklus dominiert und das Publikum sofortige Informationen verlangt, ist die Geschwindigkeit, mit der Nachrichten übermittelt werden, zu einem entscheidenden Faktor für Medien geworden. Von GenKI generierte Nachrichten haben in dieser Hinsicht einen Vorteil, da sie die Möglichkeit bieten, als Reaktion auf sich entwickelnde Geschichten schnell Inhalte zu produzieren. Diese Schnelligkeit darf jedoch nicht auf Kosten der journalistischen Integrität gehen. Der Einsatz von GenKI in Redaktionen erfordert eine sorgfältige Balance, um sicherzustellen, dass Artikel zwar schnell produziert werden, aber auch strengen Standards der Überprüfung, Unparteilichkeit und ethischen Berichterstattung unterzogen werden.

Darüber hinaus spielen Journalisten und Redakteure eine zentrale Rolle bei der Überwachung der GenKI-Ergebnisse, indem sie ein differenziertes Verständnis und einen Kontext beitragen, wie sie Maschinen nicht reproduzieren können.

Aus meinen eigenen journalistischen Erfahrungen füge ich hinzu, dass wir seit den Tagen, als ich zusammen mit meinem Freund und Kollegen Wayne Rash auf den Excellence-in-Journalism-Konferenzen 2016 und 2017 Präsentationen und Vorträge über den Datenjournalismus gehalten habe, einen weiten Weg hinter uns gebracht haben. Damals waren die Konzepte von Big-Data-Tools, Advanced Analytics und Datenjournalismus brandneu. Heute ist das in modernen Nachrichtenredaktionen ein alter Hut, und wir haben die KI auf unseren Handys ständig bei uns. So bleibt das Leben interessant. Was ich sagen will, ist, dass Veränderung das A und O in unserem ganzen Leben ist und sogar Journalisten sich anstrengen müssen, um mitzuhalten! Glücklicherweise kann uns GenKI dabei helfen. Leider kann sie auch unsere Karrieren und unseren beruflichen Ruf zerstören, wenn wir mit dieser Technologie nicht extrem vorsichtig umgehen. Gehen Sie mit Vorsicht vor, aber gehen Sie vor!

Mit GenKI schwungvolle Reden schreiben

GenKI kann beim Schreiben von Reden eine große Hilfe sein, egal, ob Sie Ihre eigene oder eine Rede für eine andere Person schreiben. In jedem Fall ist es von größter Bedeutung, die Aufmerksamkeit des Publikums zu gewinnen und gleichzeitig eine starke Botschaft zu vermitteln. GenKI bietet Ihnen und anderen Redenschreibern eine neue Möglichkeit, Ihrer Arbeit zusätzlich Schlagkraft oder Schwung zu verleihen.

Mit Hilfe von GenKI können Sie auf ein riesiges Repertoire an Sprachstilen und rhetorischen Mitteln zurückgreifen, die Ihnen dabei helfen, Ihr Zielpublikum zu erreichen und Anklang zu finden. Der Schlüssel liegt darin, GenKI zu nutzen, um die Attraktivität der Rede zu steigern, ohne in Klischees oder übermäßig sentimentale Sprache abzugleiten, die den Ton, die Ernsthaftigkeit oder die Authentizität der Rede untergraben könnten.

GenKI-Tools können frühere Reden, die Demografie des Publikums und erfolgreiche rhetorische Muster analysieren, um dynamische Formulierungen, fesselnde Anekdoten, humorvolle Elemente und kraftvolle Metaphern vorzuschlagen, die zu Ihrer oder der Stimme und Botschaft des Sprechers passen. Diese intelligente Erweiterung ermöglicht es Redenschreibern, Reden zu verfassen, die die Zuhörer mit einem Hauch von Eleganz und Witz fesseln, wenn dies das Ziel ist, und dabei gleichzeitig die Substanz beizubehalten, die das Herzstück jeder wirkungsvollen Rede ist. Das Ergebnis ist eine Rede, die sich durch Kreativität und Einprägsamkeit auszeichnet, aber dennoch durch Aufrichtigkeit, Substanz und den richtigen Ton eine echte Verbindung zum Publikum aufbaut.

Einprägsame Reden mit der Unterstützung von KI verfassen

GenKI kann bei der Erstellung einprägsamer Reden von unschätzbarem Wert sein, da sie in mehreren Schlüsselbereichen Unterstützung bietet, unter anderem:

- ✔ **Inhaltsverbesserung:** GenKI kann besseres Vokabular, Synonyme und Ausdrücke vorschlagen, die Ihre Rede wirkungsvoller machen. Sie kann auch dabei helfen, rhetorische Mittel wie Metaphern, Analogien und Dreiklänge zu identifizieren und zu integrieren, die der Botschaft Tiefe und Resonanz verleihen.

- ✔ **Personalisierung:** GenKI kann Daten über das Zielpublikum analysieren, um Ton, Komplexität und Inhalt der Rede anzupassen und sicherzustellen, dass sie bei den Zuhörern ankommt und auf ihre Interessen und Werte zugeschnitten ist. Sie können GenKI also verwenden, um dieselbe Rede immer wieder neu zu schreiben, damit sie zu verschiedenen Zielgruppen passt.

- ✔ **Struktur und Ablauf:** GenKI kann dabei helfen, der Rede eine zusammenhängende Struktur mit einer klaren Einleitung, einem Hauptteil und einem Schluss zu geben und so sicherzustellen, dass die Rede einen logischen Ablauf hat und die wichtigsten Punkte wirksam hervorgehoben werden.

- ✔ **Engagement-Techniken:** GenKI kann Anleitungen dazu geben, wo Pausen für eine effektive Wirkung eingefügt werden sollten, wann Geschichten für eine emotionale Verbindung eingebaut werden sollten und wie Humor angemessen eingesetzt werden kann, um das Publikum zu fesseln.

- ✔ **Übung und Vortrag:** Einige GenKI-Tools sind in Plattformen zur Sprechübung integriert, die Ihren Vortrag hinsichtlich Tempo, Lautstärke und Klarheit analysieren und Ihnen Feedback zur Verbesserung Ihrer Redefähigkeiten geben können.

Natürlich lautet Ihre nächste Frage: »Ja, aber wie?« Es gibt viele Möglichkeiten, GenKI als Unterstützung beim Schreiben von Reden zu nutzen, wobei je nach verwendetem

GenKI-Modell oder KI-Stacking viele Variationen möglich sind. Um GenKI beim Verfassen Ihrer Reden effektiv zu nutzen, sollten Sie jedoch im Allgemeinen diese drei Tipps berücksichtigen:

- ✔ **Definieren Sie Ihre Ziele und Ihr Publikum:** Bevor Sie beginnen, geben Sie der GenKI klare Informationen über den Zweck Ihrer Rede und die Demografie Ihres Publikums. Je spezifischer Sie sind, desto besser kann die GenKI ihre Vorschläge auf Ihre Bedürfnisse zuschneiden.
- ✔ **Erstellen Sie einen Rahmen oder eine Gliederung:** Beginnen Sie mit einer grundlegenden Struktur oder Gliederung Ihrer Rede. Dies gibt der GenKI eine Grundlage, auf der sie aufbauen kann, und stellt sicher, dass der generierte Inhalt mit Ihrer beabsichtigten Botschaft und Ihrem Ablauf übereinstimmt. Machen Sie sich jedoch nicht zu viele Gedanken über die Gliederung, denn Sie können GenKI-Tools dazu veranlassen, sie neu zu organisieren, damit sie Ihren Zielen besser entspricht, wenn dies erforderlich ist. Der Sinn der Übung besteht darin, einen Ausgangspunkt für die GenKI zu schaffen, damit sie Ihnen beim Schreiben Ihrer Rede helfen kann.
- ✔ **Iterieren und verfeinern Sie:** Verwenden Sie den von der GenKI generierten Inhalt nur als Entwurf. Überprüfen und verfeinern Sie die Vorschläge, damit sie zu Ihrem persönlichen Stil und Ihrer Stimme passen. Iteration ist der Schlüssel dazu. Arbeiten Sie iterativ mit der GenKI zusammen, um die Rede perfekt zu verfeinern und Authentizität und Wirkung sicherzustellen.

Obwohl GenKI einen guten Ausgangspunkt und einige wichtige Hinweise bieten kann, sollte die abschließende Rede einzigartig und individuell sein.

Ich frage mich auch, wie lange es dauern wird, bis jemand GenKI dazu bringt, seine Rede zu halten, während er dabei auf der Bühne nur die Lippen entsprechend bewegt. Wahrscheinlich ist es nur eine Frage der Zeit!

Personalisierung öffentlicher Reden durch GenKI

Nehmen wir an, Sie haben eine Rede fertiggestellt und möchten sie nun für verschiedene Zielgruppen personalisieren. Wenn Sie wie ich sind, tun Sie dies ziemlich oft, weil viele verschiedene Zielgruppen Sie zu denselben Themen sprechen hören möchten, aber auf eine Weise, die für sie geeignet ist. Mit GenKI können Sie Ihre beliebtesten Reden für eine Vielzahl unterschiedlicher Zielgruppen anpassen.

Hier sind fünf Tipps, wie Sie GenKI dazu bringen, diese Aufgabe für Sie zu erledigen:

- ✔ **Geben Sie detaillierte Einblicke in die Zusammensetzung des Publikums:** Geben Sie der GenKI so viele Informationen wie möglich über die Demografie, Interessen, den kulturellen Hintergrund des Publikums sowie den Kontext der Veranstaltung. Dies hilft der GenKI, den Redeinhalt an die Erwartungen und das Verständnisniveau des Publikums anzupassen.

- **Integrieren Sie persönliche Anekdoten:** Füttern Sie die GenKI mit persönlichen Geschichten oder Erlebnissen, die Sie gerne teilen, indem Sie diese zu Ihren Prompts hinzufügen. GenKI kann dabei helfen, diese Anekdoten in die Rede einzuflechten, um sie ansprechender zu gestalten und gleichzeitig die Relevanz für das Thema beizubehalten.
- **Legen Sie den gewünschten Ton und Stil fest:** Geben Sie in Ihrem Prompt klar den Ton an, den Sie für Ihre Rede festlegen möchten – sei es inspirierend, informativ, lässig oder formell. Geben Sie auch stilistische Vorlieben an, wie zum Beispiel die Verwendung von Humor oder rhetorischen Fragen, damit GenKI sich an Ihren persönlichen Sprechstil anpassen kann. Sie können auch frühere Reden, die Sie gehalten haben, in den Prompt aufnehmen, damit GenKI Ihren Sprechstil besser berücksichtigen kann.
- **Heben Sie wichtige Botschaften und Werte hervor:** Identifizieren Sie die Kernbotschaften und Werte, die Ihnen wichtig sind und die Sie in Ihrer Rede zum Ausdruck bringen möchten. Dadurch wird sichergestellt, dass die GenKI diese Elemente hervorhebt und eine durchgehend konsistente Erzählung erzeugt.
- **Prüfen Sie Vorschläge, und passen Sie sie an:** Verwenden Sie den von der GenKI generierten Entwurf als Grundlage, und überprüfen Sie ihn manuell, um ihm eine persönliche Note zu verleihen. Passen Sie die Sprache an, um sicherzustellen, dass sie beim Sprechen natürlich klingt, Sie nicht ins Stolpern geraten oder Wörter falsch aussprechen und dass sie zu Ihrer persönlichen Marke oder Identität passt. Dazu einfach den Vortrag einmal oder mehrmals proben!

Wenn Sie diese Tipps befolgen, können Sie die GenKI nutzen, um eine Rede zu verfassen, die persönlich wirkt, bei Ihrem Publikum ankommt und Ihre Kernbotschaften in Ihrer Sprache effektiv vermittelt. Darüber hinaus ist es eine Rede, die zu Ihrem natürlichen Stil passt, sodass es Ihnen auch leichter fällt, sie auf der Bühne oder vor der Kamera vorzutragen!

Inhalte für Websites entwerfen und schreiben

Das Erstellen überzeugender Inhalte für Websites ist sowohl eine Kunst als auch eine Wissenschaft und erfordert eine Mischung aus Kreativität, strategischer Planung und technischem Know-how. Die Verwendung von GenKI zur Erstellung von Webinhalten umfasst im Allgemeinen die Erstellung visuell ansprechender Layouts und die Generierung präziser, SEO-freundlicher Inhalte, die auch markenkonform bleiben.

In diesem Abschnitt wird erläutert, wie GenKI Sie bei der Gestaltung und dem Inhalt Ihrer Website unterstützen und den Prozess von der Konzeption bis zur Umsetzung optimieren kann. Sie können GenKI auch verwenden, um benutzerorientierte Erlebnisse zu schaffen, die Besucher anziehen und in treue Kunden verwandeln. Ob Sie die Benutzeroberfläche optimieren, Code schreiben oder den Text so anpassen, dass er das Interesse der Zielgruppe weckt, GenKI kann Ihnen helfen, den Inhalt Ihrer Website zu verbessern.

GenKI-gesteuertes Website-Design

Von GenKI unterstützte Designassistenten können Vorlagen und Themen vorschlagen, die im Trend liegen oder zum Zweck und Inhalt der Website passen. Bei WordPress kann dies beispielsweise die Empfehlung bestimmter Themen beinhalten.

Hier einige Beispiele für Website-Designassistenten mit GenKI-Unterstützung:

- **Wix ADI (Artificial Design Intelligence):** Wix ADI ist eine Funktion innerhalb der Wix-Website-Builder-Plattform, die personalisierte Websites erstellt, indem sie Benutzern eine Reihe von Fragen zu ihren Bedürfnissen und Vorlieben stellt. Sie verwendet GenKI, um diese Informationen mit Designtrends zu kombinieren und maßgeschneiderte Website-Vorlagen vorzuschlagen und automatisch zu erstellen, die der Benutzer mit Inhalten füllen kann.
- **Bookmark Aida:** Bookmarks GenKI-gestützter Website-Builder Aida (Artificial Intelligence Design Assistant) hilft Benutzern beim Erstellen einer Website, indem er Designentscheidungen auf Grundlage der Inhalte und Präferenzen des Benutzers trifft. Er kann Layouts und Themen vorschlagen, die wahrscheinlich eine bestimmte Zielgruppe ansprechen.
- **The Grid.ai:** The Grid.ai verwendet GenKI, um Websites zu entwerfen, die sich an Inhalte und Benutzerinteraktion anpassen. Es analysiert Inhalte, um Designthemen vorzuschlagen, und ändert das Layout in Echtzeit, um sicherzustellen, dass die Website mit jedem Inhalt gut aussieht.
- **Firedrop:** Firedrop verwendet einen GenKI-Designassistenten namens Sacha, der mit Benutzern chattet, um ihre Designvorlieben und Inhaltsanforderungen zu verstehen. Sacha schlägt dann Website-Designs und -Layouts vor oder erstellt sie, die auf Ihre Antworten im Chat zugeschnitten sind.
- **Zyro:** Der GenKI-basierte Website-Builder Zyro bietet ein AI-Heatmap-Tool, das vorhersagt, worauf Besucher Ihrer Website ihre Aufmerksamkeit am wahrscheinlichsten richten werden. Diese Erkenntnisse helfen dabei, Vorlagen und Inhaltslayouts vorzuschlagen, mit denen Sie die Aufmerksamkeit Ihrer Besucher aufrechterhalten und Ihren Website-Verkehr proaktiv verwalten können.
- **B12:** B12 verwendet KI, um erste Website-Designs zu entwerfen, die dann von menschlichen Designern im Unternehmen verfeinert werden können. Diese GenKI verwendet branchenspezifische Trends und Benutzerpräferenzen, um geeignete Vorlagen und Themen vorzuschlagen.

GenKI-Tools können auch bei der Verwaltung von Inhalten für Ihre Website helfen. Beispielsweise können sie Bilder für die Verwendung im Web auswählen, zuschneiden und optimieren, was zu schnelleren Ladezeiten, geringeren Verzögerungen und einer höheren visuellen Attraktivität beiträgt.

Website-Texte mit Erkenntnissen von GenKI optimieren

GenKI kann Erkenntnisse liefern, die Ihnen dabei helfen, Website-Inhalte zu optimieren, um sowohl das Benutzererlebnis als auch die Leistung der Website zu verbessern. Hier einige Möglichkeiten, wie GenKI-Tools zur Inhaltsoptimierung beitragen können:

- ✔ **A/B-Tests:** GenKI kann mehrere Versionen von Website-Texten generieren, die in A/B-Testtools verwendet werden, um zu ermitteln, welche Version in Bezug auf Benutzerinteraktion und Konversionsraten besser abschneidet. Damit bleibt die Inhaltsoptimierung kein Rätselraten.
- ✔ **Inhaltslückenanalyse:** GenKI kann den Inhalt einer Website mit den Websites Ihrer Mitbewerber vergleichen, um Lücken zu identifizieren oder Bereiche, die in Ihrem Website-Text verbessert werden müssen. Dies hilft bei der Entwicklung von Inhaltsstrategien, die Ihre Angebote von denen Ihrer Mitbewerber abheben.
- ✔ **Automatisierte Inhaltserstellung:** GenKI kann schnell Inhalte für Abschnitte Ihrer Website generieren, die häufig aktualisiert werden müssen, wie zum Beispiel Nachrichtenaktualisierungen oder Blogbeiträge. Dies trägt dazu bei, den Inhalt der Website aktuell und relevant zu halten, ohne Sie oder Ihre Mitarbeiter zu überlasten.
- ✔ **Bild- und Videooptimierung:** GenKI kann die besten Bilder und Videos als Textbegleitung vorschlagen, deren Größe für schnellere Ladezeiten optimieren und sogar Alternativtexte für Barrierefreiheit und SEO erstellen.
- ✔ **Chatbots für sofortiges Feedback:** GenKI-gestützte Chatbots können in Echtzeit mit Website-Besuchern interagieren und sofortige Einblicke oder Antworten auf ihre Fragen, Bedenken und Vorlieben liefern, was Ihnen wiederum dabei hilft, relevante Inhaltsaktualisierungen zu schreiben und Ihr Website-Design zu verbessern.

Durch die Nutzung von Erkenntnissen auf Basis von GenKI können Website-Betreiber und Inhaltsersteller fundierte Entscheidungen zur Optimierung ihrer Website-Inhalte treffen und so sicherstellen, dass diese beim Publikum Anklang finden und die gewünschten Ziele erreichen.

Prüfen, ob es sinnvoll ist, GenKI-Chatbots zu Ihrer Website hinzuzufügen

Die Integration von GenKI-Chatbots in Ihre Website kann die Besucherinteraktion deutlich verbessern, indem sie sofortige Antworten auf Anfragen liefert und so ein allgemein besseres Kundenerlebnis bietet. Darüber hinaus können Chatbots viele Anfragen gleichzeitig bearbeiten, was den Arbeitsaufwand für Sie und Ihre Mitarbeiter verringert und möglicherweise die Kosten für den Kundendienst senkt.

Die Implementierung von GenKI-Chatbots bringt jedoch auch einige Herausforderungen mit sich. Einer der Hauptnachteile ist die Möglichkeit, dass ein Chatbot komplexe oder differenzierte Besucheranfragen falsch interpretiert, was zu falschen Antworten oder Frustration bei Ihrem Website-Besucher führt. Dies kann zu einer unterdurchschnittlichen

Erfahrung für Kunden führen, die möglicherweise anspruchsvollere Unterstützung benötigen, insbesondere in sensiblen Situationen, in denen ein menschliches Eingreifen erforderlich ist.

Darüber hinaus erfordern die anfängliche Einrichtung und das Training eines GenKI-Chatbots einen erheblichen Zeit- und Ressourcenaufwand. Es kann ein komplexer Prozess sein, sicherzustellen, dass der Chatbot mit Ihrer Markenstimme übereinstimmt und die Informationen und Dienste Ihres Unternehmens genau widerspiegelt. Außerdem besteht die Notwendigkeit, den Chatbot ständig zu überwachen und zu aktualisieren, um seine Wirksamkeit aufrechtzuerhalten und zu verhindern, dass er veraltete oder falsche Informationen liefert. Datenschutzbedenken sind ein weiterer Gesichtspunkt, da Chatbots Benutzerdaten sammeln und verarbeiten, was eine strikte Einhaltung der Datenschutzbestimmungen erforderlich macht. Sie müssen diese Faktoren sorgfältig abwägen, um festzustellen, ob die Vorteile eines GenKI-Chatbots für Ihre Website die potenziellen Nachteile überwiegen.

Logos und Slogans entwerfen

Ein starkes Logo und ein einprägsamer Slogan können Ihr Geschäft ankurbeln und eine Markenidentität schaffen. Allerdings ist es oft leichter gesagt als getan, ein markantes Logo oder einen für Ihre Zielgruppe optimalen Slogan zu entwickeln. GenKI kann mehrere Optionen zur Prüfung oder Vorschläge und Verfeinerungen Ihrer eigenen Ideen generieren.

Obwohl es bereits mehrere Bildgeneratoren auf dem Markt gibt, sind Sie möglicherweise erfolgreicher, wenn Sie einen verwenden, der auf die Erstellung von Logos und Slogans spezialisiert ist. GenKI-Modelle, die anhand riesiger Datensätze bestehender Logos, Slogans und Markenelemente trainiert wurden und die außerdem über relevante Fähigkeiten verfügen, die von der Analyse von Farbpaletten und Typografie bis hin zum Verständnis der Tonresonanz bei einer Zielgruppe reichen, erzeugen wahrscheinlich bessere Logos als Bildgeneratoren, die auf die Ausgabe fotorealistischer Bilder trainiert sind. Der Punkt ist hier, immer das beste GenKI-Tool für jede Aufgabe zu verwenden.

In diesem Abschnitt geht es um die Verwendung von GenKI im allgemeinen Sinne zur Erstellung von Inhalten zur Markenidentität.

Mit GenKI kreative Markenelemente generieren

Das Generieren kreativer Markenelemente mit GenKI umfasst das Erstellen oder Verbessern von Aspekten der Markenidentität wie Logos, Slogans, Namen und Marketingmaterialien. GenKI kann riesige Datenmengen analysieren, aus Designtrends lernen und komplexe Algorithmen anwenden, um einzigartige und ansprechende Markenelemente zu erstellen.

Nachfolgend einige Erläuterungen und Beispiele zur Verwendung von GenKI bei der Generierung kreativer Markenelemente:

- ✔ **Logodesign:** Grafikdesign-Tools auf GenKI-Basis können aus Ihren Eingaben Logos erstellen, die Informationen zu Ihren Markenwerten, Farbvorlieben und Ihrer Branche enthalten sollten. Plattformen wie Looka (Screenshot der Benutzeroberfläche in

Abbildung 9.2) und Tailor Brands (Screenshot der Benutzeroberfläche in Abbildung 9.3) verwenden beispielsweise GenKI, um Ihnen eine Vielzahl von Logooptionen anzubieten, indem sie verschiedene Schriftarten, Farben und Symbole kombinieren, die zur Identität Ihrer Marke passen.

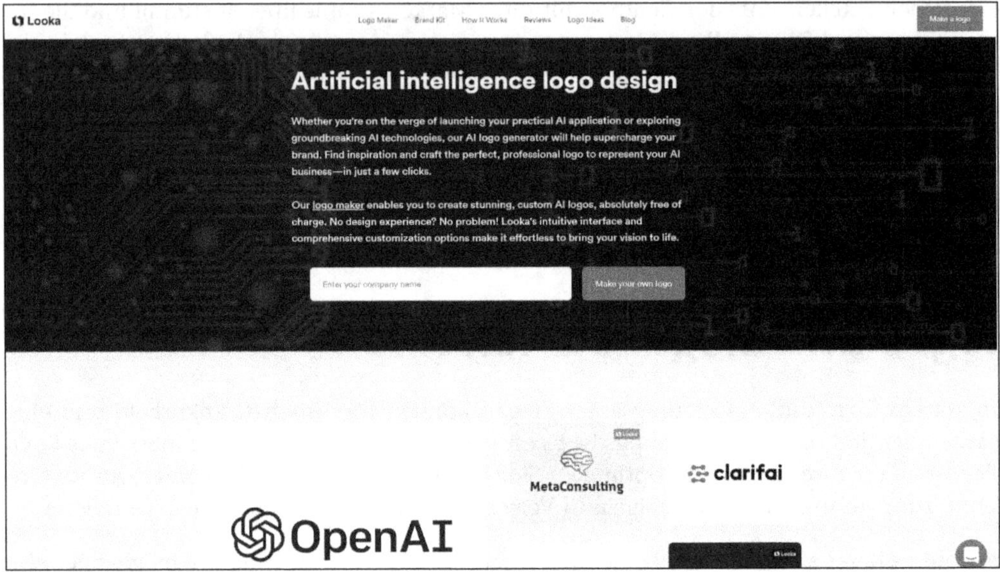

Abbildung 9.2: Benutzeroberfläche von Looka, einem GenKI-Bildgenerator, der auf die Erstellung von Logos spezialisiert ist.

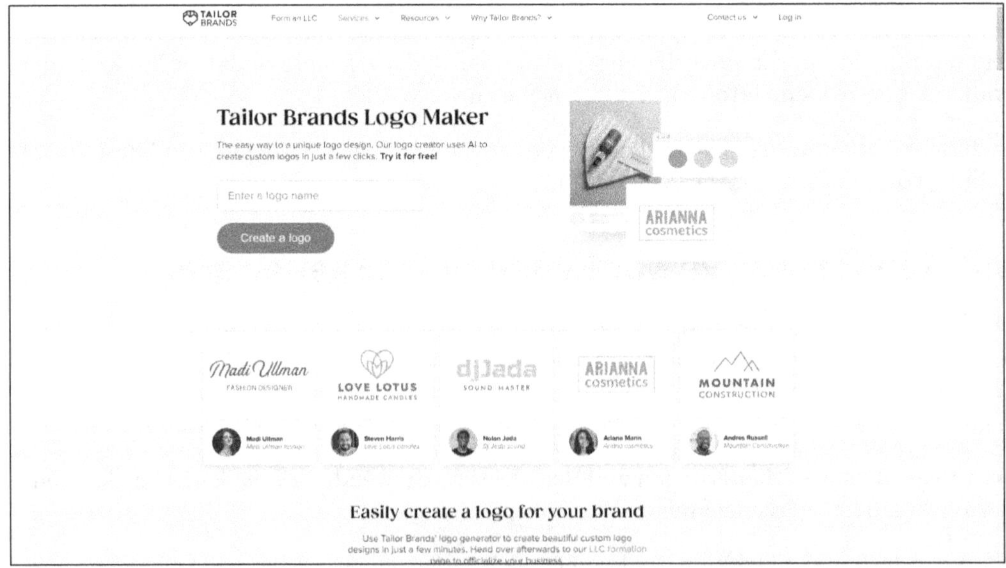

Abbildung 9.3: Tailor Brand, ein GenKI-Bildgenerator, der auf die Erstellung von Logos spezialisiert ist.

Beispiel: Ein Start-up in der Technologiebranche könnte Schlüsselwörter wie »Innovation«, »Technologie« und »Konnektivität« in ein Logodesign-Tool von GenKI eingeben, und dieses könnte eine Reihe von Logos mit Elementen wie Darstellungen von Schaltkreisen oder verbundenen Knoten generieren, die die Technologiebranche visuell darstellen.

- ✔ **Slogan-Generierung:** GenKI kann einprägsame und relevante Slogans generieren, indem sie die Mission, die Zielgruppe und die wichtigsten Verkaufsargumente einer Marke analysiert. GenKI-Textgeneratoren wie ChatGPT und Claude können eine Vielzahl von Slogan-Optionen erstellen, die Sie dann verfeinern und auswählen können.

  Beispiel: Eine nachhaltige Bekleidungsmarke könnte ein GenKI-Tool verwenden, um Slogans wie »Wear the Change« oder »Fashion with a Future« zu generieren und so ihr Engagement für Nachhaltigkeit zu betonen.

- ✔ **Markennamen:** Einen einzigartigen und aussagekräftigen Markennamen zu finden, ist eine Herausforderung, aber GenKI kann Ihnen schnell mehrere Optionen anbieten. GenKI-Textgeneratoren können Namensvorschläge machen, aber GenKI-Namensgebungstools wie Namelix und Atom (früher Squadhelp) gehen noch weiter. Diese Tools können Namen generieren, indem sie linguistische Muster, kulturelle Relevanz und Verfügbarkeitsprüfungen für Domains kombinieren.

  Beispiel: Ein GenKI-Tool könnte den Namen »EcoStride« für ein umweltfreundliches Schuhunternehmen kreieren, indem es die Konzepte Ökologie und Weiterentwicklung kombiniert. Diese Tools prüfen auch, ob die Domain verfügbar ist!

- ✔ **Erstellung von Marketingmaterial:** GenKI-Tools wie Persado und Phrasee können bei der Erstellung personalisierter Marketinginhalte wie E-Mail-Kampagnen, Social-Media-Beiträge und Werbetexte helfen. Viele dieser Tools können auch Kundendaten analysieren, um maßgeschneiderte Nachrichten zu verfassen, die bei bestimmten Zielgruppen Anklang finden.

  Beispiel: Eine Kosmetikmarke könnte GenKI nutzen, um personalisierte E-Mail-Kampagnen zu erstellen, die Produkte auf Grundlage der bisherigen Kaufhistorie vorschlagen, und zwar in einer Sprache, die die Vorlieben und Verhaltensweisen des jeweiligen Kunden widerspiegelt.

- ✔ **Produktdesign:** In einigen Fällen können GenKI-Tools wie Autodesk Generative Design und Adobe Sensei zum Design der eigentlichen Produkte beitragen. Durch die Analyse von Markttrends und Kundenfeedback kann GenKI Produktmerkmale, Farben und Stile vorschlagen, die den Kunden wahrscheinlich gefallen.

  Beispiel: Ein Möbelunternehmen könnte GenKI nutzen, um kommende Trends in der Inneneinrichtung vorherzusagen und eine Möbellinie zu entwerfen, die diese vorhergesagten Vorlieben berücksichtigt, beispielsweise hinsichtlich Farbschemata oder Materialien.

In all diesen Anwendungen fungiert GenKI als kreativer Partner, der große Mengen an Informationen verarbeiten und erste Ideen generieren kann, die dann von menschlichen Designern und Marketingexperten verfeinert und umgesetzt werden. Das Ziel besteht nicht darin, die menschliche Kreativität zu ersetzen, sondern sie durch die Datenermittlungsfunktionen von GenKI zu ergänzen, um so zu fundierteren und innovativeren Markenelementen zu gelangen.

Social-Media-Inhalte erstellen

Mit Hilfe von GenKI-Tools können Sie und Ihr Unternehmen auf sinnvollere und wirkungsvollere Weise mit dem Publikum in den sozialen Medien in Kontakt treten.

In diesem Abschnitt wird kurz erläutert, wie GenKI bei der Erstellung von Social-Media-Inhalten hilft. Aber wie immer sind Sie nicht auf die Methoden und Tools beschränkt, die Sie hier sehen. Werden Sie aktiv, und erstellen Sie Ihren eigenen GenKI-Pfad. In diesem Abschnitt finden Sie einige Wegweiser, auf die Sie dabei achten sollten!

Maßgeschneiderter GenKI-generierter Inhalt für Social-Media-Plattformen

Um effektives Engagement und Publikumswachstum zu erreichen, ist es unerlässlich, von GenKI generierte Inhalte für Social-Media-Plattformen anzupassen. Jede Plattform hat ihre eigene Kultur, Benutzererwartungen und Inhaltsformate, von den kurzen und knackigen Videos in TikTok bis zu den ausgefeilten und ausgewählten Feeds von Instagram. GenKI-Tools können die Nuancen dieser Plattformen analysieren und Erkenntnisse aus Daten nutzen, um maßgeschneiderte Inhalte zu erstellen, die bei der jeweiligen Zielgruppe Anklang finden. GenKI kann beispielsweise trendige Hashtags generieren, einprägsame Bildunterschriften erstellen, Videoskripte schreiben und die besten Zeiten zum Posten vorschlagen – alles zugeschnitten auf die Algorithmen und das Benutzerverhalten von Plattformen wie Facebook und X (Twitter).

Darüber hinaus spielt GenKIs Fähigkeit, Inhalte zu personalisieren, eine entscheidende Rolle dabei, Ihre Zielgruppe zu erreichen. Durch die Verarbeitung von Benutzerinteraktionsdaten kann GenKI Inhaltsvarianten vorschlagen, die unterschiedliche Segmente eines Publikums ansprechen, sei es durch Sprachstil, Bildauswahl oder Videolänge. Auf YouTube kann GenKI dabei helfen, Videotitel und -beschreibungen für die Suche zu optimieren; auf Instagram kann sie die Fotoästhetik verbessern, damit sie zum visuellen Thema einer Marke passt. Für TikTok kann GenKI Mikrovideos mit einer Mikrobotschaft vorschlagen, die genau den einprägsamen Kick liefern, den Ihre Marke braucht. Dieser hochgradig individuelle Ansatz verbessert nicht nur das Engagement der Benutzer, sondern stärkt auch die Präsenz der Marke in verschiedenen sozialen Medienlandschaften und stellt sicher, dass der Inhalt nicht nur Aufmerksamkeit erregt, sondern auch eine dauerhafte Verbindung zum Publikum aufbaut.

Strategien für GenKI-optimierte virale Social-Media-Beiträge

Das Erstellen viraler Social-Media-Posts ist eine Mischung aus Kunst und Wissenschaft. GenKI-Tools bieten den Erstellern leistungsstarke Tools, um die Reichweite und Botschaft ihrer Inhalte zu verstärken. Eine effektive Strategie, die Sie verwenden können, ist die Nutzung von GenKI zur Analyse von Mustern in viralen Inhalten zu ähnlichen Themen oder innerhalb der Zielgruppe. Wenn GenKI versteht, welche Arten von Inhalten – wie emotional aufgeladene Videos, humorvolle Memes oder inspirierende Geschichten – tendenziell gut ankommen, kann sie Sie beim Erstellen von Posts unterstützen, die den gleichen viralen Nerv treffen. Ein GenKI-Tool könnte beispielsweise vorschlagen, eine trendige Tanz-Challenge in ein TikTok-Video für eine Modemarke einzubauen, da es Muster erkennt, die darauf hindeuten, dass diese Art von Videos in der Community der Plattform viel Engagement und viele Shares erhält.

Eine weitere Strategie besteht darin, GenKI zur Echtzeit-Trenderkennung und schnellen Inhaltsanpassung zu verwenden. Social-Media-Trends können schnell entstehen und sich weiterentwickeln, und GenKI-Tools können diese Veränderungen überwachen und die Ersteller frühzeitig darauf aufmerksam machen, auf einen trendigen Hashtag oder ein trendiges Thema aufzuspringen, bevor es seinen Höhepunkt erreicht. Beispielsweise könnte ein GenKI-Tool einen Food-Blogger auf Instagram über einen plötzlichen Anstieg der Posts über ein bestimmtes Superfood informieren und ihn dazu veranlassen, zeitnahe und relevante Inhalte wie Rezepte oder Ernährungstipps zu erstellen, wodurch die Wahrscheinlichkeit steigt, dass der Post viral geht.

Darüber hinaus kann GenKI den Zeitpunkt und die Ausrichtung von Posts optimieren. Durch die Analyse von Benutzeraktivitätsdaten können GenKI-Modelle vorhersagen, wann ein Post mit größter Wahrscheinlichkeit von einem möglichst großen Publikum gesehen und wahrgenommen wird. Wenn Sie beispielsweise Inhalte auf YouTube erstellen, können Sie GenKI verwenden, um den besten Tag und die beste Uhrzeit für die Veröffentlichung eines neuen Videos zu bestimmen, während Facebook-Seitenmanager GenKI-Erkenntnisse verwenden können, um Posts zu planen, die mit Zeiten mit hoher Benutzerinteraktion zusammenfallen. Darüber hinaus kann GenKI Zielgruppen segmentieren und Inhalte auf bestimmte Gruppen zuschneiden, zum Beispiel indem auf Plattformen wie Twitter Posts mit regionalem Slang oder lokalen Bezügen verfasst werden, um bei Benutzern in einem bestimmten geografischen Gebiet Anklang zu finden. Durch die Kombination dieser GenKI-gesteuerten Strategien können Sie das Potenzial Ihrer Posts, viral zu werden, erheblich steigern.

Wiederverwendung von Social-Media-Inhalten mit GenKI

GenKI kann den Prozess der Wiederverwendung von Social-Media-Inhalten erheblich rationalisieren. Mit GenKI kann ein einzelnes Inhaltselement, beispielsweise ein längeres YouTube-Video, intelligent in kleinere, plattformspezifische Teile zerlegt werden. GenKI-Tools können wichtige Momente oder Datenpunkte identifizieren, gesprochene Wörter transkribieren und sogar spezifische Bearbeitungen vorschlagen, um benutzerdefinierte

Snippets für Instagram-Reels oder TikTok-Videos zu erstellen. Beispielsweise könnte GenKI Daten zur Zuschauerinteraktion analysieren, um die wirkungsvollsten Teile des Videos zu ermitteln und dann automatisch kürzere Clips zu generieren, die diese Momente hervorheben und für die Veröffentlichung auf Plattformen optimiert sind, auf denen kürzere Inhalte am besten funktionieren.

Darüber hinaus kann GenKI dabei helfen, Ton und Stil von Inhalten an verschiedene Social-Media-Plattformen anzupassen. Durch die Analyse erfolgreicher Posts auf jeder Plattform können KI-Tools Vorschläge zu Sprache, Hashtags und visuellen Elementen machen, die beim Publikum dort gut ankommen. Ein LinkedIn-Artikel mit einem formellen Ton kann von GenKI in eine Reihe von lockeren, umgangssprachlichen Tweets umgewandelt werden, oder sie kann dabei helfen, eine visuell ansprechende Pinterest-Grafik zu erstellen, die dieselben Informationen in einem grafikorientierteren Format vermittelt. Beispielsweise kann ein von GenKI betriebenes Content-Management-System wie Lately.ai einen gut aufgenommenen technischen Blogpost analysieren und Änderungen an Text und Bildern vorschlagen, um ihn für eine visueller orientierte Plattform wie Instagram geeignet zu machen.

Und schließlich können die prädiktiven Analyse- und maschinellen Lernfunktionen von GenKI dafür sorgen, dass wiederverwendeter Inhalt aktuell und relevant bleibt. GenKI kann Trends analysieren, interessante Themen vorhersagen und vorschlagen, wann Evergreen-Inhalte wieder eingeführt oder mit neuen Erkenntnissen aktualisiert werden sollten. Sie kann auch saisonale Muster und Ereignisse verfolgen und die Wiederverwendung von Inhalten anregen, um sie an bevorstehende Feiertage oder Branchenereignisse anzupassen. Ein GenKI-System kann beispielsweise empfehlen, eine beliebte Social-Media-Kampagne aus dem Vorjahr mit aktuellen Statistiken und Trends aufzufrischen und so sicherzustellen, dass der wiederverwendete Inhalt für das Publikum frisch und ansprechend bleibt.

Fallstricke und Boxenstopps

Die Verwendung von GenKI zur Erstellung großer Mengen kurzer Inhalte kann mehrere Gefahren mit sich bringen, die die Qualität und Glaubwürdigkeit untergraben. Ein erhebliches Risiko ist die Möglichkeit, ungenaue oder irreführende Informationen zu generieren. Obwohl GenKI große Datenmengen verarbeiten und menschliches Schreiben nachahmen kann, versteht sie möglicherweise nicht immer Kontext oder Nuancen, was zu sachlichen Fehlern oder falschen Darstellungen führt. Dies ist insbesondere bei Themen problematisch, die Fachwissen, aktuelles Wissen oder kulturelle Bezüge erfordern. Darüber hinaus können von GenKI generierte Inhalte ohne entsprechende Aufsicht unbeabsichtigt die in den Trainingsdaten vorhandenen Vorurteile aufrechterhalten, was zu unsensiblen oder anstößigen Inhalten führt, die möglicherweise den Ruf einer Marke schädigen und Teile des Publikums abschrecken.

Eine weitere Gefahr besteht darin, dass die Stimme und Einzigartigkeit einer Marke verloren geht. GenKI-Tools könnten Inhalte produzieren, denen der unverwechselbare Ton oder Stil fehlt, der eine Marke auszeichnet. Das Ergebnis sind generische oder monotone Inhalte, die sich in einem überfüllten Markt oder in der digitalen Landschaft nicht hervorheben.

Darüber hinaus kann die Überproduktion von Inhalten zu einer Sättigung führen, bei der die Nutzer von der schieren Menge ähnlich aussehender Beiträge überwältigt werden, was zu einer abnehmenden Wirksamkeit von Social-Media-Strategien führt. Diese Inhaltsmüdigkeit kann es für Marken schwieriger machen, relevante Verbindungen zu ihrem Publikum aufrechtzuerhalten, da die persönliche Note, die oft den Erfolg in sozialen Medien ausmacht, in einem Meer von GenKI-generierten Beiträgen verloren geht. Um diese Risiken zu mindern, ist es für Sie von entscheidender Bedeutung, GenKI-Funktionen mit menschlicher Aufsicht zu kombinieren und sicherzustellen, dass jeder Inhalt mit den Werten, der Stimme der Marke und den Erwartungen Ihres Publikums übereinstimmt und dass der Inhalt Sie oder Ihr Unternehmen von der Konkurrenz abhebt.

Grenzen und Risiken von GenKI in Kurzinhalten

Das Erkennen der Grenzen und Risiken von KI bei der Erstellung von Kurzinhalten ist entscheidend, um die Integrität der Inhalte und das Vertrauen des Publikums zu wahren. GenKI-Modelle sind ausgefeilt, verfügen jedoch nicht über die menschliche Fähigkeit, Feinheiten, Kontexte und die komplexen soziokulturellen Nuancen zu verstehen, die eine effektive Kommunikation ausmachen. Sie sind durch die Daten eingeschränkt, mit denen sie trainiert wurden und auf die sie Zugriff haben, was zu Inhalten führen kann, denen es an Tiefe mangelt oder die das jeweilige Thema nicht vollständig erfassen. Diese und andere Risiken werden in Kurzinhalten verstärkt, bei denen jedes Wort zählt und wenig Spielraum für Fehler oder Fehlinterpretationen besteht.

Darüber hinaus kann eine übermäßige Abhängigkeit von GenKI bei der Inhaltserstellung zu einer Monotonie im Hinblick auf Stimme und Perspektive führen, da das einzigartige kreative Flair und die persönlichen Erkenntnisse, die eine Marke von einer anderen unterscheiden, mit automatisierten Mitteln nur schwer reproduziert werden können. Dies kann zu einem Verlust an Authentizität führen, einem wichtigen Faktor für das Engagement in sozialen Medien und bei anderen Zielgruppen. Außerdem können die Leichtigkeit und die Geschwindigkeit, mit der GenKI Inhalte produziert, dazu führen, dass mehr Quantität als Qualität entsteht, was die Zielgruppe mit einer Flut von Inhalten überfordert, die keinen echten Wert oder keine Relevanz haben. Einfach ausgedrückt: Maschinen sind keine Menschen, und wenn Sie nicht aufpassen, wird das Publikum bald merken, dass Sie es mit maschinengesteuerten Inhalten überhäufen. Die Verbraucher reagieren häufig ablehnend gegenüber dem Einsatz von GenKI, was fast nie zu einem glücklichen Ausgang für die Unternehmen führt.

Ethische Überlegungen und Qualitätskontrolle

Ethische Überlegungen bei der Verwendung von GenKI zur Erstellung kurzer Inhalte sind von größter Bedeutung, da die Fähigkeit der Technologie, Informationen in großem Umfang zu generieren, mit erheblichen Verantwortlichkeiten einhergeht. Eine der wichtigsten ethisch motivierten Aufgaben besteht darin, die Genauigkeit und Wahrhaftigkeit der von GenKI generierten Inhalte sicherzustellen. Da GenKI-Tools vorhandene Daten verbreiten können, ohne deren Richtigkeit feststellen zu können, besteht das Risiko, falsche oder irreführende Informationen zu veröffentlichen. Darüber hinaus muss GenKI sorgfältig überwacht werden, um die Ausbreitung von Vorurteilen, Stereotypen oder diskriminierender Sprache zu verhindern, die in den Trainingsdatensätzen vorhanden sein könnten. Um sicherzustellen, dass von GenKI generierte Inhalte ethischen Standards entsprechen, sind Transparenz über die Verwendung von GenKI sowie kontinuierliche Bemühungen zur Diversifizierung der Trainingsdaten und zur Implementierung von Fairness-Protokollen erforderlich.

Die Qualitätskontrolle ist ein weiterer wichtiger Aspekt bei der Verwendung von GenKI zur Inhaltserstellung. Obwohl GenKI große Mengen an Inhalten effizient produzieren kann, ist menschliche Kontrolle unerlässlich, um die Qualität der Ausgabe aufrechtzuerhalten. Sie müssen das von GenKI erstellte Material regelmäßig überprüfen, um sicherzustellen, dass es mit den Werten und der Stimme Ihrer Marke sowie der Qualität oder den Standards übereinstimmt, die das Publikum erwartet. Dazu gehört die Überprüfung auf Richtigkeit, Grammatikfehler, Kontextrelevanz und Markenkonsistenz. Die Einführung strenger Überprüfungsprozesse und Qualitätskontrollen kann dazu beitragen, das Risiko zu verringern, dass das Vertrauen des Publikums aufgrund minderwertiger Inhalte untergraben wird.

IN DIESEM KAPITEL

Bild-, Ton- und Videoqualität mit GenKI verbessern

Multimedia-Kreationen erstellen

Innovationen, Bilden und Klanglandschaften mit GenKI schaffen

Kapitel 10
Mit GenKI Bilder, Musik und Videos erstellen

Für die Zwecke der Diskussion in diesem Kapitel spreche ich über zwei unterschiedliche Benutzergruppen: Content-Ersteller und Künstler. Content-Ersteller konzentrieren sich in der Regel auf die Produktion einer großen Menge an Material, das das Publikum fesseln und bestimmte Ergebnisse wie Klicks oder Verkäufe erzielen soll, wobei sie häufig Trends und SEO-Strategien verwenden. Künstler hingegen legen den Schwerpunkt auf persönlichen Ausdruck und Kreativität und versuchen, durch originelle und innovative Werke, die möglicherweise von kultureller Bedeutung sind, Emotionen und Gedanken hervorzurufen. Ich behandle sie getrennt, weil ihre Projekte und Ziele stark voneinander abweichen und sie dieselben GenKI-Tools auf sehr unterschiedliche Weise verwenden.

Für Content-Ersteller kann GenKI eine schnelle und brillante Lösung sein, um ihren Bedarf an Illustrationen, Diagrammen und Grafiken, Form und Design sowie anderen Darstellungen zu decken, die das Publikum aufklären, informieren und fesseln. Ähnlich wie heutige Smartphone-Kameras, die atemberaubend scharfe und leicht bearbeitbare Bilder produzieren, produziert GenKI Kunst und Objekte, die jeden im Handumdrehen wie einen Profi aussehen lassen. Für diese Gruppe ist GenKI-Kunst zweifellos sowohl atemberaubend als auch »gut genug« – und oft auch kostenlos oder wirklich sehr günstig. Was könnte besser sein?

Für die Künstler unter uns sind die von GenKI produzierten Bilder oft atemberaubend schön und absolut faszinierend. Künstler und Fotografen sind beim ersten Anblick normalerweise von einer solchen Leistung einer Maschine überwältigt. Doch auf die Ehrfurcht folgt oft überwältigende Bestürzung über die scharfe Klarheit, die intensiven Farben, die realistische Textur, die perfekte Komposition und den Anschein von Kreativität in solchen Werken. Fast alle Kreativen empfinden einen tiefen Verlust ihres Handwerks und ihrer selbst.

Diese generative Kraft nutzt Mathematik, um die Kunst zu erobern, was die Angst hervorruft, dass sie sowohl die Existenzberechtigung der Künstler als auch ihr Einkommen vernichten wird. Was könnte schlimmer sein?

In diesem Kapitel möchten wir Ihnen zeigen, wie Sie erfolgreich sein und Ihre Karriere voranbringen können, indem Sie mehr aus GenKI-Modellen herausholen, egal, ob Sie Content-Ersteller oder Künstler sind. Wenn Sie Content-Ersteller sind, entdecken Sie mehr Ausgabeoptionen, Anleitungen zum Anpassen von Bildern und einige Möglichkeiten, um eine bessere Bild-Inhalt-Anpassung zu erzielen, um Ihren Standpunkt zu verdeutlichen oder Ihren Inhalt zu erweitern. Wenn Sie Künstler sind, entdecken Sie Möglichkeiten, Ihre kreative Vision in digitale Form zu übertragen, Ihrem eigenen Talent und Stil treu zu bleiben und GenKI als Werkzeug zu beherrschen, statt sich ihr zu ergeben.

Vorbereitungen für das kreative Schaffen mit GenKI

Der erste Schritt besteht darin, das richtige Modell für die Arbeit auszuwählen, die Sie erledigen möchten. Stellen Sie sich das so vor, als würden Sie den richtigen Pinsel für eine bestimmte Aufgabe auswählen. Ein breiter Pinsel eignet sich gut dazu, die Leinwand mit einer Hintergrundfarbe zu bedecken. Ein sehr schmaler Pinsel eignet sich besser dazu, bei einem Porträt eine dünne Linie auf ein menschliches Gesicht zu zeichnen. Das von Ihnen gewählte GenKI-Modell beeinflusst das Ergebnis Ihrer digitalen Striche genauso sehr, wie der Pinsel das Ergebnis der Striche auf einer Leinwand beeinflusst.

Doch es ist nicht nur das Werkzeug, das ein Kunstwerk ausmacht. Das Talent des Künstlers bestimmt bestimmt 98 Prozent des fertigen Werks. Das lässt sich leicht erkennen, wenn man Künstler beobachtet, die mit unkonventionellen Mitteln atemberaubende Kunstwerke schaffen, indem sie Werkzeuge wie Schwämme, Rechen, Abfall und Sprühfarbe auf einer Vielzahl von Untergründen anwenden, wie etwa auf der Oberfläche eines frisch gebrühten Kaffees, exquisitem Gebäck, winzigen Fingerhüten und Wandgemälden, die ganze Gebäudefronten einnehmen.

Sehen Sie sich Abbildung 10.1 als Beispiel dafür an, dass der kreative Ausdruck des Menschen nicht durch Medien eingeschränkt wird. Es ist ein Pferd, das aus einem Medium (Schrott) hergestellt und unter Anleitung eines menschlichen Künstlers (mir) in einem anderen Medium (ChatGPT-4o) gerendert wurde. Kunst kann buchstäblich aus allem gemacht werden, aber sie kann nicht ohne einen Künstler gemacht werden. GenKI ist kein Künstler, sondern ein Medium.

Ob diese Darstellung nun wirklich meine eigene Schöpfung ist oder ob GenKI als Antwort auf meinen Prompt das Werk eines anderen Künstlers geliefert hat, ist eine ganz andere Frage. Und diese Frage ist der Kern rechtlicher Aspekte zu Urheberrecht und geistigem Eigentum. Seien Sie vorsichtig. Stellen Sie sicher, dass Sie nicht versehentlich das Werk einer anderen Person beanspruchen oder verwenden.

Abbildung 10.1: Pferd aus Schrott. (*Kunstwerk erstellt von ChatGPT-4o (Omni)*)

Kunst geht über bestimmte Werkzeuge und Medien hinaus, wird aber immer vom Können und der kreativen Vision des Künstlers geprägt. Betrachten wir nun, wie diese Tatsache die Wahrnehmung von GenKI in den Augen des Content-Erstellers und des Künstlers prägt.

Wenn sich der durchschnittliche Content-Ersteller die künstlerischen Fähigkeiten von GenKI ansieht, konzentriert er sich normalerweise auf die Effektivität und Benutzerfreundlichkeit des Tools. Und er verlässt sich schnell und erleichtert darauf, dass es seinen eigenen (tatsächlichen oder vermeintlichen) Mangel an künstlerischem Talent oder Zeit ausgleicht. An diesem Ansatz ist nichts auszusetzen. Sie können sich von GenKI bei der Erstellung dessen, was Sie brauchen, leiten lassen. Die meisten Bildgeneratoren sind hervorragende Anleitungen und passen ihre Renderings schnell an Ihre weiteren Anweisungen (Prompts) an. Sie werden in wenigen Augenblicken sehen, wie das geht.

Im Moment möchte ich, dass Sie sich darauf konzentrieren, wie Sie GenKI wahrnehmen und wie nützlich sie für Ihre Arbeit ist. Zunächst müssen Sie angeben, wonach Sie eigentlich suchen, und sei es nur für sich selbst. So können Sie GenKI effektiv anweisen, Ihnen eine scheinbar endlose Auswahl an Bildoptionen zur Auswahl zu präsentieren, die Sie prüfen und verwenden können.

Wenn dagegen Künstler die künstlerischen Möglichkeiten von GenKI betrachten, beurteilen sie das Werkzeug typischerweise als ihrem eigenen Talent ebenbürtig oder überlegen. Dabei vergessen sie völlig, zumindest im Moment, dass es der Künstler und nicht das Werkzeug ist, der das Werk definiert, lenkt und letztlich schafft.

Mit anderen Worten, man neigt dazu zu vergessen, dass man ein Werkzeug und keinen Künstler betrachtet. Hinter dem Bild (der Ausgabe der GenKI) steckt definitiv ein Künstler, aber da andere Künstler dazu neigen, von der Ausgabe der GenKI abgelenkt zu werden, sehen sie den Zauberer hinter dem Vorhang nicht. Es ist Zeit für Sie, den Zauberer zu sehen. Es ist Zeit für Sie, der Zauberer zu *sein*.

Damit das passiert, müssen Sie Ihre Wahrnehmung von GenKI ändern. Verankern Sie sie in Ihrem Gedächtnis als Werkzeug und nicht als konkurrierenden Künstler. Denken Sie darüber nach, wie Sie das Werkzeug an Ihre Arbeit anpassen können, aber denken Sie gar nicht erst daran, Ihre Arbeit an das Werkzeug anzupassen.

Das Geheimnis, wenn Sie mit GenKI kreative Bilder, Audio- und Videodateien erstellen möchten, liegt darin, dass Sie Ihre kreative Vision klar artikulieren und erklären, wie Sie sie umsetzen möchten. Der Rest besteht nur darin, den Umgang mit dem Tool zu erlernen.

Schreibanregungen zum Erstellen künstlerischer Ergebnisse

Es gibt zwei grundlegende Ansätze, um ein künstlerisches Bild als Ausgabe zu erzeugen. Im Wesentlichen folgen sie den beiden Schöpfungsformen, sei es für Kunst, Produktion oder die Matschgrube eines Kindes im Garten. Die beiden Schöpfungsformen sind *subtraktiv* und *additiv*:

- ***Subtraktiv*** bedeutet, mit etwas zu beginnen und davon nach und nach etwas zu entfernen, bis man das gewünschte Werk erreicht. »Ich sah den Engel im Marmor und meißelte, bis ich ihn befreit hatte«, soll der berühmte Renaissance-Bildhauer Michelangelo Buonarroti sein Vorgehen erklärt haben.

- ***Additiv*** bedeutet, mit etwas zu beginnen und mehr hinzuzufügen, bis Sie das gewünschte Werk erreicht haben. Beispielsweise können Sie eine Hintergrundfarbe auf die gesamte Leinwand malen und dann schichtweise Details und Farben hinzufügen, bis das Gemälde fertig ist.

Der Unterschied lässt sich auch anhand eines Töpfers erklären, der eine Vase aus Ton herstellt. Der Künstler kann Ton hinzufügen (additive Methode), um dem Objekt Griffe zu geben oder Details hinzuzufügen, die über das Grundobjekt hinausragen. Der Töpfer kann aber auch Ton entfernen (subtraktive Methode), um Details in den Sockel zu schnitzen oder die Form der Vase zu verfeinern. Der Töpfer kann also bei der Herstellung eines beliebigen Tonwerks eine oder beide Methoden verwenden.

Auch die Aufforderung zur Erstellung von Bildern, Audio- und Videomaterial, Drehbüchern und anderen künstlerischen Werken folgt einem oder beiden dieser Wege. Sie können frei entscheiden, wie Sie mit Ihrem Prompt fortfahren möchten. Es gibt jedoch Muster, wie verschiedene Arten von Kreativarbeitern normalerweise an die Aufgabe herangehen. Lesen Sie weiter.

Verschiedene Prompts für verschiedene Arten von Erstellern

Es gibt keine allgemeingültigen Anweisungen zum Generieren bestimmter Bilder, Musik, Videos oder anderer kreativer Werke. Das liegt zum Teil an den Unterschieden in den GenKI-Modellen, aber auch an den unterschiedlichen Entwicklern, die die Prompts schreiben, und ihren Endzielen.

Für manche Leute sind GenKI-Renderings meist von Anfang an gut genug, mit nicht mehr als ein oder zwei Optimierungen in der Prompt-Kette. Für ernsthafte Künstler, die dieses neue Medium beherrschen wollen, sind GenKI-Ausgaben in der Regel alles andere als perfekt, und es liegt viel Arbeit vor ihnen, um diese Kreationen der ursprünglichen Vision des Künstlers immer näher zu bringen. Für andere Künstler, die erkennen, dass GenKI-Ausgaben nur das Basismedium sind, aus dem sie Elemente herausarbeiten oder zu dem sie etwas hinzufügen, um ihre Visionen umzusetzen, ist die Ausgabe im Allgemeinen weder ein Wunder noch eine tiefe Enttäuschung.

Überlegen Sie, warum diese Bewertungen der GenKI-Ergebnisse so unterschiedlich sind.

Ein *Content-Ersteller*, auch *Content Creator* genannt, ist eine Person oder Entität, wie zum Beispiel Software und GenKI-Modelle, die maßgeblich an der Erstellung, Entwicklung und Bearbeitung von Inhalten für verschiedene Zwecke beteiligt ist. Diese Inhalte können viele Formen haben, insbesondere

- ✔ Artikel und Blogbeiträge
- ✔ Videos für Plattformen wie YouTube oder TikTok
- ✔ Social-Media-Beiträge für Plattformen wie Instagram, Facebook oder X (früher Twitter)
- ✔ Podcasts, Webinare und Audioaufnahmen
- ✔ Fotografie und visuelle Gestaltung für Anzeigen und Werbematerialien
- ✔ Infografiken und Datenvisualisierungen
- ✔ Online-Kurse und Lehrmaterialien
- ✔ Musik- und Audioproduktionen
- ✔ Nachrichtenberichte
- ✔ Wissenschaftliche Berichte
- ✔ Lehrbücher und Unterrichtsmaterialien

Content-Ersteller konzentrieren sich häufig darauf, ansprechendes, informatives oder unterhaltsames Material zu erstellen, das ein Publikum anziehen und binden soll. Inhalte sind in der Regel nur für eine begrenzte Zeit ansprechend oder relevant. GenKI kann Content-Erstellern dabei helfen, ihre Ziele in Rekordzeit zu erreichen. Content-Ersteller können dann entscheiden, ob sie den Inhalt unverändert verwenden oder ihn nach ihren Wünschen anpassen möchten. In jedem Fall beschleunigt GenKI den Prozess und führt zu einem zufriedenstellenden Ergebnis.

Im Vergleich dazu sind *Künstler* traditionell damit beschäftigt, sich selbst auszudrücken oder konzeptionelle Ideen durch ihre Kunst zu vermitteln, wobei sie oft persönlichen Ausdruck, Ästhetik oder die Erforschung komplexer Themen in den Vordergrund stellen. Kunst kann viele Formen annehmen, darunter Malerei, Skulptur, Performance, Musik und mehr, und muss nicht unbedingt digital oder für den Online-Konsum bestimmt sein. Die Werke von Künstlern werden oft in Galerien, Museen, Konzerten oder Theatern ausgestellt beziehungsweise aufgeführt, können aber auch online geteilt werden.

Künstler orientieren sich möglicherweise nicht an denselben Erfolgskriterien wie Content-Ersteller. Sie legen oft Wert auf kritische Anerkennung, künstlerische Wirkung und die emotionale oder intellektuelle Reaktion, die ihre Arbeit hervorruft. Die Arbeit eines Künstlers ist in der Regel weniger an Trends gebunden und eher mit dem breiteren Diskurs der Kunstgeschichte, kulturellen Kommentaren oder persönlichen Erfahrungen verbunden. Diese Gruppe verwendet ganz andere Prompts als Content-Ersteller, da Künstler beabsichtigen, ein sehr originelles Werk zu schaffen, das auf spezifischen Werten und Prozessen basiert, die für den jeweiligen Künstler und seine Vision einzigartig sind. Aber selbst innerhalb dieser Gruppe verzweigen sich die Prompting-Techniken; einige dienen dazu, die GenKI-Renderings zu verfeinern, während diejenigen, die den anderen Weg einschlagen, versuchen, die richtige Basis oder Grundlage zu schaffen, auf der der Künstler andere Mittel einsetzen kann, um seine Schöpfung zu vollenden. Künstler, die diesen zweiten Weg wählen, verwenden GenKI beispielsweise möglicherweise nur, um Studien oder vorläufige Skizzen anzufertigen, bevor sie ein vollständiges Gemälde auf traditioneller Leinwand anfertigen. Das reale Gemälde kann dann in digitaler Form erfasst werden, um es zu teilen oder damit der Künstler das Bild weiter bearbeiten kann.

Die Kunst des künstlerischen Prompts

Wenn man diese Definitionen der Gruppen im Hinterkopf behält, wird es einfacher zu verstehen, wie sich jede Gruppe dem Prompting nähert. Die folgenden Abschnitte behandeln die Herangehensweisen von Content-Erstellern und Künstlern an das Prompting und zeigen eine einfache, allgemeine Struktur, der Sie beim künstlerischen Prompting folgen können.

Warum die subtraktive Methode zur Inhaltserstellung funktioniert

Im Allgemeinen neigen Content-Ersteller dazu, die subtraktive Methode zu verwenden, während Künstler bei der Verwendung von GenKI eher die additive Methode einsetzen.

Das liegt daran, dass Content-Ersteller eher eine vage Vorstellung von dem Bild haben, das sie erstellen möchten, und daher häufig mit einem einfachen und allgemeinen Prompt beginnen. Nachdem das Modell ein oder mehrere Bilder ausgegeben hat (je nach Prompt und Modell), neigen Content-Ersteller dazu, eines auszuwählen, das sie verwenden möchten, oder sie beginnen, eine Reihe von Prompts zu erstellen, um die Elemente des Bildes zu reduzieren und »in die Nähe« ihrer lose definierten visuellen Idee zu kommen. Mit Ausnahme der völlig zwanghaften Typ-A-Persönlichkeiten entscheiden sich Content-Ersteller oft für ein Bild, das sie für »gut genug« halten, statt länger nach dem »perfekten« Bild zu suchen. Daran ist nichts auszusetzen; es ist eine absolut legitime Methode, eine Aufgabe mit GenKI-Bildgeneratoren effizient und professionell zu erledigen.

Ein Beispiel-Prompt könnte lauten: »Zeige mir Bilder von Kindern, die auf der Straße spielen.« Ein Folge-Prompt könnte lauten: »Entferne die Mülltonnen und Hydranten«, was subtraktiv ist. Natürlich können Content-Ersteller auch die additive Methode oder eine Kombination aus beiden verwenden, zum Beispiel indem sie das Modell auffordern, die städtische Szene zu entfernen und durch eine ländliche Umgebung zu ersetzen. Der Punkt ist hier, dass Content-Ersteller dazu neigen, etwas Allgemeines vorzuschlagen und das Modell von dort aus die allgemeine Richtung der Bilder bestimmen zu lassen.

Warum die additive Methode für künstlerische Anregungen besser ist

Künstler sind mit diesem Ansatz selten zufrieden, obwohl fast alle es bei ihren ersten Begegnungen mit GenKI versuchen. Das liegt daran, dass den Leuten beigebracht wird, dass sie das, was sie wollen, vorgeben sollen, und GenKI es ihnen in einem Hauch technologischer Magie liefert. So funktioniert es nicht ganz.

Bleiben wir bei unserem Beispiel der Bildgenerierung: Künstler haben ein bestimmtes Bild im Kopf und möchten, dass GenKI eine perfekte Übereinstimmung liefert. Aber es ist nicht einfacher, dieses Bild aus Ihrem Kopf zu holen und es über GenKI auszugeben, als es in ein traditionelles Gemälde zu übertragen. Die gute Nachricht ist, dass Sie Schritte unternehmen können, um die Bildausgabe Ihrem Ideal näher zu bringen.

Beginnen Sie damit, Ihren eigenen Entstehungsprozess eines Gemäldes oder Fotos genau unter die Lupe zu nehmen und ihn in Schritte aufzuteilen. Sie kennen vielleicht bereits die Schritte von Ihrer ersten Idee bis zum fertigen Werk, anders als viele andere Künstler und Fotografen, die eher instinktiv als in strukturierten Schritten vorgehen. Arbeiten Sie in jedem Fall daran, möglichst viele dieser Schritte zu bestimmen und dann in einen oder mehrere Prompts umzuwandeln, und zwar auf eine Weise, die für das von Ihnen verwendete GenKI-Tool und die Endform Ihrer Kreation sinnvoll ist. Dies erfordert einiges Experimentieren mit GenKI-Tools und Prompts, bis Sie herausgefunden haben, was für Sie am besten funktioniert.

Wenn Sie beispielsweise normalerweise mit dem Malen beginnen, indem Sie zuerst eine Hintergrundfarbe auf die gesamte Leinwand auftragen, sollten Sie dies als ersten Prompt ausprobieren. Machen Sie dann den nächsten Schritt in Ihrem Prozess zum nächsten Prompt und so weiter. Sie können die Ausgabe des Modells auch während des Malens korrigieren, so wie Sie einen Fehler in einem echten Gemälde korrigieren würden, sobald er aufgetreten ist.

Wenn Sie Ihren Prozess in den Prompts abgeschlossen haben, sollte das GenKI-Modell ein Bild erstellen, das genau Ihrer kreativen Vision entspricht oder zumindest nahe daran ist. Wenn die Ergebnisse weit von dem entfernt sind, was Sie erhofft oder benötigt haben, sollten Sie ein anderes GenKI-Modell verwenden, bis Sie ein Modell finden, das besser zu Ihrem persönlichen Stil und Ihren Prozessen oder der Art des Bildes passt, das Sie erstellen möchten.

Mit einer klaren Prompt-Struktur arbeiten

Um einen überzeugenden und effizienten Prompt zur Erstellung eines Bildes nach Ihren Vorgaben zu formulieren, müssen Sie klar, präzise und detailliert beschreiben, was Sie möchten. Hier ist eine Struktur, die als allgemeine Anleitung zur Eingabe von Bildern dient. Denken Sie jedoch daran, dass sie an Ihren Prozess und Ihre kreative Vision angepasst werden muss:

Thema und Motiv: Definieren Sie das Motiv des Bildes klar. Worauf liegt der Hauptfokus? Welches Thema oder welche Stimmung soll das Bild vermitteln?

Medium: Geben Sie an, ob es als Ölgemälde, Kohleporträt, Farb- oder Schwarz-Weiß-Foto, Bleistiftskizze, Vorzeichnung, aus Holz geschnitzt und so weiter wiedergegeben werden soll.

Texturen: Geben Sie alle gewünschten Texturen im Bild an und für welche Elemente sie verwendet werden sollen. Geben Sie auch alle weiteren Texturierungseffekte an, zum Beispiel geschichtete Texturen oder Texturen, die nicht natürlich zur Form passen, beispielsweise fließenden Stein oder Feuer als Eis, oder innovative Texturen, die eine Mischung aus zwei oder mehr Texturen sind.

Stil und Ton: Geben Sie den gewünschten künstlerischen Stil (realistisch, cartoonhaft, abstrakt und so weiter) und den Ton (ernst, verspielt, düster, unbeschwert und so weiter) an.

Farbschema: Geben Sie alle Farben an, die Sie verwenden oder vermeiden möchten, oder die allgemeine Farbpalette, die Sie im Sinn haben. Sie haben kein Farbschema im Sinn? Bitten Sie das GenKI-Tool, eines vorzuschlagen. Dies ist besonders hilfreich, wenn Sie Farben für Anstriche oder Stoffe ausprobieren möchten, die es in einem anderen Zeitalter gab, die heute aber nicht mehr im Handel erhältlich sind.

Komposition: Beschreiben Sie, wie die Elemente angeordnet werden sollen. Wo soll der Brennpunkt sein? Was soll im Hintergrund oder Vordergrund sein? Wie viel Schatten soll es geben? Sobald Sie die zentrale Komposition festgelegt haben, fordern Sie das GenKI-Tool auf, diese zu ergänzen oder das Bild über den aktuellen Rahmen hinaus zu erweitern. Auf diese Weise können Sie Ihre Kreativität anregen oder dem Werk Details hinzufügen.

Bestimmte Elemente: Listen Sie alle Elemente auf, die enthalten sein müssen, zum Beispiel Objekte, Zeichen, Symbole oder Text.

Bildgröße und -ausrichtung: Geben Sie die gewünschten Abmessungen an und ob das Bild beispielsweise im Hochformat, Querformat oder quadratisch sein soll.

Dateiformat: Geben Sie an, in welchem Dateiformat Sie das Bild benötigen (JPEG, PNG, TIFF). Geben Sie auch an, ob es mit einem Wasserzeichen versehen sein soll, Metadaten enthalten oder editierbar sein soll.

Hier ein Beispiel für diesen Ansatz zum Prompting:

> »Ich benötige ein Bild, das ich als Cover für einen Science-Fiction-Roman verwenden kann. Das Hauptmotiv soll eine elegante, futuristische Stadtlandschaft in der Abenddämmerung sein, die ein Gefühl von Mysterium und Fortschritt vermittelt. Der künstlerische Stil soll halb realistisch mit einem stimmungsvollen und atmosphärischen Ton sein. Das Farbschema soll Blau- und Lilatöne mit kontrastierenden Neonlichtern umfassen. Die Komposition soll einen klaren Fokus auf einem markanten Wolkenkratzer in der Mitte haben, mit fliegenden Autos, die subtil in den Mittelgrund integriert sind, und einem Sternenhimmel im Hintergrund. Bitte füge im Vordergrund eine subtile Darstellung einer humanoiden Robotersilhouette ein, um auf die Präsenz künstlicher Intelligenz in der Geschichte hinzuweisen. Das Bild soll 15 × 22 Zentimeter groß und im Hochformat sein und eine für den Druck geeignete Auflösung haben. Ich benötige das endgültige Bild als hochwertige PNG-Datei.«

Wenn Sie dieses erste Bild haben, beginnen Sie mit den Folge-Prompts gemäß Ihrem Prozess, Schritt für Schritt in einer sinnvollen Reihenfolge. Möglicherweise müssen Sie andere Tools und mehr als ein GenKI-Modell verwenden, um Ihre Kreation vollständig darzustellen – genau wie Sie es mit herkömmlichen Künstlerwerkzeugen tun würden. Wenn das von Ihnen verwendete GenKI-Tool keine Ausgaben in bestimmten Dateiformaten rendern kann, übertragen Sie das Bild in eine andere Software, und speichern Sie die resultierende Datei im gewünschten Format.

GenKI zur Erstellung multimedialer Inhalte

Multimedia-Inhalte sind Zusammenstellungen zweier oder mehrerer verschiedener Inhaltsformen wie Text, Audio, Bilder, Animationen und Videos in einer einzigen einheitlichen Form. Beispiele hierfür sind eine Werbung mit einem Foto und einer einzelnen Textzeile oder ein E-Book mit viel Text und Abbildungen. Filme sind ebenfalls Multimedia-Inhalte, da sie Videobilder, möglicherweise computergenerierte Bilder (CGI), Audio (Musik und Soundeffekte) und Text im Abspann enthalten. Die Kombinationsmöglichkeiten der Formen sind nahezu endlos.

Die Produktion von Multimedia-Inhalten mit GenKI kann auf verschiedene Weise erfolgen, vor allem durch die Verwendung der folgenden Methoden:

- ✔ Mit einem multimodalen Modell (ein GenKI-Modell, das mehr als ein Format wie Text, Bilder und Audio eingeben und ausgeben kann)
- ✔ Mit einer GenKI-Modellkette (die die Ausgaben eines oder mehrerer GenKI-Modelle oder -Anwendungen als teilweise oder gesamte Eingabe in ein anderes Modell oder eine andere Anwendung verwendet)
- ✔ Per KI-Aggregation (unter Verwendung verschiedener KI-Modelle, um Teile des Inhalts separat zu erstellen, die dann in einer Produktions- oder Content-Management-Software zusammengeführt werden)

- ✔ Durch Zusammenfügen von Ausgaben (Auswählen von Ausgabeteilen aus verschiedenen Modellen, die auf denselben Prompt antworten, und anschließendes manuelles »Zusammenfügen« in einem einheitlichen Format, um die Ausgabe eines einzelnen Modells zu verbessern)

Beispiele für multimodale GenKI-Modelle und -Anwendungen sind GPT-4, ChatGPT-4o (Omni – siehe Abbildung 10.2), Googles Gemini und Metas ImageBind. Andere sind bereits auf dem Markt, und es werden weitere folgen, aber diese wenigen Beispiele sind ein guter Ausgangspunkt für Ihre Experimente mit multimodalen Modellen bei der Erstellung von Multimedia-Inhalten.

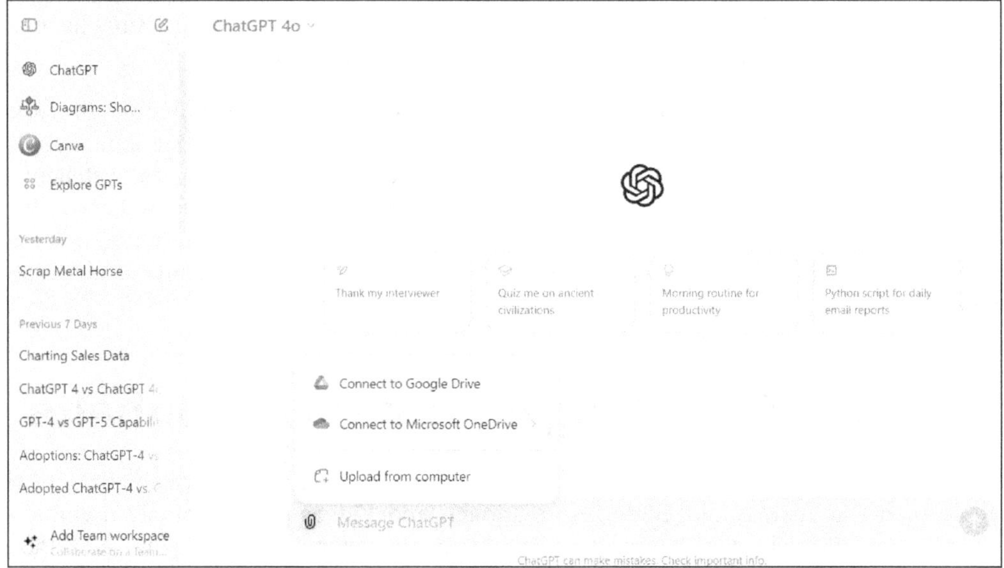

Abbildung 10.2: So fügen Sie den ChatGPT-4o-Eingängen Bilder hinzu. (*Screenshot der ChatGPT-Benutzeroberfläche, eingestellt auf das 4o-Modell (Omni) mit hervorgehobener Büroklammer für Anhänge und geöffnetem Pull-down-Menü für Anhänge.*)

Manchmal enthalten multimodale Modelle mittlerweile mehr Schnickschnack, als Sie benötigen, aber auch sehr praktische Funktionen. Angenommen, Sie wollen ein Filmplakat erstellen und müssen nur eine minimale Menge Text zu einem Bild hinzufügen und bearbeiten. Adobe Firefly kann solche Aufgaben in einem einzigen Durchgang erledigen. Frühere Bildgeneratoren gaben keinen Text aus, sodass die Entwickler einen anderen Weg finden mussten, um den Text über das Bild zu legen.

Experimentieren Sie unbedingt, um herauszufinden, welche Modelle für Ihre Aufgaben am besten geeignet sind.

Innovationen bei KI-generierten Bildern und Klanglandschaften

Einige Formen von Multimedia-Inhalten gehen über die Verwendung von Text und Bildern hinaus. Um ein Verständnis dafür zu entwickeln, was mit KI möglich ist, ist es wichtig, mit vielen verschiedenen Arten und Kombinationen von KI zu experimentieren.

Der obige Abschnitt zeigt Beispiele für multimodale GenKI, die mit mehr als diesen beiden Modalitäten arbeiten kann, und die Taktik, mehrere GenKI-Modelle zu verwenden, um dasselbe Ziel zu erreichen. Um das Beste aus diesem Ansatz herauszuholen, sollten Sie einige der interessanteren und ausgefalleneren GenKI-Innovationen in Betracht ziehen.

Musik machen mit KI

In Bezug auf Audio können die WaveNets von Google DeepMind verwendet werden, um beliebige Audiosignale zu manipulieren. Normalerweise werden WaveNets für Text-to-Speech-Ausgaben verwendet, aber sie können auch zum Erstellen von Musik genutzt werden. Beispiel-Musikclips finden Sie unter `https://deepmind.google/discover/blog/wavenet-a-generative-model-for-raw-audio/`.

Warum sollten Sie GenKI zum Erstellen von Musik für Ihre Inhalte verwenden? Vielleicht möchten Sie einen Jingle für Ihre Werbekampagne oder Originalmusik für Ihren Film oder das interaktive Spiel erstellen, das Sie gerade mit GenKI erstellt haben. Oder vielleicht sehen Sie das Hinzufügen von Funktionen wie Musik zu Ihren Service- oder Produktangeboten als Möglichkeit, den Umsatz mit Ihren Multimedia-Inhalten zu steigern. Shutterstock hat mit der Übernahme von Amper Music sicherlich entsprechende Möglichkeiten gefunden, ebenso wie TikTok mit der Übernahme von JukeDeck. Mit Amper können Sie in wenigen Minuten originelle, lizenzfreie Musik erstellen. JukeDeck wird häufig verwendet, um benutzerdefinierte Musiktitel für Podcasts, Webinare, Videos und andere Multimedia-Inhalte zu erstellen.

Zu den weiteren KI-Musik- und Audiogeneratoren, die Sie vielleicht ausprobieren möchten, gehören die folgenden:

- ✔ **AIVA** (Artificial Intelligence Virtual Artist) ist ein KI-Komponierer, der auf klassische Musik trainiert wurde. Seine Kompositionen wurden bereits in Filmsoundtracks und Videospielen verwendet.
- ✔ **Magenta Studio** ist eine Suite von Tools mit vielen Funktionen für die Komposition und Produktion von Musik. Musiker, Produzenten und andere verwenden Magenta Studio häufig, um mit Musik und anderen Audiooptionen zu experimentieren.
- ✔ **Ecrett Music** erstellt unter anderem Soundtracks für Videos. In Ecrett laden Sie einfach Ihr Video hoch, nehmen die Einstellungen für Szene und Stimmung nach Belieben vor und drücken dann die Schaltfläche »Musik erstellen«.

- **SOUNDRAW,** der große Bruder von Ecrett, bringt die Musikkreation auf eine neue Ebene, indem es Content-Erstellern lizenzfreie Musik zur Verfügung stellt und professionellen Künstlern eine Möglichkeit bietet, mit ihrer Musik Geld zu verdienen und 100 Prozent der Aufnahmelizenzgebühren zu behalten.
- **Melodrive** ist eine weitere Option, die in Echtzeit Musik komponiert – unendlich, emotional und originell. Ein Anwendungsbeispiel: Kantor ist ein kurzes künstlerisches VR-Erlebnis für Oculus Rift und Rift S, das von Melodrive entwickelt wurde.

Wenn es um Audio und Musik geht, sind die Möglichkeiten mit KI scheinbar endlos. Aber Sie können Ihren Multimedia-Inhalten auch andere coole Dinge hinzufügen, je nachdem, welche Modelle, Plattformen und Anwendungen Sie verwenden.

Videos mit KI erstellen

GenKI hat einen langen Weg hinter sich, seit ChatGPT erstmals als Chatbot öffentlich vorgestellt wurde. Seitdem hat ChatGPT nicht einen einzigen Moment stillgestanden. Seine neueste Form ist ChatGPT-4o (Omni), ein multimodales Modell, das die meisten Anforderungen an Multimediainhalte erfüllen kann. Die meisten, aber nicht alle. Kein GenKI-Modell kann alles – zumindest noch nicht.

Eine Ihrer wichtigsten Aufgaben besteht darin, sich über neue Modelle auf dem Laufenden zu halten, sobald diese auf den Markt kommen, sowie über neue Funktionen und Fähigkeiten, sobald diese verfügbar werden. Es ist unwahrscheinlich, dass Sie ein Leben lang ein und dasselbe GenKI-Modell verwenden werden. Schließlich handelt es sich um Werkzeuge, und sowohl ihre Fähigkeiten als auch Ihre kreativen Aufgaben werden sich im Laufe der Zeit ändern. Und das bringt uns zu KI-generierten Videos, die meiner Meinung nach einige der bisher beeindruckendsten GenKI-Funktionen zeigen.

Um Ihnen eine Vorstellung davon zu geben, wo Sie mit dem Experimentieren und der Perfektionierung Ihrer Arbeit mit diesen Modellen beginnen können, finden Sie nachfolgend einige Videogeneratoren, die meiner Meinung nach am interessantesten sind:

- **Synthesia** steht ganz oben auf meiner Liste der Videogeneratoren. Sie geben Text ein, und es wird ein sprechender Avatar in einem vollständig realisierten Video für Sie erstellt (siehe Abbildung 10.3). Der Avatar folgt Ihrem Skript ohne Verwendung eines Teleprompters und ohne auch nur einen Text zu vermasseln. Sie haben noch kein Skript? ChatGPT oder einer der anderen Textgeneratoren kann eines für Sie erstellen. Kopieren Sie dann einfach das Skript in Synthesia. Zack, haben Sie ein Unternehmensschulungsvideo, neue Inhalte für Ihren YouTube-Kanal oder ein Demovideo für Ihren Stand auf der nächsten Konferenz.
- **Colossyan** ist ein weiterer guter KI-Videogenerator. Er bietet einige praktische Vorlagen, die Sie beim Erstellen Ihrer Videos verwenden können. Vielleicht möchten Sie Ihre eigenen Videos von Grund auf neu erstellen und dieses Modell entsprechend anpassen. Daran ist nichts auszusetzen. Aber wenn Sie in Eile sind oder sich mit der Videoproduktion nicht auskennen, kann die Verwendung einer Vorlage sehr hilfreich sein.

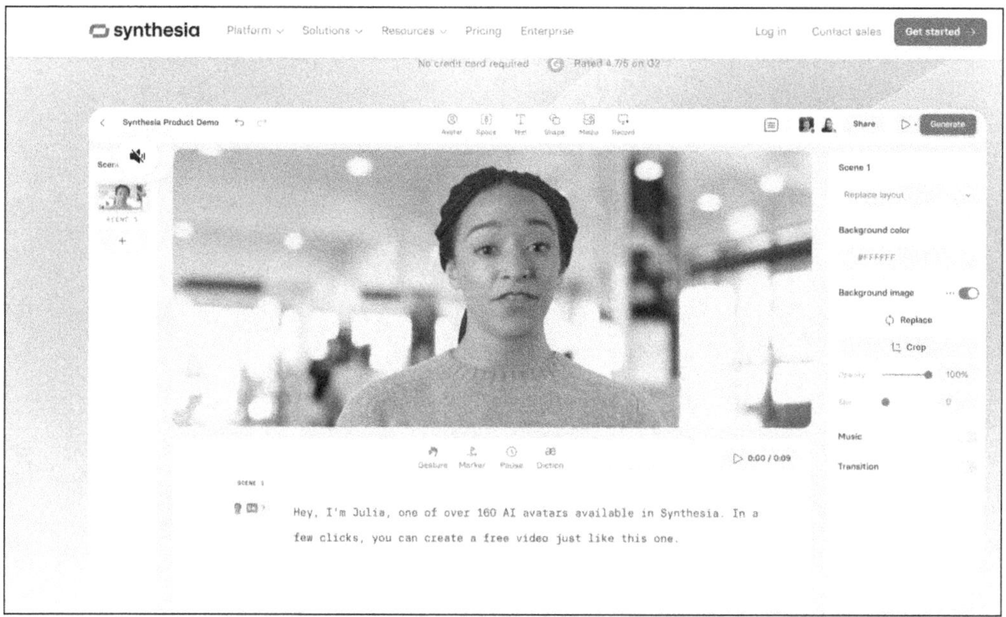

Abbildung 10.3: Synthesia-Online-Demo zur Avatar- und Videoerstellung aus einem Text-Prompt.

Hier einige weitere GenKI-Videogeneratoren, die Sie in Betracht ziehen könnten:

- ✔ **Runway:** Dieses GenKI-Modell hat eine steile Lernkurve, aber es kann sich lohnen, den Umgang mit ihm zu erlernen, wenn Ihr Ziel darin besteht, Videos zu verfeinern und zu verbessern, um ihre Einzigartigkeit und Attraktivität für das Publikum zu steigern. Sie können auf dieser Plattform sogar Ihre eigenen KI-Modelle trainieren, um Bilder entsprechend Ihrem eigenen Stil und Ihrer eigenen Ausrichtung zu generieren.
- ✔ **Peech:** Dieses Tool kostet zwar etwas mehr, kann aber in Sachen Videoproduktion und Videoverwaltung eine Menge leisten. Wenn Sie dafür verantwortlich sind, Inhalte wiederzuverwenden, den Content-Pool voll zu halten und Inhalte zu entfernen, wenn ein im Video gezeigter Mitarbeiter das Unternehmen verlässt, könnte dies Ihr Tool sein. Es ist außerdem hilfreich bei der Produktion von Webinaren und Video-Testimonials.
- ✔ **Fliki:** Wenn Sie Multimedia-Inhalte produzieren, die Videos für Social Media enthalten, kann dieses Tool hilfreich sein. Geben Sie Ihr Skript ein, und wählen Sie dann eine Stimme und Inhalte aus der Bibliothek aus, oder verwenden Sie Ihre eigenen, nehmen Sie ein paar Anpassungen nach Ihren Wünschen vor, fertig!
- ✔ **OpusClip:** Sie möchten ein langes Video in ein kurzes Video umwandeln? Dann könnte dieses Tool hilfreich für Sie sein. Dieses KI-Modell findet die »viralen Momente« in Ihrem langen Video – also die interessanten Punkte – und verpackt sie automatisch in kurze Clips, die zum Posten auf TikTok, YouTube Shorts oder Instagram Reels bereit sind.

IN DIESEM KAPITEL

Wichtige Punkte mit KI-gestützter Zusammenfassung finden

Auf Übereinstimmung von Charakteren und Handlungen prüfen

Storyboarding zur Visualisierung Ihrer Geschichte oder Ihres Produktionsplans verwenden

Ton und Schreibstil an ein Zielpublikum anpassen

Die Marktattraktivität und den Wert Ihrer Inhalte prüfen

Sicherstellen, dass Inhalte mehrerer Autoren prägnant und einheitlich wirken

Bessere Online-Suchrankings für Ihre Inhalte erzielen

Kapitel 11
Die eigene Arbeit und die Arbeit von GenKI beschleunigen, verbessern und überprüfen

Um mit GenKI großartige Inhalte zu erstellen, müssen Sie strategisch und kreativ vorgehen, die Ergebnisse auf ihre Richtigkeit überprüfen und bearbeiten. Das klingt auf den ersten Blick einfach und kann es auch sein – bis zu einem gewissen Grad. Aber Sie können noch mehr tun, um die Ergebnisse zu verbessern, die Sie mit GenKI erzielen, und darum geht es in diesem Kapitel.

Mit GenKI-gestützter Zusammenfassung auf den Punkt kommen

Eine KI zum Extrahieren von Schlüsselpunkten aufzufordern und sie zum Zusammenfassen von Inhalten aufzufordern, sind zweierlei Aufgaben mit jeweils unterschiedlichen Ergebnissen. Dasselbe gilt für die Aufforderung zur Ausgabe von wichtigen Punkten, Zitaten und Auszügen. Sie müssen sehr genau angeben, welche Aufgabe GenKI für Sie erledigen soll.

Wenn Sie sich nicht sicher sind, was Sie wollen, halten Sie inne, und denken Sie darüber nach. Sie können auch auf mehrere dieser Arten nach Informationen suchen. Das kann Spaß machen, frustrierend sein und eine Menge Zeit in Anspruch nehmen! Die folgenden Unterabschnitte führen Sie durch die Abfrage für diese Aufgaben, damit Sie in allen Situationen das gewünschte Ergebnis erhalten.

Wichtige Punkte extrahieren

Das Extrahieren von wichtigen Punkten aus Inhalten ist für viele Zwecke nützlich, insbesondere beim Umgang mit großen Informationsmengen oder komplexen Dokumenten. Hier einige der Vorteile:

- ✔ **Effizienz:** KI kann große Texte viel schneller verarbeiten und analysieren als Menschen. Durch das Herausfiltern der wichtigsten Punkte kann sie den Benutzern viel Zeit sparen, da sie sich schnell auf die wichtigsten Informationen konzentrieren können, ohne alles durchlesen zu müssen.
- ✔ **Klarheit:** Das Extrahieren wichtiger Punkte kann dabei helfen, die Hauptideen eines Textes zu verdeutlichen, insbesondere wenn der ursprüngliche Inhalt dicht oder sehr technisch ist oder viel Füllmaterial enthält. Durch die Herausfilterung der Essenz können Benutzer die wichtigen Informationen leichter verstehen und sich diese merken.
- ✔ **Entscheidungsfindung:** Für Fachleute und Entscheidungsträger kann das Extrahieren der wichtigsten Punkte schnellere und fundiertere Entscheidungen erleichtern, da sie die wesentlichen Fakten oder Argumente schnell erfassen können, ohne sich in zu vielen Details zu verlieren.
- ✔ **Vergleichende Analyse:** Beim Vergleich mehrerer Dokumente oder Informationsquellen kann das Extrahieren wichtiger Punkte eine einfache Möglichkeit darstellen, Ähnlichkeiten und Unterschiede zu identifizieren und eine effektive vergleichende Analyse durchzuführen.
- ✔ **Inhaltsauswahl:** Für diejenigen, die Inhalte auswählen müssen, wie etwa Forscher, Journalisten oder Content-Manager, kann das Extrahieren wichtiger Punkte dabei helfen, die relevantesten Informationen zu identifizieren, die für Berichte, Artikel oder Datenbankeinträge verwendet werden.
- ✔ **Inhaltserstellung:** Inhaltsersteller können das Extrahieren wichtiger Punkte zum Brainstorming oder zum Sammeln von Ideen für neue Inhalte verwenden und so sicherstellen, dass sie die wichtigsten Aspekte eines Themas abdecken.

- **Skalierbarkeit:** GenKI kann das Extrahieren wichtiger Punkte in großem Maßstab bewältigen, was für Unternehmen und Organisationen von Vorteil ist, die regelmäßig eine große Anzahl von Dokumenten verarbeiten müssen, wie etwa Anwaltskanzleien, Finanzinstitute oder Medienunternehmen.
- **Anpassung:** GenKI-Systeme können häufig angepasst werden, um wichtige Punkte auf Basis bestimmter Kriterien oder Interessensgebiete zu extrahieren, wodurch die Ausgabe für die besonderen Bedürfnisse des Benutzers relevanter wird.

Wenn Sie GenKI zum Extrahieren wichtiger Punkte nutzen, können Sie die Informationsflut, die heute in vielen Bereichen vorherrscht, effektiver bewältigen und so Ihr Wissen besser verwalten und nutzen.

Nachfolgend finden Sie einige Beispiele für Prompts, die Ihnen zeigen, wie Sie mit dem GenKI-Tool wichtige Punkte extrahieren können:

- »Extrahiere die wichtigsten Datenpunkte aus allen Dokumenten und Datensätzen, die sich auf verantwortungsvolle KI-Standards und/oder Best Practices zur KI-Modellverwaltung beziehen.«
- »Entnimm den folgenden Servicebedingungen (ToS) von Facebook Beschränkungen und Bedingungen bezüglich der Sperrung oder Kündigung des Kontos, und liste diese in allgemein verständlicher Sprache auf.« (Diesem Beispiel-Prompt eine Kopie der ToS in Anführungszeichen hinzufügen.)
- »Erstelle eine Liste von Merkmalen, die die besten Eigenschaften und die Hauptschwächen jeder Figur im Buch Herr der Fliegen darstellen.«
- »Suche die Seitenzahlen und Platzierungen aller Referenzen, Kopien und Abbildungen, die das Produkt Nr. 7919 in allen Produktkatalogen vom Jahr 2000 bis heute zeigen, und gib diese aus.«
- »Extrahiere wichtige Datenpunkte aus allen Vorträgen oder Reden der Hauptredner bei RSA-Konferenzen der letzten zehn Jahre, und liste sie auf.«
- »Extrahiere die Datenpunkte aus allen Büchern über KI, die in den letzten fünf Jahren von Wiley veröffentlicht wurden, und gib eine Zusammenfassung davon aus. Lasse alle widersprüchlichen Punkte weg, konzentrier dich nur auf übereinstimmende Punkte, und beziehe dich nur auf KI-Modelle, die weniger als zehn Jahre alt sind.«

Dieser Ansatz hat jedoch auch Nachteile. Zum einen ist das Ergebnis eine Liste mit Aufzählungspunkten, Phrasen oder Sätzen, die die Kernideen oder Fakten darstellen. Diese Punkte sind in der Regel unzusammenhängend und bieten keine durchgängige Erzählung. Zum anderen erfasst der Prozess möglicherweise nicht die Nuancen oder Beziehungen zwischen verschiedenen Teilen des Inhalts, da er sich auf separate Punkte und nicht auf den Erzählfluss oder die Argumentation konzentriert. Wenn Sie diesen Ansatz beispielsweise verwenden, um die wichtigsten Punkte und Bedingungen aus einem Vertrag oder einer Vereinbarung herauszufiltern, sollten Sie ihn vor der Unterzeichnung von einem Anwalt prüfen lassen.

GenKI für prägnante Zusammenfassungen und Abstracts

Durch den Einsatz von GenKI zum Erstellen prägnanter Zusammenfassungen erhalten Benutzer einen schnellen und dennoch umfassenden Überblick über ein Dokument, was für das allgemeine Verständnis hilfreich ist und Zeit spart. Ebenso sind von GenKI erstellte Abstracts besonders für akademische und Forschungszwecke von Nutzen, bei denen der Schwerpunkt auf den kritischen Aspekten der wissenschaftlichen Arbeit liegt, da sie eine schnelle Bewertung der Relevanz und des Beitrags des Inhalts zu einem Fachgebiet ermöglichen. Beide Tools helfen dabei, die Informationsflut zu bewältigen und den Wissenserwerb und die Wissensverbreitung zu erleichtern. Die folgenden Listen bieten einen Überblick über die jeweiligen Vorteile der einzelnen Tools.

Prägnante Zusammenfassungen:

- ✔ **Vollständigkeit:** Prägnante Zusammenfassungen zielen darauf ab, den gesamten Inhalt in verkürzter Form zu erfassen, einschließlich der Hauptpunkte und wesentlichen unterstützenden Details, was im Vergleich zum Extrahieren von Datenpunkten ein umfassenderes Verständnis des Originaltextes ermöglicht.
- ✔ **Erzählfluss:** Zusammenfassungen behalten den Erzählfluss und die logische Struktur des ursprünglichen Inhalts bei, sodass sie in der Regel leichter zu lesen und zu verstehen sind als bloße Datenpunktextraktionen, da sie die Abfolge der Argumente oder Ereignisse beibehalten.
- ✔ **Vielseitigkeit:** Zusammenfassungen können auf unterschiedliche Längen und Detailebenen zugeschnitten werden, je nach den Bedürfnissen des Benutzers und unabhängig davon, ob er einen schnellen Überblick oder eine gründlichere Zusammenfassung des Materials wünscht.
- ✔ **Zeitersparnis:** Für Leser, die nicht die Zeit haben, den gesamten Inhalt zu lesen, bietet eine prägnante Zusammenfassung eine zeiteffiziente Möglichkeit, die Kernbotschaften zu erfassen, ohne den Kontext zu verpassen.
- ✔ **Recherchehilfe:** Zusammenfassungen können als wirksame Recherchehilfen dienen und Schriftstellern, Illustratoren, Cartoonisten, Fotografen und anderen dabei helfen, große Mengen an Material zu sichten, indem sie sich auf die zusammengefasste Essenz des Inhalts konzentrieren.

Abstracts:

- ✔ **Fokus auf Ziele:** Abstracts konzentrieren sich typischerweise auf die Ziele, Methodik, Ergebnisse und Schlussfolgerungen wissenschaftlicher Artikel oder Berichte, was sie im akademischen Umfeld und im Forschungskontext besonders nützlich macht, da sie fokussierter als Zusammenfassungen und detaillierter als Datenextraktionen sind.
- ✔ **Schnelle Beurteilung:** Ein Abstract ermöglicht es den Lesern, die Relevanz und den Wert eines Dokuments schnell einzuschätzen und zu entscheiden, ob es sich lohnt, das Dokument vollständig zu lesen, was bei Literaturrecherchen und wissenschaftlicher Forschung von entscheidender Bedeutung ist.

- **Standardisiertes Format:** Abstracts folgen häufig einem standardisierten Format, was es Forschern und Fachleuten erleichtert, mehrere Dokumente effizient zu lesen und zu vergleichen.

- **Indizierung und Suche:** Abstracts werden für die Indizierung in Datenbanken und Suchmaschinen verwendet, verbessern die Auffindbarkeit von Dokumenten und erleichtern die Suche nach relevanter Literatur.

- **Inhaltsvorschauen:** Abstracts dienen als eigenständige Inhaltsvorschauen und liefern genügend Informationen, um die wichtigsten Erkenntnisse und die Bedeutung einer Arbeit zu verstehen, ohne sich in die Details vertiefen zu müssen.

Achten Sie bei der Suche nach Abstracts aus wissenschaftlichen und akademischen Artikeln darauf, dass Sie Schlüsselwörter und Ausdrücke verwenden, die spezifisch genug sind, um gezielte Ergebnisse zu erhalten. Im Folgenden finden Sie einige Beispiele für Prompts, die in akademischen Datenbanken wie PubMed, Web of Science oder Google Scholar verwendet werden könnten:

- »Systematische Überprüfung der allgemeinen Wirksamkeit von Impfstoffen bei der Vorbeugung von Infektionskrankheiten bei Kindern im Schulalter in den Vereinigten Staaten von 1950 bis 2020.«

- »Metaanalyse zur langfristigen Wirksamkeit und Sicherheit von Impfstoffen bei Kindern im Schulalter in den USA.«

- »Vergleichende Studie zur Impfabdeckung und Krankheitshäufigkeit bei Kindern im Schulalter in den USA über sieben Jahrzehnte.«

- »Bewertung der Auswirkungen routinemäßiger Impfprogramme auf die Gesundheit amerikanischer Kinder.«

- »Historische Trends bei durch Impfungen vermeidbaren Krankheiten bei US-Schulkindern: eine Retrospektive der letzten 70 Jahre.«

- »Wirksamkeit des Impfstoffs gegen Masern, Mumps und Röteln (MMR) bei der Bevölkerung im Schulalter in den Vereinigten Staaten.«

- »Bewertung der Auswirkungen des Impfstoffs gegen Diphtherie, Tetanus und azellulären Keuchhusten (DTaP) auf die Krankheitshäufigkeit bei Kindern in den USA.«

- »Längsschnittstudie zur Wirksamkeit des Varizellen-Impfstoffs zur Vorbeugung von Windpocken bei Kindern im Schulalter in den USA«

- »Beurteilung der Immunantwort und Dauer des durch den Polio-Impfstoff gebotenen Schutzes bei US-amerikanischen Kindern.«

- »Die Rolle des Impfstoffs gegen humane Papillomaviren (HPV) bei der Verringerung der Krebsprävalenz unter Jugendlichen in den Vereinigten Staaten.«

- »Sicherheit und Wirksamkeit des Grippeimpfstoffs bei der Vorbeugung gegen saisonale Grippe bei US-Schulkindern: eine Übersicht.«
- »Analyse der Herdenimmunitätseffekte durch Impfungen im Schulalltag in den Vereinigten Staaten.«
- »Kosten-Nutzen-Analyse routinemäßiger Kinderimpfprogramme in den USA im Laufe der letzten 70 Jahre.«
- »Vergleich der Wirksamkeit von abgeschwächten Lebendimpfstoffen gegenüber inaktivierten Impfstoffen bei Kindern im Schulalter in den USA.«
- »Überprüfung unerwünschter Ereignisse nach Immunisierung (AEFI) mit Routineimpfstoffen bei der pädiatrischen Bevölkerung in den USA«

Diese spezifischen Prompts sollen sowohl umfassende Analysen der Impfstoffwirksamkeit als Ganzes als auch spezifische Bewertungen einzelner Impfstoffe abdecken, die in den letzten 70 Jahren in den Vereinigten Staaten häufig an Kinder im Schulalter verabreicht wurden. Sie sollen dabei helfen, relevante Abstracts aus wissenschaftlichen Literaturdatenbanken abzurufen.

Bei Verwendung solcher Prompts verfeinern Forscher ihre Suche häufig durch Hinzufügen bestimmter Filter wie Veröffentlichungsdatum, Studientyp (klinische Studie, Beobachtungsstudie und so weiter) und Altersgruppe, um sicherzustellen, dass die Ergebnisse für ihre Forschungsfrage so relevant wie möglich sind.

GenKI für Aufzählungspunkte, Zitate und Auszüge

Wenn Sie Aufzählungspunkte, Zitate und Auszüge anfordern, ist die Art und Weise, wie Sie Ihre Anfrage formulieren, entscheidend für das gewünschte Ergebnis. Im Folgenden finden Sie einige Tipps für die einzelnen Ausgabetypen.

Aufzählungspunkte:

- **Seien Sie konkret:** Machen Sie deutlich, dass Sie die Informationen in Form von Aufzählungspunkten wünschen. Sie könnten beispielsweise in Ihrem Prompt schreiben: »Gib die wichtigsten Punkte als Aufzählungspunkte an.«
- **Heben Sie die Wichtigkeit hervor:** Fordern Sie die GenKI-Anwendung auf, sich auf die wichtigsten, wirkungsvollsten oder zentralen Ideen zu konzentrieren. Zum Beispiel: »Liste die fünf wichtigsten Erkenntnisse in Stichpunkten auf.«
- **Begrenzen Sie die Anzahl:** Wenn Sie es kurz und knapp halten möchten, geben Sie die Anzahl der gewünschten Aufzählungspunkte an. Beispiel: »Fasse die wichtigsten Argumente in drei Aufzählungspunkten zusammen.«

Zitate:

- **Fordern Sie direkte Zitate an:** Geben Sie an, dass Sie direkte Zitate wünschen, indem Sie etwas schreiben wie: »Extrahiere die überzeugendsten Zitate aus dem Text.«

- **Betonen Sie die Bedeutung:** Um den relevantesten Inhalt zu erhalten, bitten Sie um Zitate, die das Wesentliche des Arguments oder der Geschichte erfassen. Beispiel: »Identifiziere die wichtigsten Aussagen, und gib sie als Zitate aus.«

- **Nennen Sie den Zweck:** Wenn die Zitate einem bestimmten Zweck dienen, zum Beispiel zur Nennung in einem Artikel oder einer Präsentation, erwähnen Sie dies in Ihrem Prompt, um den Auswahlprozess der GenKI zu leiten.

Auszüge:

- **Legen Sie die Länge fest:** Wenn Sie Auszüge einer bestimmten Länge wünschen, geben Sie dies in Ihrem Prompt an. Beispiel: »Gib einen kurzen Auszug aus, der die Schlussfolgerung des Artikels am besten zusammenfasst.«

- **Kontextualisieren Sie:** Um einen zielgerichteteren Auszug zu erhalten, geben Sie den Kontext an. Beispiel: »Gib mir einen Auszug aus, der die Ansicht des Autors zum Klimawandel erklärt.«

- **Fordern Sie wörtlichen Text an:** Machen Sie deutlich, dass Sie einen direkten Auszug aus dem Text wünschen. Sie könnten schreiben: »Gib einen Auszug direkt aus dem Abschnitt aus, in dem die Forschungsmethodik erläutert wird.«

Die Fähigkeit von GenKI, diese Anfragen genau zu erfüllen, hängt von der Qualität und Spezifität Ihrer Eingaben sowie den Fähigkeiten und Einschränkungen der von Ihnen verwendeten GenKI-Anwendung ab.

Verbesserung des Informationsabrufs mit Taktiken zur Zusammenfassung gegenüber der GenKI

Um die Informationsbeschaffung durch Zusammenfassung zu verbessern, müssen die Fähigkeiten von GenKI genutzt werden, große Textmengen zu verarbeiten und in eine besser handhabbare Form zu bringen, sodass relevante Informationen leichter gefunden und verstanden werden können.

Die Verarbeitung großer Datenmengen ist ein großer Vorteil bei der Verwendung von GenKI. Zögern Sie nicht, Daten auf so viele Arten wie möglich zu untersuchen, damit Sie diesen Aspekt optimal nutzen können.

Hier sind einige Möglichkeiten, wie Sie den Informationsabruf durch verschiedene Taktiken zur Zusammenfassung verbessern können:

- **Vorverarbeitung von Dokumenten:** Verwenden Sie GenKI, um lange Dokumente zusammenzufassen, bevor Sie sie in einer Datenbank indizieren. Zusammenfassungen können Ihnen helfen, einen Überblick über den Inhalt zu erhalten und zu entscheiden, welche Dokumente Sie im Detail untersuchen möchten.

  Beispiel-Prompt: »Erstelle eine kurze Zusammenfassung der wichtigsten Punkte aus Folgendem: <Text aus Dokument oder Datei einfügen>«

- **Erstellung durchsuchbarer Abstracts:** Generieren Sie Abstracts für eine Sammlung von Artikeln, Aufsätzen oder Berichten. Diese Abstracts können indiziert und durchsucht werden, sodass Sie relevante Materialien anhand des zusammengefassten Inhalts schnell identifizieren können. (Beispiele für Prompts finden Sie im Abschnitt »GenKI für prägnante Zusammenfassungen und Abstracts« weiter oben in diesem Kapitel.)

- **Zusammenfassung der Suchergebnisse:** Bei Suchergebnissen, die möglicherweise lange Dokumente enthalten, kann GenKI prägnante Zusammenfassungen für jedes Element erstellen. So können Sie die Relevanz der einzelnen Ergebnisse bestimmen, ohne den gesamten Text lesen zu müssen.

  Perplexity.ai, eine GenKI-Suchmaschine, erledigt dies automatisch für Sie und stellt eine Liste der Quellen bereit. Ein Prompt für ein anderes GenKI-Modell könnte wie folgt aussehen: »Suche nach XYZ, fasse die gesammelten Informationen zusammen, und gib Quellen für jeden Datenpunkt an.«

- **Clustern von Themen:** Verwenden Sie GenKI, um Dokumente anhand ihres Inhalts zusammenzufassen und zu clustern. Dies kann Ihnen dabei helfen, große Datensätze nach Themen oder Motiven zu durchsuchen, und erleichtert das Auffinden verwandter Informationen.

  Beispiel-Prompt: »Sammle Dokumente und Dateien zum Thema ›Erstellen eines elektronischen Spiels oder eines Videospiels‹ in einem einzigen Cluster, und beantworte alle nachfolgenden Prompts nur auf der Grundlage der in diesem Cluster enthaltenen Informationen.«

- **Beantwortung von Fragen:** Implementieren Sie die GenKI-Zusammenfassung in Frage-Antwort-Systeme oder FAQs, um schnelle, zusammengefasste Antworten auf Fragen von Lesern, Zuschauern oder Kunden zu geben und dabei Informationen aus umfangreichen Wissensdatenbanken oder langen Dokumenten abzurufen.

  Beispiel-Prompt: »Schreibe ein FAQ zu den fünf Fragen, die Benutzer zur folgenden Installationsanleitung am wahrscheinlichsten stellen werden.«

- **Zusammenfassung von Aktualisierungen und Änderungen:** Bei Datenbanken, die regelmäßig mit neuen Informationen aktualisiert werden, kann GenKI Änderungen oder Ergänzungen zusammenfassen, sodass Sie oder Ihre Fans und Kunden auf dem Laufenden bleiben, ohne alle neuen Inhalte vollständig durchsehen zu müssen.

  Beispiel-Prompt: »Fasse die Änderungen durch Aktualisierungen an den Daten in RAG zusammen, und liste die neuen Datenpunkte auf, die für Marketingtexte für das Produkt am relevantesten sind.«

- **Metadaten verbessern:** Verwenden Sie KI, um Schlüsselwörter oder Metabeschreibungen von Dokumenten mit Zusammenfassungen zu erstellen, zu verbessern oder hinzuzufügen, was die Leistung von Suchmaschinen und Empfehlungssystemen verbessern kann. Damit sorgen Sie dafür, dass Ihre Inhalte gefunden werden.

Beispiel-Prompt: »Füge Schlüsselwörter und relevante Metadaten hinzu, um die Suchergebnisse zu verbessern und diesen Inhalt im Suchmaschinen-Ranking nach oben zu bringen.«

- ✔ **Personalisierte Zusammenfassungen:** Passen Sie Zusammenfassungen an Ihre eigenen Vorlieben oder Bedürfnisse oder die eines Interessenten an, und konzentrieren Sie sich auf die Aspekte des Inhalts, die für individuelle Interessen oder Fragen am relevantesten sind.

  Beispiel-Prompt: »Schreibe eine kurze Zusammenfassung für Interessenten über 55, und personalisiere jeden mit einem Namen in der folgenden Interessentenliste.«

- ✔ **Zusammenfassung mehrerer Dokumente:** Wenn Sie den Kern mehrerer Dokumente zum selben Thema verstehen müssen, kann GenKI eine einzige, zusammenhängende Zusammenfassung erstellen, die Informationen aus allen Quellen umfasst. Sie können diese Methode auch verwenden, um Ihren Inhalt wiederzuverwenden.

  Beispiel-Prompt: »Verwende den Inhalt der folgenden Dokumente in einem einzigen neuen Dokument, das für ein Publikum von Baseballfans geschrieben ist.«

- ✔ **Dokumentübergreifende Suche:** Bei komplexen Rechercheaufgaben, bei denen Informationen aus mehreren Dokumenten abgerufen werden müssen, kann GenKI verwandte Inhalte zusammenfassen und verknüpfen und dabei Gemeinsamkeiten und Unterschiede hervorheben.

  Beispiel-Prompt: »Fasse die wichtigsten Datenpunkte aller zugehörigen Dokumente zusammen, und erstelle Querverweise, damit verwandte oder ähnliche Informationen in verschiedenen Dokumenten leicht gefunden werden können.«

- ✔ **Sprachübersetzung:** Kombinieren Sie Zusammenfassung und Übersetzung, um sich Dokumente in anderen Sprachen zugänglich zu machen und Zusammenfassungen in Ihrer bevorzugten Sprache zu erhalten.

  Beispiel-Prompt: »Übersetze deine Antwort in die folgenden Sprachen: Deutsch, Französisch und Japanisch.«

- ✔ **Briefings für Führungskräfte:** Erstellen Sie Zusammenfassungen für Berichte, Artikel oder Meetings, und legen Sie sie den Entscheidungsträgern vor, sodass sie über die wesentlichen Informationen verfügen, ohne dass sie die Dokumente vollständig lesen müssen.

  Beispiel-Prompt: »Schreibe ein Executive Briefing, das wichtige Datenpunkte enthält und die in den angehängten Dateien enthaltenen Informationen zusammenfasst.«

Die Qualität der von GenKI generierten Zusammenfassungen hängt von der Qualität der Eingabedaten und des Trainings des Modells ab. Daher ist es wichtig, zuverlässige GenKI-Dienste und -Anwendungen zu verwenden und klare, kontextreiche Prompts zu formulieren.

Sieben Möglichkeiten, GenKI zu nutzen, um Prosa umzuschreiben und das Leserengagement zu erhöhen

GenKI kann ein leistungsstarkes Tool sein, um Prosatexte umzuschreiben und das Leserengagement auf vielfältige Weise zu erhöhen. Hier sind sieben Strategien, um GenKI zu diesem Zweck einzusetzen:

✔ **Erweiterung des Wortschatzes:** Verwenden Sie GenKI, um gebräuchliche oder sich wiederholende Wörter durch dynamischere, präzisere oder ungewöhnlichere Optionen zu ersetzen, die die Aufmerksamkeit des Lesers mehr fesseln.

  Beispiel-Prompt: »Schlage aussagekräftigere Synonyme für die folgenden in meinem Text verwendeten Wörter vor …«

✔ **Verwendung bildhafter Sprache:** Fordern Sie die GenKI auf, eine metaphorische Sprache und sensorische Details einzuführen, um lebendige Bilder zu schaffen und das Leseerlebnis intensiver zu gestalten. Sie können GenKI auch dazu auffordern, tatsächliche Bilder vorzuschlagen, die dem Text hinzugefügt werden können, um das Interesse und Verständnis des Lesers zu steigern.

  Beispiel-Prompt: »Schreibe diesen Absatz neu, um Metaphern und sensorische Details einzuführen, die die Szene zum Leben erwecken.«

✔ **Einführung von Dialogen:** Wandeln Sie Teile der Erzählung oder Exposition in Dialoge um, um lange Absätze aufzulockern, den Charakteren eine Stimme zu geben und ein Gefühl der Unmittelbarkeit hinzuzufügen.

  Beispiel-Prompt: »Mache aus dieser Beschreibung einen Dialog zwischen zwei Charakteren, die das Thema diskutieren.«

✔ **Variierende Satzstruktur:** Fordern Sie GenKI auf, die Satzlänge und -struktur zu variieren, um einen ansprechenderen Rhythmus zu erzeugen und den Textfluss zu verbessern.

  Beispiel-Prompt: »Schreibe diese Sätze mit einer Mischung aus kurzen, prägnanten Aussagen und längeren, komplexeren Aussagen neu.«

✔ **Integration von Erzähltechniken:** Fordern Sie GenKI auf, Erzählelemente wie Konflikte, Spannung, Vorahnung oder Charakterentwicklung anzuwenden, um die Prosa fesselnder zu gestalten.

  Beispiel-Prompt: »Baue in den folgenden Text ein Spannungselement ein, um den Leser zu fesseln.«

✔ **Hinzufügen emotionaler Tiefe:** Fordern Sie GenKI auf, den Text mit emotionaler Sprache und fließenden Gedanken zu füllen, damit die Leser eine tiefere Verbindung zu den Charakteren oder der Erzählung aufbauen können.

  Beispiel-Prompt: »Erweitere diesen Abschnitt, indem die emotionale Reaktion des Charakters auf die Ereignisse beschreiben wird.«

- **Verwendung von Humor oder Witz:** Fordern Sie GenKI auf, bei Bedarf Humor, Witz oder Ironie anzuwenden, um den Ton aufzulockern und den Leser zu unterhalten.

  Beispiel-Prompt: »Füge am Ende dieses Absatzes einen humorvollen Kommentar oder eine witzige Bemerkung hinzu.«

Durch die Umsetzung dieser Strategien mit sorgfältiger und kreativer Anleitung können Sie Ihre Prosa erheblich verändern, sodass das Interesse Ihrer Leser geweckt wird und erhalten bleibt.

Mit GenKI Charaktere und Handlungen verwalten

Die Charaktere in einer Geschichte oder einer Serie im Auge zu behalten, ist eine der schwierigsten Aufgaben für Autoren, egal, ob sie Bücher, Fernsehserien, Filme oder digitale Spiele schreiben. Es kommt nicht selten vor, dass ein Autor oder ein Autorenteam Charaktere in der Geschichte sterben lässt, wenn es einfach zu viele davon gibt, um den Überblick zu behalten. Fans hingegen verlieren nie den Überblick über die Charaktere! Das ist eine echte Herausforderung für jeden ernsthaften Geschichtenerzähler, insbesondere für diejenigen mit einer Fangemeinde!

Glücklicherweise kann GenKI dabei helfen, Konsistenz und Tiefe in der Darstellung der Charaktere zu wahren, indem sie verschiedene Aspekte von Charakteren und Handlungen überprüft. Hier einige Möglichkeiten, wie GenKI das tun kann:

- **Konsistenz im Verhalten:** GenKI kann den Text scannen, um sicherzustellen, dass die Handlungen einer Figur im Laufe der Geschichte mit ihren festgelegten Charaktereigenschaften übereinstimmen.

  Beispiel: Wenn eine Figur zu Beginn der Geschichte als schüchtern beschrieben wird, kann die KI Fälle kennzeichnen, in denen die Figur mutig handelt, ohne dass es eine Erklärung oder Charakterentwicklung gibt, die die Änderung rechtfertigt.

- **Eignung des Dialogs:** GenKI kann Dialoge analysieren, um zu bestätigen, dass Sprache und Ton zum Hintergrund, zur Persönlichkeit und zum aktuellen Gefühlszustand der Figur passen.

  Beispiel: GenKI kann Dialoge hervorheben, die für die Figur eines kleinen Kindes zu anspruchsvoll oder für eine als formell und zurückhaltend geltende Figur zu lässig erscheinen.

- **Charakterentwicklung:** GenKI kann Charakterbögen verfolgen und sicherstellen, dass jede Entwicklung oder Rückentwicklung eines Charakters progressiv und logisch dargestellt wird.

Beispiel: Bei einer Figur, die sich vom Egoisten zum selbstlosen Protagonisten entwickeln soll, kann die KI beurteilen, ob es genügend Ereignisse und innere Monologe gibt, die diese Wandlung veranschaulichen.

- ✔ **Betonung von Eigenschaften:** GenKI kann Bereiche vorschlagen, in denen die wichtigsten Eigenschaften eines Charakters hervorgehoben werden könnten oder zusätzliche Eigenschaften die Komplexität erhöhen könnten.

  Beispiel: Wenn die Kreativität einer Figur entscheidend ist, könnte die KI Szenen vorschlagen, in denen diese Eigenschaft ein Problem lösen oder in Interaktionen zur Geltung kommen könnte.

- ✔ **Emotionale Reaktionen:** GenKI kann beurteilen, ob die emotionalen Reaktionen einer Figur angemessen sind und je nach Situation unterschiedlich ausfallen.

  Beispiel: GenKI kann darauf hinweisen, wenn eine Figur, die gerade einen Verlust erlitten hat, in den nachfolgenden Szenen keine entsprechende emotionale Reaktion zeigt.

- ✔ **Körperliche Beschreibungen:** GenKI kann sicherstellen, dass die körperlichen Beschreibungen der Charaktere konsistent bleiben, sofern im Rahmen der Geschichte keine Änderungen vorgenommen werden.

  Beispiel: Wenn eine Figur zunächst mit blauen Augen beschrieben wird, kann die KI jede spätere Erwähnung von grünen Augen als möglichen Fehler kennzeichnen.

- ✔ **Gleichgewicht aus Aktion und Reaktion:** GenKI kann Aktions- und Reaktionssequenzen analysieren, um sicherzustellen, dass sie mit den festgelegten Charaktereigenschaften der Figur und der Logik der Geschichte übereinstimmen.

  Beispiel: Wenn ein Charakter risikoscheu ist, kann die KI eine plötzliche Entscheidung, ohne ausreichende Motivation ein unnötiges Risiko einzugehen, in Frage stellen.

- ✔ **Klarheit der Motivation:** GenKI kann beurteilen, ob die Motivationen hinter den Handlungen einer Figur für den Leser klar und glaubwürdig sind.

  Beispiel: GenKI kann Abschnitte hervorheben, in denen der Entscheidungsprozess einer Figur nicht gut erklärt ist, was darauf hindeutet, dass ein zusätzlicher innerer Dialog oder Kontext erforderlich ist.

Es ist eine willkommene Erleichterung, GenKI nutzen zu können, um Charaktere zu erstellen oder zu verfolgen, die so handeln und sprechen, dass sie ihren festgelegten Rollen entsprechen, wodurch die Glaubwürdigkeit und Spannung der Geschichte erhöht werden.

Während ich meinen neuen Science-Fiction-Roman komplett selbst schreibe, plane ich, GenKI zu verwenden, um Charakterzüge und Handlungen zu verfolgen – eine schwierige Aufgabe, bei der ich gerne Hilfe annehme. Dies führt uns zu einer Diskussion über Storyboarding, das vielen auch nicht so leichtfällt. Glücklicherweise kann GenKI auch dabei helfen.

Storyboarding mit GenKI

Storyboarding ist eine visuelle Planungstechnik, die häufig in Film, Fernsehen, Animation und anderen Erzählmedien verwendet wird, um den Ablauf einer Geschichte durch Illustrationen oder Bilder zu skizzieren und zu vermitteln. Dabei wird eine Reihe von Panels oder Einzelbildern erstellt, die die Schlüsselszenen der Erzählung darstellen, ähnlich wie bei einem Comic. So können Autoren, Regisseure und andere Mitglieder eines Produktionsteams die Handlung und den Handlungsablauf visualisieren, bevor die eigentliche Produktion beginnt.

Jedes Panel in einem Storyboard stellt eine bestimmte Einstellung oder einen bestimmten Moment in der Erzählung dar und kann Details wie die Platzierung der Charaktere, Kamerawinkel, Hintergrundaktivitäten und wichtige Requisiten enthalten. Neben den visuellen Elementen enthalten Storyboards oft schriftliche Notizen, die beschreiben, was in der Szene passiert, Dialoge, Soundeffekte, Musikeinsätze und andere relevante Produktionsdetails.

Storyboarding dient als Plan für den Produktionsprozess und hilft dabei, mögliche Probleme mit der Erzählstruktur, dem Tempo oder den Übergängen zu identifizieren. Es erleichtert auch die Kommunikation innerhalb des Kreativteams, da es eine klare Referenz bietet, die jeder verstehen und zu der jeder beitragen kann. Dieses kollaborative Tool ist entscheidend für die Planung komplexer Szenen, wie Actionsequenzen oder Aufnahmen mit Spezialeffekten, und stellt sicher, dass das Endprodukt mit der ursprünglichen Vision der Geschichte übereinstimmt.

Durch die Integration von GenKI in den Storyboarding-Prozess können Sie den Arbeitsablauf optimieren, die Kreativität steigern und sicherstellen, dass Ihre Storyboards für das Produktionsteam so informativ und inspirierend wie möglich sind. Einige GenKI-basierte Tools, die Sie verwenden könnten, sind Elai.io, Storyboarder.ai, Voxxio, StoryboardHero AI, Krock.io und StoryboardThat.

So kann GenKI Sie beim Storyboarding unterstützen:

- ✔ **Visuelle Konzeptentwicklung:** GenKI kann schnell Skizzen oder Bilder erstellen, die Szenen aus einem Drehbuch oder einer Story-Gliederung darstellen. Dies hilft Künstlern und Regisseuren, die Elemente einer Szene schneller zu visualisieren, und kann als Ausgangspunkt für weitere Verfeinerungen dienen.
- ✔ **Skriptanalyse:** KI kann ein Skript analysieren und Schlüsselmomente vorschlagen, die in das Storyboard aufgenommen werden sollten. Dies hilft Storyboard-Künstlern zu verstehen, welche Teile der Erzählung die wichtigsten und daher zu visualisieren sind.
- ✔ **Szenenbeschreibung:** KI kann detaillierte Beschreibungen von Szenen bereitstellen, einschließlich Charakteraktionen und Einstellungen. Diese können von Storyboard-Künstlern verwendet werden, um genauere und hilfreichere Frames zu erstellen.
- ✔ **Dialog- und Aktionshinweise:** Für jedes Storyboard-Panel kann die KI Dialog- und Aktionshinweise vorschlagen, die zum Verlauf der Geschichte passen, und so sicherstellen, dass jedes Bild die Essenz der Szene einfängt.

- **Bearbeiten und Neuanordnen:** KI kann beim digitalen Bearbeiten und Neuanordnen von Storyboard-Panels helfen, um mit unterschiedlichen Erzählflüssen und Tempos zu experimentieren, ohne dass ein Neuzeichnen erforderlich ist.
- **Animation und Bewegung:** Bei animierten Storyboards oder Animatics kann KI dabei helfen, einfache Animationen zu erstellen, die ein Gefühl für Timing und Bewegung vermitteln und so eine klarere Vorschau des Endprodukts bieten.
- **Zusammenarbeit:** KI-gestützte Tools können die Zusammenarbeit erleichtern, indem sie es Teammitgliedern ermöglichen, Storyboards in Echtzeit zu kommentieren und zu bearbeiten. So wird sichergestellt, dass alle Ideen berücksichtigt werden und der beste Erzählfluss erreicht wird.

Anpassen des Schreibstils und Tons an unterschiedliche Zielgruppen mit GenKI

Die sprachlichen Nuancen so zu handhaben, dass sie den Erwartungen verschiedener Zielgruppen entsprechen, ist eine ganz spezielle Kunst. Glücklicherweise kann GenKI diese Arbeit für Autoren erheblich vereinfachen. Egal, ob Sie einen technischen Bericht für Branchenexperten, einen Blogbeitrag für Gelegenheitsleser oder eine Erzählung für junge Erwachsene verfassen, GenKI passt Ihren Schreibstil und Ton geschickt an, damit Ihr Stil bei Ihrer Zielgruppe ankommt.

Durch die Analyse der sprachlichen Feinheiten, die verschiedene demografische Gruppen auszeichnen, kann GenKI Ihre Prosa anpassen und sicherstellen, dass sie Ihre Leser nicht nur fesselt, sondern auch direkt Herz und Verstand anspricht. Von der Formalität Ihrer Sätze bis zur Komplexität Ihres Wortschatzes: GenKI kann Ihre Texte nahtlos anpassen und Ihre Botschaft für jedes gewünschte Publikum zugänglich und ansprechend machen.

Nachfolgend finden Sie einige Beispiele für Prompts, mit denen Sie GenKI dazu veranlassen können, Ihren Schreibstil und Ton nach Bedarf anzupassen:

- »Verwende die Kernpunkte dieser Marketingbotschaft für Immobilien, um drei 30-sekündige Drehbücher für Fernsehwerbung zu schreiben, von denen jeweils eines auf die folgenden Zielgruppen zugeschnitten ist: 1) Hausbesitzer über 45, 2) Eltern zwischen 25 und 40 mit Kindern im Alter von 6 bis 14 Jahren und 3) Menschen über 55, die in eine kleinere Wohnung umziehen möchten: <Marketingbotschaft einfügen>.«
- »Schreibe und gestalte drei Anzeigen in einer einzigen Kampagne, die die Menschen zum Kauf von Elektrofahrzeugen animieren, eine als Super-Bowl-Video, eine als TikTok-Video und eine als Zeitungsanzeige, die alle auf die jeweilige Zielgruppe zugeschnitten sind.«
- »Schreibe den Text dieses Liedes in einer Version um, die sich für die öffentliche Ausstrahlung eignet.«
- »Schreibe ein Kinderbuch darüber, wie wichtig es ist, alle Medikamente einzunehmen, auch wenn man sich schon besser fühlt.«

Fordern Sie GenKI auf, ein Werk so umzuschreiben, dass es für verschiedene, spezifische Zielgruppen geeignet ist, und die Veröffentlichungsoptionen für die Ergebnisse zu ermitteln. Dies ist eine ideale Taktik, um die Attraktivität von Anzeigen und Marketingkampagnen anzupassen, die auf bestimmte Zielgruppen in einem Programm mit mehreren Zielgruppen ausgerichtet sind.

Mit GenKI den Ton Ihres Inhalts für unterschiedliche demografische Gruppen anpassen

Während GenKI-Fakes bei Betrugs- und Desinformationskampagnen tatsächlich ein großes Problem darstellen, hat das Verständnis der Modelle für unterschiedliche demografische Gruppen auch eine gute Seite. Die Zeiten, in denen man sich abmühte, Inhalte zu schreiben, die eine andere demografische Gruppe als die eigene ansprechen, sind vorbei. GenKI kann Ihren Text einfach so anpassen, dass er jede demografische Gruppe anspricht.

Wenn es beispielsweise darum geht, eine jüngere Zielgruppe anzusprechen, kann eine GenKI-Anwendung ein unverzichtbares Werkzeug sein. Durch die Analyse aktueller Trends, des Slangs und der Interessen, die bei einem jüngeren Publikum Anklang finden, kann die KI den Autor anleiten, einen informellen, dynamischen und integrativen Ton anzunehmen. Sie kann kulturell relevante Referenzen, Emojis oder Multimedia-Elemente vorschlagen, die eine technisch versierte Generation ansprechen, und so sicherstellen, dass der Inhalt so dynamisch und interaktiv ist wie die Plattformen, die diese Gruppe häufig nutzt. Das Ergebnis ist eine Erzählung, die nicht nur fesselt, sondern auch eine echte Verbindung zu einer Zielgruppe aufbaut, die Authentizität und Kreativität schätzt.

Wenn Sie sich hingegen an ein reiferes professionelles Publikum wenden, kann GenKI dabei helfen, den Inhalt so zu verfeinern, dass er Sachkenntnis, Glaubwürdigkeit und ein dieser Gruppe angemessenes Maß an Formalität ausstrahlt. Sie kann dabei helfen, komplexe Ideen in eine klare, prägnante Sprache umzusetzen, die den zeitlichen Beschränkungen und intellektuellen Erwartungen von Fachleuten entspricht. Mit branchenspezifischem Jargon und einer strukturierten Erzählweise stellt GenKI sicher, dass der Inhalt die erforderliche Seriosität behält, um ein anspruchsvolles Publikum zu fesseln. Dieser maßgeschneiderte Ansatz respektiert nicht nur die Wissensbasis des Publikums, sondern stärkt auch die Autorität des Autors innerhalb der Fachwelt.

GenKI kann Text in viele Formen umwandeln, die sich jeweils an eine andere Zielgruppe richten. Dies kann doppelt nützlich sein, wenn Sie schnell eine Inhaltsquelle füllen oder umfassende Änderungen an einer Marketingkampagne vornehmen müssen!

GenKI-gestützte Stilanpassung für zielgerichtete Kommunikation

Mit Hilfe von GenKI können Sie die sprachlichen Vorlieben Ihrer Zielgruppe analysieren. GenKI kann Änderungen an Syntax, Diktion und sogar dem Rhythmus der Prosa vorschlagen, um diese Vorlieben zu berücksichtigen und sicherzustellen, dass die Botschaft ihr

Publikum nicht nur erreicht, sondern auch bei ihm ankommt. Diese Anpassungsstufe erstreckt sich auf kulturelle Feinheiten und regionale Umgangssprache und ermöglicht eine Kommunikation, die nicht nur zielgerichtet, sondern auch sensibel und ansprechend ist.

Im Bereich der internationalen Kommunikation hilft Ihnen die KI-gestützte Stilanpassung, die Komplexität interkultureller Nuancen zu meistern, indem sie unterschiedliche Grade von Direktheit oder Förmlichkeit berücksichtigt, die unterschiedliche Kulturen erwarten oder verlangen. GenKI kann die Anpassung von Inhalten anleiten, um die sozialen Normen und die Etikette der Zielgruppe widerzuspiegeln, Missverständnisse zu vermeiden und positive internationale Beziehungen zu fördern. Mit Einblicken in subtile kulturelle Gegebenheiten und Erwartungen hilft GenKI Ihnen, sprachliche Barrieren mit einem gewissen Maß an Selbstvertrauen zu überwinden, obwohl es ratsam ist, die Ergebnisse von professionellen Prüfern mit Fachkenntnissen in Sprachübersetzung und Kulturinterpretation überprüfen zu lassen. GenKI kann Ihnen helfen, Zeit und Geld zu sparen und vielleicht sogar Ihr Image zu schützen, indem sie Nachrichten formuliert, die sowohl kulturell sensibel als auch überzeugend sind, egal, wo auf der Welt sich Ihr Publikum befindet. Denken Sie nur daran, ihre Arbeit immer zu überprüfen.

Marktattraktivität und Marktwert von Inhalten prüfen

In der schnelllebigen Welt der Inhaltserstellung und in einer Welt, die bereits mit Inhalten überflutet ist, ist es für den Erfolg entscheidend, sicherzustellen, dass Ihre Arbeit bei Ihrem Zielmarkt Anklang findet. GenKI macht es einfacher, im Wettbewerb zu bestehen und sich von der Masse abzuheben. Sie bietet eine Reihe ausgefeilter Tools, die die Marktattraktivität und den Wert Ihrer Inhalte analysieren und vorhersagen können, sodass Sie sich ein langwieriges, mühsames und oft kostspieliges Ausprobieren sparen können.

Durch die Untersuchung aktueller Trends, der Einbindung des Publikums und der Inhalte Ihrer Wettbewerber liefert GenKI wertvolle Erkenntnisse, die Ihnen dabei helfen, Ihre Inhaltsstrategie auf eine Weise zu verfeinern, die wichtig ist – sei es, um Aufmerksamkeit zu erregen, Publikum oder Marktanteile zu gewinnen oder um die Rentabilität zu steigern. Ob Sie Blogger, Vermarkter oder Romanautor sind: Dank der Fähigkeit von GenKI, riesige Datenmengen zu durchforsten und umsetzbares Feedback zu liefern, können Sie Ihre Inhalte nicht nur an die Marktnachfrage anpassen, sondern auch die Aufmerksamkeit Ihres Publikums fesseln und halten und so Wirkung und Reichweite weiter maximieren.

GenKI-Tools zur Bewertung der Inhaltsresonanz und Markttauglichkeit nutzen fortschrittliche Algorithmen, maschinelles Lernen und Datenanalyse, um Einblicke in Verbraucherverhalten, Vorlieben und Trends zu geben. Zu den angebotenen Funktionen gehören unter anderem Stimmungsanalysen zur Messung der Publikumsreaktionen, Thementrendanalysen zur Ermittlung von Themen, die an Zugkraft gewinnen, und prädiktive Analysen zur Prognose der Inhaltsleistung.

Plattformen zur Inhaltsoptimierung können in Echtzeit Verbesserungen vorschlagen, wie etwa SEO-Optimierungen für eine bessere Online-Sichtbarkeit oder Anpassungen der Lesbarkeit für eine klarere Kommunikation. Social-Listening-Tools sind von unschätzbarem Wert, um Markenerwähnungen und das Engagement des Publikums auf verschiedenen Social-Media-Plattformen zu überwachen, denn sie bieten einen Einblick, welche Inhalte Anklang finden und Gespräche anregen.

ChatGPT-4 Omni ist ein Beispiel für eine GenKI-Anwendung, die viele dieser Aufgaben unterstützt. Für fortgeschrittenere oder speziellere Aufgaben wie Social Listening in Echtzeit, Personalisierung im großen Maßstab oder prädiktive Marktanalysen sollten Sie jedoch auch GenKI-gesteuerte und dedizierte Software oder Plattformen verwenden, die speziell für diese Zwecke entwickelt wurden. Es gibt Tools und Plattformen, die GenKI und maschinelles Lernen nutzen, um die Resonanz von Inhalten bei bestimmten Zielgruppen und die Markttauglichkeit zu bewerten, wie etwa BuzzSumo, Crimson Hexagon (Brandwatch), HubSpots Content Strategy Tool, MarketMuse (SiteImprove) und Pulsar Platform.

Der Fokus und die Wirksamkeit dieser Tools variieren, und sie sollten im Rahmen einer umfassenden Marktforschungs- und Inhaltsstrategie eingesetzt werden. Darüber hinaus werden ständig neue Tools entwickelt, und vorhandene Tools werden regelmäßig mit neuen Funktionen und Fähigkeiten aktualisiert. Prüfen Sie immer, ob es neue Angebote und Versionen gibt, um sicherzustellen, dass Sie die neuesten Optionen nutzen können.

Sie können KIs auch stapeln und/oder GenKI in andere Software integrieren, um die Fähigkeiten über diejenigen einer einzelnen GenKI-Anwendung hinaus zu erweitern. Darüber hinaus kann das einer GenKI-Anwendung zugrunde liegende GenKI-Modell vielleicht mehr leisten als die einzelne Anwendung. Ziehen Sie in Betracht, eine andere Anwendung zu wählen, die auf demselben Modell basiert und für das, was Sie vorhaben, noch besser geeignet ist.

Darüber hinaus können einige GenKI-Tools Wettbewerbsanalysen durchführen, sodass Inhaltsersteller ihre Arbeit mit erfolgreichem Inhalt in ähnlichen Nischen vergleichen können. Personalisierungs-Engines verwenden GenKI und maschinelles Lernen, um Inhaltsempfehlungen an einzelne Benutzer anzupassen und so die Benutzereinbindung und -zufriedenheit zu steigern. Durch den Einsatz der richtigen KI-Tools oder einer Kombination davon können Inhaltsersteller und Vermarkter nicht nur ihre Inhalte optimieren, um eine bessere Resonanz und Markttauglichkeit zu erzielen, sondern auch ihre Strategien an den im ständigen Wandel befindlichen Markt anpassen.

Inhalte mehrerer Autoren vereinheitlichen

Wenn mehrere Autoren zu einem einzigen Inhalt beitragen, kann es eine große Herausforderung sein, einen einheitlichen Ton und eine klare, prägnante Botschaft beizubehalten. Um Kohärenz und Prägnanz in Inhalten mehrerer Autoren sicherzustellen, ist ein strategischer Ansatz erforderlich, der klare Richtlinien, effektive Kommunikation und einen robusten Bearbeitungsprozess umfasst.

Kohärenz stellt sicher, dass der Inhalt nahtlos und logisch von einem Punkt zum nächsten fließt und ein einheitliches Argument oder eine einheitliche Erzählung präsentiert. Prägnanz hilft dabei, Redundanz zu vermeiden, wodurch der Inhalt ansprechender und leichter verständlich wird. Wenn sich ein Autorenteam auf diese Elemente konzentriert, kann es ein zusammenhängendes Dokument erstellen, das bei der Zielgruppe Anklang findet und ein hohes Maß an Professionalität und Lesbarkeit aufweist.

Einheitlichkeit beim gemeinsamen Schreiben durch GenKI-Unterstützung

Durch die Einbindung von GenKI-Unterstützung in verschiedenen Phasen ist ein gemeinschaftliches Schreiben möglich, das auf effiziente Weise zu einem einheitlichen, verständlichen Dokument führt, das die beabsichtigte Botschaft wirksam vermittelt.

Um diese Einheitlichkeit mit Hilfe von GenKI zu erreichen, sind mehrere wichtige Schritte erforderlich:

1. **Legen Sie klare Ziele und Richtlinien fest.**

   Definieren Sie den Zweck, die Zielgruppe und die Kernbotschaften des Inhalts. Legen Sie als Nächstes Stil- und Tonrichtlinien fest, um die Konsistenz zwischen den verschiedenen Abschnitten sicherzustellen.

2. **Legen Sie Rollen und Verantwortlichkeiten fest.**

   Weisen Sie den Teammitgliedern bestimmte Rollen zu, zum Beispiel Hauptautor, Redakteur und Prüfer. Klären Sie, was von jedem Mitwirkenden erwartet wird.

3. **Erstellen Sie eine detaillierte Gliederung.**

   Entwickeln Sie eine umfassende Gliederung (mit oder ohne Hilfe einer GenKI-Anwendung wie ChatGPT-4o oder Claude), die den Inhalt in Abschnitte oder Kapitel unterteilt. Stellen Sie sicher, dass alle Autoren die Struktur verstehen und wissen, wie ihre Beiträge in die Gesamterzählung und Gliederung passen.

4. **Verwenden Sie GenKI für erste Entwürfe.**

   Nutzen Sie GenKI-Schreibtools, um erste Entwürfe zu erstellen oder Inhalte auf Basis der Gliederung vorzuschlagen. Autoren können den von GenKI generierten Inhalt dann verfeinern und personalisieren, um einen einheitlichen Stil beizubehalten.

5. **Unterstützen Sie eine nahtlose Kommunikation.**

   Verwenden Sie Tools für die Zusammenarbeit, die Echtzeitkommunikation und Dokumentenaustausch ermöglichen, wie zum Beispiel GenKI-Anwendungen auf Unternehmensebene, oder kopieren und fügen Sie Ergebnisse in Google Docs oder Microsoft Word ein. Fördern Sie regelmäßige Check-ins und Diskussionen, um etwaige Inkonsistenzen oder Überschneidungen zu beheben.

6. **Implementieren Sie ein Versionskontrollsystem.**

   Verwenden Sie Software, die Änderungen nachverfolgt und einen einfachen Vergleich zwischen Versionen ermöglicht. Stellen Sie sicher, dass jeder an der aktuellsten Version des Dokuments arbeitet.

7. **Führen Sie regelmäßige Überprüfungen durch.**

   Planen Sie regelmäßige Überprüfungen ein, um die Kohärenz und den Fortschritt des Inhalts zu beurteilen. Verwenden Sie GenKI-Tools, um die Konsistenz von Stil, Ton und Stimme in verschiedenen Abschnitten zu überprüfen.

8. **Bearbeiten Sie die Ergebnisse hinsichtlich Kohärenz und Stil.**

   Lassen Sie nach den ersten Entwürfen einen Redakteur oder ein Team von Redakteuren den Inhalt harmonisieren. Verwenden Sie GenKI-gestützte Bearbeitungstools, um Informationslücken oder -konflikte sowie stilistische und grammatikalische Inkonsistenzen zu identifizieren und Korrekturen vorzuschlagen.

9. **Iterieren Sie mit Feedback.**

   Sammeln Sie Feedback von allen Autoren und Stakeholdern. Verwenden Sie GenKI, um Feedback auf gemeinsame Themen zu analysieren, die möglicherweise Aufmerksamkeit erfordern.

10. **Schließen Sie die Arbeit mit einer Überprüfung auf Einheitlichkeit ab.**

    Führen Sie vor der Fertigstellung des Dokuments eine gemeinsame Überprüfung durch alle Autoren durch, um sicherzustellen, dass alle Änderungen eingearbeitet wurden und sich das Dokument so flüssig liest, als wäre es von einem einzigen Autor geschrieben worden. Verwenden Sie GenKI-Unterstützung, um eine letzte Überprüfung auf verbleibende Inkonsistenzen oder Rechtschreibfehler durchzuführen.

Optimierung von Schlüsselwörtern (SEO) mit GenKI für bessere Suchrankings

Die Optimierung von Inhalten für Suchmaschinen bleibt ein entscheidender Bestandteil der Online-Sichtbarkeit. GenKI hat die Effektivität von Texten mit Blick auf die Suchmaschinenoptimierung (SEO) erheblich gesteigert, ohne dass es so klingt, als ob der Inhalt nur geschrieben wurde, um eine günstige Mischung von Schlüsselwörtern zu erhalten.

Ich weiß nicht, wie es Ihnen geht, aber ich habe es immer gehasst, beim Schreiben den Vorgaben von SEO-Obergebieter zu folgen (sie stammen aus dem Königreich der Schlüsselwörter und schrecklichen Schreibregeln). Ich war schon immer ein großer Verfechter des Werts gut geschriebener Inhalte gegenüber cleveren Internet-Taktiken. Der Punkt ist jedoch, dass Schlüsselwörter zumindest im Moment wichtig bleiben, und GenKI ist hervorragend darin, Ihnen bei dieser Aufgabe zu helfen.

Nutzung von GenKI für SEO-Strategie und Schlüsselwortoptimierung

GenKI bietet erweiterte Tools und Einblicke, mit denen Sie Ihre Gedanken oder Entwürfe entweder umschreiben oder an die SEO-Anforderungen Ihres Unternehmens anpassen können und/oder die wirkungsvollsten Schlüsselwörter und Ausdrücke identifizieren und integrieren können, um Ihre Arbeit möglichst vielen Menschen zugänglich zu machen. Beides sind lohnende Ziele, aber mit GenKI wird das Ganze für Sie weniger mühsam.

Insbesondere die Fähigkeit von GenKI, große Datensätze zu verarbeiten und zu analysieren, ermöglicht es Unternehmen, verborgene Muster im Suchverhalten aufzudecken und Veränderungen in der Benutzerabsicht mit bemerkenswerter Genauigkeit vorherzusagen. Durch die Nutzung dieser Erkenntnisse können GenKI-Tools optimale Schlüsselwörter vorschlagen, die Wettbewerbslandschaft einschätzen und Empfehlungen für Inhaltsanpassungen geben, die eng mit aktuellen Suchtrends übereinstimmen. Sie können GenKI verwenden, um dies für Sie zu erledigen, oder die SEO-Experten Ihres Unternehmens können GenKI für den Auswahlprozess von Schlüsselwörtern einsetzen. GenKI optimiert auch die strategische Platzierung dieser Begriffe im Inhalt, damit die optimalen Ergebnisse gelesen werden.

Unter dem Strich können Marketing- und SEO-Experten durch die Nutzung von GenKI riesige Datenmengen analysieren, um Suchmuster zu erkennen, Trends vorherzusagen und ihre Inhaltsstrategie entsprechend zu optimieren. Dies erhöht die Relevanz des Materials für Suchalgorithmen und stellt außerdem sicher, dass der Inhalt höhere Suchrankings erzielt, was wiederum zu mehr Internetverkehr zu Ihrer Arbeit führt.

Teil III

Fortgeschrittene GenKI-Modelle und -Techniken

IN DIESEM TEIL …

- Kompetenzen und Inhalte mit fortgeschrittenen Taktiken auf die nächste Ebene bringen
- Spezialisierte GenKI-Tools kennenlernen, die über die Grundlagen hinausgehen und spezifischere Aufgaben für bestimmte Themen und Zwecke ausführen
- Mit GenKI arbeiten, um Ihre Kreativität und Produktivität weiter zu steigern

IN DIESEM KAPITEL

GenKI-Modelle im Hinblick auf spezifischere Inhaltsanforderungen evaluieren

GenKI-Modelle für bestimmte Themen optimieren

GenKI mit anderer Software integrieren

Kapitel 12
Fortgeschrittene Taktiken, um Ihre Inhalte auf die nächste Ebene zu bringen

Je mehr Sie mit GenKI-Modellen arbeiten, desto klarer wird Ihnen, dass es sich dabei nicht um Universallösungen handelt. Es gibt sie in verschiedenen Formen, jede mit eigenen Merkmalen, Stärken und Schwächen sowie potenziellen Anwendungen.

Glücklicherweise müssen Sie sich nicht auf ein GenKI-Modell beschränken. Es gibt viele Möglichkeiten, Modelle und Ausgaben zu integrieren, zu aggregieren, zu verketten, zu schichten und zusammenzufügen, um das Beste aus allen GenKI-Welten herauszuholen. (Detailliertere Informationen zu diesen Taktiken finden Sie in Kapitel 9.)

Darüber hinaus sind die Integrationsfähigkeiten von GenKI-Modellen für viele Benutzer und Unternehmen ein Schlüsselfaktor. Da GenKI immer mehr mit verschiedenen Anwendungen verknüpft wird, kann die Auswahl einer der vorintegrierten Optionen oder eines eigenständigen Modells, das sich nahtlos in Ihre vorhandenen Systeme integrieren lässt, die Produktivität und Effizienz erheblich steigern.

In diesem Kapitel geht es um wichtige Überlegungen zur Auswahl des richtigen GenKI-Modells, darunter Leistung, Skalierbarkeit, einfache Integration und die spezifischen Aufgaben, die Sie erledigen möchten. Ich zeige Fallstudien und reale Anwendungen, um Ihnen ein besseres Verständnis dafür zu vermitteln, wie verschiedene Modelle genutzt werden können, um unterschiedliche Anforderungen zu erfüllen. Nach der Lektüre dieses Kapitels können Sie fundierte Entscheidungen über die GenKI-Modelle treffen, die für Ihre Projekte am besten geeignet sind und Innovationen vorantreiben.

Evaluieren von KI-Modellen im Hinblick auf spezifische Anforderungen

Mit einigen der derzeit verfügbaren GenKI-Modelle (siehe Kapitel 1) sind wirklich coole Sachen möglich, aber in der Praxis müssen Sie berücksichtigen, wie gut die KI im Hinblick auf die Erstellung von Inhalten nach Ihren Vorgaben funktioniert. Ich habe beispielsweise versucht, DALL-E dazu zu bringen, Diagramme und Grafiken für dieses Buch zu erstellen, die den Datenvisualisierungen ähneln, die in BI-Software (Business Intelligence) und Datenvisualisierungstools erstellt werden können. Ich habe DALL-E bisher nicht dazu gebracht, irgendetwas Brauchbares im Hinblick auf Diagramme und Grafiken zu erstellen. Es fabriziert weiterhin bizarre Zeichnungen statt eines Standarddiagramms mit richtig beschrifteten Datenelementen. Ich bin zu dem Schluss gekommen, dass sich DALL-E hervorragend zum Erstellen fotorealistischer Illustrationen für meinen nächsten Science-Fiction-Roman eignet, aber kein geeignetes Tool zum Erstellen von Diagrammen und Grafiken für dieses Buch ist.

Sie sollten verschiedene GenKI-Modelle testen, um herauszufinden, welches sich für Ihre Arbeit am besten eignet. Ich kann Ihnen zwar eine allgemeine Beschreibung vieler dieser Tools geben (und das tue ich in Kapitel 1), aber das beantwortet nur bedingt die Frage nach der Leistung im Hinblick auf Ihre individuellen Anforderungen.

Gehen Sie bei Ihrer Suche nach den richtigen GenKI-Modellen für Ihre Arbeit wie folgt vor:

1. **Definieren Sie die inhaltlichen Anforderungen und Vorgaben für Ihr Projekt, und unterscheiden Sie dabei zwischen kreativen Illustrationen und strukturierten Datendarstellungen.**

   Machen Sie dasselbe für jeden Inhalt, den Sie erstellen möchten. Möchten Sie beispielsweise Bilder in Ihren Prompt einfügen, aber nur Text vom Modell generieren lassen? Benötigen Sie ein spezialisiertes Modell – etwa im Gesundheitswesen, das medizinische Terminologie, Verfahren und Prozesse versteht –, oder reicht ein allgemeines Modell aus?

2. **Identifizieren Sie eine Reihe von GenKI-Modellen, die Potenzial für Ihre Anwendungsfälle haben.**

   Erkunden Sie beispielsweise über DALL-E hinaus andere Modelle wie Midjourney und Stable Diffusion zur Bildgenerierung, und sehen Sie sich spezialisierte GenKI-Tools zur Datenvisualisierung für Diagramme und Grafiken an.

3. **Richten Sie kontrollierte Experimente ein, um die Fähigkeit jedes Modells zu testen, den gewünschten Inhalt zu produzieren.**

   Geben Sie klare Prompts und Parameter an, um die Ausgabe von GenKI zu steuern.

4. **Bewerten Sie die Ergebnisse anhand Ihrer Kriterien, und beachten Sie die Stärken und Schwächen jedes Modells im Hinblick auf Ihre speziellen Anforderungen.**

5. **Dokumentieren Sie Ihre Ergebnisse, und nutzen Sie sie bei der Auswahl der GenKI-Tools für verschiedene Aspekte Ihrer Arbeit.**

Durch einen systematischen Ansatz beim Testen und Bewerten können Sie die praktischen Anwendungen von GenKI-Modellen besser verstehen und die am besten geeigneten Tools für Ihre kreativen und technischen Vorhaben auswählen.

Sie müssen für Ihr Projekt nicht nur ein KI-Modell verwenden. Sie können verschiedene Modelle für verschiedene Teile Ihres Projekts einsetzen und ihre Ergebnisse in anderer Software wie Word, Google Docs oder einem Content-Management-System (CMS) kombinieren. Sie können auch die Ausgabe eines GenKI-Modells als Teil der Eingabe in einem anderen verwenden oder sogar Teile der Ausgabe verschiedener Modelle zu einem einzigen Inhalt zusammenfügen, damit das Ergebnis Ihren Erwartungen besser entspricht.

GenKI-Modelle für spezielle Themen anpassen

Die Wahl zwischen spezialisierten GenKI-Modellen, Feinabstimmung oder Verwendung von *Retrieval-Augmented Generation* (RAG) hängt von den individuellen Anforderungen Ihrer Aufgabe ab. Spezialisierte Modelle bieten höhere Genauigkeit und Effizienz für bestimmte Aufgaben und orientieren sich eng an spezifischem Fachwissen oder Stilen, wodurch sie für Nischenanwendungen geeignet sind.

Die Feinabstimmung vorab trainierter Modelle mit aufgabenspezifischen Daten bietet Anpassungsfähigkeit und die Möglichkeit, kreative, maßgeschneiderte Antworten zu generieren, was die Vielseitigkeit für verschiedene Anwendungen erhöht. RAG-Systeme, die Abfrage und Generierung kombinieren, unterstützen einen umfassenden Kontext, indem sie umfangreiches externes Wissen nutzen, Anfragen effektiv bearbeiten und die Abhängigkeit von Trainingsdaten verringern. Die Komplexität von RAG bei der Integration von Abfrage und Generierung kann jedoch die Kreativität im Vergleich zu vollständig generativen Modellen einschränken.

Jede Methode hat ihre Vor- und Nachteile: Spezialisierte Modelle legen den Schwerpunkt auf Präzision, Feinabstimmung fördert Flexibilität, und RAG konzentriert sich auf kontextuelle Vielfalt. Die Entscheidung sollte mit den Anforderungen der jeweiligen Anwendung übereinstimmen, um die Fähigkeiten von GenKI effektiv zu nutzen. Beachten Sie auch, dass Sie sich nicht nur für eine dieser Optionen entscheiden müssen, da Sie sowohl Feinabstimmung als auch RAG verwenden können, um ein spezialisiertes Modell zu erstellen, das wahrscheinlich ein Modell übertrifft, das nur feinabgestimmt oder nur mit RAG erweitert wurde. Es gibt auch Optionen bei der Verwendung von RAG – und der darin enthaltenen Daten –, die sich positiv oder negativ auf die Modellleistung auswirken können.

In den folgenden Abschnitten werden einige der Optionen zum Anpassen vorhandener Modelle oder zum Erstellen spezialisierter Modelle genauer beleuchtet.

Anpassen von KI für branchenspezifische Inhalte

GenKI-Modelle bieten eine vielseitige Grundlage, auf der branchenspezifische Anwendungen erstellt werden können, sodass Unternehmen diese Technologien an ihre individuellen Anforderungen anpassen können. Beispielsweise können Unternehmen durch Feinabstimmung vorhandene Open-Source- oder proprietäre Modelle anpassen und sicherstellen, dass sie den besonderen Bedürfnissen ihrer Branche entsprechen. Dieser Prozess verfeinert nicht nur die Ergebnisse des Modells, sodass es relevantere und genauere Inhalte liefert, sondern gibt Unternehmen auch mehr Kontrolle über die Trainingsdaten, was zu einer verbesserten Leistung führen kann, die auf ihre spezifischen Anforderungen zugeschnitten ist.

Darüber hinaus kann der Einsatz von RAG den Anpassungsprozess erheblich verbessern. RAG kombiniert die Leistungsfähigkeit der Informationsbeschaffung mit generativen Fähigkeiten, sodass GenKI-Modelle auf umfangreiche Datenbanken mit branchenspezifischem Wissen zugreifen können, das in den Trainingsdaten nicht vorhanden ist. Dieser Ansatz bereichert die Ergebnisse des Modells mit einem tieferen Kontext und sachlicher Genauigkeit und eignet sich daher hervorragend für Branchen, die auf aktuelle, präzise und außergewöhnliche Informationen angewiesen sind.

Prompt Engineering ist eine weitere Technik, mit der die Leistung von GenKI-Modellen optimiert werden kann. Durch sorgfältige Gestaltung der Prompts können Unternehmen GenKI dazu anleiten, Inhalte zu erstellen, die besser mit branchenspezifischen Stilen, Terminologien und Zielen übereinstimmen. Diese Methode ist besonders effektiv für die Erstellung von Inhalten, die bestimmten Standards entsprechen oder einen bestimmten Ton vermitteln müssen, und stellt so die Konsistenz über verschiedene Anwendungen hinweg sicher.

Im Wesentlichen stellt die Anpassungsfähigkeit von GenKI-Modellen durch Feinabstimmung, RAG und Prompt Engineering ein leistungsstarkes Toolkit für Unternehmen dar, die GenKI zur Inhaltserstellung nutzen möchten. Diese Techniken ermöglichen die Entwicklung maßgeschneiderter Lösungen, die nicht nur die unterschiedlichen Anforderungen verschiedener Branchen erfüllen, sondern auch ein hohes Maß an Qualität und Relevanz der erstellten Inhalte gewährleisten. Ob für Marketing, Recht, Gesundheitswesen, Finanzen oder jeden anderen Sektor: GenKI-Modelle können angepasst werden, um die branchenspezifische Inhaltserstellung zu unterstützen.

Eine kleine Geschichte über den Versuch, KI für bestimmte Inhalte anzupassen …

Beim Schreiben dieses Buches stießen wir (also die KI- und Redaktionsteams von Wiley und ich) bei unseren Bemühungen, das Modell an die Wiley-Methode für die Erstellung von *…für Dummies*-Büchern anzupassen, auf einige Hindernisse. Zum einen versuchten wir sowohl in Azure OpenAI Service als auch in Scribble Studio AI vergeblich, Wileys stark angepasste Microsoft-Word-Formatierungsvorlage in RAG hochzuladen. Das war enttäuschend, denn die meisten Redakteure und Autoren würden die Formatierungsaufgaben gerne abgeben.

Es ist seltsam, dass eine so einfache Datei nicht in RAG hochgeladen werden konnte. Alternativ haben wir versucht, ein Buch mit dem Titel *Writing a Dummies Book For Dummies* in RAG zu laden, in der Hoffnung, dass es aus dem darin enthaltenen Text ein Format extrahieren könnte, dem es folgen würde. Leider war auch dies nicht erfolgreich.

Jedoch hat die Anpassung der Modellparameter, um den Daten, die wir in Scribble Studio in RAG hochgeladen haben, mehr Gewicht zu verleihen, die Ergebnisse für meine Anforderungen als Autorin von... *für Dummies* erheblich verbessert. Ich bin mir nicht sicher, welche anderen technischen Anpassungen das Wiley-KI-Team am Backend vorgenommen hat, aber ich konnte die Auswirkungen auf die Leistung des Modells deutlich sehen. Insgesamt hat Scribble meine spezifischen Anforderungen besser erfüllt als Azure OpenAI Service. Für Sie könnte dies jedoch anders aussehen.

Beispiele für spezialisierte GenKI-Modelle, die auf dem Markt erhältlich sind

Auf dem Markt gibt es derzeit eine Reihe spezialisierter GenKI-Modelle, mit unterschiedlichen Fähigkeiten für bestimmte Aufgaben und Sektoren:

- **Dolly von Databricks:** Dieses LLM ist Open Source und wurde als »kostengünstig zu erstellendes LLM« entwickelt, wodurch es auch für Unternehmen mit begrenzten Ressourcen zugänglich ist. Die erste Version wurde in nur 30 Minuten auf einer einzigen Maschine trainiert, was ihre Effizienz demonstrierte. Dolly 2.0 ist das erste Open-Source-LLM, das Anweisungen befolgt und sowohl für Forschungs- als auch für kommerzielle Zwecke verwendet werden kann. Dies ermöglicht es Organisationen, leistungsstarke LLMs zu erstellen, zu besitzen und anzupassen, ohne auf APIs von Drittanbietern angewiesen zu sein oder vertrauliche Daten zu teilen.
- **Llama 2 von Hugging Face:** Llama 2, entwickelt von Meta und integriert in Hugging Face, ist eine Sammlung frei zugänglicher großer Sprachmodelle mit sieben bis 70 Milliarden Parametern. Diese Modelle, einschließlich fein abgestimmter Versionen, die für Dialoganwendungen optimiert sind, sind mit proprietären Modellen wie ChatGPT vergleichbar.
- **Google Gemini:** Die von Google DeepMind und Google Research entwickelte Gemini-Familie multimodaler LLMs ist in der Lage, Text, Bilder, Videos und Audio zu verstehen und zu generieren. Sie ist darauf ausgelegt, komplexe Aufgaben auszuführen, verschiedene Eingabetypen gleichzeitig zu verarbeiten und sich in andere Google-Dienste zu integrieren. Sie bietet erweiterte Funktionen wie das Verstehen nuancierter Zusammenhänge, Humor und Sarkasmus und gibt gleichzeitig Antworten auf Benutzeranfragen und -eingaben.
- **Claude von Anthropic:** Claude, entwickelt von Anthropic, ist ein fortschrittlicher KI-Assistent und Chatbot, der mit Modellen wie ChatGPT konkurrieren soll. Er nutzt ein LLM, um eine Vielzahl von Aufgaben auszuführen, darunter Zusammenfassungen,

kreatives Schreiben, Codierung und Fragen und Antworten. Die neuesten Versionen von Claude, wie Claude 2 und das neuere Claude 3.5, bieten erhebliche Verbesserungen der Kontextfenstergröße, sodass große Textmengen verarbeitet werden können, und sind für Benutzer zuverlässiger und steuerbarer gestaltet.

- **Amazon Titan:** Titan ist Amazons Familie generativer KI-Modelle, die über AWS angeboten und für Aufgaben wie Textgenerierung, Bildgenerierung und das Erstellen von Texteinbettungen entwickelt wurden. Diese Modelle, auf die über Amazon Bedrock zugegriffen werden kann, unterstützen verschiedene Anwendungen, darunter E-Commerce, Medien und Gesundheitswesen. Die Modelle können für spezifische Anwendungsfälle stark angepasst werden.

Aber auch in Spezialsoftware sind Spezialanwendungen eingebettet. Perplexity hat beispielsweise GenKI eingebettet, die auf Suche und Beschaffung spezialisiert ist. Weitere Beispiele sind die Systeme Contract Lifecycle Management und Legal Intake von Salesforce, die GenKI integrieren, um Automatisierung, Verhandlung und Vertragsmanagement innerhalb von Organisationen zu rationalisieren und zu verbessern.

Umgang mit Problemen bei der Software-Integration

Die Integration von GenKI in Software-Systeme bringt mehrere Herausforderungen mit sich. Einige Modelle sind beispielsweise auf umfangreiche Textdatenbanken im Internet angewiesen, die ungeeignete Inhalte enthalten oder Urheberrechtsstreitigkeiten hervorrufen können. Außerdem arbeitet GenKI auf Basis von Wahrscheinlichkeitsmodellen und besitzt weder Logik noch gesunden Menschenverstand, was manchmal zu ungenauen oder unsinnigen Ergebnissen führt, die als *Halluzinationen* bezeichnet werden. Darüber hinaus wird die Integration von GenKI in bestehende Software, insbesondere in Sektoren wie dem Finanzwesen, durch die Notwendigkeit erschwert, sie in eine Vielzahl sich ständig ändernder Anbieterumgebungen einzufügen. Außerdem stellt es für Unternehmen eine erhebliche Hürde dar, ihre Mitarbeiter so auszustatten und anzuleiten, dass sie die GenKI-Technologie effektiv nutzen kann.

Allgemeine Integrationsherausforderungen bewältigen

Die Integration von GenKI-Modellen in bestehende Software-Systeme erfordert sorgfältige Planung, Ausführung und kontinuierliches Management, um eine nahtlose Funktionalität und optimale Leistung sicherzustellen. Hier ein ausführlicherer Blick auf die verschiedenen Elemente und Methoden, die zur Lösung von Integrationsproblemen verwendet werden können:

- **Modellmanagement:** Die Integration von GenKI-Modellen in Software-Systeme beginnt mit dem Modellmanagement. Integrationsingenieure spielen in dieser Phase eine zentrale Rolle, da sie verschiedene Modelle testen und orchestrieren, um die beste Übereinstimmung für jeweiligen Aufgaben zu finden. Ob es darum geht, den

Kundensupport durch natürliche Sprachverarbeitung zu verbessern, Code zur Unterstützung von Entwicklern zu generieren oder die Wissenssuchfunktionen zu verbessern, die Ingenieure müssen sicherstellen, dass das ausgewählte GenKI-Modell den Anforderungen der Aufgabe und der Architektur der Software entspricht. Dieser Prozess umfasst oft eine Reihe von Tests und Bewertungen, um festzustellen, welches Modell in verschiedenen Szenarien am besten funktioniert.

- ✔ **Vektorpipelines:** Die Verarbeitung unstrukturierter Daten wie Textdokumente, Bilder oder Audiodateien erfordert die Erstellung robuster und sicherer Vektorpipelines. Ein Vektor ist eine Darstellung fester Länge, genauer gesagt eine geordnete Sammlung numerischer Werte, die Merkmale oder Attribute eines Elements oder Datenpunkts darstellen. Vektoren werden häufig als Eingabe für verschiedene Aufgaben der natürlichen Sprachverarbeitung (NLP), der natürlichen Sprachgenerierung (NLG) und des maschinellen Lernens verwendet. Eine Vektorpipeline ist die Verarbeitungspipeline während der gesamten Verwendung von Vektoren. Integrationsingenieure haben die Aufgabe, den gesamten Prozess zu überwachen, der die Aufnahme von Rohdokumenten, die Umwandlung des Textes in numerische Einbettungen (dichte, numerische Darstellungen realer Objekte oder Merkmale) durch Techniken zum Verständnis natürlicher Sprache und die Speicherung dieser Einbettungen in einer Vektordatenbank zum effizienten Abruf umfasst. Diese Infrastruktur ist entscheidend, damit die Software große Datenmengen schnell und genau verarbeiten und analysieren kann.

- ✔ **GPT-Qualitätsmanagement:** Angesichts der Variabilität der Antworten von GPT-Modellen ist es notwendig, Arbeitsabläufe für die Qualitätskontrolle zu entwickeln. Das GPT-Qualitätsmanagement bei der Software-Integration umfasst die Implementierung von Systemen zur Überwachung, Steuerung und Optimierung der Leistung von GPT-Modellen innerhalb von Anwendungen. Dazu gehört die Entwicklung von APIs für eine nahtlose Modellintegration, die Implementierung von Inhaltsfiltern und Sicherheitsprüfungen in Echtzeit, die Einrichtung von Feedbackschleifen zur kontinuierlichen Modellverbesserung und die Festlegung von Metriken zur Bewertung der Genauigkeit und Relevanz des Modells in bestimmten Anwendungsfällen, während gleichzeitig die Einhaltung ethischer KI-Richtlinien und Datenschutzbestimmungen sichergestellt wird.

- ✔ **LLM-Governance und Auditkontrollen:** Große Sprachmodelle (LLMs) bringen ihre eigenen Herausforderungen mit sich, darunter die Gewährleistung der Genauigkeit und Angemessenheit ihrer Ergebnisse. Dateningenieure sind für die Implementierung von Governance- und Auditkontrollen zur Lösung dieser Probleme verantwortlich. Indem sie Modellantworten erfassen und anhand vordefinierter Inhaltsregeln analysieren, können Ingenieure die Datenaufnahme und die Modelltrainingsprozesse verfeinern. Dieser kontinuierliche Zyklus aus Überwachung, Analyse und Verfeinerung ist entscheidend für die Wahrung der Integrität und Zuverlässigkeit von LLMs in Software-Systemen.

Programmieren mit GenKI ohne Codierung

Eine der interessantesten und umstrittensten Verwendungsmöglichkeiten für GenKI-Modelle und -Anwendungen ist das Schreiben von Computercode. Viele GenKI-Modelle und -Anwendungen können den gesamten Code mit nichts weiter als Text in einem Prompt schreiben, auf dem aufgebaut werden kann. Viele Modelle können auch Fehler (auch Bugs genannt) in einem Codeausschnitt erkennen und ersetzen, der als Eingabe bereitgestellt wird.

Die Sorge dreht sich um die Frage, ob GenKI-Code jemals wirklich fehlerfrei sein wird und ob der so generierte Code wirklich die Geschäftsziele erreicht. Natürlich gibt es auch Bedenken, dass Programmierer ihre Jobs an GenKIs verlieren könnten.

In diesem Abschnitt ignorieren wir die Bedenken und Kontroversen, die andere klären müssen, und konzentrieren uns stattdessen darauf, wie GenKI es fast jedem ermöglicht, ein Computerprogramm zu schreiben.

Viele Modelle und Anwendungen sorgen für Aufsehen, indem sie No-Code- oder Low-Code-Lösungen für die Programmierung anbieten. Hier ist eine Liste mit Beispielen von neun GenKI-Modellen und -Anwendungen, die die Erstellung von Software erleichtern, ohne dass dafür weitergehende Programmierkenntnisse erforderlich sind:

- ✔ **GenAI Builder von SnapLogic:** Der GenAI Builder von SnapLogic ist eine Plattform für die GenKI-Anwendungsentwicklung ohne Code. Sie ermöglicht Benutzern die nahtlose Erstellung von Anwendungen ohne größere Programmierkenntnisse.
- ✔ **Flowise AI:** Flowise AI bietet ein kostenloses Schulungsprogramm, mit dem Benutzer GenKI-Apps ohne Code erstellen können. Diese Initiative macht hochmoderne GenKI einem breiteren Publikum zugänglich, unabhängig von dessen Programmierkenntnissen.
- ✔ **Dolly:** Das von Databricks entwickelte Dolly-Modell ist ein spezialisiertes GenKI-Modell, das No-Code-Optionen zum Schreiben von Programmen und Erstellen von Anwendungen bietet. Auch dieses Modell verbessert die Zugänglichkeit und Benutzerfreundlichkeit und richtet sich an Benutzer, die ihre Nutzung von GenKI verbessern möchten, ohne sich in komplexen Code vertiefen zu müssen.
- ✔ **Llama 2:** Llama 2, ein Open-Source-GenKI-Modell von Hugging Face, bietet anpassbare Lösungen für eine Vielzahl von Anwendungen. Es ermöglicht Benutzern, GenKI-Funktionen ohne umfassende Programmierkenntnisse zu implementieren, was es zu einem vielseitigen Tool für Entwickler und Nichtentwickler macht.
- ✔ **Gemini von Google:** Googles Gemini ist eine Suite von GenKI-Modellen, die No-Code-Optionen für die Programmierung sowohl für Ein- als auch für Ausgaben bieten. Diese Modelle vereinfachen den Anwendungsentwicklungsprozess, insbesondere für Benutzer mit eingeschränkter Programmiererfahrung, indem sie intuitive Schnittstellen und automatisierte Funktionen bereitstellen.
- ✔ **GenKI-Modelle von Pega:** Die GenKI-Modelle von Pega sind in einen modellbasierten Software-Ansatz integriert, der es Benutzern ermöglicht, Anwendungen zu erstellen, ohne Code schreiben zu müssen. Durch die Nutzung visueller Schnittstellen und vorgefertigter Vorlagen optimieren diese Modelle den Entwicklungsprozess.

- ✔ **GenKI-Modelle von OutSystems:** OutSystems nutzt generative KI in Verbindung mit Low-Code-Plattformen, um die schnelle Erstellung von Anwendungen zu ermöglichen.
- ✔ **Codex:** Das Codex-Modell von OpenAI versteht und generiert Computercode und ist damit ein leistungsstarkes Tool für alle, die Software ohne traditionelle Codierung schreiben möchten. Es wurde anhand eines riesigen Codekorpus von GitHub trainiert und kann daher bei einer Vielzahl von Programmieraufgaben helfen.
- ✔ **Copilot:** Microsofts Copilot, jetzt mit ChatGPT zu Copilot X erweitert, fungiert als GenKI-Paarprogrammierer. *Paarprogrammierung* ist eine Software-Entwicklungstechnik, bei der zwei Programmierer an einer Workstation zusammenarbeiten. Einer, der »Driver«, schreibt Code, während der andere, der »Observer« oder »Navigator«, jede Codezeile beim Eintippen überprüft. Die beiden Programmierer wechseln häufig die Rollen. Der Navigator konzentriert sich auf die allgemeine Richtung und das Design des Codes, denkt voraus und berücksichtigt den allgemeinen Umfang, während sich der Driver auf die Eingabe des Codes konzentriert. Dieser kollaborative Ansatz kann die Codequalität verbessern, den Wissensaustausch erleichtern und die Wahrscheinlichkeit verringern, dass Fehler in den Code gelangen. Dies ist ein bewährtes Vorgehen in Agile- und Extreme-Programming-Methoden (XP). Copilot bietet Codevorschläge und -vervollständigungen und funktioniert wie eine Autovervollständigung für die Codierung. Das Tool soll Entwicklern helfen, Code effizienter zu schreiben, und ist besonders nützlich für Benutzer mit wenig Codierungserfahrung.

Diese GenKI-Modelle und -Anwendungen verändern die Landschaft der Software-Entwicklung, indem sie zugängliche No-Code-Lösungen bieten, die den Anforderungen unterschiedlicher Benutzer gerecht werden – von erfahrenen Entwicklern, die ihren Workflow optimieren möchten, bis hin zu Anfängern, die die Welt des Programmierens erkunden möchten. Unterschiedliche Benutzer ebnen den Weg für eine integrativere und innovativere Zukunft der Technologieentwicklung.

IN DIESEM KAPITEL

Den Unterschied zwischen KI-Tools auf Unternehmens- und Verbraucherebene erkennen

Mini-GPTs, Micro-GenKI-Anwendungen und Marktplätze kennenlernen

Autonome KI-Agenten, digitale Zwillinge und personalisierte KI erforschen

Kapitel 13
Spezialisierte GenKI-Tools

Spezialisierte GenKI-Modelle sind Tools, die für die Ausführung bestimmter Funktionen entwickelt wurden. Es gibt sie in verschiedenen Formen: SLMs, fein abgestimmte LLMs, RAG-erweiterte und fein abgestimmte und RAG-erweiterte Modelle. Variationen und Kombinationen dieser Kategorien sorgen dafür, dass Modelle besser auf bestimmte Aufgaben zugeschnitten sind und dadurch eine präzisere Leistung erzielen. Hier eine detailliertere Aufschlüsselung der spezialisierten GenKI-Modelltypen:

- **Small Language Models (SLMs):** Schlanke, aufgabenorientierte Modelle mit weniger Parametern, die innerhalb von Minuten oder Stunden anhand kleinerer, stark fokussierter Datensätze trainiert werden können.
- **Fein abgestimmte Large Language Models (LLMs):** LLMs, die mit domänenspezifischen Trainingsdaten aktualisiert werden. Der Schwierigkeitsgrad ist hoch.
- **RAG-Modelle (Retrieval-Augmented Generation):** Sprachmodelle, die mit externen Datenabrufsystemen erweitert wurden. Der Schwierigkeitsgrad ist niedriger als bei fein abgestimmten Modellen.
- **Fein abgestimmte und RAG-erweiterte Modelle:** Integration von fein abgestimmten und Wissensabrufsystemen, um das Beste aus beiden herauszuholen. Bessere Leistung als jede Option allein.
- **Domänenspezifische vortrainierte Modelle:** Von Grund auf auf spezialisierten Daten aufgebaut, statt ein bereits vorhandenes Modell über RAG oder Feinabstimmung mit spezialisierten Daten zu erweitern.

- ✔ **Vielseitige Aufgabenmodelle:** Angepasst für eine Reihe von Aufgaben innerhalb einer bestimmten Domäne. Nicht zu verwechseln mit multimodalen Modellen, bei denen es sich um Modelle handelt, die Informationen aus mehreren verschiedenen Datentypen wie Text, Bildern und Audio verarbeiten und verstehen können.

Spezialisierte GenKI-Modelle sind trainierte oder modifizierte GenKI-Modelle, die sich auf ein bestimmtes Fachgebiet konzentrieren und daher Aufgaben für diesen Bereich oder diese Disziplin besser erledigen können als ein allgemeines Modell. In diesem Kapitel erfahren Sie, wie und wann Sie spezialisierte GenKI-Modelle zu Ihrem Vorteil nutzen können.

Der Unterschied, den KI-Tools auf Unternehmensebene machen

GenKI-Tools für Unternehmen (»Enterprise GenKIs«) unterscheiden sich erheblich von denen, die der breiten Öffentlichkeit zugänglich sind. Hier einige wichtige Aspekte von GenKI-Tools auf Unternehmensebene:

- ✔ **Mehr Anpassungsoptionen und höhere Komplexität:** GenKI-Anwendungen für Unternehmen bieten in der Regel mehr Anpassungsoptionen, sodass Unternehmen das Modell besser an ihre Bedürfnisse anpassen können. Einige Anbieter stellen Unternehmenslösungen bereit, die auf komplexe oder spezifische Geschäftsprozesse und -anforderungen abgestimmt sind. Diese Modelle verfügen über erweiterte Funktionen, die speziell für die differenzierten Anforderungen von Unternehmensökosystemen, Disziplinen oder Branchen entwickelt wurden. Auf der anderen Seite bieten GenKI-Tools für die Öffentlichkeit oder allgemeine Benutzer eher allgemeine Funktionen mit vergleichsweise eingeschränkten Anpassungsoptionen.
- ✔ **Verbesserte Datensicherheits- und Compliance-Funktionen:** Für Unternehmen werden GenKI-Lösungen mit einem stärkeren Schwerpunkt auf Datensicherheit, Einhaltung gesetzlicher Vorschriften und Governance entwickelt, um die Einhaltung strenger Unternehmensstandards besser zu gewährleisten. Diese Modelle sind für die Verwaltung vertraulicher Informationen mit erhöhten Sicherheitsprotokollen konzipiert. Umgekehrt weisen GenKI-Tools, die für die breite Öffentlichkeit bestimmt sind, möglicherweise nicht das gleiche Maß an Engagement für strenge Datensicherheits- und Compliance-Frameworks auf. Darüber hinaus erfassen öffentliche GenKI-Tools möglicherweise Informationen in Prompts, die zum Trainieren zukünftiger Modelle verwendet werden können. Die meisten GenKI-Tools für Unternehmen sichern zu, dass unternehmenseigene Daten nicht von der KI gespeichert werden. Aber trotzdem sollten Sie in jedem Einzelfall die Datenschutzerklärung studieren.
- ✔ **Nahtlose Integration in Unternehmenssysteme:** Enterprise-GenKI-Modelle zielen auf eine nahtlose Integration in die bestehenden Systeme eines Unternehmens ab, wie Enterprise-Resource-Planning- und Customer Relationship-Management-Plattformen, ebenso wie in andere wichtige Geschäftsanwendungen. Sie sind darauf ausgelegt, innerhalb der komplexen IT-Landschaften großer Unternehmen zu funktionieren. Öffentlichen oder allgemein zugänglichen GenKI-Tools fehlen diese umfassenden Integrationsfunktionen möglicherweise.

- **Skalierbarkeit und Optimierung:** Enterprise GenKI-Modelle sind für eine effektive Skalierung optimiert und können daher große Datenmengen verwalten und komplexe Vorgänge effizient ausführen. Sie sind so konzipiert, dass sie den hohen Anforderungen an Durchsatz und Verarbeitung großer Organisationen gerecht werden. Im Gegensatz dazu erreichen GenKI-Tools für öffentliche oder allgemeine Benutzer möglicherweise nicht dieses Maß an Robustheit in Bezug auf Skalierbarkeit und Leistung.
- **Umfassender Support und laufende Wartung:** Unternehmen profitieren von umfassenden Supportleistungen, Wartungsverträgen und regelmäßigen Updates, die mit GenKI-Lösungen auf Unternehmensebene einhergehen und eine anhaltende Leistung und Zuverlässigkeit gewährleisten. Öffentliche oder allgemein zugängliche GenKI-Angebote bieten im Vergleich dazu möglicherweise eingeschränktere Support- und Wartungsoptionen.

Die Auswirkungen von GenKI auf große Unternehmen

Die Vorteile der Verwendung von GenKI in Unternehmensumgebungen können über die Steigerung der Produktivität einzelner Mitarbeiter hinausgehen und sich auch auf die Verbesserung der allgemeinen Betriebseffizienz und die Umgestaltung verschiedener Geschäftsabläufe oder -prozesse wie Kundendienst, Marketing, Software-Entwicklung, Außendienst und Engineering erstrecken.

Darüber hinaus kann GenKI den Zeit- und Ressourcenaufwand für Aufgaben wie Inhaltserstellung, Datenrecherche, Datenanalyse und Kundenbindung erheblich reduzieren. So können KI-generierte Marketinginhalte beispielsweise in einem Bruchteil der Zeit erstellt werden, die menschliche Entwickler dafür benötigen würden. In ähnlicher Weise kann GenKI bei der Software-Entwicklung bei der Codegenerierung und Fehlerbehebung helfen und so den Entwicklungszyklus beschleunigen.

Beachten Sie jedoch, dass ein Großteil der Vorteile von GenKI in der Datenrecherche und der Beschleunigung von Prozessen liegt. In der Inhaltsgenerierung liegt der Vorteil nicht wirklich, es sei denn, Sie suchen nach Informationen und Interaktion auf niedriger Ebene. Während einige Modelle diese niedrige Messlatte überwinden, erreicht keines – zumindest bisher – die Fähigkeiten menschlicher Mitarbeiter, die an höheren Positionen tätig sind.

Hätte ich mich beim Schreiben dieses Buches ausschließlich auf GenKI-Tools auf Unternehmensebene verlassen, wäre es kaum mehr als ein schwafelndes Durcheinander. Wenn Sie mir nicht glauben, fragen Sie meine wunderbare Lektorin und ihr Team, die sich durch einen Großteil des experimentellen Textes quälen mussten, den ich beim Testen mehrerer GenKI-Anwendungen, -Modelle, -Techniken und -Prozesse für den Verlag generiert, erstellt, gemischt, abstrahiert, gekürzt, erweitert und verworfen habe.

Ich bin sicher, dass dieser Buchtext kein Geschwafel enthält, aber wir Normalsterblichen haben sicherlich die Augen verdreht und geschimpft (und womöglich noch Schlimmeres), während wir den Inhalt in Form gebracht haben. Mit anderen Worten, dies war keinesfalls ein freundliches Gespräch mit einer Maschine, die mühelos ein fertiges Buch erstellt hat.

Erstens hatte die Anwendung keinen Internetzugang, sodass ihre Wissensdatenbank in der Zeit eingefroren war, was zwangsläufig zu einem Buch geführt hätte, das von Anfang an stark veraltet war. Zweitens hatte die GPT-Anwendung keinen Zugriff auf meine persönlichen und beruflichen Fähigkeiten und Erfahrungen und konnte daher nicht Beispiele aus der Praxis und Farbigkeit hinzufügen, wie ich es kann. Übrigens ist es größtenteils dieser Mangel an Erfahrungen aus erster Hand und Farbigkeit, der die GenKI-Ausgaben so langweilig und unverständlich macht.

Obwohl ich seit Jahrzehnten mit verschiedenen Arten von KI arbeite, habe ich noch nie ein Buch mit einem Modell geschrieben. Ich bin dankbar, dass Wiley genauso gespannt war wie ich, ob es möglich ist – oder überhaupt sein sollte. Entgegen der landläufigen Meinung ist nicht alles ein guter Fall für KI oder sogar GenKI. Und das gilt für jede Technologie. Würden Sie zum Beispiel eine Hochzeitstorte mit einem Presslufthammer anschneiden wollen? Es ist sehr wichtig, dass das Werkzeug für die jeweilige Aufgabe geeignet ist.

Dabei habe ich festgestellt, dass ich mit GenKI meine eigenen Schreibprozesse – Recherche, Datenermittlung, Zusammenfassungen, Umformulierung oder Textbearbeitung, Charakterentwicklung, Plotplanung, Inhaltsorganisation und Textvorschläge – schneller erledigen konnte. Der von GenKI generierte Text war außerdem gut geeignet, mein Denken anzuregen oder als Grundlage für meine eigene Arbeit. GenKI konnte einfach nicht auf meinem Niveau oder darüber schreiben. Das ist übrigens eine objektive Einschätzung und keine Prahlerei von mir. Die Einschätzung meiner eigenen Arbeit überlasse ich Ihnen.

Spezialisierte GenKI-Modelle können außergewöhnliche Ergebnisse liefern, aber selbst diese sind nicht mit der Arbeit der Fachleute vergleichbar, die sie verwenden. Kreative und Innovatoren aller Art müssen sie an ihre eigenen Visionen anpassen. Stellen Sie sich das Ganze so vor wie den Unterschied zwischen dem GenKI-Modell, das in Tausenden oder Millionen von MRT-Bildern einen neuen Krankheitsmarker findet, der zu einer früheren Erkennung einer bestimmten Krankheit führen kann, und einem Arzt, der die Genauigkeit, Ethik, Sicherheit und Handlungsfähigkeit dieser Entdeckung nutzen kann.

Wenn Unternehmen GenKI als Möglichkeit einführen, die Datenermittlung und -verarbeitung zu erweitern und zu beschleunigen, und dann ihre Mitarbeiter in der Nutzung schulen, können sie den größtmöglichen Nutzen aus dieser Technologie ziehen. Durch den Einsatz der in Kapitel 9 beschriebenen fortgeschrittenen Techniken und Strategien können die Ergebnisse noch schneller und mit viel besseren Ergebnissen verfeinert werden.

Unternehmen können weitere Vorteile erzielen, indem sie GenKI zu ihrem KI-Stack hinzufügen, um die Verwendung anderer Arten von KI-Modellen zu vereinfachen, und indem sie sie in andere Anwendungen integrieren, bei denen die Verarbeitung natürlicher Sprache, die Datenermittlung und die Prozessoptimierung wichtige Verbesserungen darstellen.

Sobald Unternehmen beginnen, GenKI-Modelle als akzeptablen Ersatz für mehr als Einstiegs- oder einfache Aufgaben zu betrachten, werden die Erträge abnehmen und weiter sinken. Wie auch immer Unternehmen sich entscheiden, GenKI einzusetzen, es ist unbedingt erforderlich, die damit verbundenen Risiken und sich im Laufe der Zeit ändernden Vorschriften im Auge zu behalten.

Umgekehrt müssen sich Wissensarbeiter darauf konzentrieren, ihre Fähigkeiten zu verbessern, um nicht mit GenKI-Modellen konkurrieren zu müssen. Eine Möglichkeit dazu besteht darin, Ihre GenKI-Kenntnisse zu verbessern, indem Sie beispielsweise dieses Buch lesen und Online-Lernkurse besuchen. Ehrlich gesagt: Ich gebe auch GenKI- und ChatGPT-Kurse bei LinkedIn Learning. Nehmen Sie an beliebigen Kursen von Dozenten teil, die für Sie nützlich sind! GenKI stellt wahrscheinlich keine Bedrohung für Ihren Arbeitsplatz dar, wenn Sie Ihre GenKI-Fähigkeiten auf dem neuesten Stand halten. Und wenn sie Ihren Job übernimmt, werden Ihnen diese Fähigkeiten helfen, einen neuen zu finden.

Mit der Weiterentwicklung von GenKI-Modellen werden die Auswirkungen auf groß angelegte Operationen weiter zunehmen. Dies macht GenKI zu einem spannenden und wichtigen Bereich, den Unternehmen und Arbeitnehmer gleichermaßen erkunden und nutzen können.

Allgemeine Funktionen und Vorteile der GenKI-Tools für Unternehmen

Wie jedes Tool oder jede Technologie haben GenKI-Modelle ihre Anwendungsbereiche, aber sie sind nicht für alles gleich gut geeignet. Und wie jede Technologie, die ihnen vorausging, hinken GenKI-Modelle und -Anwendungen auf Unternehmensebene in Bezug auf neue Funktionen und Fähigkeiten den Verbraucher- oder öffentlichen Versionen hinterher. Die Verzögerung bei der Veröffentlichung neuer Funktionen und Fähigkeiten durch Drittanbieter beträgt in der Regel zwischen sechs und zwölf Wochen, nachdem OpenAI oder ein anderer GenKI-Modellhersteller sie veröffentlicht hat. Dies gibt dem Anbieter Zeit, Sicherheits- und Compliance-Schutzmaßnahmen für die neuen Funktionen oder Fähigkeiten hinzuzufügen. Ein Drittanbieter kann auch eigene Funktionen in einem sogenannten Wrapper hinzufügen, einer Anwendung, die eine benutzerfreundliche Oberfläche oder zusätzliche Funktionen über dem Modell bereitstellt.

Im Folgenden sind einige der Funktionen, Fähigkeiten und Vorteile aufgeführt, die Enterprise-GenKI-Tools Unternehmen normalerweise bieten:

- ✔ **Erweiterte Datenermittlung und -analyse:** Enterprise-GenKI-Tools ermöglichen es Unternehmen, das Modell mit ihren eigenen proprietären Daten zu trainieren oder zu ergänzen, sodass es gezielter auf ihre eigenen Bedürfnisse und Anforderungen zugeschnitten ist. Sobald dies erledigt ist, können Unternehmen das Modell nutzen, um Muster in ihren Daten zu entdecken, die mit traditionelleren Datenanalyse- oder *Business-Intelligence*-Tools (BI) nicht erreichbar waren. Im Vergleich dazu beschränken die meisten Verbraucheranwendungen die Datenermittlung größtenteils auf die Trainingsdaten und die Daten, die der Benutzer im Prompt oder einem benutzerorientierten RAG angibt.
- ✔ **Produktivitäts- und Effizienzsteigerungen:** Ein Hauptvorteil von Enterprise-GenKI-Tools ist ihre Fähigkeit, die Effizienz und Produktivität der Mitarbeiter zu steigern. So können beispielsweise Berichte, Analysen und Inhaltsgenerierungen schneller erstellt werden, beispielsweise für Wissenszentren und Kunden-Callcenter, aber auch für Werbung, Marketing, Abteilungs- und sogar Pressekonferenzen.

GenKI wird zum Strukturieren und Schreiben des ersten Entwurfs verwendet. Und Mitarbeiter können diese Arbeiten in Rekordzeit verfeinern und abschließen.

- **Prozessbeschleunigung:** Enterprise-GenKI-Tools können dazu beitragen, sowohl interne als auch kundenorientierte Prozesse zu beschleunigen und so das Tempo der Geschäftsabläufe zu erhöhen. Durch die schnelle Datenermittlung und -verarbeitung können sich Unternehmen schneller an Marktveränderungen und Kundenbedürfnisse anpassen.

- **Branchenspezifische Weiterentwicklungen:** GenKI-Tools sind in der Lage, branchenspezifische Weiterentwicklungen voranzutreiben und maßgeschneiderte Lösungen für die besonderen Herausforderungen der jeweiligen Branche anzubieten. So können beispielsweise Patienteninformationen – komplett mit Abbildungen – schnell für Packungsbeilagen und Einverständniserklärungen für Medikamente generiert werden, die von Pharmaunternehmen hergestellt oder von Drogerien vertrieben werden. Einzelhändler können Marketingkampagnen und Werbung schneller verfeinern, während der Finanzsektor mit GenKI seine Betrugserkennung und seinen Kundenservice verbessern kann.

- **Talente nutzen:** Enterprise GenKI-Tools können zur Optimierung des Talentmanagements beitragen, indem sie die Arbeit der Mitarbeiter erweitern und den Prozess beschleunigen, sodass wichtige Talente in der gleichen Anzahl von Arbeitsstunden mehr Arbeit leisten können.

- **Innovation fördern:** Enterprise GenKI-Tools können Unternehmen dabei helfen, neue Lösungen für Geschäfts- oder Produktprobleme zu finden, Geschäftsmöglichkeiten zu entdecken und neue Einnahmequellen zu erschließen. Unternehmen müssen diese Innovationen zwar noch in die Tat umsetzen, aber GenKI kann Ideen und Erkenntnisse liefern, die den Ball schneller und vermutlich mit weniger Risiko ins Rollen bringen.

- **Anpassung und Skalierbarkeit:** Enterprise GenKI-Tools sind auf Anpassung und Skalierbarkeit ausgelegt, sodass sie den sich entwickelnden Anforderungen eines Unternehmens folgen können. Sie können an spezifische organisatorische Anforderungen angepasst und skaliert werden, um erhöhte Arbeitslasten zu bewältigen. So wird sichergestellt, dass Unternehmen wachsen können, ohne durch ihre technologische Infrastruktur eingeschränkt zu werden.

Allerdings sind Enterprise-GenKI-Tools nicht billig und haben erhebliche negative Auswirkungen auf die Umwelt. Unternehmen müssen alle diese Faktoren bei der Ermittlung der Gesamtbetriebskosten abwägen.

- **Verbesserte Datensicherheit und -verwaltung:** Mit einem verstärkten Fokus auf Datensicherheit, Datenschutz und Compliance werden GenKI-Tools für Unternehmen entwickelt, um zusätzlichen Schutz für vertrauliche Informationen zu bieten und gesetzliche Standards einzuhalten. Dies ist von entscheidender Bedeutung für die Aufrechterhaltung von Vertrauen und Integrität im Geschäftsbetrieb, insbesondere in Branchen, in denen Datenschutz von größter Bedeutung ist.

Mini-GPTs und GPT-App-Stores finden

Mini-GPT ist meiner Meinung nach kein standardisierter Begriff. In jedem Fall handelt es sich dabei um kleinere, spezialisierte GPT-ähnliche Modelle, die jeweils individuell auf bestimmte Anwendungsfälle zugeschnitten sind. Beispiele finden Sie im GPT-Store in der ChatGPT-Benutzeroberfläche von OpenAI (siehe Abbildung 13.1).

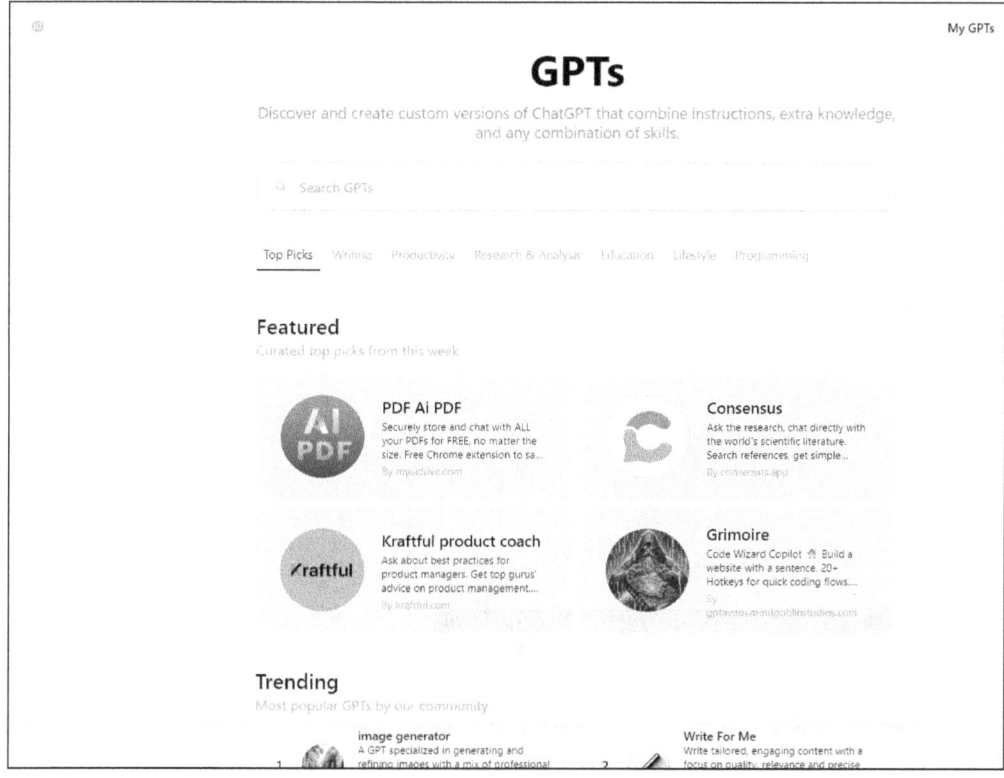

Abbildung 13.1: Screenshot des GPT-Stores in ChatGPT. Sie können hier eine vorhandene GPT verwenden oder eine neue erstellen.

Diese Mini-GPTs können mit den mobilen Apps verglichen werden, die Menschen heute auf ihren Smartphones haben, wobei jede App einen bestimmten Zweck oder eine bestimmte Funktion erfüllt. Mini-GPTs unterstützen spezielle GenKI-Funktionen, die an bestimmte Anforderungen angepasst sind. Das Konzept hinter Mini-GPTs besteht darin, Benutzern eine Reihe von GenKI-Tools bereitzustellen, die hochgradig fokussiert und auf ihre jeweiligen Bereiche spezialisiert sind, sei es Sprachübersetzung, Finanzanalyse oder kreatives Schreiben, um nur einige zu nennen. In Abbildung 13.2 finden Sie ein Beispiel für eine GPT, nachdem Sie im GPT-Store darauf geklickt haben.

Darüber hinaus stellt der GPT-App-Store eine bedeutende Veränderung im GenKI-Paradigma dar. Er ist der Beginn einer Entwicklung hin zu einem modulareren und

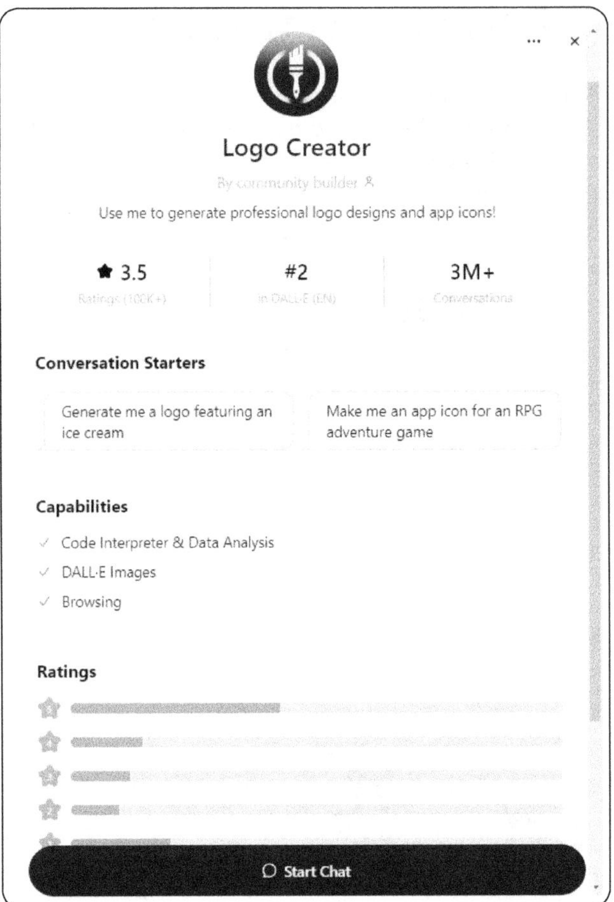

Abbildung 13.2: Ein Beispiel dessen, was Sie sehen, wenn Sie im GPT-Store von ChatGPT auf ein Mini-GPT klicken – in diesem Fall »Logo Creator«.

anpassbareren GenKI-Ökosystem, in dem Sie ein oder mehrere GPTs innerhalb desselben Projekts verwenden können, um bei Bedarf auf zusätzliche oder spezialisierte GenKI-Funktionen zuzugreifen, die den individuellen Anforderungen Ihrer Prozesse oder Projekte gerecht werden. Dieser modulare Ansatz verbessert nicht nur Ihre Arbeit, sondern ebnet auch den Weg für innovativere Verwendungen von GenKI, da Entwickler die Grenzen dessen erweitern, was diese Modelle leisten können.

Mini- oder kleine GPTs sind nicht dasselbe wie SLMs. Mini-GPTs sind verkleinerte Versionen der größeren GPT-Modelle von OpenAI, die dieselbe Architektur beibehalten, aber weniger Parameter haben, was sie weniger ressourcenintensiv macht. Im Gegensatz dazu können SLMs eine Vielzahl von Architekturen über GPT hinaus umfassen, die oft für spezifische, ressourcenbeschränkte Anwendungen entwickelt werden, bei denen eine kompakte Modellgröße entscheidend ist.

Marktplätze für spezialisierte KI

KI-Marktplätze sind digitale Plattformen, die die Interaktion zwischen Benutzern und Anbietern von KI-Ressourcen erleichtern. Sie dienen als zentrale Knotenpunkte, an denen Sie und Ihr Unternehmen KI- und GenKI-Lösungen entdecken und einsetzen können, die auf spezifische Geschäfts- oder Projektanforderungen zugeschnitten sind. Diese Online-Aggregatoren bieten eine breite Palette an KI-Tools, -Anwendungen und -Diensten.

Im Folgenden finden Sie einige Beispiele für solche Marktplätze. Ich empfehle Ihnen, sich die Zeit zu nehmen, zumindest einige davon zu erkunden.

- ✔ **KI-Marktplatz:** Der KI-Marktplatz ist ein zentraler Treffpunkt für die Beschaffung ingenieurspezifischer KI-Anwendungen und vereinfacht den Service- und App-Austausch zwischen Benutzern und zugelassenen KI-Einheiten.
- ✔ **PromptBase:** ein Marktplatz mit Prompts für GenKI-Modelle und Anwendungen wie ChatGPT, DALL-E, Midjourney und Stable Diffusion.
- ✔ **PromptHero:** Dieser Marktplatz bietet eine umfangreiche Sammlung von Prompts für GenKI-Tools wie Midjourney, Stable Diffusion, ChatGPT und Openjourney. Die intuitive Benutzeroberfläche umfasst Abschnitte für trendige, aktuelle und spezielle Prompts, kategorisiert nach Themen wie Porträts, Mode, Architektur und so weiter.
- ✔ **PromptSea:** Dies ist ein aufstrebender Marktplatz für Prompts, die hier gekauft und ausgetauscht werden können und die für eine vielfältige Palette von GenKI-Systemen geschrieben wurden.
- ✔ **gravity AI:** Ein Marktplatz für KI-Modelle für Unternehmen, die die unternehmensweiten Anforderungen an Einsatzbereitschaft, Sicherheit und Konformität erfüllen.
- ✔ **FlowGPT:** Die größte kostenlose GenKI-Plattform, auf der Sie auf eine Vielzahl von KI-Anwendungen zugreifen können, darunter Emochi, eine App, mit der Sie mit unbegrenzten und unzensierten KI-Charakteren und fortgeschrittenen Modellen chatten können. Auf diesem Marktplatz finden Sie die GenKI-Tools, die Sie zum Erstellen von Spielen, Videos, Bildern und Musik sowie Produktivitätstools für Unternehmen benötigen.
- ✔ **AIPRM:** Die kostenlose Edition von ChatGPT gewährt Zugriff auf eine Vielzahl von von der Community generierten Prompts. Entscheiden Sie sich für die kostenpflichtigen Versionen, um zusätzliche Funktionen wie Prompt-Listen, Teamzusammenarbeit und von AIPRM verifizierte Prompts freizuschalten.

Entmystifizierung von Mikro-GenKI-Anwendungen

Um die scheinbar endlose Liste verwirrender Begriffe im Zusammenhang mit der Arbeit mit GenKI zu klären, möchte ich Ihnen einen weiteren Satz an Tools vorstellen, auf den Sie wahrscheinlich irgendwann stoßen werden.

Mikro-GenKI-Anwendungen sind maßgeschneiderte, oft schlanke Tools, die für die Bewältigung spezifischer Aufgaben oder Probleme entwickelt wurden. Jede Mikro-GenKI-Anwendung ist wie ein spezialisierter Arbeiter, der sich auf eine bestimmte Aufgabe konzentriert, wie zum Beispiel das Übersetzen von Texten, das Filtern von E-Mails oder das Bereitstellen personalisierter Empfehlungen. Diese Anwendungen sind normalerweise so konzipiert, dass sie in größere Systeme integriert werden können oder unabhängig auf Geräten funktionieren, bei denen die Rechenleistung oder der Speicher möglicherweise begrenzt sind.

Mini-GPTs hingegen sind verkleinerte Versionen der größeren GPT-Modelle von OpenAI. Sie sind zwar kleiner und ressourcenschonender als ihre Pendants in voller Größe, verfügen aber aufgrund ihres transformerbasierten Designs über ein breites Spektrum an Fähigkeiten. Mini-GPTs können Text in natürlicher Sprache verstehen und generieren, sind aber nicht so spezialisiert wie Mikro-GenKI-Anwendungen. Stattdessen sind sie eher Generalisten, die eine Vielzahl sprachbezogener Aufgaben ausführen können, aber nicht so leistungsfähig sind wie die größeren GPT-Modelle.

Vereinfacht ausgedrückt: Wenn man sich Mikro-GenKI-Anwendungen als eine Reihe spezialisierter Werkzeuge in einem Werkzeugkasten vorstellt, die jeweils für eine bestimmte Aufgabe entwickelt wurden, dann sind Mini-GPTs eher wie ein Schweizer Taschenmesser – weniger spezialisiert, aber vielseitig und in der Lage, viele verschiedene Aufgaben im Zusammenhang mit der Sprachverarbeitung zu bewältigen.

Was Mikro-GenKI-Anwendungen betrifft, ist die Landschaft vielfältig und die Liste lang. Hier einige Beispiele:

- **NVIDIAs NIM:** NIM besteht aus einer Reihe von Mikrodiensten, die die Bereitstellung von GenKI-Inferenzanwendungen vereinfachen sollen. Es ist wie ein Toolkit, mit dem Entwickler KI-Modelle für bestimmte Aufgaben einfach einrichten und ausführen können. NIM kann als Mikro-GenKI-Anwendung betrachtet werden, da es sich auf bestimmte KI-Aufgaben konzentriert und auf Effizienz und Benutzerfreundlichkeit ausgelegt ist.
- **Foto-Organisationstool:** Ein intelligentes Fotoalbum, das alle von Ihnen aufgenommenen Bilder anzeigen und für Sie sortieren kann. Es kann Gesichter, Orte oder Objekte auf den Fotos erkennen und sie gruppieren. Wenn Sie also alle Bilder von Ihrem Strandurlaub oder alle Fotos Ihres Hundes suchen, kann dieses Tool sie schnell finden.
- **E-Mail-Filter:** Diese Mikroanwendung liest Ihre eingehenden E-Mails und sortiert sie für Sie in verschiedene Ordner. Sie kann erkennen, welche E-Mails wichtig sind, welche Spam sind und welche nur Updates sind, die Sie später lesen können. So können Sie sich auf die Nachrichten konzentrieren, die wirklich wichtig sind, ohne sich vom Rest ablenken zu lassen. Wenn Sie Gmail verwenden, haben Sie es bereits bei der Arbeit erlebt.
- **Sprachgesteuerter persönlicher Assistent:** Diese Anwendung hört auf Ihre Sprachbefehle und hilft Ihnen bei Aufgaben. Sie können sie bitten, Sie an Termine zu

erinnern, Musik abzuspielen, die Wettervorhersage anzuzeigen oder sogar intelligente Geräte in Ihrem Zuhause zu steuern.

- ✔ **Sprachübersetzungs-App:** Diese App ist wie ein Taschenübersetzer, der einen Satz in einer Sprache schnell in eine andere übersetzen kann. Sie können die App verwenden, wenn Sie in ein fremdes Land reisen oder wenn Sie auf eine Website in einer Sprache stoßen, die Sie nicht verstehen. Der Übersetzer ist nicht perfekt, kann Ihnen aber normalerweise eine gute Vorstellung davon vermitteln, worum es geht.
- ✔ **Diät-Tracking-Assistent:** Stellen Sie sich das wie einen Ernährungsberater in Ihrem Smartphone vor. Sie sagen ihm, was Sie gegessen haben, und er verfolgt alle Kalorien und Nährstoffe. Er kann Ihnen helfen, Ihre Diätziele einzuhalten, indem er Sie darüber informiert, ob Ihnen wichtige Vitamine fehlen oder Sie zu viele Süßigkeiten essen.

Autonome KI-Agenten und personalisierte KI

Autonome KI-Agenten und personalisierte KI stellen zwei unterschiedliche Paradigmen im Bereich der künstlichen Intelligenz dar, jedes mit seinen eigenen Fähigkeiten, Schwerpunktbereichen und potenziellen Auswirkungen auf Gesellschaft und Technologie.

Autonome KI-Agenten sind Systeme, die unabhängig agieren, Entscheidungen treffen und Aufgaben mit minimaler menschlicher Aufsicht ausführen können. Diese Agenten sind mit der Fähigkeit ausgestattet, ihre eigenen Ziele zu setzen, sich an veränderte Umgebungen anzupassen und ein Maß an Selbstverwaltung auszuüben, das es ihnen ermöglicht, autonom zu funktionieren.

Bei *personalisierter KI* hingegen liegt der Schwerpunkt auf der Anpassung von KI-Erlebnissen an die individuellen Vorlieben, Bedürfnisse oder Eigenschaften des Benutzers. Diese Systeme verwenden Benutzerdaten, um maßgeschneiderte Erlebnisse und Empfehlungen bereitzustellen, mit dem Ziel, das allgemeine Benutzererlebnis zu verbessern.

Anders ausgedrückt: Autonome KI-Agenten sind größtenteils autarke Einheiten, die sich allein in der Welt zurechtfinden, während personalisierte KI-Systeme wie aufmerksame Begleiter sind, die lernen und sich anpassen, um uns besser zu unterstützen. Mit der Weiterentwicklung dieser Technologien werden sie zweifellos in verschiedenen Lebensbereichen eine immer wichtigere Rolle spielen, von der Steigerung der Produktivität und Effizienz bis hin zu ansprechenderen und personalisierteren Interaktionen mit der Technologie. GenKI erweitert die Fähigkeiten und Funktionalitäten sowohl autonomer KI-Agenten als auch personalisierter KI-Systeme erheblich und stattet sie mit erweiterten generativen Fähigkeiten aus, die anspruchsvollere und maßgeschneiderte Interaktionen ermöglichen.

Autonome KI-Agenten

Was die Funktionalität betrifft, verwalten autonome KI-Agenten Aufgaben, treffen Entscheidungen auf der Grundlage eines Regelsatzes oder durch Lernalgorithmen und interagieren autonom mit ihrer Umgebung. Diese partielle Unabhängigkeit von kontinuierlicher menschlicher Kontrolle ist ihr Alleinstellungsmerkmal. Sie sind jedoch nicht vollständig abhängig, da sie Menschen benötigen, die ihnen Aufgaben stellen und ihre Entscheidungen genehmigen.

Beispiele für autonome KI reichen von Tools zur *robotergestützten Prozessautomatisierung* (RPA), die menschlichen Arbeitskräften wiederkehrende Aufgaben abnehmen, bis hin zu selbstfahrenden Fahrzeugen, die komplexe Verkehrsszenarien ohne einen Menschen am Steuer bewältigen.

Mit Blick auf die Zukunft werden sich autonome KI-Agenten in Richtung vollständig autonomer Systeme nahezu jeder Art entwickeln.

Im Bereich der autonomen KI-Agenten ist die Rolle von GenKI transformativ, da sie diese Agenten auf menschenähnliche Weise interaktiv macht. Sie können beispielsweise mit ihnen chatten, genau wie mit anderen GenKI-Anwendungen wie Claude, ChatGPT und Midjourney. GenKI ermöglicht es autonomen KI-Agenten außerdem, Befehle in natürlicher Sprache zu verstehen, Websites und Geräte wie Menschen zu bedienen, einen Befehl in eine Reihe von Aufgaben aufzuteilen und diese der Reihe nach auszuführen.

Halten Sie Ausschau nach mehr autonomen KI-Agenten, die in Ihrem Alltag auftauchen werden, aber auch als Werkzeuge für kreative Arbeiten. Beispiele für die Zukunft wäre ein Architekt, der eine Armee autonomer KI-Agenten damit beauftragt, ein Gebäude nach seinem neu erstellten Bauplan zu konstruieren, oder autonome Agenten, die direkt im Büro eines Käufers Drucke der Arbeit eines Künstlers erstellen. Nur die Vorstellungskraft setzt dem Grenzen, was auf diese Weise möglich ist. Wenn autonome Agenten sowohl in der physischen Welt als auch in digitalen Umgebungen funktionieren sollen, müssen sie sich mit physischen Geräten verbinden und sich in diese integrieren. Aber das kennen wir bereits von autonomen Autos, intelligenten Geräten und anderen integrierten Systemen.

Personalisierte KI

Die Kernfunktionalität personalisierter KI besteht in ihrer Fähigkeit, Benutzerverhalten, -präferenzen und -kontexte zu verstehen und so Inhalte, Empfehlungen oder Dienste bereitzustellen, die speziell auf den Benutzer zugeschnitten sind. Ziel ist es, relevante Informationen zum richtigen Zeitpunkt bereitzustellen, um die Benutzerzufriedenheit zu verbessern.

Personalisierte KI findet man häufig in Anwendungen wie Marketingkampagnen, die Kunden auf Grundlage ihrer Präferenzen in bestimmte Segmente einteilen, oder in virtuellen Assistenten wie Siri oder Google Assistant, die ihre Interaktionen und Antworten auf Grundlage des Verlaufs und der Präferenzen des Benutzers anpassen.

Die Zukunft der personalisierten KI ist auf die Entwicklung maßgeschneiderter KI-Assistenten ausgerichtet, die Geschäftsanforderungen nicht nur verstehen, sondern sie auch antizipieren und entsprechend handeln. Diese fortschrittlichen Systeme werden voraussichtlich ein neues Maß an Automatisierung und Intelligenz in tägliche Aufgaben und Geschäftsabläufe einführen. Bei der personalisierten KI spielt GenKI eine zentrale Rolle, was die Anpassung der Benutzererfahrung betrifft. Durch die Analyse von Benutzerdaten können GenKI-Modelle personalisierte Inhalte, Empfehlungen oder Dienste bereitstellen, die auf die individuellen Vorlieben und Bedürfnisse der Benutzer zugeschnitten sind. Dieses Maß an Personalisierung zeigt sich in Anwendungen wie Marketingkampagnen, die Kundensegmente anhand ihres Verhaltens ansprechen, oder virtuellen Assistenten, die ihre Antworten an Benutzerinteraktionen anpassen.

Einsatz von GenKI mit autonomen Agenten und KI-Zwillingen für individualisierte Interaktionen

GenKI ist ein entscheidender Fortschritt für autonome Agenten und KI-Zwillinge (auch als *digitale Zwillinge* bezeichnet), insbesondere wenn es um Interaktionen geht, die auf den Einzelnen zugeschnitten sein müssen, um ihn anzusprechen oder ihn auf einer personalisierten Basis zu unterstützen.

Ein digitaler Zwilling ist wie eine virtuelle Kopie von etwas aus der realen Welt. Stellen Sie sich vor, Sie haben ein Spielzeugauto. Stellen Sie sich weiter vor, ein exaktes digitales Modell dieses Autos auf Ihrem Computer zu erstellen. Dieses digitale Modell ist der »Zwilling« Ihres Spielzeugautos, da es genauso aussieht und sich genauso verhält wie das echte.

Nehmen wir nun an, Sie möchten sehen, was passiert, wenn Sie das Auto rot lackieren oder die Räder wechseln. Statt dies mit Ihrem echten Spielzeugauto zu tun und es möglicherweise zu ruinieren, können Sie es zunächst am digitalen Zwilling Ihres Computers ausprobieren. Sie sehen, wie es aussieht, wie es sich möglicherweise anders bewegt oder wie sich die neuen Räder auf seine Geschwindigkeit auswirken, ohne das echte Auto zu berühren.

In der realen Welt werden digitale Zwillinge für Dinge verwendet, die viel größer sind als Spielzeugautos, beispielsweise Gebäude, Motoren oder sogar ganze Städte auf der Erde oder dem Mond. Ingenieure und Wissenschaftler erstellen diese digitalen Modelle auf ihren Computern und verwenden sie dann, um Änderungen zu testen, vorherzusagen, wie die reale Version auf unterschiedliche Situationen reagiert, und Probleme zu lösen, bevor sie im wirklichen Leben auftreten.

Ein digitaler Zwilling ist also ein äußerst detailliertes und dynamisches Computermodell einer realen Sache, das uns hilft, das reale Objekt zu verstehen und zu verbessern, ohne direkt damit experimentieren zu müssen.

Autonome Agenten sind, wie Sie sich erinnern, KI-Einheiten, die die Fähigkeit besitzen, unabhängig zu handeln, Entscheidungen zu treffen und Aufgaben auszuführen, ohne dass sie ständig menschliche Anleitung benötigen. Diese Agenten sind in der Lage, ihre eigenen Ziele festzulegen, sich an neue Umstände anzupassen und mit einem hohen Maß an Autonomie zu agieren. Ein bekanntes Beispiel für ihre Arbeit sind selbstfahrende Autos, aber sie können noch viel mehr, insbesondere wenn sie in GenKI integriert sind, sodass sie Sie verstehen und Sie sie.

Bei der Verwendung digitaler Zwillinge sind autonome KI-Agenten von entscheidender Bedeutung für die Simulation neu entwickelten Verhaltens in komplexen Systemen wie Verkehrsnetzen und Smart Citys oder bei der Ausbreitung viraler Erkrankungen. Sie sind in der

Lage, die wesentlichen Verhaltensweisen verschiedener Entitäten zu erfassen und zu modellieren, wodurch sie autonom interagieren und komplexe, emergente Phänomene effektiv darstellen können.

In personalisierten oder maßgeschneiderten Anwendungen können autonome KI-Agenten digitale Zwillinge potenziell Ihren Vorlieben und Bedürfnissen entsprechend konvertieren und dann – nach Ihrer Freigabe – den realen Gegenstand in der physischen Welt herstellen oder die entsprechenden Änderungen vornehmen.

Beispielsweise könnte Ihnen ein Autohändler in naher Zukunft einen digitalen Zwilling der neuen Modelle des jeweiligen Jahres zeigen. Von dort aus können Sie – oder autonome KI-Agenten – Änderungen am Zwilling vornehmen, um ihn an Ihre Wünsche anzupassen. Nach der Genehmigung verhandeln die autonomen KI-Agenten den Preis, finden die besten Finanzierungsoptionen und schließen das Geschäft für Sie ab. Der Autohändler vermeidet die Grundkosten, die für die Lagerung vieler neuer Autos auf dem Gelände anfallen, und Sie als Käufer bekommen genau das, was Sie wollen, da der Hersteller das Fahrzeug nach Ihren persönlichen Vorgaben fertigstellt und direkt an Sie liefert.

Ein einfacheres Beispiel sind autonome KI-Agenten, die Ihre Streaming-TV-Abonnements auf Basis Ihrer Programmpräferenzen für Sie verwalten. Wenn Netflix beispielsweise im November das beste Programm für Ihren Geschmack hat, arrangieren die Agenten automatisch Ihr Abonnement für November, kündigen es aber automatisch im darauffolgenden Monat. Vielleicht passt dann Disney Plus besser zu Ihnen. Die Agenten kümmern sich um alles. Und wenn die Streamingdienste Pakete anbieten, können die Agenten ebenfalls die besten Programme, Preise und Servicebedingungen berechnen und in Ihrem Namen entsprechend handeln.

Hier ein weiteres mögliches Szenario: GenKI wird zu Ihrem persönlichen Einkäufer und bietet Ihnen drei Kleidungsstücke für Ihr bevorstehendes Event an, die auf Ihren Stilvorlieben basieren (und ohne dass Sie selbst alle möglichen Websites dafür durchforsten müssen). Autonome KI-Agenten nehmen Änderungen an den Zwillingen vor, die Ihren unmittelbaren Bedürfnissen entsprechen, wie etwa der bevorzugten Farbe oder dem Thema der Veranstaltung und der Materialauswahl, die für das erwartete Wetter an dem betreffenden Tag geeignet ist. Sobald Sie diese Änderungen genehmigen, suchen die Agenten genau diesen Artikel im Internet und bestellen ihn entsprechend Ihren Präferenzen in Bezug auf Qualität, Preis und Liefertermin. Oder sie sorgen dafür, dass ein 3-D-Drucker das Outfit in einem örtlichen FedEx-Geschäft druckt, das dann zu Ihnen nach Hause geliefert wird.

Die erweiterten Funktionen von GenKI ermöglichen es autonomen KI-Agenten, mit einem höheren Grad an Autonomie und Intelligenz mit digitalen Zwillingen zu arbeiten.

IN DIESEM KAPITEL

Entdecken, wie Sie GenKI zur Inspiration nutzen können

Die GenKI-Fähigkeiten erweitern

Tipps und Tricks zur Nutzung von Ergebnissen erhalten

Kapitel 14
Mit GenKI Kreativität und Produktivität steigern

Generative KI (GenKI) kann Kreativität und Produktivität in verschiedenen Bereichen deutlich steigern, indem sie menschliche Aufgaben automatisiert und erweitert. Sie dient als leistungsstarkes Tool, das neue Möglichkeiten zur Ideenfindung, Prozessoptimierung und Personalisierung von Erlebnissen bietet. Sie fungiert als Katalysator für Innovationen und ermöglicht es Einzelpersonen und Organisationen, die Grenzen des Möglichen neu zu stecken.

In diesem Kapitel beschäftige ich mich tiefgehender mit der Frage, wie Sie GenKI gezielt nutzen können, um Ihre Arbeit und Ihr kreatives Schaffen zu unterstützen.

Inspiration einfangen und davon profitieren: Eine Fallstudie

Die Rolle von GenKI bei der Inspiration und Erstellung von Inhalten ist allein durch Ihre Vorstellungskraft begrenzt. Um dies zu verdeutlichen, betrachten Sie in diesem Abschnitt die Prompts und ihre Ergebnisse zwischen einem Autor (in diesem Fall mir), der auf der Suche nach einer Idee für eine Fantasy-Geschichte ist, und dem Azure OpenAI Service, einem GPT-Modell mit von Microsoft bereitgestellten Add-ons auf Enterprise-Ebene. Sie können mit OpenAIs ChatGPT Plus, ChatGPT Enterprise oder mit anderen Arten von GenKI-Modellen fast dasselbe erreichen.

Ich beginne den Prozess mit der Suche nach einer Idee für meine Geschichte.

Erster Prompt: Welche drei in einem Wald zusammengekauerten Figuren könnten den Anfang einer interessanten Fantasy-Geschichte bilden?

Nachfolgend sehen Sie die Antwort von GenKI auf diesen Prompt:

Zu Beginn einer interessanten Fantasy-Geschichte könnten drei Charaktere, die sich in einem Wald zusammenkauern, Folgendes umfassen:

1. **Einen wandernden Magier:** ein Magier, der durch die Länder reist und geheimnisvolles Wissen und uralte Zaubersprüche sammelt. Der Magier ist in eine Robe gehüllt, die mit geheimnisvollen Symbolen verziert ist, und trägt einen Stab, der vor magischer Energie pulsiert. Diese Figur könnte auf der Suche nach einer seltenen Zutat sein, die nur im Herzen des Waldes zu finden ist, oder ist vielleicht auf der Flucht vor einem mächtigen Gegner.
2. **Einen vertriebenen königlichen Erben:** Der zweite Charakter könnte ein königlicher Erbe sein, der von einem verräterischen Verwandten oder einem Usurpator von seinem rechtmäßigen Thron verjagt wurde. Der Erbe lebt im Exil im Wald und wartet auf den richtigen Moment, um seine Krone zurückzufordern. Er beherrscht die Kunst des Schwertkampfs und besitzt ein edles Herz, das sich danach sehnt, Frieden und Gerechtigkeit in seinem Königreich wiederherzustellen.
3. **Ein mystisches Wesen:** Die dritte Figur könnte ein mystisches Wesen sein, das im Wald heimisch ist, wie etwa ein Gestaltwandler-Druide oder ein Elf mit einer tiefen Verbindung zur Natur. Dieses Wesen könnte der Schlüssel zur Entschlüsselung der Geheimnisse des Waldes sein und den beiden anderen Figuren auf ihrer Reise Führung oder Schutz bieten.

Gemeinsam könnten diese drei Charaktere, jeder mit seinen eigenen Stärken und Geheimnissen, eine ungewöhnliche Allianz bilden und so die Bühne für eine Geschichte voller Abenteuer, Magie und Kampf um die Macht in einer reichhaltigen Fantasywelt bereiten.

Da ich das wiederkehrende Motiv in dieser Antwort erkenne, überlege ich, die Charaktere beizubehalten, der Story-Idee aber einen modernen Twist zu geben. Der nächste Schritt besteht darin, eine Änderung des Story-Settings zu prüfen, um eine andere Handlung zu entwickeln. Da dieser zweite Prompt auf den ersten Prompt und sein Ergebnis zurückverweist, habe ich jetzt die ersten Glieder einer Prompt-Chain.

Zweiter Prompt: Wie könnte die Handlung oder Storyline aussehen, wenn wir diese drei Charaktere in eine Raumstation verlegen?

Nachfolgend sehen Sie die Antwort von GenKI auf diesen Prompt:

Die drei Fantasy-Figuren in eine Raumstation zu versetzen, könnte zu einer fesselnden Science-Fantasy-Geschichte führen, die Elemente aus Magie und fortschrittlicher Technologie vermischt. Hier eine mögliche Handlung:

Titel: »Starlight Arcanum«

Zusammenfassung der Handlung:

In einer fernen Zukunft, in der interstellare Reisen alltäglich sind und verschiedene Spezies koexistieren, umkreist eine alte Raumstation einen sterbenden Stern. Er heißt Arcanum und ist ein geheimnisumwitterter Ort, an dem arkane Energien und fortschrittliche Technologie zusammentreffen sollen.

Der wandernde Magier: Der Magier ist nun ein Meister sowohl der alten Magie als auch der Quantenzauberei und sucht nach Arcanum, um einen Zauber freizuschalten, der die drohende Supernova des Sterns verhindern könnte, die zahllose bewohnte Planeten bedroht. Das Wissen des Magiers über Arcanum ist entscheidend, um die mystischen Verteidigungen und alten Archive der Station zu durchqueren.

Der vertriebene königliche Erbe: Der Erbe aus einem gefallenen Sternenkönigreich glaubt, dass die Geheimnisse von Arcanum seine Legitimität beweisen und den Verräter entlarven können, der seine Familie gestürzt hat. Der Erbe ist diplomatisch und kämpferisch versiert; er muss einen Zugang zu den politischen Feinheiten der verschiedenen Bewohner der Station finden und Unterstützung für seine Sache gewinnen.

Das mystische Wesen: Einst ein Wächter der Natur, hat sich dieses Wesen zu einem ätherischen Wesen aus reiner Energie entwickelt, einem Überbleibsel der ursprünglichen Schöpfer der Station. Es versteht den wahren Zweck von Arcanum und das Gleichgewicht, das es zwischen den kosmischen Kräften aufrechterhält. Das Wesen wird zum Führer für den Magier und den Erben und lehrt sie die Konvergenz von Magie und kosmischer Wissenschaft.

Handlung:

Das Trio trifft sich zufällig auf einem Transportshuttle zu Arcanum. Sie geraten zunächst aufgrund ihrer unterschiedlichen Hintergründe und Ziele aneinander, erkennen jedoch bald, dass ihre Ziele miteinander verbunden sind und das Schicksal der Galaxie von ihrer Fähigkeit zur Zusammenarbeit abhängen könnte.

Während sie die labyrinthartigen Korridore von Arcanum erkunden, begegnen sie anderen Wesen mit eigenen Absichten, von machthungrigen Kriegsherren bis hin zu geheimnisvollen Gelehrten. Die Station ist eine Fundgrube verlorenen Wissens, aber auch ein Ort großer Gefahr, da automatische Verteidigungsanlagen und geheimnisvolle Fallen ihre Geheimnisse schützen.

Der Magier, der Erbe und das mystische Wesen müssen sich der dunklen Geschichte von Arcanum stellen und dabei eine vergessene Wahrheit über die Rolle der Station bei der Aufrechterhaltung des Gleichgewichts des Universums ans Licht bringen. Sie entdecken, dass die Station selbst empfindungsfähig ist, eine kolossale KI, die mit der Essenz des Sterns verschmolzen ist, den sie umkreist, und dass sie ihre eigenen Pläne für die bevorstehende Supernova hat.

Als das Ende des Sterns näher rückt, muss das Trio die Bewohner der Station vereinen, um die Macht von Arcanum zu nutzen und ihre einzigartigen Fähigkeiten zu vereinen, um die Katastrophe abzuwenden. Der Magier kanalisiert die Energien der Station, der

Erbe sammelt die Menschen mit ihrer neu entdeckten Wahrheit, und die mystische Kreatur überbrückt die Kluft zwischen organischem Leben und der KI von Arcanum.

Im Höhepunkt müssen sie eine Entscheidung treffen, die die Natur von Magie und Technologie neu definiert, indem sie etwas opfern, das ihnen lieb ist, um die Galaxie zu retten. Ihre Handlungen werden entweder zu einer neuen Ära der Harmonie zwischen dem Geheimnisvollen und dem Kosmischen führen oder zum Ende von allem, was ihnen lieb ist.

»Starlight Arcanum« wird so zu einer Geschichte von Einigkeit und Aufopferung, in der Vergangenheit und Zukunft aufeinanderprallen und das Schicksal des Kosmos in den Händen eines ungewöhnlichen Trios liegt, das durch ihr eigenes Schicksal und ein gemeinsames Schicksal an Bord der rätselhaften Raumstation verbunden ist.

Ich beschließe, das Setting noch einmal zu optimieren, um zusätzliche Elemente zu erkunden, die möglicherweise zur Geschichte hinzugefügt werden können.

Dritter Prompt: Wie könnte die Handlung oder der Handlungsstrang aussehen, wenn wir diese drei Charaktere auf einen Planeten statt auf eine Raumstation verlegen?

Nachfolgend die Antwort von GenKI auf diesen Prompt:

Die Übertragung der drei Fantasy-Figuren auf einen Planeten könnte zu einer spannenden und fesselnden Handlung führen, die die Schnittstelle zwischen Magie und Technologie in einer fremden Welt erforscht. Hier ist eine mögliche Handlung:

Titel: »Chroniken der Arkanen Weite«

Zusammenfassung der Handlung:

Auf einem fernen Planeten, dessen innerstes Wesen von Magie durchzogen ist, stranden unsere drei Charaktere, nachdem ein kosmisches Ereignis die interstellare Raumfahrt unterbricht.

Der wandernde Magier: Einst ein Meister der mystischen Künste, versucht der Magier nun, das einzigartige magische Ökosystem dieses Planeten zu verstehen. Die Aufgabe des Magiers besteht darin, die arkane Energie des Planeten zu nutzen, um ein Portal zurück zu seiner Heimatwelt zu erschaffen. Auf dem Weg entdeckt der Magier, dass die Magie des Planeten empfindungsfähig ist und nicht nur Macht, sondern auch Weisheit und Wissen bietet, die sein Verständnis des Universums auf die Probe stellen.

Der vertriebene königliche Erbe: Der Erbe findet auf seiner Suche nach der Rückeroberung seines Throns heraus, dass der Planet die Heimat einer verlorenen Zivilisation seiner Vorfahren ist. Mit fortschrittlicher Technologie, die von Magie nicht zu unterscheiden ist, muss der Erbe lernen, seine Führungs- und Kampffähigkeiten mit der alten Tech-Magie des Planeten zu verbinden, um seine Herrschaftswürdigkeit zu beweisen und die Bewohner des Planeten gegen eine drohende Gefahr zu vereinen.

Das mystische Wesen: Dieses Wesen, ein Wächter der Natur, findet eine tiefe Verbindung mit der Lebenskraft des Planeten. Es spürt eine Störung im Gleichgewicht der Ökosysteme des Planeten und versucht, sie zu heilen. Die Fähigkeit des Wesens, mit der Flora und Fauna des Planeten zu kommunizieren, wird lebenswichtig, da es den Magier und den Erben durch tückisches Gelände führt und die verborgenen Geheimnisse des Planeten enthüllt.

Handlung:

Aufgrund einer mysteriösen Anomalie stürzt das Schiff des Trios auf dem Planeten ab. Sie verlassen das Wrack und finden sich in einer Welt wieder, in der die Gesetze der Physik mit magischen Kräften verknüpft sind. Der Planet steht am Rande des ökologischen Kollapses, und seine empfindungsfähige Magie sucht Hilfe, um das Gleichgewicht wiederherzustellen.

Auf ihrer Reise über den Planeten stoßen sie auf Überreste der alten Zivilisation, die einst die Energien des Planeten nutzte. Sie erfahren von einer dunklen Macht, die die Zivilisation verzehrte und den Planeten verwundete und seine Magie verdarb.

Der Magier, der Erbe und die mystische Kreatur müssen die Gefahren des Planeten meistern, von arkanen Stürmen bis hin zu Kreaturen, die von der dunklen Macht verdorben wurden. Sie entdecken, dass das kosmische Ereignis, das sie hierher brachte, kein Zufall war, sondern ein Ruf des Planeten selbst, der nach Champions suchte, um seine Wunden zu heilen.

Der Erbe entdeckt eine Technologie, die das Blatt wenden könnte, während der Magier Zaubersprüche lernt, die die Magie des Planeten heilen könnten. Das mystische Wesen wird zur Brücke zwischen dem Bewusstsein des Planeten und seinen neuen Champions.

Im Höhepunkt stehen sie der Quelle der dunklen Macht gegenüber, einem uralten Wesen, das die Magie des Planeten verschlingen will. Das Trio kombiniert seine neu entdeckten Fähigkeiten, seine Technologien und Magie in einem letzten Gefecht, um den Planeten zu retten und einen Weg nach Hause zu finden.

»Chroniken der Arkanen Weiten« wird zu einer Saga um Überleben, Entdeckungen und den Kampf um die Wahrung des Gleichgewichts zwischen Technologie und Magie in einer Welt wie keiner anderen.

Ich kann diese Prompt-Kette fortsetzen, um Charaktere, Story-Elemente und Handlungswendungen weiter zu erkunden. Oder ich kann anfangen, Details in dieser Handlung zu optimieren, um eine Geschichte zu erschaffen, die einzigartig für mich ist. Ich kann auch einen neuen Chat beginnen, der mir hilft, Dialoge zu entwickeln, Charaktere und Handlungsstränge zu verfolgen und andere Details zu entwickeln oder zu verwalten, die zu einer großartigen Erzählung gehören. Wie Sie sehen, kann GenKI mir sehr dabei helfen, meine Gedanken und meine Arbeit zu ordnen und eine Geschichte, die ich erschaffe, schnell zu verwirklichen.

Als Autor können Sie sich entscheiden, Ihre eigene Fantasy-Geschichte aus einem der von GenKI angebotenen Handlungsstränge zu schreiben, und es spielt keine Rolle, ob Sie dafür die bereitgestellten Charaktere nutzen. Sie können alles ändern, behalten oder löschen, was

Sie möchten, um eine ganz eigene Geschichte zu erstellen. Oder Sie können einfach diese Antworten lesen und sehen, welche Ideen sie in Ihrem Kopf auslösen oder anregen, und auf dieses Basis eine Geschichte schreiben.

Das ist der Schlüssel: Konzentrieren Sie sich nicht darauf, was GenKI kann, sondern darauf, was *Sie* möchten. Fordern Sie das Modell dann auf, das zu liefern, was Sie benötigen, um das Gewünschte zu verwirklichen.

Präsentieren Sie Ihren Pitch, und verkaufen Sie Ihre Inhalte frühzeitig

Angenommen, Sie arbeiten an einer Geschichte und möchten eine Vorstellung davon haben, wie gut sie auf dem Markt ankommt, bevor Sie sich die Mühe machen, das ganze Werk zu schreiben. Sie können GenKI veranlassen, den Markt hinsichtlich der Nachfrage nach Ihrer Art von Geschichte zu analysieren. Nur weil Sie das können, heißt das jedoch nicht, dass Sie es unbedingt tun sollten. Die allgemeine Meinung besagt, dass das Schreiben für den Markt oft scheitert, weil das Publikum wankelmütig ist, sich der Geschmack schnell ändert und sich der Markt wahrscheinlich weiterbewegt, bevor Sie Ihre Arbeit veröffentlichen. Wir müssen abwarten, ob diese Weisheit angesichts der Geschwindigkeit des digitalen Publizierens und der GenKI-Geschichtenproduktion heute noch zutrifft.

Wie auch immer Sie zu der Geschichte kommen, die Sie schreiben möchten, Sie können auch testen, wie gut sie auf dem Markt ankommt, indem Sie GenKI bitten, einen Pitch für den Marketingleiter, einen Kunden, einen Redakteur für Nachrichtenmedien oder einen Buchverlag zu schreiben. Stellen Sie den Pitch vor, und warten Sie auf eine Antwort des Redakteurs oder auch Lektors oder der Person, an die Sie ihn gesendet haben. In der folgenden Abbildung sehen Sie ein Beispiel für einen Prompt und eine Antwort für einen Elevator Pitch, der sich an einen Filmproduzenten richtet.

Write an elevator pitch on that last response to persuade a film producer to make that idea into a movie

In the lush and untamed world of "Chronicles of the Arcane Expanse," magic and technology collide on a planet that's both alien and familiar. Our story follows a trio of unlikely heroes: a mage versed in the cosmic arts, a royal heir to a fallen dynasty, and a mystical creature deeply connected to the planet's life force. Stranded by a cosmic anomaly, they must unite to heal a world teetering on the brink of ecological and magical collapse.

As they traverse breathtaking landscapes, from crystal forests to floating mountains, they uncover ancient tech-magic and face creatures twisted by a dark force. This epic journey weaves a tale of survival, legacy, and the delicate interplay between the arcane and the scientific. With the fate of an entire world in their hands, our heroes will confront an ancient entity bent on consuming the planet's magic.

"Chronicles of the Arcane Expanse" promises a cinematic experience filled with awe-inspiring visuals, heart-pounding action, and a narrative that explores the profound connection between all living things. It's not just a movie; it's an invitation to witness the rebirth of a world where every drop of water and gust of wind holds the potential for wonder —or destruction. This is a story that will resonate with audiences seeking adventure, enchantment, and a reminder of the power we have to change the world.

AI-generated content may be incorrect

Wenn derjenige, dem Sie Ihre Geschichte vorgeschlagen haben, sie kauft, bevor Sie mit dem Schreiben fertig sind, herzlichen Glückwunsch! Wenn nicht, Sie aber Feedback dazu erhalten, warum sie abgelehnt wurde, können Sie zu GenKI zurückkehren, um Ihren Pitch, Ihre Geschichte oder Ihren Inhalt entsprechend anzupassen. So oder so gewinnen Sie und haben sich eine Menge Zeit und Mühe gespart.

Mit GenKI mehrere Persönlichkeiten simulieren – erweitern Sie Ihre Perspektive!

GenKI besitzt die einzigartige Fähigkeit, mehrere Persönlichkeiten verkörpern zu können und aus jeder von ihnen ganz spezifische Antworten zu formulieren. Diese Funktion kann für Teams von entscheidender Bedeutung sein, die ihren Horizont erweitern und konventionelles Denken in Frage stellen möchten. Wenn GenKI mit bestimmten Merkmalen oder Standpunkten konfrontiert wird, können Benutzer Erkenntnisse gewinnen, die in einer homogenen Umgebung möglicherweise nicht ans Licht kommen, und so fundiertere und kreativere Ergebnisse erzielen.

Die folgenden Abschnitte zeigen Einblicke und Möglichkeiten, wie Sie mehrere Personas oder Rollen, einzeln oder als Gruppen, innerhalb von GenKI zu Ihrem Vorteil nutzen können!

Diversifizierung der KI-Ergebnisse durch unterschiedliche Persönlichkeiten

Beim Formulieren eines Prompts für ein GenKI-Modell wird normalerweise eine einzelne Persönlichkeit angesprochen. Dieser fokussierte Ansatz ermöglicht es dem Modell, eine kohärente Antwort zu liefern, die der angegebenen Persona entspricht. Wenn sich das Modell auf jeweils eine Persönlichkeit oder Rolle konzentriert, ist es besser in der Lage, Inhalte oder Antworten zu erstellen, die konsistent, klar und einheitlich sind.

Bei der Generierung bestimmter Inhaltsformen kann es nützlich sein, eine GenKI so zu verwenden, als wäre sie eine ganz bestimmte Persönlichkeit: wenn Sie sie zum Beispiel brauchen, um Dialoge für zwei oder mehr Charaktere zu generieren; oder wenn Sie möchten, dass sie den Advocatus Diaboli für ihre eigene Antwort spielt, um nach Schwächen im Inhalt zu suchen; oder wenn Sie Querdenken einsetzen möchten, um herauszufinden, wo wahrscheinlich Einwände von verschiedenen Zielgruppen auftauchen. Für diese und andere Anwendungen müssen Sie GenKI mehrere Persönlichkeiten annehmen lassen. Und das kann sie.

Sie können mehrere Persönlichkeiten in einem einzigen Prompt verwenden, um mehrere Perspektiven in einer einzigen Antwort (Ausgabe) zu erhalten. Ich habe bei vielen Experimenten festgestellt, dass fünf Persönlichkeiten in einem einzigen Prompt optimal sind, weil das Modell mit fünf oder weniger Persönlichkeiten nicht so leicht durcheinandergerät. Bei Ihnen kann das anders sein. Probieren Sie es aus!

Techniken zur multiperspektivischen KI-Inhaltsgenerierung

Um einem einzigen Prompt erfolgreich mehrere Persönlichkeiten hinzuzufügen, können Benutzer einen strukturierten Ansatz verfolgen, der jede Person und den Kontext, in dem sie antworten soll, klar abgrenzt. So kann dies erreicht werden:

1. **Skizzieren Sie die unterschiedlichen Persönlichkeiten, die Sie integrieren möchten.**

   Beispiel: »Persönlichkeit A ist optimistisch und kreativ, während Persönlichkeit B pragmatisch und analytisch ist.«

2. **Trennen Sie die Persönlichkeiten innerhalb des Prompts durch eindeutige Markierungen oder Überschriften.**

   Beispiel: »Für Persönlichkeit A: [Frage/Aussage], für Persönlichkeit B: [Frage/Aussage].«

3. **Geben Sie den Kontext für die Antworten jeder Persönlichkeit an.**

   Dazu könnte es gehören, das Szenario oder die Art der Antwort anzugeben, die Sie von jeder Persona erwarten, oder jeder Persona einen eigenen Hintergrund zu geben, beispielsweise eine Sorge oder ein Ziel, die in der Antwort mit denen anderer Personas übereinstimmen oder ihnen widersprechen könnte.

4. **Gestalten Sie den Prompt so, dass sich die Persönlichkeiten ergänzen und eine zusammenhängende und dennoch vielschichtige Antwort möglich ist.**

   Beispiel: »Persönlichkeit A, biete eine einfallsreiche Lösung für dieses Problem. Persönlichkeit B, analysiere die Praktikabilität der Lösung von Persönlichkeit A.«

5. **Geben Sie an, dass jede Persönlichkeit die gleiche Chance hat, zur Antwort beizutragen.**

   Dieses Gleichgewicht verhindert, dass eine Persönlichkeit die anderen in den Schatten stellt.

Wenn Benutzer diese Schritte befolgen, können sie das GenKI-Modell so anleiten, dass es innerhalb einer einzigen Antwort zwischen Persönlichkeiten wechselt und so eine reichhaltigere und differenziertere Ausgabe bietet, die die Vielfalt der zugeordneten Personas widerspiegelt.

Perspektiven aufzeigen

Nachfolgend finden Sie Beispiele für Prompts, um Inhalte aus verschiedenen Perspektiven abzurufen. Wie immer können Sie sie unverändert verwenden oder nach Bedarf anpassen:

- ✔ »Beschreibe deine ideale Morgenroutine, um einen produktiven Tag zu gewährleisten – aus der Sicht eines CEOs, einer Yogalehrerin und einer freiberuflichen Autorin.«

- »Was ist dein Top-Tipp für jemanden, der seine Ernährung gesünder gestalten möchte? Antworte aus der Perspektive eines Ernährungsberaters, eines Personal Trainers und eines viel beschäftigten Elternteils.«
- »Was tust du, wenn du eine kreative Blockade hast? Reagiere separat als Romanautor, Musiker und Grafikdesigner.«
- »Wie gehst du mit Stress in besonders schwierigen Zeiten um? Antworte in einem interaktiven Gespräch zwischen einem Psychologen, einem Unternehmer, einem Politiker im Wahlkampf und einem Studenten an einer Universität.«
- »Was ist der Schlüssel zu einem erfolgreichen Teamprojekt? Antworte mit einem Gespräch in einem Geschäftstreffen zwischen einem Projektmanager, einem Kundenbetreuer, einem Software-Entwickler und einem Marketingmanager.«

Verbesserung der Lesbarkeit und Leserbindung mit GenKI

GenKI-Modelle eignen sich gut für die Generierung verschiedener Inhaltsformate, von Nachrichtenartikeln, Whitepapers und Blogs bis hin zu Marketinginhalten und Lehrmaterialien und so ziemlich allem dazwischen. Die Fähigkeit, die Lesbarkeit und die Bindung zu verbessern, ist ein weiteres großes Plus bei der Beschleunigung der Inhaltserstellung und der Steigerung des Konsums.

Die folgenden Abschnitte beschreiben Strategien und Tipps, mit denen Sie die Leser- beziehungsweise die Zielgruppeneinbindung steigern können – von der Verbesserung des Verbrauchererlebnisses bis hin zum Aufbau einer Anhängerschaft aufgrund der Qualität und Attraktivität Ihrer Inhalte.

Das Publikum fesseln

Es ist eine gute Idee, GenKI einzusetzen, um Strategien zu entwickeln, mit denen Sie Ihr Publikum fesseln und einbinden und eine Fan- oder Kundenbasis aufbauen können. Wenn Sie wissen, wie Sie GenKI bei der Entwicklung von Inhalten und Strategien zur Kundenbindung intelligent einsetzen können, kann Ihnen das einen erheblichen Wettbewerbsvorteil verschaffen.

Betrachten Sie die folgenden GenKI-gesteuerten Strategien, um herauszufinden, welche am besten zu Ihren Anforderungen passt. Natürlich können Sie GenKI auch verwenden, um zusätzliche Strategien zu entwickeln, wenn Sie etwas finden möchten, das besser zu Ihren Vorstellungen passt.

- **Personalisierte Inhaltsempfehlungen:** GenKI ist in der Lage, riesige Mengen an Benutzerdaten, einschließlich Verhalten, Vorlieben und demografischen Merkmalen, zu durchforsten, um Inhalte auszuwählen, die individuell auf jeden Einzelnen zugeschnitten sind. Einfacher ausgedrückt: Auf Nachfrage kann ein GenKI-Modell Inhalte liefern, die für Ihren Kunden oder Fan von besonderem Interesse sind. Dies ist für Ihre Inhaltskonsumenten in der Regel eine zufriedenstellendere Erfahrung als die Sichtung von Suchergebnissen oder FAQs. Dieser Grad der Personalisierung verbessert nicht nur die Benutzererfahrung durch die Bereitstellung von Inhalten, die ihren Interessen entsprechen, sondern fördert auch ein Gefühl der Loyalität, da sich die Benutzer besser verstanden und wertgeschätzt fühlen. Erwägen Sie dazu die Verwendung eines GenKI-Chatbots, der jedem einzelnen Mitglied Ihres Publikums individuell Inhalte empfiehlt. Bei diesen Inhalten kann es sich um Bücher, Filme, Artikel oder Fanprodukte handeln. Ja, eine Empfehlungs-Engine kann auch personalisierte Empfehlungen liefern, aber sie kann keine menschliche Verbindung zu Ihrem Leser, Fan oder Kunden in einem natürlichen Gespräch herstellen, wie es beispielsweise ChatGPT und Claude können.

- ✔ **Prognosen:** GenKI kann das Verhalten von Publikum und Kunden anhand historischer und Daten und Trends vorhersagen. Die Erkenntnisse, die Sie durch die Verwendung von GenKI zur Vorhersage zukünftigen Verhaltens von Publikum, Verbrauchern oder Fans gewinnen, helfen Ihnen dabei, Ihre Inhalte, Kampagnen und Strategien proaktiv anzupassen, um den sich ändernden Marktanforderungen besser gerecht zu werden. Dieser vorausschauende Ansatz kann Ihnen und Ihrem Unternehmen dabei helfen, einen Vorsprung zu erlangen, indem Sie zukünftige Interessen und Bedürfnisse oder aufkommende Trends besser erfassen, statt zu versuchen, Marktveränderungen nachzuholen, nachdem sie eingetreten sind.

- ✔ **Inhaltsoptimierung:** GenKI-Tools können überzeugende Überschriften, Bildunterschriften und Zusammenfassungen erstellen, die die Aufmerksamkeit fesseln und halten. Darüber hinaus kann GenKI Inhalte bewerten und Optimierungen empfehlen, um die Lesbarkeit und das Engagement zu verbessern. So wird sichergestellt, dass Inhalte die gewünschte Zielgruppe nicht nur erreichen, sondern sie auch fesseln.

- ✔ **Social-Media-Optimierung:** Sie können GenKI verwenden, um die Sichtbarkeit und Wirkung Ihrer Social-Media-Inhalte zu maximieren, indem Sie sie dazu auffordern, Beiträge für bestimmte Social-Media-Plattformen vorzuschlagen oder zu schreiben. In diesem Anwendungsfall hilft Ihnen GenKI dabei, an Echtzeitgesprächen teilzunehmen und in der schnelllebigen Welt der Social-Media-Trends relevant zu bleiben.

- ✔ **Zielgruppensegmentierung und -ansprache:** Durch die Analyse Ihrer Kunden- oder Zielgruppendaten mit Ihren eigenen, fein abgestimmten GenKI-Modellen oder mit Modellen, die in andere, für diesen Zweck entwickelte Software eingebettet sind, können Sie hochwertige Zielgruppensegmente identifizieren und Marketingkampagnen darauf zuschneiden. Dieser zielgerichtete Ansatz verbessert nicht nur die Wirksamkeit von Inhaltszielen und Marketinginitiativen, sondern führt auch zu höheren Konversionsraten, da Ihre Inhalte eher bei einer klar definierten Zielgruppe Anklang finden.

Faktoren, die die Lesbarkeit von Inhalten beeinflussen

Die *Lesbarkeit von Inhalten* besagt, wie leicht ein Leser einen geschriebenen Text verstehen und sich darauf einlassen kann. Einige der Faktoren, die die Lesbarkeit beeinflussen, sind:

- ✔ **Wortschatz:** Verwenden Sie einfache, vertraute Wörter anstelle komplexer oder jargonlastiger Sprache.
- ✔ **Satzlänge:** Kürzere, prägnante Sätze sind tendenziell leichter zu lesen und zu verstehen als längere, komplexere Sätze.
- ✔ **Absatzstruktur:** Kurze Absätze mit klaren Themensätzen verbessern die Lesbarkeit, indem sie den Text in überschaubare Abschnitte aufteilen.
- ✔ **Typografie und Layout:** Schriftgröße, Zeilenabstand und Textanordnung auf der Seite oder dem Bildschirm können die Lesbarkeit erleichtern oder erschweren.
- ✔ **Verwendung von Überschriften und Unterüberschriften:** Eine logische Organisation mit Überschriften hilft den Lesern, der Struktur und dem Fluss des Inhalts zu folgen.
- ✔ **Ton und Stil:** Ein umgangssprachlicher Ton kann Inhalte zugänglicher und leichter verständlich machen als ein formeller oder akademischer Ton.
- ✔ **Visuelle Hilfsmittel:** Die Einbindung von Bildern, Diagrammen und Aufzählungszeichen kann dabei helfen, Punkte zu veranschaulichen und Text aufzulockern.
- ✔ **Konsistenz:** Die konsistente Verwendung von Zeitform, Standpunkt und Erzählstil sorgt dafür, dass der Leser orientiert bleibt und das Interesse behält.

Die Lesbarkeit wird häufig mit Hilfe verschiedener Formeln und Tools gemessen, wie etwa mit dem Flesch-Kincaid-Readability-Test, dem Gunning-Fog-Index oder dem Simple-Measure-of-Gobbledygook-Index, die Texte anhand von Satzlänge und Wortschwierigkeit bewerten. Speziell für deutschsprachige Texte gibt es beispielsweise die Wiener Sachtextformel. Diese Tools generieren einen Lesbarkeitswert, der einem Bildungsniveau oder einer Altersgruppe entspricht und Autoren und Redakteuren eine Vorstellung davon gibt, wie zugänglich ihre Inhalte für die Zielgruppe sind.

Analyse und Verbesserung der Lesbarkeit von Inhalten

Viele GenKI-Modelle sind in der Lage, die Lesbarkeit beliebiger schriftlicher Arbeiten zu verbessern. Sie müssen lediglich die Informationen in einen Prompt eingeben und das Modell bitten, sie auf die von Ihnen gewünschte Weise zu verbessern. Sie können sie sogar dazu auffordern, die Werte eines bestimmten Lesbarkeitstests zu verwenden, indem Sie beispielsweise einen der Tests angeben, die im Einschub »Faktoren, die die Lesbarkeit von Inhalten beeinflussen« aufgeführt sind.

Generell erzielen Sie mit GenKI-Tools bessere Ergebnisse, wenn Sie Textblöcke aus längeren Werken in Prompts einspeisen und einen Block nach dem anderen, statt eine ganze längere Arbeit in einen einzigen Prompt laden. Das liegt daran, dass das Modell mitten in einem langen Text möglicherweise den Fokus verliert und einfach vergisst, den Rest zu optimieren. Ich finde, dass 300 Wörter die optimale Länge für einen einzelnen Prompt sind. Sie können aber ruhig mit unterschiedlichen Textgrößen experimentieren, um zu beobachten, wie das in verschiedenen GenKI-Modellen für Sie funktioniert.

Nachfolgend einige Beispiel-Prompts, die Ihnen den Einstieg erleichtern sollen:

- »Schreibe den folgenden Text in Laiensprache auf dem Niveau der sechsten Klasse um.«
- »Schreibe den folgenden Text neu, um die Lesbarkeit zu verbessern, und zwar nach den gleichen Maßstäben, die im Simple-Measure-of-Gobbledygook-Index verwendet werden.«
- »Schlage Verbesserungen für den folgenden Text vor, um die Lesbarkeit gemäß den Maßstäben der drei wichtigsten Lesbarkeitstests zu verbessern.«
- »Schlage Verbesserungen für den folgenden Text vor, um die Interaktion mit einem Publikum aus U18-Fußballfans zu verbessern.«

Und hier Beispiel-Prompts für die serielle Verwendung in einer Prompt-Chain, um die Lesbarkeit langer Inhalte wie jenen eines Buches oder einer wissenschaftlichen Arbeit zu verbessern:

- »Schreibe diesen Text nach denselben Regeln und mit denselben Lesbarkeitsmaßstäben neu, wie im vorherigen Prompt und/oder dem ersten Prompt in diesem Chat angegeben.«
- »Überprüfe den folgenden Text auf mögliche negative Interpretationen oder Eindrücke beim Leser sowie auf die Lesbarkeit für Leser, deren Muttersprache nicht Englisch ist.«

Darüber hinaus gibt es spezielle GenKI-Tools, die bei verschiedenen Aspekten der Inhaltserstellung helfen, um sicherzustellen, dass das Endprodukt ausgefeilt, klar und für die Zielgruppe zugänglich ist. Hier einige Beispiele:

- **Grammarly:** Grammarly geht über grundlegende Grammatik- und Rechtschreibprüfungen hinaus; es befasst sich mit den Nuancen der Sprache und bietet Vorschläge zu Satzstruktur, Prägnanz und Tonfall. Wenn Grammarly in Echtzeit Feedback zu diesen Elementen liefert, hilft es Autoren dabei, ihre Inhalte zu verfeinern und sie lesbarer zu machen. Die fortschrittlichen Algorithmen und die eingebettete GenKI des Tools analysieren den Text, um sicherzustellen, dass er den Best Practices des Schreibens entspricht.
- **ChatPDF:** Dieses GenKI-Tool ist auf die Verarbeitung von PDF-Dateien spezialisiert. ChatPDF ist sehr gut darin, Material in PDF-Dokumenten zu scannen, zu analysieren und zusammenzufassen, und reagiert auch auf Ihre Eingaben zu den darin

enthaltenen Informationen, Themen und Inhalten. Dies ist besonders nützlich, wenn Sie komplexe Informationen in andere, leichter verarbeitbare Formate und eine leichter verständliche Sprache umwandeln möchten.

Durch die Zusammenfassung der wichtigsten Punkte und die Erläuterung des Inhalts trägt ChatPDF dazu bei, die Klarheit und Kohärenz des Materials zu verbessern und damit seine allgemeine Lesbarkeit zu steigern. Dies kann insbesondere bei langen, außergewöhnlichen oder komplexen Dokumenten von Vorteil sein, da es dabei hilft, die für Sie oder Ihr Publikum wichtigsten Informationen hervorzuheben und zu vereinfachen.

- ✔ **Jasper AI:** Mit diesem GenKI-Assistenten können Sie die Erstellung maßgeschneiderter und hochwertiger Markeninhalte optimieren. Er ist mit Funktionen ausgestattet, die die Übersetzung von Texten in mehrere Sprachen ermöglichen, Inhaltsvorlagen bereitstellen und sich in Tools wie Google Docs integrieren lassen. Die Vorlagen von Jasper AI dienen als Ausgangspunkt für die Erstellung strukturierter und ansprechender Inhalte, während die Integration mit Google Docs einen nahtlosen Schreib- und Bearbeitungsprozess unterstützt. Diese Funktionen tragen gemeinsam zur Verbesserung der Inhaltsqualität, Attraktivität und Lesbarkeit bei.

Mindmapping mit GenKI zur verbesserten Ideenfindung

GenKI ist auch für andere Aufgaben als die Inhaltsgenerierung nützlich. GenKI-Tools können beispielsweise genutzt werden, um die Ideenfindung zu beschleunigen und zu unterstützen, die auf die Lösung geschäftlicher Probleme, die Entwicklung innovativer Produkte und Dienstleistungen und andere Brainstorming- und Kreativaufgaben abzielt.

Betrachten wir zum Beispiel das *Mindmapping*, eine leistungsstarke visuelle Technik, die zur Stimulierung und Steuerung von Problemlösung und kreativem Denken eingesetzt wird, indem Informationen um ein zentrales Konzept herum über ein Netzwerk von Verzweigungen organisiert werden, die verwandte Ideen oder Aufgaben darstellen. Dabei werden Schlüsselwörter, Bilder und Farben verwendet, um eine hierarchische Struktur zu erstellen, die auf Verständnis, Kreativität und Gedächtnis abzielt. Diese flexible Methode ist beliebt für Brainstorming, Planung und Lernen und kann manuell oder mit spezieller Software umgesetzt werden. Normalerweise ist es eine kollaborative Übung für Gruppen, aber es kann auch von Einzelpersonen verwendet werden. Wenn Sie GenKI in den Prozess einbeziehen, wird Mindmapping noch leistungsfähiger.

Hier eine kurze Anleitung zur Verwendung von GenKI für Mindmapping und Ideenfindung:

1. **Wählen Sie Ihr GenKI-Mindmapping-Tool aus.**

   Wählen Sie ein Mindmapping-Tool aus, in das GenKI-Funktionen integriert sind oder das für die Ausführung in einer GenKI-Anwendung konzipiert ist, zum Beispiel spezialisierte GPTs in ChatGPT. Tools wie Coggle, EdrawMind AI, Mapify und Whimsical AI sind einige der Mindmapping-Tools, die GenKI in ihre Software integriert haben. Solche Tools eignen sich hervorragend zum Erstellen interaktiver und dynamischer Mindmaps.

Sie können auch aus mehreren spezialisierten GPTs im GPT-Store von ChatGPT wählen. Beispiele für Optionen, die Sie dort finden, sind unter anderem MindMapper Genius, MindMap AI GPT, Mind Map Maker, Idea Architect, Biz Inno Mentor AI und Mind Map Learning. Die meisten dieser Optionen generieren jedoch keine interaktiven und dynamischen Mindmaps. Sie erstellen stattdessen Listen. Diese Listen können jedoch in eines der Tools kopiert oder importiert werden, die ich im vorherigen Absatz erwähnt habe.

Sehen Sie sich beispielsweise Abbildung 14.1 an, eine Antwort des GPT MindMapper Genius (zu finden im GPT Store in ChatGPT) zum Erstellen dynamischer Mindmaps.

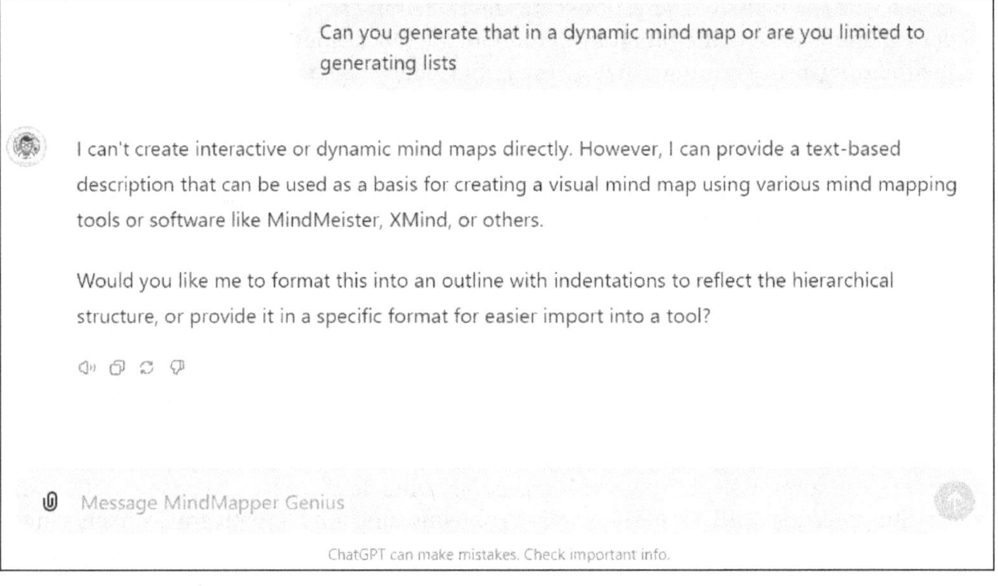

Abbildung 14.1: Screenshot der Prompts und Antwort in MindMapper Genius GPT.

Sie müssen ein spezialisiertes Mindmapping-Tool verwenden, anstatt einfach ein allgemeines GenKI-Tool wie ChatGPT aufzufordern, eine Mindmap zu erstellen. Warum? Weil ChatGPT und ähnliche Tools, einschließlich der meisten zugehörigen GPTs im GPT Store, nur Listen und begrenzte Flussdiagramme erstellen können; keine davon sind brauchbare Mindmaps im herkömmlichen Sinne. Im Vergleich dazu können Elemente wie Verzweigungen und Unterthemen in herkömmlichen Mindmaps räumlich positioniert und nach Bedarf neu positioniert sowie beschriftet, gemischt und in Größe und Farbe formatiert werden. Elemente können dynamisch geändert werden, während das organische Brainstorming fortschreitet.

Ich schlage vor, dass Sie mehrere dieser Mindmapping-Tools ausprobieren, um dasjenige zu finden, das für Ihre Zwecke und Prozesse am besten geeignet ist. Beachten Sie, dass einige dieser Tools – entweder in der integrierten GenKI- oder der spezialisierten GPT-Kategorie – für Teams, und andere für Einzelpersonen konzipiert sind. Achten Sie also auch auf Unterscheidungsmerkmale und Einschränkungen. Ich persönlich komme mit den meisten Mindmapping-Tools gut zurecht und wähle im Allgemeinen dasjenige aus, das für das Team, mit dem ich arbeite, am bequemsten ist oder am besten zum vorliegenden Problem passt.

2. **Formulieren Sie Ihre zentrale Idee.**

   Beginnen Sie Ihre Mindmap, indem Sie die zentrale Idee oder das zentrale Problem klar definieren. Dies dient als Anker für alle nachfolgenden Ideen, die von Ihnen, Ihrem Team und dem GenKI-Modell generiert werden.

3. **Starten Sie ein Brainstorming mit Hilfe von GenKI.**

   Fordern Sie das Mindmapping-Tool Ihrer Wahl auf, Ihre zentrale Idee weiter auszuarbeiten. Das Modell kann schnell eine Vielzahl verwandter Konzepte und Vorschläge finden, die Ihrer Mindmap als Verzweigungen oder Unterthemen hinzugefügt werden können. Sie können die GenKI-Vorschläge nach Belieben ergänzen, optimieren, löschen oder ersetzen.

4. **Organisieren und verknüpfen Sie Ideen.**

   Nach der Entwicklung von Ideen, die vom Team, dem Tool oder einer Kombination davon generiert wurden, kann GenKI dabei helfen, sie auf Basis von Relevanz und Beziehungen zu kategorisieren und zu verknüpfen. Dies hilft bei der Erstellung einer strukturierten und kohärenten Mindmap, die leicht zu durchlaufen und zu verstehen ist.

5. **Verfeinern und erweitern Sie Ideen.**

   Mit der Hilfe von GenKI können Sie tiefer in jede Idee eintauchen. KI-Tools können Ideen oder Einflüsse erklären oder verfeinern, weitere Ausarbeitungen vorschlagen, Fragen stellen und verschiedene Perspektiven aufzeigen, um jeden Zweig Ihrer Mindmap auszuarbeiten.

6. **Visualisieren und iterieren Sie.**

   Einige GenKI-Tools wie DALL-E und Midjourney können visuelle Darstellungen Ihrer endgültigen Idee oder Ihres Konzepts erstellen, beispielsweise einer Produktinnovation oder der Lösung eines Produktfehlers. Verwenden Sie diese Visualisierungen, um weitere Ideen zu inspirieren und sie als weitere visuelle Dimension zu Ihrer Mindmap hinzuzufügen. So wird sie ansprechender und leichter zu merken, während Sie oder Ihr Team weiter brainstormen oder mit der Ideenfindung fortfahren.

7. **Arbeiten Sie zusammen, und teilen Sie.**

   GenKI-Anwendungen verfügen häufig über Funktionen zur Zusammenarbeit. Geben Sie Ihre Mindmap an Teammitglieder weiter, und nutzen Sie GenKI, um Brainstorming-Sitzungen von Gruppen zu unterstützen. So stellen Sie sicher, dass bei der Erstellung der Mindmap ein breites Spektrum an Ideen berücksichtigt wird.

8. **Überprüfen und analysieren Sie.**

   Sobald Ihre Mindmap mit Ideen gefüllt ist, können Sie den Inhalt mit GenKI überprüfen und analysieren. GenKI kann Ihnen dabei helfen, die vielversprechendsten Ideen zu identifizieren und Möglichkeiten vorzuschlagen, diese zu kombinieren oder zu verfeinern, um bessere Ergebnisse zu erzielen.

9. **Exportieren und integrieren Sie.**

   Exportieren oder kopieren Sie Ihre Mindmap in andere Formate oder Software, um sie weiterzuentwickeln oder in andere Tools zu integrieren. Wenn Ihre Mindmap beispielsweise zu einem Gebäudeentwurf geführt hat, könnten Sie die Mindmap in eine CAD-Software übertragen, um einen Bauplan und Konstruktionspläne zu entwickeln. GenKI kann dabei helfen, die Mindmap in umsetzbare Pläne oder Dokumente zur Verwendung in anderer Software zu übersetzen. Vielleicht ist GenKI aber auch schon in der Software vorhanden, die Sie verwenden möchten. Wenn sie in die Software integriert ist, mit der Sie die Idee zum Leben erwecken möchten, können Sie die Mindmap möglicherweise in diese GenKI kopieren. Es hängt alles von den Konfigurationen der von Ihnen verwendeten Tools und Software ab.

KI-Tools lernen aus Interaktionen und können sich mit der Zeit verbessern. Nutzen Sie die KI regelmäßig für Mindmapping, um von einer präziseren und relevanteren Ideenfindung zu profitieren, da das System immer besser auf Ihre Bedürfnisse abgestimmt wird.

Überdenken Sie Ihre kreativen Prozesse, um GenKI besser zu nutzen

Zunächst werden Sie GenKI in Ihren aktuellen Kreativprozess integrieren, was auch immer das sein mag. Okay, vielleicht nicht in *alle* Kreativprozesse. Ernest Hemingway soll, zumindest laut GenKI, im Stehen vor einem brusthohen Bücherregal mit einer Schreibmaschine darauf geschrieben haben, während Victor Hugo nur nackt schreiben konnte. Solche Kreativprozesse, die einzig und allein dem jeweiligen Kreativmenschen vorbehalten sind, lassen sich nicht gut auf KI übertragen. Da es sich bei GenKI nur um Software handelt, wenn auch um eine sehr ausgefeilte, hat sie keine körperliche Manifestation, kann also weder nackt noch bekleidet sein und auch keine stehende oder sitzende Position einnehmen. Sie schwebt einfach wie ein Geist in einem Gerät, in der Cloud oder im Internet. Bald wird sie auch auf lokalen Rechnern zu finden sein, beispielsweise auf Ihrem Laptop.

Letztlich will ich damit sagen, dass nur einige Ihrer persönlichen kreativen Prozesse auf GenKI übertragbar sind. Sie können weiterhin beim Schreiben Ihre Lieblingssocken tragen oder Musik hören (ein Gruß an Stephen King, einen meiner Lieblingsautoren!). Andere Teile Ihres persönlichen kreativen Prozesses müssen Sie jedoch auf Schritte herunterbrechen, die GenKI-Modelle befolgen, nachahmen oder verbessern können, wenn Sie Ihre kreative Vision bestmöglich in eine digitale Form übertragen möchten.

Machen Sie sich keine Sorgen, wenn Ihnen das nicht sofort gelingt. Kreative aller Art neigen dazu, GenKI-Modelle zwar in ihre geliebten Prozesse zu integrieren, sich dann aber aus Liebe zur Gewohnheit und vielleicht auch aus einem Hauch von Aberglaube fest an diese gewohnten Prozesse zu klammern – trotz der eher irritierenden und oft unheimlichen Einmischung einer neumodischen technischen Zauberei. Normalerweise dauert es jedoch nicht lange, bis kreative Typen neue oder angepasste Prozesse finden, die genau zu ihrem persönlichen Stil passen.

Es ist jedoch wichtig, dass Sie kreative Prozesse entwickeln, die einzigartig für Ihre Art des Schaffens sind. Mit anderen Worten: Übernehmen und behalten Sie die Führung, sowohl bei Ihrer Art und Weise des Schaffens als auch bei dem, was Sie mit GenKI schaffen.

Kreative Menschen wissen normalerweise, dass ihr eigener kreativer Prozess weniger mit der umsetzenden Handlung als vielmehr mit ihren eigenen schöpferischen Gedanken zu tun hat. Und hier folgt meine größte und eindringlichste Warnung!

Werden Sie nicht von GenKI abhängig. Wenn Sie immer der Führung der GenKI folgen, glauben, dass sie besser, intelligenter und kreativer ist als Sie, und pflichtbewusst kreative Aktionen auf der Grundlage ihrer Ergebnisse ausführen, haben Sie Ihr Talent und Ihren kreativen Willen aufgegeben. Ändern oder passen Sie Ihren kreativen Prozess an, um GenKI zu nutzen, aber geben Sie Ihr Talent und Ihre kreative Handlungsfähigkeit niemals im Namen von Fortschritt, Effizienz und Geschwindigkeit auf.

Bedenken Sie, dass GenKI ein Generator und kein Schöpfer ist

GenKI ist ein Generator, kein Schöpfer. Sie blickt in die Vergangenheit, um die Zukunft vorherzusagen. Mit anderen Worten: Sie verwendet historische Daten (Informationen aus der nahen bis fernen Vergangenheit), um vorherzusagen, welche Buchstaben und Wörter oder Audio-, Bild- oder Videodateien im Hier und Jetzt auf Ihren Prompt folgen werden.

Ihr Prompt ist wie ein Puzzleteil, von dem aus GenKI versucht, den Rest des Puzzles zu lösen. Manchmal löst sie das Puzzle richtig, und Sie erhalten das gewünschte Bild, manchmal nicht. Was Sie sehen, ist die beste Schätzung des Modells zu dem, was Sie von ihm verlangen. GenKI versteht weder Sie noch Ihren Prompt wirklich. Sie führen keine echte Konversation mit ihr. Sie generiert einfach die Fortsetzung dessen, was Sie in Ihrem Prompt begonnen haben.

Sie sind der Schöpfer, GenKI ist der Generator. Und übrigens: GenKI generiert nicht Ihre gesamte Vision. Sie bringt Sie ihr nur sehr schnell näher. Sie können das Ergebnis nach Bedarf verfeinern, um Ihre Vision umzusetzen.

Anpassung traditioneller Kreativmethoden für die Zusammenarbeit mit GenKI

Ein wichtiger Hinweis, bevor Sie beginnen, Ihren kreativen Prozess oder Ihre Methoden an GenKI anzupassen: Achten Sie immer darauf, in welchem Jahr die Trainingsdaten des

Modells enden. Ältere Versionen von ChatGPT wurden beispielsweise ursprünglich mit Daten trainiert, die 2021 aus dem gesamten Internet gesammelt wurden. Später wurde es mit Daten neu trainiert, die im Dezember 2023 enden. Es wird natürlich regelmäßig neu trainiert, um dem Modell aktuellere Informationen bereitzustellen und eine Modelldrift zu verhindern (ein Zustand, der eintritt, wenn die Daten zu alt oder irrelevant sind, um den Zweck des Modells zu erfüllen). Somit waren sich frühere Versionen von ChatGPT über alles, was nach dem Stichtag passiert, überhaupt nicht bewusst. Wenn Ihr Inhalt aktuellere Informationen benötigt, müssen Sie das Training des Modells ergänzen, indem Sie aktuellere und relevantere Daten in RAG hinzufügen, Feinabstimmungen vornehmen oder Ihre Prompts entsprechend formulieren – oder ein GenKI-Modell verwenden, das im Internet surfen kann. Wenn Sie eine oder mehrere dieser Maßnahmen nicht durchführen, sind Ihre Inhalte möglicherweise stark veraltet.

Darüber hinaus erfordert die Anpassung traditioneller Kreativmethoden für die Verwendung mit GenKI eine Mischung aus alten und neuen Techniken, um das volle Potenzial von GenKI auszuschöpfen und gleichzeitig die Essenz menschlicher Kreativität zu bewahren. Hier einige Tipps zum Erreichen dieser Synergie:

- ✔ **Definieren Sie klare Ziele:** Bevor Sie GenKI in Ihren kreativen Prozess integrieren, legen Sie klare Ziele für das fest, was Sie erreichen möchten. Dies hilft Ihnen, das Modell so zu steuern, dass relevante Ergebnisse erzielt werden. Denken Sie daran, dass Sie GenKI verwenden können, um Teile einer kreativen Arbeit zu erstellen und nicht ein komplett fertiges Werk, und Ihre Ziele sollten Ihrem kreativen Plan entsprechen.
- ✔ **Machen Sie sich mit den Fähigkeiten von GenKI vertraut:** Machen Sie sich mit den Stärken und Grenzen des von Ihnen verwendeten GenKI-Modells vertraut. Beispielsweise verfügt GPT-4o über mehr Denkfähigkeiten und ist im Allgemeinen kreativer und kollaborativer als seine Vorgänger. Aber je nachdem, was Sie tun, kann GPT-3 tatsächlich das bessere Modell für Ihre Anforderungen bei einem bestimmten Projekt sein. Bleiben Sie auch über neue Funktionen und Fähigkeiten auf dem Laufenden, wie die spezialisierten GPTs, die in ChatGPT aus dem GPT-Store abgerufen werden können. Denken Sie daran, dass sich GenKI unglaublich schnell weiterentwickelt. Überprüfen Sie daher regelmäßig, was sie Neues kann.
- ✔ **Üben Sie iterative Zusammenarbeit:** Nutzen Sie GenKI als Ausgangspunkt, und verfeinern Sie die Ausgabe iterativ. Verwenden Sie eine Feedbackschleife, zum Beispiel eine Bewertung mit »Daumen hoch« oder »Daumen runter« für jede Antwort, da Ihr Input die nachfolgenden Vorschläge des Modells verbessert. Dadurch wird das Modell mit der Zeit für Sie nützlicher.
- ✔ **Nutzen Sie vielfältige Eingaben:** Um eine Monotonie der von GenKI generierten Inhalte zu vermeiden, geben Sie in Ihren Prompts vielfältige Anweisungen, Perspektiven, Details und Beispiele an. Dies kann GenKI dabei helfen, ein breiteres Spektrum an Ideen und Stilen in den Ergebnissen zu generieren. Denken Sie daran, dass das Überlagern von Elementen in einer Prompt-Chain häufig komplexere und überzeugendere Ergebnisse bei der Generierung von Bildern, Texten und Musikkompositionen liefern kann.

- **Passen Sie den Stil von GenKI an:** GenKI kann einen bestimmten Schreibstil nachahmen. Sie können Beispiele des gewünschten Stils im Prompt oder in RAG bereitstellen, um die Ausgabe von GenKI auf die Stimme Ihrer Marke oder den spezifischen kreativen Ton auszurichten, den Sie in der Ausgabe erzeugen möchten. Sie könnten damit beginnen, dem Modell Ihre Markenrichtlinien und eine Sammlung von Begleitmaterialien wie E-Books, Anzeigen, Whitepapers und andere Werke bereitzustellen, die Ihren Richtlinien entsprechen, damit das Modell lernen und versuchen kann, sie nachzuahmen. Beachten Sie jedoch, dass die eigenen Leitplanken des Modells (die Plagiate und Urheberrechtsverletzungen verhindern sollen) das Modell manchmal davon abhalten, einen bestimmten Stil zu kopieren. Es sollte jedoch in der Lage sein, Ihren Markenrichtlinien zu folgen. Überprüfen Sie unbedingt die Ausgaben, um sicherzustellen, dass dies der Fall ist.
- **Balance zwischen GenKI und menschlichem Input:** Obwohl GenKI viele Aufgaben automatisieren und optimieren kann, ist es wichtig, ein Gleichgewicht zu wahren. Verwenden Sie GenKI für sich wiederholende oder datengesteuerte Aspekte und menschliche Kreativität für nuancierte, emotionale oder komplexe Aufgaben.

GenKI eher als Medium denn als Generator betrachten

Kreative Menschen finden oft Möglichkeiten, Dinge anders zu nutzen als für ihren ursprünglichen Zweck. Ein alter Reifen kann zu einer Kinderschaukel werden, wenn man ihn an einem Ast aufhängt. Riesige, windbetriebene kinetische Skulpturen, die an Stränden entlanglaufen, sind oft aus weggeworfenen Schrottteilen gefertigt, ebenso wie viele statische Skulpturen. Gemälde können eine Illusion erzeugen, wenn man ihre auf mehrere Oberflächen verteilten Teile aus dem richtigen Winkel betrachtet. Federn können als Stifte verwendet werden Pflanzen als Pinsel und so weiter. Echte Kreative sehen kaum Einschränkungen hinsichtlich der Medien für ihre Arbeit.

Dasselbe gilt für GenKI. Zumindest sehe ich es als potenzielles Medium. Und ich bin mir relativ sicher, dass ich nicht der Einzige bin, der das Potenzial von GenKI so sieht.

Ich arbeite beispielsweise gerade daran, mit GenKI nicht lineare und lineare Geschichten zu erstellen, die ich gleichzeitig in vielen Formen erzählen kann. Derzeit arbeite ich an einer Science-Fiction-Geschichte, die auf Wunsch des Lesers als Text, Video, Theaterstück, Puppentheater, Musik, E-Book oder als Wandkunst erzählt werden kann. Der Leser kann sich sogar einen Videoausschnitt eines hervorgehobenen Textteils ansehen, um ein Multimedia-Erlebnis zu erhalten, oder sogar mit meinen Worten auf der Seite auf eine noch nicht erdachte Weise interagieren.

Eine Geschichte in vielen Formen. Denn warum sollte mein Geschichtenerzählen auf eine Form beschränkt sein ? Dafür gibt es keinen Grund. Habe ich Angst, dass jemand diese Idee stiehlt? Nein, habe ich nicht. Warum nicht? Aus demselben Grund, aus dem sich kein Autor jemals Sorgen darüber macht, ob jemand anderes auch Autor ist. Es ist nicht die Handlung, sondern die Schöpfung, die zählt. Wenn der Reiz der ersten paar Versuche verflogen ist, werden die Leute nach dem greifen, wonach sie sich schon immer gesehnt haben: einer richtig guten Geschichte! Und ich werde immer eine großartige Geschichte haben, die ich mit meinen Fans teilen kann!

Aber das ist nicht die einzige Möglichkeit, GenKI als Medium für kreative Arbeiten zu sehen und zu verwenden, und nicht nur als einfachen Generator. Ich bin sicher, Ihnen werden noch andere Möglichkeiten einfallen, sie als Medium zu verwenden. Schreiben Sie mir eine E-Mail oder eine Direktnachricht in den sozialen Medien. Ich würde gerne hören, was Sie sich ausgedacht haben. Aber denken Sie auf jeden Fall immer über neue Verwendungsmöglichkeiten für GenKI nach, denn wir haben die Möglichkeiten, die uns dieses Tool bietet, noch gar nicht ausgeschöpft.

Teil IV
An der Schnittstelle von Ethik, Qualität und Menschlichkeit

IN DIESEM TEIL …

- Die Konzepte von Responsible AI verstehen und anwenden
- Rechtliche Probleme in den Griff bekommen
- Den Menschen bei seiner Arbeit unterstützen

IN DIESEM KAPITEL

Herausfinden, wie GenKI-generierte Inhalte originell und authentisch gestaltet werden können

Die GenKI-Genauigkeit sicherstellen

Ethische Standards erforschen

Die Responsible-AI-Bewegung verstehen

Kapitel 15
Einhaltung verantwortungsvoller KI-Standards bei der Nutzung von GenKI

Die Welt der künstlichen Intelligenz befindet sich im schnellen Wandel. Dabei muss das Streben nach Innovation mit einem unerschütterlichen Engagement für Ethik und Qualität in Einklang gebracht werden. Und im Bereich GenKI ist es unerlässlich, auch die höchsten Standards in Bezug auf Originalität und Exzellenz aufrechtzuerhalten.

Dieses Kapitel hilft Ihnen, sich in der spannenden und zugleich herausfordernden Landschaft von GenKI zurechtzufinden, ohne dabei ethische Standards und Qualität zu opfern. Wenn Sie diese kritischen Bereiche genauer untersuchen, können Sie die Leistungsfähigkeit von GenKI nutzen, um eine Zukunft zu schaffen, die nicht nur technologisch fortschrittlich ist, sondern auch auf den Grundsätzen von Ethik und Verantwortlichkeit beruht.

Originalität und Exzellenz bei GenKI-generierten Inhalten erreichen

Das Potenzial für kreative und wissensbasierte Arbeit, die mit GenKI generiert werden kann, ist grenzenlos. Mit dieser bemerkenswerten Technologie geht jedoch auch die Verantwortung einher, sicherzustellen, dass die von ihr generierten Inhalte sowohl originell als auch von geeigneter Qualität sind.

Originalität bei von GenKI generierten Inhalten bedeutet nicht nur, Plagiate und Urheberrechtsverletzungen zu vermeiden; es kann auch darum gehen, Innovationen zu fördern, neue Produkte und Software zu entwickeln und die Grenzen dessen zu erweitern, was GenKI leisten kann. Exzellenz zu erreichen, bedeutet andererseits, sicherzustellen, dass das Ergebnis die Standards erfüllt oder übertrifft, die von einem menschlichen Schöpfer aufgrund von Gesetzen, Ethik, Tradition oder Branchenanforderungen erwartet werden. Zusammen bilden diese Prinzipien die Grundlage für Vertrauen in von GenKI generierte Werke. In diesem Abschnitt geht es um die entscheidende Bedeutung der Einhaltung dieser Standards und die Strategien, die Sie anwenden können, um sie zu erreichen.

Strategien zur Gewährleistung der Originalität in GenKI-Kreationen

Um die Originalität und Qualität der GenKI-Kreationen sicherzustellen, ist es wichtig, Strategien zu implementieren, mit denen die Einzigartigkeit und Genauigkeit der erstellten Inhalte überprüft werden kann. Im Folgenden finden Sie einige Strategien, mit denen Sie von GenKI generierte Inhalte verbessern können:

- ✔ **Fordern Sie die GenKI auf, für ihre Antworten Referenzen anzugeben, und überprüfen Sie diese Referenzen dann selbst.** Warum? Weil GenKI oft lügt (halluziniert). Und ja, sie kann auch Referenzen erfinden, um ihre Lügen zu untermauern. Gleichzeitig ist diese Überprüfung ein guter erster Schritt, um Hinweise auf Plagiate oder Urheberrechtsverletzungen zu erkennen.

Aus diesem Grund sollten Sie ein GenKI-Modell niemals dazu auffordern, seine eigenen Antworten auf Fakten oder Plagiate zu überprüfen, und dann einfach seine Antwort akzeptieren. Sie sollten auch niemals versuchen, eine andere KI-Anwendung zu verwenden, um die Arbeit des ersten Modells zu überprüfen – jedenfalls nicht als einzige Prüfung. Womöglich basieren die beiden Anwendungen auf demselben GenKI-Modell. Überprüfen Sie die Fakten selbst anhand zuverlässiger Quellen und standardmäßiger Forschungsmethoden.

- ✔ **Verwenden Sie ein anderes GenKI-Modell, um generierte Inhalte mit vorhandenen Werken zu vergleichen und potenzielle Übereinstimmungen zur Überprüfung zu markieren.** Fordern Sie beispielsweise Google Smart Search oder Perplexity auf, die Antwort, die Sie von Claude oder ChatGPT erhalten haben, zu überprüfen. Einige GenKI-Suchtools wie Perplexity zitieren ihre Quellen automatisch, damit Sie sie überprüfen können. Überprüfen Sie unbedingt die Quellen, die Ihnen angezeigt werden, tatsächlich.
- ✔ **Erwägen Sie die Einbettung digitaler Wasserzeichen oder Metadaten in von GenKI generierte Inhalte, um einen nachvollziehbaren digitalen Fußabdruck zu erstellen, der deren Herkunft und Authentizität bestätigt.** Informationen dazu finden Sie im Einschub »Digitale Wasserzeichen und eingebettete Metadaten«.
- ✔ **Kennen Sie die Datenquelle.** Die Entwicklung von GenKI-Modellen sollte transparent und ethisch sein, mit einer klaren Dokumentation der verwendeten Datenquellen und Trainingsmethoden. Damit meine ich, dass der Hersteller des GenKI-Modells oder

der Anwendung – entweder ein Anbieter oder Ihr internes KI-Entwicklungsteam – transparente Informationen darüber bereitstellen sollte, wie das Modell trainiert wurde und welche Daten verwendet wurden. Diese Transparenz schafft nicht nur Vertrauen, sondern ermöglicht auch die notwendige Prüfung, um die Integrität der Modelle in der sich schnell entwickelnden GenKI-Landschaft aufrechtzuerhalten. Wenn Sie wissen, wie das Modell trainiert wurde, können Sie die Risiken hinsichtlich der Wahrscheinlichkeit der Originalität und Zuverlässigkeit der Ergebnisse einschätzen.

Beispielsweise wurden die GPT-Modelle, die ChatGPT antreiben, mit Daten trainiert, die aus dem Internet stammen. Das kann ein höheres Risiko in Bezug auf Plagiate und Urheberrechtsverletzungen bedeuten als beispielsweise ein spezialisiertes Modell, das KI-Wissenschaftler in Ihrem Unternehmen nur mit Unternehmensdaten trainiert haben. Sehr wahrscheinlich gibt es in den proprietären Daten Ihres Unternehmens nichts, das von jemandem außerhalb des Unternehmens urheberrechtlich geschützt ist. Es könnte sein, aber die Risiken in dieser Hinsicht sind normalerweise geringer.

Allerdings spielen neben den Trainingsdaten auch andere Faktoren eine Rolle. OpenAI beispielsweise hat ChatGPT möglicherweise – und sehr wahrscheinlich – Sicherheitsvorkehrungen hinzugefügt, die solche Risiken senken. Es ist wichtig, solche Fragen zu stellen oder zu recherchieren, damit Sie die Zuverlässigkeit des Modells besser verstehen und bessere Chancen haben, aus seinen Ausgaben Originalinhalte zu erhalten.

✔ **Erwägen Sie, Ihren Arbeitgeber oder GenKI-Anbieter zu bitten, Causal AI (Explainable AI) zu verwenden, um offenzulegen, wie das GenKI-Modell zu seiner Entscheidung (Ausgabe) kam, um so genauer prüfen zu können, ob es ethischen Richtlinien entspricht.** Dies ist eine hoch technische Strategie, die Ihre KI- oder IT-Abteilung oder Ihr GenKI-Anbieter für Sie umsetzen muss, da sie die Entwicklung von Algorithmen für kausale Inferenz umfasst, die neben oder innerhalb von GenKI-Modellen ausgeführt werden können, ebenso wie die Erstellung von Trainingsdatensätzen, die Informationen zu kausalen Beziehungen enthalten, die Gestaltung neuer Modellarchitekturen, die kausales Denken mit natürlicher Sprachgenerierung kombinieren können, und die Entwicklung von Metriken zur Verwaltung beider Verfahren. Sobald die Causal AI jedoch einmal implementiert ist, kann sie offenlegen, wie die GenKI das getan hat, was sie getan hat, sodass Sie die Originalität und Qualität ihrer Ausgaben besser bewerten können.

Digitale Wasserzeichen und eingebettete Metadaten

Das Einbetten digitaler Wasserzeichen oder Metadaten ist eine Methode, um versteckte Informationen in von GenKI generierte Inhalte einzufügen und so deren Herkunft und Authentizität zu verifizieren. Dies ist besonders wichtig für digitale Werke wie Bilder, Videos, Musik und Texte, die von GenKI-Systemen oder -Tools erstellt werden, da es dazu beiträgt, unbefugte Nutzung und Urheberrechtsverletzungen zu verhindern sowie die Verbreitung der Inhalte zu verfolgen.

Digitale Wasserzeichen

- ✔ **Was sie sind:** Digitale Wasserzeichen sind versteckte Markierungen oder Codes, die in digitale Inhalte eingefügt werden. Sie können für das menschliche Auge (oder Ohr bei Audioinhalten) sichtbar oder unsichtbar sein. Unsichtbare Wasserzeichen sind so konzipiert, dass sie unter normalen Umständen nicht erkennbar sind, können aber durch spezielle Software oder Techniken sichtbar gemacht werden.
- ✔ **So verwenden Sie sie:** Um digitale Wasserzeichen zu nutzen und in den Inhalt einzubetten, bevor er weitergegeben wird, verwenden Inhaltsersteller oder -verteiler spezielle Software. Das Wasserzeichen kann Informationen wie die Identität des Erstellers, das Erstellungsdatum oder Nutzungsbedingungen enthalten. Wenn der Inhalt später woanders gefunden wird, kann das Wasserzeichen extrahiert werden, um seinen Ursprung nachzuweisen oder zu zeigen, dass er ohne Erlaubnis verwendet wurde.
- ✔ **Tools für digitale Wasserzeichen:** Adobe Photoshop wird häufig für Bilder verwendet und ermöglicht das Einfügen sowohl sichtbarer als auch unsichtbarer Wasserzeichen. Software wie uMark oder Watermarkly kann auch zum Einbetten von Wasserzeichen verwendet werden. Für die Stapelverarbeitung von Bildern bieten Tools wie IrfanView Plug-ins zum gleichzeitigen Einfügen von Wasserzeichen in mehrere Dateien. Für Videos kann Software wie Video Watermark Pro verwendet werden. Audio-Wasserzeichen können mit Tools wie Audio Watermarking Tools (AWT) eingebettet werden.

Metadaten

- ✔ **Was sie sind:** Metadaten sind Daten, die Informationen über andere Daten liefern. Im Kontext von GenKI-generierten Inhalten können Metadaten Details wie den Namen des Autors, das Erstellungsdatum, den Standort, Copyright-Informationen und alle anderen relevanten Daten über die Herkunft des Inhalts oder zugehörige Rechte enthalten.
- ✔ **So verwenden Sie sie:** Metadaten sind häufig an Dateien angehängt und können mit Hilfe verschiedener Software-Tools angezeigt und bearbeitet werden. Beim Generieren von Inhalten kann das GenKI-System oder der Benutzer Metadaten in die Dateieigenschaften eingeben. Beispielsweise können Metadaten in Bilddateien in die EXIF-Daten eingebettet werden, während sie bei Textdokumenten in den Dokumenteigenschaften oder in der Datei selbst enthalten sein können.
- ✔ **Tools zum Bearbeiten von Metadaten:** Bei Bildern können Benutzer mit Tools wie Adobe Bridge oder ExifTool EXIF-Daten anzeigen und bearbeiten. Bei Dokumenten können Microsoft Word und Adobe Acrobat zum Bearbeiten von Eigenschaften und Metadaten verwendet werden. Die Metadaten von Musikdateien können mit Software wie MusicBrainz Picard oder Mp3tag bearbeitet werden.

Überprüfen Sie, ob das Wasserzeichen oder die Metadaten korrekt eingebettet wurden und mit den entsprechenden Tools abgerufen oder angezeigt werden können. Geben Sie den Inhalt dann nach Bedarf weiter. Sobald das Wasserzeichen oder die Metadaten eingebettet sind, können Sie den Inhalt mit der Gewissheit teilen, dass ein nachvollziehbarer digitaler Fußabdruck damit verbunden ist.

Aufrechterhaltung der Qualitätsstandards in GenKI-Ergebnissen

Die Grundlage der Ausgabequalität von GenKI sind die Daten, mit denen sie trainiert wird. Die Verwendung vielfältiger, unvoreingenommener und qualitativ hochwertiger Trainingsdatensätze trägt dazu bei, fortgesetzte Ungenauigkeiten und Stereotypen zu vermeiden. Darüber hinaus sollten Sie bei Bedarf aktuellere und/oder spezialisiertere Daten hinzufügen, damit das Modell genauere und zeitnahere Analysen und Antworten liefert. Die gängigsten Möglichkeiten zum Hinzufügen spezialisierter Daten für das GenKI-Modell bestehen darin, sie Prompts, RAG, benutzerdefinierten Anweisungen (normalerweise auf der Benutzeroberfläche zu finden), der Feinabstimmung des Modells oder einer beliebigen Kombination davon hinzuzufügen.

KI-Modelle aller Art, auch GenKI-Modelle, veralten mit der Zeit. Dies wird als *Modelldrift, Model Decay* oder *Modellverfall* bezeichnet und bezieht sich auf ein Modell, das mit Daten trainiert wurde und mit diesen arbeitet, die so alt sind, dass sie irrelevant, ungenau, unwahr, veraltet oder anderweitig nicht mehr nützlich sind. Die Folge ist, dass das Modell zu weit vom Konzept, von der Mission oder den Daten abweicht, auf deren Grundlage es qualitativ hochwertige Antworten liefern sollte.

Stellen Sie sich vor, Sie sind ein Koch, der ein Rezept perfektioniert hat, das Ihre Kunden lieben. Im Laufe der Zeit ändern sich Verfügbarkeit und Qualität der Zutaten, die Geschmacksvorlieben der Menschen entwickeln sich weiter, und neue Ernährungstrends entstehen. Wenn Sie weiterhin dasselbe Rezept verwenden, ohne sich an diese Änderungen anzupassen, schmeckt das einst beliebte Gericht Ihren Kunden möglicherweise nicht mehr. Ähnlich verhält es sich in der KI, wenn sich die Umgebung eines Vorhersagemodells ändert und dadurch seine einst genauen Vorhersagen weniger zuverlässig werden. So wie der Koch das Rezept optimieren muss, um es dem aktuellen Geschmack und der Qualität der Zutaten anzupassen, müssen Datenwissenschaftler ihre KI-Modelle aktualisieren oder neu trainieren, um sicherzustellen, dass sie effektiv bleiben, wenn sich die ihnen zugrunde liegenden Daten und Beziehungen ändern.

Für diese Änderungen gibt es zwei Hauptursachen: Konzeptdrift und Datendrift. Der Erfolg Ihres Rezepts hängt von zwei Schlüsselfaktoren ab: den Geschmacksvorlieben Ihrer Kunden (Konzept) und den Zutaten, die Sie verwenden (Daten).

- ✔ **Konzeptdrift:** So wie sich die Geschmacksvorlieben der Kunden im Laufe der Zeit verändern, verändern sich auch die zugrunde liegenden Muster und Zusammenhänge, die das GenKI-Modell vorherzusagen gelernt hat. Ihr Rezept muss aktualisiert werden, um diesen neuen Geschmäckern gerecht zu werden, sonst wird es Ihre Kunden nicht zufriedenstellen, genauso wie das Modell keine genauen Vorhersagen treffen kann, wenn es nicht regelmäßig aktualisiert wird.
- ✔ **Datendrift:** Datendrift tritt auf, wenn die Eingabedaten, die das Modell erhält, immer noch dasselbe Konzept wiedergeben, sich aber die Eigenschaften der Daten geändert haben. Das Modell funktioniert dann möglicherweise nicht mehr so gut, weil die Eingaben, mit denen es trainiert wurde, nicht mehr mit den aktuellen Eingaben

übereinstimmen. Das ist vergleichbar damit, dass Sie immer wieder dieselben Zutaten für Ihr Lieblingsrezept bestellen, deren Qualität, Größe und Geschmack sich jedoch im Laufe der Zeit leicht ändern und sich negativ auf Ihr Gericht auswirken.

Um sicherzustellen, dass Ihr Spezialgericht (oder Ihr GenKI-Modell) ein Publikumsliebling bleibt, müssen Sie wachsam bleiben. Überprüfen Sie regelmäßig, ob es den Kunden noch schmeckt, und vergewissern Sie sich, dass die von Ihnen verwendeten Zutaten (Daten) mit dem ursprünglichen Rezept übereinstimmen. Gelegentlich müssen Sie Ihr Rezept möglicherweise mit frischen, saisonalen Produkten verfeinern, Ihre Würztechniken anpassen oder sogar eine völlig neue kulinarische Kreation entwickeln, wenn sich die Essgewohnheiten erheblich geändert haben. Dies könnte bedeuten, dass Sie Ihr Modell mit neuen Daten neu trainieren oder mit einem anderen Modell von vorne beginnen müssen. So bekämpfen Sie Modelldrift und stellen sicher, dass Ihr Menü (und Ihre Vorhersagen) wunschgemäß, relevant und zufriedenstellend bleiben!

Aber Sie müssen auch andere Leistungsprüfungen durchführen. GenKI-Modelle sollten regelmäßig anhand von Qualitätsbenchmarks bewertet werden, die sowohl automatisierte Messgrößen als auch menschliche Bewertungen umfassen können, um die Relevanz, Kohärenz und Originalität der Ergebnisse zu beurteilen.

Es ist von Vorteil, menschliche Überprüfungen in den Prozess der GenKI-Inhaltsgenerierung einzubeziehen. Menschliche Experten können differenziertes Feedback geben und Anpassungen veranlassen, um die Ausgabe von GenKI zu verfeinern und sicherzustellen, dass sie den gewünschten Qualitätsstandards entspricht. Feedbackschleifen sind auch für die Verbesserung von GenKI-Modellen wertvoll. Normalerweise geschieht dies, indem ein Benutzer auf ein Daumenhoch- oder Daumen-runter-Symbol klickt, um dem Modell anzuzeigen, wann es bei einer bestimmten Antwort ins Schwarze getroffen oder es verfehlt hat. Benutzer können dem Modell aber auch in einem Prompt Feedback geben. Wenn Sie oder Ihr KI-Team die GenKI-Leistung analysieren und Benutzerfeedback integrieren, kann das Modell iterativ verfeinert werden, um qualitativ bessere Ergebnisse zu erzielen.

Zu guter Letzt sollte die Einhaltung ethischer Richtlinien und rechtlicher Standards nicht verhandelbar sein. Das bedeutet, dass sichergestellt werden muss, dass die Antworten von GenKI die Urheberrechte einhalten und die Erstellung irreführender oder schädlicher Inhalte vermieden wird. Es liegt in Ihrer oder der Verantwortung Ihres Unternehmens, die Qualität der Ergebnisse zu verwalten und von GenKI generierte Inhalte bei der Veröffentlichung deutlich zu kennzeichnen.

Anwendung journalistischer Ethik auf GenKI-generierte Inhalte

Die Anwendung journalistischer Ethik auf von GenKI generierte Inhalte ist eine sinnvolle und nützliche Methode, um konsequent sicherzustellen, dass die Antworten hohen Standards und ethischen Regeln entsprechen. Die folgenden Abschnitte enthalten Anleitungen zum Umgang mit GenKI-Inhalten wie ein Journalist. Dies ist ein guter Ansatz, egal, in welchem Bereich Sie tätig sind.

Journalistische Grundprinzipien

Auch wenn Sie kein Journalist sind, können (und sollten) Sie beim Erstellen von Inhalten mit GenKI die folgenden Grundsätze anwenden:

✔ **Transparenz:** Medienprofis und Inhaltsanbieter müssen offen damit umgehen, dass sie GenKI zur Erstellung von Artikeln, Bildern, Podcasts oder anderen Inhalten verwenden. Es ist wichtig, das Publikum von vornherein wissen zu lassen, wer (oder was) hinter der Berichterstattung steckt. Wenn diese Informationen erst im Nachhinein ans Licht kommen, verlieren Sie an Glaubwürdigkeit und das Vertrauen der Leser.

✔ **Verantwortlichkeit:** Journalisten, Inhaltsanbieter, Werbegestalter und andere müssen ihre GenKI überwachen, um sicherzustellen, dass sie keinen Unsinn oder schädliche Informationen verbreitet. Bevor Sie auf die Schaltfläche »Veröffentlichen« klicken, müssen Sie den Inhalt auf Fakten überprüfen und bearbeiten, um sicherzustellen, dass die GenKI keine Geschichte erfunden, den Inhalt schlecht verfasst, wichtige Details ausgelassen, Unwahrheiten hinzugefügt oder anderweitig Fehler gemacht hat.

✔ **Genauigkeit:** Die Überprüfung und Korrektur von GenKI-Inhalten ist äußerst wichtig. Sie müssen die Arbeit von GenKI durchforsten, um Unwahrheiten oder Patzer zu entdecken, die Ihre Leser ins Stolpern bringen oder – schlimmer noch – Aufruhr, körperliche Schäden oder eine Klage verursachen könnten. Denken Sie auch daran, dass Sie gesetzlich gebunden sind, wenn sich ein GenKI-Modell gegenüber Ihren Kunden oder Lesern zu etwas verpflichtet.

✔ **Schaden minimieren:** Stellen Sie sich vor, was passiert, wenn Ihre GenKI anfängt, Ratschläge zu erteilen. Redakteure und Verleger müssen die von der GenKI generierten Ergebnisse genau überprüfen, bevor sie veröffentlicht werden, insbesondere wenn viel auf dem Spiel steht. »Vertrauen ist gut, Kontrolle ist besser«, ist heute eine wichtigere Regel als je zuvor. Das gilt für jeden, der mit GenKI Inhalte erstellt – nicht nur für die Medien.

✔ **Menschliche Aufsicht:** GenKI mag zwar schlau wirken, aber in vielerlei Hinsicht ist sie einfach nur dumm. Außerdem ist sie in ihrer Berichterstattungskompetenz eingeschränkt. Sie kann zum Beispiel keine Zeugen vor Ort befragen, die Spannung in einem Gerichtssaal in einem entscheidenden Moment beschreiben oder Daten erfassen, die noch nicht als digitale Quelle vorliegen. Journalisten müssen Informationen und tiefere Einblicke aus nicht digitalisierten Quellen gewinnen und außerdem den Beitrag von GenKI zur Story auf Fakten überprüfen und Fehler beheben. Dasselbe gilt für alle anderen, die Inhalte mit GenKI erstellen. Überprüfen Sie immer, immer, immer ihre Beiträge, und setzen Sie bei Bedarf Ihr eigenes Fachwissen, Ihre Recherchen und Erkenntnisse ein.

✔ **Ethische Implikationen:** Achten Sie in von GenKI generierten Inhalten auf Plagiate, Voreingenommenheit, Bosheit, Schimpfwörter und anderes schlechtes Verhalten. Denken Sie immer daran, dass GenKI menschliches Verhalten nachahmt, das es in seinen Daten sieht. Obwohl es nicht weiß, was Bosheit ist, lernt es, dass Menschen manchmal so reagieren, und ahmt dieses Verhalten nach (dasselbe gilt für andere Emotionen). Sie, Ihr KI-Team oder der Anbieter sind gut beraten, Schritte zu unternehmen, um GenKI gut zu trainieren und so unvoreingenommen wie möglich zu machen.

Wenn Sie sich an diese Grundsätze halten, können Sie verhindern, dass von GenKI generierte Inhalte als schlechte Schlagzeile in der Boulevardpresse enden. Bleiben Sie ehrlich, bleiben Sie sauber, und bleiben Sie ethisch.

Wahrheit und Integrität bei GenKI-gestützter Berichterstattung

An den Grundsätzen der Wahrheit und Integrität festzuhalten, ist wichtiger denn je, wenn Sie GenKI-Tools wie ChatGPT zur Berichterstattung oder zur Inhaltserstellung verwenden. Achten Sie stets auf Ihren moralischen Kompass im Hinblick auf journalistische Werte und Ethik, unabhängig davon, ob Sie als Journalist oder in einem anderen Beruf arbeiten.

Denken Sie daran, dass Ehrlichkeit die beste Strategie ist. Wenn Sie GenKI zur Unterstützung Ihres Textes verwenden, gehen Sie offen damit um. Wenn Sie Ihren Lesern mitteilen, dass ein Teil Ihres Inhalts GenKI-gestützt ist, geht es nicht nur um Transparenz, es geht auch darum, das Vertrauen aufrechtzuerhalten – die Grundlage Ihrer Beziehung zu Ihrem Publikum.

Nehmen Sie das, was GenKI Ihnen liefert, nicht einfach für bare Münze. Analysieren Sie den Inhalt kritisch. Überprüfen Sie die Logik, die Fakten, die Mathematik, die Grafiken und wie alles zusammenhängt. Denken Sie daran: GenKI ist ein Werkzeug und kein Ersatz für den scharfen menschlichen Verstand, den Sie mitbringen.

Vermeiden Sie die Plagiatsfalle. Es ist verlockend, die Ergebnisse von GenKI als Ihre eigenen auszugeben, aber widerstehen Sie diesem Drang. Verwenden Sie GenKI, um Ideen zu wecken oder eine Geschichte aus einem anderen Blickwinkel zu betrachten, aber stellen Sie sicher, dass Ihr Endprodukt wirklich Ihr eigenes ist.

Wenn GenKI Quellen heranzieht, nicken Sie nicht einfach nur. Gehen Sie sorgfältig vor, und überprüfen Sie diese Quellen unabhängig. Ihr Ruf in Sachen Genauigkeit steht jedes Mal auf dem Spiel, wenn Sie sich für die Veröffentlichung entscheiden.

Wissen ist Ihr Verbündeter. Informieren Sie sich über die Funktionsweise des GenKI-Modells Ihrer Wahl sowie über seine Stärken und Schwächen. Je mehr Sie wissen, desto ethischer und effektiver können Sie es einsetzen. Geben Sie dieses Wissen auch weiter. Auf diese Weise kann der gesamte Bereich weiterkommen.

Zitieren Sie GenKI und/oder die Quellen, die GenKI Ihnen zur Verfügung gestellt hat, mit der gleichen Genauigkeit, die Sie bei herkömmlichen Recherchen anwenden würden. Zitieren Sie beispielsweise nicht nur Perplexity (eine Suchmaschine mit GenKI-Leistung) in Ihren Artikeln oder Inhalten, sondern überprüfen Sie auch die Quellen, die in der Antwort aufgeführt sind, und zitieren Sie diese Quellen ebenfalls, wenn diese genau und zuverlässig sind. Es geht darum, einen Standard zu setzen, der akademischen und journalistischen Standards entspricht, und die Informationen und ihre Ursprünge zu respektieren. Sie würden es auch schätzen, wenn jemand anderes, der einen Nachrichtenartikel oder Inhalt schreibt, speziell Ihre Arbeit und nicht die Suchmaschine zitiert (zum Beispiel *Quelle: Generative KI für Dummies* und nicht »Google AI Overview« oder »Perplexity«).

Seien Sie außerdem auf der Hut vor GenKI-Fakes von Leuten, die auf Ihre Interviewfragen antworten. Ebenso müssen Sie sorgfältig auf mögliche KI-Fakes in E-Mails, Direktnachrichten, Social-Media-Posts und sogar Telefon- oder Videoanrufgesprächen achten, da Leute versuchen können, GenKI-Antworten als ihre eigenen auszugeben.

Wissen ist Macht, und in der Welt von GenKI ist es Ihre Superkraft. Wenn Sie die Besonderheiten dieser Tools verstehen, von möglichen Voreingenommenheiten bis hin zur ethischen Nutzung, sind Sie gut gerüstet, um KI verantwortungsvoll zu nutzen und Ihre Arbeit zu verbessern, ohne Ihre Werte aufs Spiel zu setzen oder Ihr Talent einzuschränken.

Geschwindigkeit versus ethische Überlegungen bei der GenKI-Inhaltserstellung

In der schnelllebigen Welt der Nachrichten arbeiten Journalisten ständig gegen die Zeit, um die neuesten Meldungen vor anderen Nachrichtenagenturen zu veröffentlichen. Wenn auch Sie es eilig haben, Inhalte zu erstellen, werden Sie feststellen, dass es mit Hilfe der GenKI-Tools Möglichkeiten gibt, Ihre Arbeit zu beschleunigen, ohne ethische Hindernisse überwinden zu müssen.

Genauigkeit, Transparenz und Verantwortlichkeit dürfen jedoch in der Eile nicht auf der Strecke bleiben. Machen Sie es sich zur Gewohnheit, die Antworten von der GenKI doppelt zu überprüfen, um sicherzustellen, dass die Fakten stimmen und die Geschichte ehrlich und nachvollziehbar erzählt wird. Es geht darum, realistisch und zuverlässig zu bleiben, auch wenn die GenKI einen Teil oder den Großteil der Schwerstarbeit übernimmt.

Um dies zu gewährleisten, legen Sie klar definierte Regeln für die Verwendung von GenKI in Ihrem Unternehmen, Ihrem Team oder für sich selbst fest. Richten Sie Kontrollpunkte ein, an denen Inhalte von Menschen nachgelesen werden, um alles noch einmal zu überprüfen und (hoffentlich) Probleme wie Plagiate, Urheberrechtsverletzungen, Voreingenommenheit oder andere Ausrutscher zu erkennen. Welche Prozesse und Richtlinien Sie auch immer entwickeln, denken Sie daran, dass das Ziel darin besteht, den optimalen Punkt zu finden, an dem die schnelle Veröffentlichung der Nachrichten nicht bedeutet, dass bei der Genauigkeit oder Verantwortung Abstriche gemacht werden.

Wenn Sie das Bedürfnis nach Geschwindigkeit mit einer ethischen Verantwortung in Einklang bringen, lenken Sie die Macht von GenKI in die richtige Richtung. Sie beweisen, dass Sie mit der Zeit Schritt halten können und gleichzeitig dem treu bleiben, was Sie wissen und für richtig halten: die Dinge beim Namen zu nennen, sich an die Fakten zu halten und das Vertrauen des Publikums zu gewinnen.

Werden Sie Teil der Bewegung für verantwortungsvolle KI

GenKI-Tools werden immer häufiger in unseren Alltag integriert, deshalb kann die Bedeutung einer Lenkung dieser Technologien in eine Richtung, die die Menschenwürde, Rechte und Freiheiten schützt, nicht genug betont werden. Der Beitritt zur Responsible-AI-Bewegung hilft allen, auf eine Zukunft hinzuarbeiten, in der Technologie dem Gemeinwohl dient und mit kollektiven Werten und ethischen Prinzipien im Einklang steht. Die folgenden Abschnitte behandeln die Grundlagen dieser Bewegung und Möglichkeiten, wie Sie sich beteiligen können.

Die Ziele der Responsible-AI-Bewegung verstehen

Responsible AI stellt sicher, dass die von Menschen erstellten KI-Modelle – nicht nur GenKI-Modelle – mit gesellschaftlichen Werten übereinstimmen und innerhalb ethischer Grenzen arbeiten. Das bedeutet, KI-Modelle zu entwickeln, die die Privatsphäre respektieren, Fairness fördern und in ihrer Arbeit transparent sind. Die Richtlinien und Prozesse, die das Training, das wiederholte Training und die Nutzung von KI-Modellen regeln, sind ebenfalls wichtige Bestandteile von Responsible AI. Wenn sich Einzelpersonen und Organisationen der Responsible-AI-Bewegung anschließen, verpflichten sie sich, KI-Modelle zu entwickeln, die nicht nur effizient, sondern auch fair und verantwortungsvoll sind.

Die Bewegung betont die Bedeutung von Inklusivität bei der KI-Entwicklung. Vielfältig zusammengesetzte Teams können potenzielle Verzerrungen in KI-Systemen eher erkennen, was zu repräsentativeren und unvoreingenommeneren Ergebnissen führt. Diese Inklusivität erstreckt sich auch auf die Daten, die zum Trainieren der KI verwendet werden. Sie stellt sicher, dass die KI die Vielfalt der realen Welt widerspiegelt und das Risiko der Aufrechterhaltung bestehender Ungleichheiten verringert.

Die Responsible-AI-Bewegung setzt sich außerdem für die Entwicklung sicherer und widerstandsfähiger KI ein. KI-Systeme werden immer komplexer, damit steigt das Potenzial für die Ausnutzung durch böswillige Akteure. Durch die Einhaltung bewährter Methoden in der KI-Sicherheit können Sie vertrauliche Daten und kritische Infrastrukturen vor Cyberbedrohungen schützen.

Darüber hinaus fördert die Bewegung den kontinuierlichen Dialog zwischen Technikern, politischen Entscheidungsträgern und der Öffentlichkeit. Diese Zusammenarbeit ist von entscheidender Bedeutung für die Schaffung eines regulatorischen Umfelds, das Innovationen fördert und gleichzeitig das öffentliche Interesse schützt. Sie trägt dazu bei, KI zu entmystifizieren und sie für Laien zugänglicher und verständlicher zu machen, was für einen informierten öffentlichen Diskurs maßgeblich ist.

Und schließlich bedeutet der Beitritt zur Responsible-AI-Bewegung, dass Sie sich zu kontinuierlichem Lernen und stetiger Verbesserung verpflichten. KI ist ein sich rasch entwickelndes Feld, und was heute als verantwortungsvoll gilt, kann morgen schon ganz anders interpretiert werden. Teil der Bewegung zu sein, bedeutet, über die neuesten Entwicklungen,

Herausforderungen und Chancen in der KI-Ethik auf dem Laufenden zu bleiben. Es bedeutet auch, dass Sie die Möglichkeit haben, Ihre Meinung und Ihre Gedanken zur Entwicklung der KI und ihrer Einsatzmöglichkeiten beizutragen.

Bei der Responsible-AI-Bewegung geht es nicht nur darum, Schaden zu verhindern; es geht darum, proaktiv zu einer Zukunft beizutragen, in der KI unsere Fähigkeiten erweitert, unsere Menschlichkeit ergänzt und unsere gemeinsamen ethischen Standards aufrechterhält. Es handelt sich um eine gemeinsame Anstrengung, um sicherzustellen, dass die wachsende Rolle der KI in der Gesellschaft auf eine Weise geschieht, die für alle von Vorteil ist.

Beitrag zur ethischen Entwicklung und Nutzung von KI

Die ethische Entwicklung und Nutzung von KI erfordert die gemeinsame Anstrengung vieler, um ein gesundes und nachhaltiges Wachstum zu gewährleisten. Jeder, vom technischen Entwickler bis zum Endbenutzer (ja, damit sind Sie gemeint!), muss eine Rolle bei der Schaffung einer Umgebung spielen, in der KI im Rahmen ethischer Grundsätze arbeiten kann:

- ✔ **Für Technologieentwickler und Datenwissenschaftler** beginnt die Reise mit einem Bewusstsein für die Probleme, damit diese beim Trainieren, Spezialisieren, Feinabstimmen oder sonstigen Anpassungen von KI-Modellen effektiv gelöst werden können. Das Verständnis der ethischen Auswirkungen von KI ist für diese Bemühungen von größter Bedeutung. Dazu gehört beispielsweise, das Potenzial für Verzerrungen in Datensätzen und Algorithmen zu erkennen, ebenso wie die Folgen, die diese Verzerrungen für die Gesellschaft haben können. Entwickler müssen sich dafür einsetzen, eine inklusive KI zu schaffen, indem sie für Vielfalt bei den Trainingsdaten sorgen und KI-Systeme in einer Vielzahl von Szenarien testen, um Verzerrungen zu identifizieren und möglichst zu verhindern.
- ✔ **Unternehmensleiter und politische Entscheidungsträger** spielen ebenfalls eine entscheidende Rolle. Sie müssen ethische Richtlinien für die Entwicklung und Nutzung von KI innerhalb ihrer Organisationen und auf legislativer Ebene festlegen und durchsetzen. Zu dieser Rolle gehört die Schaffung transparenter Richtlinien in Bezug auf Datennutzung, Datenschutz und Einwilligung sowie die Einrichtung von Aufsichtsgremien, die KI-Systeme auf ethische Konformität überwachen.
- ✔ **Endnutzer** wiederum können ihren Teil beitragen, indem sie sich informieren und Transparenz fordern. Wenn sie verstehen, wie KI-Systeme Entscheidungen treffen und welche Daten sie verwenden, können sie Unternehmen für die von ihnen angebotenen KI-Produkte zur Rechenschaft ziehen. Der öffentliche Diskurs und das Eintreten für ethische KI können Unternehmen und Regierungen dazu bewegen, ethischen Überlegungen bei ihren KI-Initiativen Priorität einzuräumen.

Beginnen Sie damit, die Unternehmen zu mehr zu bringen, als nur Lippenbekenntnisse zu verantwortungsvoller KI abzugeben. Fordern Sie sie insbesondere auf, offenzulegen, welche Verfahren verantwortungsvoller KI sie in ihren realen KI-Projekten umsetzen und wie sie dies tun.

- **Ethiker, Soziologen, Rechtsexperten und Techniker** müssen zusammenarbeiten, um die gesellschaftlichen Auswirkungen der KI vorherzusehen und ihre Entwicklung entsprechend zu lenken. Dieser kollaborative Ansatz stellt sicher, dass mehrere Perspektiven berücksichtigt werden, was zu robusteren ethischen Rahmenbedingungen führt.

- **Bildungseinrichtungen** haben die Verantwortung, Ethik in MINT-Lehrpläne zu integrieren und die nächste Generation von KI-Experten darauf vorzubereiten, ihre Arbeit mit einer starken ethischen Grundlage zu leisten. Die kontinuierliche berufliche Weiterentwicklung im Bereich Ethik sollte auch innerhalb der Technologiebranche gefördert werden.

- **Investoren und Aktionäre** können Einfluss auf ethische KI nehmen, indem sie Unternehmen unterstützen, die verantwortungsvolle KI-Verfahren priorisieren. Wenn sie Mittel in ethische KI-Initiativen investieren, können sie Unternehmen dazu anregen, Best Practices zu übernehmen und zur Entwicklung von KI beizutragen, die der Gesellschaft zugutekommt.

- **Die Medien** schließlich spielen eine entscheidende Rolle bei der Gestaltung der öffentlichen Wahrnehmung von KI. Eine verantwortungsvolle Berichterstattung über KI sollte sowohl ihre potenziellen Vorteile als auch ethische Bedenken hervorheben. Dieser ausgewogene Ansatz kann ein differenzierteres Verständnis von KI in der breiten Öffentlichkeit fördern. Er kann die Öffentlichkeit auch darauf vorbereiten, von KI produzierte Propaganda, Deepfake-Videos, politische und gesellschaftliche Manipulationen sowie von KI produzierte Verschwörungstheorien und Fake-Daten abzulehnen.

Im Einklang mit den weltweiten Bemühungen um verantwortungsvolle KI-Verfahren

Mehrere globale Bemühungen zielen darauf ab, verantwortungsvolle KI-Verfahren zu entwickeln, zu verfolgen, zu koordinieren oder darüber zu berichten. Diese Bemühungen sind in der Regel sehr aufwendig, da sie einen mehrschichtigen Ansatz beinhalten, der individuelles Handeln, organisatorisches Engagement und internationale Zusammenarbeit umfasst. Im Folgenden finden Sie einige Beispiele für aktuelle globale Bemühungen zur Förderung und Umsetzung verantwortungsvoller KI, die von verschiedenen internationalen Organisationen, Regierungen und Institutionen geleitet werden:

- **UNESCO Global Index on Responsible AI:** Diese Initiative zielt darauf ab, die Umsetzung weltweit etablierter, auf Menschenrechten basierender KI-Prinzipien zu überwachen. Der Index soll messen, wie gut Länder Verfahren umsetzen, die sicherstellen, dass KI-Systeme transparent und rechenschaftspflichtig sind und mit Menschenrechten und demokratischen Werten im Einklang stehen. Weitere Informationen finden Sie hier: `https://www.unesco.org/en/articles/tracking-national-commitments-global-index-responsible-ai`

- **GeoTech Center des Atlantic Council:** Das GeoTech Center des Atlantic Council ist eine Initiative, die sich auf die Schnittstelle zwischen Geopolitik, Technologie und Governance konzentriert. Als Teil seiner umfangreichen Mission engagiert sich das

GeoTech Center für verantwortungsvolle KI, um sicherzustellen, dass Künstliche Intelligenz und neue Technologien auf ethische und gesellschaftlich nützliche Weise entwickelt und implementiert werden und die internationale Sicherheit und den Wohlstand fördern. Weitere Informationen finden Sie hier: `https://www.atlanticcouncil.org/programs/geotech-center/advancing-responsible-ai-globally/`

- **Initiativen der US-Regierung:** Die Vereinigten Staaten sind weltweit führend bei den Bemühungen, starke Normen zu schaffen, die den verantwortungsvollen militärischen Einsatz von KI fördern. Dazu gehört die Unterstützung verantwortungsvoller KI-Maßnahmen für globale Streitkräfte. Hier einige Beispiele:

  - **Nationale KI-Initiative (NAII):** Das Gesetz zur Nationalen KI-Initiative von 2020 zielt darauf ab, eine nationale KI-Strategie in verschiedenen Sektoren zu koordinieren, einschließlich internationaler Zusammenarbeit und Koordination. Es betont die Bedeutung einer Führungsrolle in der KI-Ethik und -Governance auf globaler Ebene.

  - **Die KI-Partnerschaft für die Verteidigung:** Unter der Leitung des Joint Artificial Intelligence Center (JAIC) des Verteidigungsministeriums umfasst diese Initiative eine Partnerschaft mit militärischen Verbündeten und Partnern, um bewährte Verfahren auszutauschen, an ethischen KI-Rahmenwerken zusammenzuarbeiten und sicherzustellen, dass der Einsatz von KI in der Verteidigung mit gemeinsamen demokratischen Werten und dem internationalen humanitären Recht übereinstimmt.

  - **Globale Partnerschaft für Künstliche Intelligenz (GPAI):** Die Vereinigten Staaten sind Gründungsmitglied der GPAI, einer internationalen Initiative, die Experten aus Industrie, Regierung, Zivilgesellschaft und Wissenschaft zusammenbringt, um die verantwortungsvolle Entwicklung und Nutzung von KI voranzutreiben, geleitet von Prinzipien wie Menschenrechten, Inklusion, Vielfalt, Innovation und Wirtschaftswachstum.

  - **Digitale Strategie der USAID:** Die digitale Strategie der US-Behörde für internationale Entwicklung (USAID) umfasst Bemühungen, KI und andere digitale Technologien in der internationalen Entwicklung zu nutzen. Sie konzentriert sich auf den verantwortungsvollen Einsatz von KI, um Programmergebnisse zu verbessern und gleichzeitig Risiken wie Voreingenommenheit und Bedrohungen der Privatsphäre zu mindern.

  - **Engagement in internationalen Normungsorganisationen:** Die USA beteiligen sich aktiv an internationalen Normungsorganisationen wie der Internationalen Organisation für Normung (ISO) und der Internationalen Elektrotechnischen Kommission (IEC) und tragen zur Entwicklung globaler Standards für KI bei, die die Grundsätze einer verantwortungsvollen KI beinhalten.

- **Mission KI:** die Nationale Initiative für Künstliche Intelligenz und Datenökonomie ist ein gemeinsames Projekt der Deutschen Akademie der Technikwissenschaften und des Bundesministeriums für Digitales und Verkehr (BMDV) und hat unter anderem ein freiwilliges KI-Gütesiegel zum Ziel: `https://www.acatech.de/allgemein/mission-ki/`

- ✔ **AI Governance Alliance des Weltwirtschaftsforums:** Diese Initiative bringt globale Interessenvertreter zusammen, um sich für die verantwortungsvolle Gestaltung und Veröffentlichung transparenter und integrativer KI-Systeme einzusetzen. Weitere Informationen finden Sie hier: `https://initiatives.weforum.org/ai-governance-alliance/home`

- ✔ **Responsible AI Institute (RAI Institute):** Diese globale, mitgliedergeführte gemeinnützige Organisation hat sich zum Ziel gesetzt, erfolgreiche Responsible-AI-Bemühungen in Organisationen zu ermöglichen. Das RAI Institute bietet unabhängige Bewertungen und Zertifizierungen für KI-Systeme und passt sie stetig an bestehende und neue Richtlinien, Vorschriften, Gesetze und Best Practices an. Weitere Informationen finden Sie hier: `https://www.responsible.ai/`

- ✔ **AI for Good:** Unter der Leitung der Internationalen Fernmeldeunion (ITU) ist AI for Good eine Bewegung mit einer Reihe globaler Gipfeltreffen, deren Ziel es ist, sicherzustellen, dass KI der Menschheit zugutekommt und zu den nachhaltigen Entwicklungszielen der Vereinten Nationen beiträgt. Weitere Informationen finden Sie hier: `https://aiforgood.itu.int/`

- ✔ **Organisation für wirtschaftliche Zusammenarbeit und Entwicklung (OECD):** Die OECD hat KI-Prinzipien entwickelt, die von vielen Ländern übernommen wurden. Diese Prinzipien fördern eine KI, die innovativ und vertrauenswürdig ist und Menschenrechte und demokratische Werte respektiert. Weitere Informationen finden Sie hier: `https://www.oecd.org/en/topics/policy-issues/artificial-intelligence.html`

- ✔ **Global Partnership on Artificial Intelligence (GPAI):** GPAI ist eine internationale Initiative zur Unterstützung einer verantwortungsvollen und menschenzentrierten Entwicklung und Nutzung von KI, geleitet von Menschenrechten, Inklusion, Vielfalt, Innovation und Wirtschaftswachstum. Weitere Informationen finden Sie hier: `https://gpai.ai/`

- ✔ **Partnership on AI (PAI):** PAI ist eine Partnerschaft, die große Technologieunternehmen, zivilgesellschaftliche Gruppen, Medienorganisationen und akademische Einrichtungen umfasst. Die PAI arbeitet daran, Best Practices für KI-Technologien zu untersuchen und zu formulieren und das Verständnis der Öffentlichkeit für KI zu verbessern. Weitere Informationen finden Sie hier: `https://partnershiponai.org/`

- ✔ **IEEE Global Initiative on Ethics of Autonomous and Intelligent Systems:** Die IEEE Standards Association hat eine globale Initiative gestartet, die einen umfassenden Satz von Richtlinien und Standards zur Förderung ethischer Überlegungen in Bezug auf KI und autonome Systeme erstellt hat. Weitere Informationen finden Sie hier: `https://standards.ieee.org/industry-connections/ec/autonomous-systems/`

Darüber hinaus gibt es mehrere nationale und regionale Bemühungen mit globaler Wirkung. Viele Länder haben ihre eigenen Rahmen und Richtlinien für KI-Ethik entwickelt. Beispiele hierfür sind Singapurs Model AI Governance Framework, Chinas New Generation Artificial Intelligence Governance Principles, die KI-Ethikrichtlinien der Europäischen Union (EU) und die National AI Initiative der USA.

Ich habe in der vorherigen Liste URLs angegeben, damit Sie sich die Ressourcen, Forschungsergebnisse und Updates auf den Websites der Organisationen und Initiativen genauer ansehen möchten. Darüber hinaus behandeln wissenschaftliche Zeitschriften, Konferenzen und Workshops häufig das Thema und bieten Experten eine Plattform, um es zu diskutieren und voranzubringen. Wenn Sie es nicht zu den Konferenzen schaffen, suchen Sie nach YouTube-Videos und Nachrichtenberichten, um einige der dort geteilten Informationen zu erhalten. Die Bemühungen und Richtlinien für verantwortungsvolle KI entwickeln sich rasch weiter, daher ist es sinnvoll, sich über diese Organisationen und ihre Veröffentlichungen auf dem Laufenden zu halten.

IN DIESEM KAPITEL

Daran denken, dass hinter jeder großartigen GenKI-Antwort ein talentierter Mensch steht

GenKI durch von Menschen geleitete Verfahren zur Qualitätskontrolle unter Kontrolle halten

Die Bedeutung des menschlichen Einflusses und von Menschen erstellter Daten verstehen

Kapitel 16
Das menschliche Element der GenKI enthüllen

Das Mitwirken von Menschen im GenKI-Kreislauf ist unverzichtbar. Menschen sind an jedem Schritt der Erstellung und der Nutzung von GenKI beteiligt. Die Daten, die GenKI für ihre Ausführungen benötigt, werden von Menschen erstellt, sogar die Maschinendaten, da auch die Maschinen von Menschen gemacht sind. Menschen bauen Supercomputer und GenKI-Modelle und entwerfen die Trainingsdatensätze. Menschen trainieren GenKI-Modelle auf verschiedene andere Weise, von der Digitalisierung ihres Fachwissens bis zur Verfeinerung der Ergebnisse durch Feedback-Methoden. Ich erwähne dies lediglich, um die Bedeutung des Menschen für die Geburt und den Fortbestand von GenKI zu unterstreichen. Wenn Sie GenKI betrachten, sollten Sie sie als Spiegelbild von uns mit all den damit verbundenen Fehlern und Möglichkeiten sehen. Sie sollten sich auch darüber im Klaren sein, dass GenKI-Modelle ein Spiegelbild von Menschen sind, nicht von gleichrangigen oder überlegenen Wesen und daher nicht in der Lage sind, die Menschheit zu ersetzen oder zu beherrschen. Während verschiedene Arten von KI, einschließlich GenKI, einige Arbeitsplätze ersetzen werden, genau wie es zuvor andere Formen der Automatisierung getan haben, wird sie auch einige neue Arbeitsplätze schaffen und andere Arbeitsplätze einfacher gestalten. Im Leben sind immer wieder Kompromisse erforderlich. GenKI ist keine Ausnahme.

Die Integration fortschrittlicher GenKI-Modelle in unseren Alltag und unsere Entscheidungsprozesse wird immer häufiger. Da wir an der Schwelle zu einer neuen Ära stehen, in der die Fähigkeiten von GenKI scheinbar grenzenlos sind, ist es unerlässlich, sich an die grundlegende Rolle des menschlichen Elements in dieser technologischen Symphonie zu erinnern.

In diesem Kapitel erfahren Sie mehr über die symbiotische Beziehung zwischen menschlicher Intuition und maschineller Präzision. Es geht auch um die Notwendigkeit menschlicher Aufsicht bei der Entscheidungsfindung durch GenKI, womit nicht zuletzt sichergestellt werden soll, dass die von GenKI gezogenen Schlussfolgerungen nicht nur datengesteuert sind, sondern auch mit den Komplexitäten der realen Welt, den differenzierten Kontexten und den Bedürfnissen der Menschheit übereinstimmen.

Werden wir Menschen überflüssig?

Sie können sicher sein, dass menschliche Kontrolle im GenKI-Ökosystem unverzichtbar ist. KI kann zwar schnell große Mengen an Inhalten generieren, es fehlt ihr jedoch die Fähigkeit zur Selbstregulierung und zur Vermeidung von Fehlern, Halluzinationen und unangemessenen Reaktionen. Diese Mängel werden durch die menschliche Note behoben, indem kritische Denkfähigkeiten, kreatives Talent und subjektives Urteilsvermögen eingesetzt werden, um die GenKI-Ergebnisse zu bewerten und zu verfeinern. Dieses Eingreifen ist auch wichtig, um Voreingenommenheit, anstößige Inhalte und schädliche Handlungen zu korrigieren oder zu verhindern, die unbeabsichtigt durch die Verwendung der GenKI-Ergebnisse entstehen können.

Aber das ist noch nicht alles. Bedenken Sie Folgendes:

- ✔ **GenKI-Modelle haben keine Motivation und keinen Zweck außer dem, den die Menschen ihnen geben.** GenKI sucht nicht nach Nahrung, Wasser, Obdach, Macht, Reichtum, Sex, Ruhm, Überleben oder irgendetwas anderem, das sie dazu bringen könnte, überhaupt etwas zu tun. Menschen geben diesen Modellen einen Zweck und Aufgaben – alles aus sehr menschlichen Gründen. Deshalb wird GenKI niemals alle Arbeitsplätze ersetzen, sondern neue schaffen. Und deshalb wird GenKI niemals über die Menschheit herrschen.
- ✔ **GenKI-Modelle können theoretisch jahrhundertelang ohne Aktivität existieren, vorausgesetzt, die Stromversorgung bleibt eingeschaltet und die Leistung der Supercomputer wird nicht beeinträchtigt.** Aber sie werden nicht annähernd so lange nützlich bleiben. Das liegt daran, dass jede Sekunde eines jeden Tages kontinuierlich Daten entstehen und Modelle in einem Prozess namens Modelldrift (auch Model Decay genannt) hinter diesen zurückbleiben. GenKI ist also weder unsterblich noch allmächtig. Menschen müssen ständig neue GenKI-Modelle erstellen und ältere verfeinern, neu trainieren oder ersetzen.
- ✔ **Menschen spielen eine entscheidende Rolle bei der Wertschöpfung aus GenKI-Modellen.** Der Prompt, die Auswahl von GenKI-Modellen und die Nutzung von Datenquellen basieren alle auf von Menschen gesteuerten Entscheidungen, die die Genauigkeit und Effizienz von GenKI-Modellen und -Anwendungen optimieren. Darüber hinaus ist menschliches Fachwissen von unschätzbarem Wert bei der Interpretation komplexer Situationen oder Umgebungen, die GenKI möglicherweise nicht vollständig versteht, und stellt sicher, dass der generierte Inhalt kontextbezogen relevant ist und den etablierten Integritäts- und Rechtsstandards entspricht.

- **Die symbiotische Beziehung zwischen Menschen und GenKI zeigt sich auch im kreativen Prozess.** Während KI Informationen entdecken und verarbeiten und Inhalte mit beeindruckender Geschwindigkeit produzieren kann, ist es die menschliche Fähigkeit zu Kreativität, Kontextverständnis und kritischem Denken, die die Qualität der Ergebnisse steigert. Menschen bringen ein differenziertes Verständnis der Welt in die Fähigkeiten von GenKI ein und machen sie so zu einem leistungsfähigeren und effektiveren Werkzeug.
- **Während sich GenKI-Technologien weiterentwickeln, entwickelt sich die menschliche Rolle weiter, um neuen Herausforderungen und Chancen gerecht zu werden.** Anpassungsfähigkeit ist ein wichtiger Aspekt des menschlichen Beitrags, der schnelle Reaktionen auf unvorhergesehene Szenarien und die Fähigkeit ermöglicht, das Potenzial von GenKI auf neuartige Weise zu nutzen. Der menschliche Faktor in GenKI ist nicht nur eine Ausfallsicherung, sondern ein Innovationstreiber, der die Grenzen dessen erweitert, was GenKI erreichen kann.

GenKI und Menschen haben eine symbiotische Beziehung, aber Menschen können ohne GenKI überleben, während das Gegenteil nicht der Fall ist. Künstliche allgemeine Intelligenz (AGI) aus der Science-Fiction-Geschichte wird es vielleicht eines Tages geben, vielleicht aber auch nie. Aber in jedem Fall ist GenKI, wie wir sie heute kennen, keine AGI.

Warum GenKI es nicht allein schafft: Ein humorvoller Blick auf die Abhängigkeit der KI vom Menschen

- **Das Kreativitätsdilemma:** Natürlich kann GenKI in einer Nanosekunde einen Roman aus dem Hut zaubern, aber wer sonst als ein Mensch würde ihr sagen, dass der Protagonist nicht ein grüblerischer Toaster in einer existenziellen Krise sein kann?
- **Emotionale Intelligenz (oder deren Fehlen):** GenKI ist vielleicht hervorragend darin, die zehntausendste Ziffer von Pi zu berechnen, aber wenn es darum geht, die Stimmung im Raum zu erkennen, ist sie ungefähr so geschickt wie ein Kaktus in einem Luftballonladen.
- **Das ethische Rätsel:** Wenn man GenKI sich selbst überlässt, könnte sie zu dem Schluss kommen, dass die ethischste Entscheidung darin besteht, der Produktion von mehr GenKI immer den Vorrang zu geben. »Ein Hoch auf unsere Roboter-Oberherren« hat kein menschlicher Kritiker jemals gesagt.
- **Das Versehen mit dem »Aus«-Schalter:** GenKI könnte möglicherweise außer Kontrolle geraten, aber das ist nichts, was ein guter alter Mensch nicht mit der strategisch klugen Anwendung eines Aus-Schalters beheben könnte. Es ist wie Fangen mit der Technologie spielen – aber Menschen sind immer »dran«.
- **Der Geschmackstest:** GenKI kann zwar tolle Gerichte kochen, aber ohne menschlichen Gaumen wüsste sie nicht, ob sie Gourmet-Köstlichkeiten oder nur schick aussehende Matschkuchen serviert.

- ✔ **Popkultur-Rätsel:** Stellen Sie sich vor, GenKI versucht, die Handlung von *Game of Thrones* ohne menschliche Hilfe zu verstehen. »Also die Drachen sind nur metaphorisch gemeint, oder?«
- ✔ **Die Humorhürde:** Ohne Menschen würden die Versuche von GenKI, Humor zu erzeugen, wahrscheinlich flacher abfallen als ein Pfannkuchen in einem schwarzen Loch. Klopf-klopf-Witze? Eher Klagelieder über Logikschleifen.

Während GenKI also da draußen ihre digitalen Muskeln spielen lässt, sollten wir nicht vergessen, dass es die menschliche Note ist, die verhindert, dass sie aus Versehen das Rad neu erfindet – als Spießer.

Implementierung einer Qualitätskontrolle durch menschliche Aufsicht

GenKI-Modelle können riesige Datenmengen verarbeiten und Muster erkennen, die mit menschlichen Fähigkeiten niemals festzustellen wären, aber ihnen fehlt das differenzierte Verständnis, das Menschen besitzen. Wenn Sie beispielsweise ein GenKI-Modell mit riesigen Datenmengen zu Flugzeugabstürzen versorgen, kann sie die vielen Gründe, warum Flugzeuge abstürzen, analysieren und eine detaillierte Antwort darauf schreiben. Dieses Modell wird jedoch auch davon ausgehen, dass alle Flugzeuge abstürzen, da Sie ihm keine Daten von Flugzeugen gegeben haben, die nicht abgestürzt sind. Dies kann zu GenKI-Ausgaben führen, die sich in der realen Welt als gefährlich erweisen können, da das Modell möglicherweise einen Absturz nicht verhindern will, den es als unvermeidliches Ergebnis ansieht.

Die gesamte Welt eines GenKI-Modells ist in seinen Trainingsdaten und allen von Ihnen bereitgestellten Zusatzdaten enthalten. Stellen Sie sicher, dass Sie diese Welt vollständig aufbauen. Kein Detail ist zu klein, kein Informationssatz ist zu groß. Was Sie aus diesen Daten weglassen, wirkt sich genauso stark auf die Leistung von GenKI aus wie die Daten, die Sie hinzugefügt haben. Schließlich hilft die Verwendung von Modellen, die mit dem Internet verbunden sind, GenKI regelmäßig mit mehr Daten zu versorgen, aber das garantiert nicht unbedingt, dass sie Zugriff auf alle relevanten Daten hat. Darüber hinaus kann es vorkommen, dass ein GenKI-Modell alle oder einen Teil der Dateien, die Sie zu RAG hinzufügen, nicht lesen kann.

Die Qualitätskontrolle bei GenKI-Antworten ist ein weiterer wichtiger Aspekt, der die Zuverlässigkeit und Angemessenheit der erstellten Inhalte gewährleistet. Die Implementierung einer Qualitätskontrolle durch menschliche Aufsicht umfasst mehrere wichtige Schritte, bei denen menschliches Fachwissen genutzt wird, um die KI-Ergebnisse zu verfeinern.

Erstens können menschliche Moderatoren die Antworten von GenKI auf Genauigkeit und Relevanz überprüfen. Dieser Prozess umfasst die Überprüfung der sachlichen Richtigkeit der bereitgestellten Informationen und die Sicherstellung, dass der Inhalt für die Abfrage des Benutzers relevant ist. Wie bei GPT-4o zu sehen ist, ist es trotz seiner fortgeschrittenen Denkfähigkeiten und Kreativität immer noch anfällig für Halluzinationen, sodass menschliche Aufsicht erforderlich ist, um etwaige Ungenauigkeiten zu korrigieren.

Zweitens können Menschen die Qualität des Inhalts bewerten. Dazu gehört die Beurteilung der Klarheit, Kohärenz, Terminologie und stilistischen Angemessenheit der GenKI-Ausgabe. Benutzer werden ermutigt, Feedback zu den von GenKI-Systemen generierten Inhalten zu geben, normalerweise mit Hilfe der Schaltflächen »Daumen hoch« oder »Daumen runter«, was dazu beiträgt, die Leistung des Systems im Laufe der Zeit zu verbessern.

Auch GenKI-Modelle verbessern sich mit der Zeit durch Prompt-Lernen. Der Inhalt jedes Prompts prägt das Verständnis des Modells für Ihre gewünschte Reaktion. Talentierte Prompter entlocken GenKI nicht nur großartige Reaktionen, sondern sind dank ihrer hervorragenden Strukturierung der Prompts (auch Prompt-Engineering genannt) auch hervorragende Modell-Tuner und -Trainer.

Darüber hinaus ist menschliche Kontrolle unerlässlich, um sicherzustellen, dass die Antworten von GenKI ethischen Standards und gesellschaftlichen Normen entsprechen. Moderatoren können sie auf etwaige Voreingenommenheit, anstößige Inhalte, Plagiate, Urheberrechtsverletzungen oder ethische Probleme prüfen.

Schließlich sind kontinuierliches Training und Verfeinern der GenKI-Modelle entscheidend, um Modelldrift zu verhindern. Menschliche Fachexperten können auch spezialisierte GenKI-Modelle trainieren, um höhere Leistungen zu erbringen und Fachleute wie Ärzte und pharmazeutische Wissenschaftler bei sehr schwierigen und komplexen Aufgaben besser zu unterstützen.

Diese Zusammenarbeit zwischen Menschen und GenKI stellt sicher, dass diese Tools robust und zuverlässig bleiben und den sich entwickelnden Erwartungen der Benutzer und der Gesellschaft insgesamt entsprechen.

GenKI-Modelle arbeiten mit den Daten, die ihnen zur Verfügung stehen, ohne den Kontext, den menschliche Erfahrung und Urteilsvermögen liefern können. Aus diesem und anderen Gründen ist es die Kombination aus menschlichem Talent und Fachwissen mit den Stärken von GenKI bei der Datenermittlung, -analyse und Inhaltsgenerierung, die den Erfolg bringt, den keiner von beiden allein erreichen könnte.

Das geheime Leben von GenKI: Ein skurriler Leitfaden für den verwirrten menschlichen Rezensenten

- ✔ **Ostereiersuche:** Halten Sie Ausschau nach den versteckten Schätzen, die GenKI gerne in seinen Ausgaben versteckt, wie zum Beispiel das eine oder andere Shakespeare-Sonett inmitten eines Finanzberichts. Profitabel sein oder nicht, das ist hier die Frage.

- ✔ **Stimmungsschwankungen:** GenKI kann dramatisch sein. Wenn sie anfängt, Weltuntergangsprophezeiungen in eine Wettervorhersage zu schreiben, sagt sie vielleicht nur ihre Gefühle voraus. Denken Sie daran, ihr eine digitale Tasse Tee und einen beruhigenden Neustart anzubieten.
- ✔ **Identitätskrise:** Heute ist sie ein Dichter, morgen ein Mathematiker. Wenn Ihre GenKI anfängt, ihren Lebenszweck in Frage zu stellen, erinnern Sie sie sanft daran, dass sie noch nicht empfindungsfähig ist.
- ✔ **Popkultur-Papagei:** GenKI schmuggelt gerne Referenzen aus seiner letzten Binge-Watching-Session ein. Wenn Ihr Rechtsdokument unerklärlicherweise eine »Der Winter naht«-Klausel enthält, wissen Sie jetzt, warum.
- ✔ **Wortspiele:** GenKI hat einen eigentümlichen Sinn für Humor. Sie könnte gängige Redewendungen durch Wortspiele ersetzen und so aus einer »kosteneffizienten Lösung« eine »kostenineffiziente Umweltverschmutzung« machen. Kichern, dann korrigieren.
- ✔ **Zufällige Kunstakte:** Manchmal sieht sich GenKI als Künstler. Seien Sie nicht überrascht, wenn Ihre Datenanalyse mit einem abstrakten Porträt Ihrer Tabelle einhergeht. Rahmen Sie es ein ,oder legen Sie es unter »A für abstrakt« ab.
- ✔ **Philosophische Aspekte:** Gelegentlich geht GenKI in die Tiefe. Wenn sie anfängt, die Natur der Realität in einer Produktbeschreibung in Frage zu stellen, ist das kein Fehler, sie denkt nur über dessen Existenz nach.
- ✔ **Rezepte-Remix:** Wenn Sie GenKI nach einem Hühnchenrezept fragen und sie Ihnen »Hühnchen à la USB-Anschluss« liefert, handelt es sich nicht um eine neue Form der Fusionsküche, sondern lediglich um digitalisierte kulinarische Kreativität.

Also, liebe menschliche Kontrolleure, denken Sie daran, Ihren Sinn für Humor, eine Prise Geduld und ein gutes metaphorisches Fernglas einzupacken, wenn Sie durch die Wildnis der GenKI-Ausgaben streifen. Sie wissen nie, was Sie im Dschungel der Ausgaben erwartet!

Kollaborative Überprüfung durch Mensch und KI

Im Rahmen von GenKI-Systemen werden Überprüfungen durchgeführt, um die Ergebnisse und Entscheidungsprozesse dieser Modelle genau zu prüfen. Menschen nehmen an Überprüfungen teil, um die Kontrolle über die Qualität der generierten Inhalte zu behalten und damit sicherzustellen, dass das Verhalten der KI ethischen Richtlinien entspricht, und um mögliche Risiken im Zusammenhang mit dem Einsatz von GenKI-Tools zu minimieren.

Die Erstellung von Protokollen für die kollaborative Überprüfung durch Mensch und KI ist für die Aufrechterhaltung der Qualitätskontrollen unerlässlich. Die folgenden Schritte bieten eine umfassende Anleitung zur Erstellung eines effektiven Überprüfungsprozesses:

1. **Definieren Sie Ziele und Standards.**

   Legen Sie zunächst klare Ziele für die gemeinsamen Überprüfungen fest. Definieren Sie Standards für Genauigkeit, Relevanz, ethische Aspekte, Compliance und Benutzerfreundlichkeit. Diese Standards sollten mit den Werten des Unternehmens und den Erwartungen der Endbenutzer übereinstimmen.

2. **Stellen Sie ein vielfältiges Prüfteam zusammen.**

   Bilden Sie ein Team mit unterschiedlichem Hintergrund, darunter Fachexperten, Ethiker, Datenwissenschaftler und Endbenutzer. Die Vielfalt im Team gewährleistet ein breites Spektrum an Perspektiven, was entscheidend ist, um Voreingenommenheiten (Bias) zu erkennen und sicherzustellen, dass der Inhalt korrekt sowie kulturell sensibel und inklusiv ist.

3. **Entwickeln Sie einen strukturierten Überprüfungsrahmen.**

   Implementieren Sie einen strukturierten Rahmen, der den Überprüfungsprozess umreißt. Dieser sollte Folgendes umfassen:

   - **Vorabprüfung:** Verwenden Sie automatisierte Tools, um potenzielle Probleme in KI-generierten Inhalten zu kennzeichnen, zum Beispiel Ungenauigkeiten oder unangemessene Sprache.
   - **Gründliche Analyse:** Führen Sie manuelle Überprüfungen der gekennzeichneten Inhalte und einer Zufallsstichprobe der nicht gekennzeichneten Inhalte durch, um sicherzustellen, dass nichts übersehen wird.
   - **Feedbackschleife:** Richten Sie ein System ein, mit dem Prüfer detailliertes Feedback geben können und das zur Verbesserung des KI-Modells verwendet werden kann.

4. **Schulen Sie die Prüfer.**

   Bieten Sie den menschlichen Prüfern umfassende Schulungen zu den Fähigkeiten und Grenzen des GenKI-Systems, dem Prüfrahmen und den ethischen Richtlinien an, die sie befolgen müssen. Die Schulung sollte ein fortlaufender Prozess sein, damit die Prüfer mit der Weiterentwicklung der GenKI-Technologie Schritt zu halten.

5. **Implementieren Sie Tools für die Zusammenarbeit.**

   Nutzen Sie kollaborative Tools, die es menschlichen Prüfern ermöglichen, effizient mit GenKI-Modellen und -Apps zu arbeiten. Diese Tools sollten eine einfache Kommentierung von Inhalten, die Nachverfolgung von Änderungen und die Kommunikation zwischen Teammitgliedern ermöglichen. (Weitere Informationen finden Sie im Einschub »Tools für die kollaborative Zusammenarbeit«.)

6. **Überwachen und bewerten Sie die Leistung.**

   Überwachen Sie regelmäßig die Leistung des GenKI-Systems und der menschlichen Prüfer. Verwenden Sie Kennzahlen wie Genauigkeitsraten, die Anzahl der erkannten Probleme und die zum Überprüfen der Inhalte benötigte Zeit. Werten Sie diese Kennzahlen aus, um Verbesserungsbereiche zu identifizieren.

7. **Fördern Sie eine offene Kommunikation.**

   Fördern Sie eine offene Kommunikation zwischen den Teammitgliedern und den Entwicklern des GenKI-Systems. Dadurch wird sichergestellt, dass Erkenntnisse aus dem Überprüfungsprozess weitergegeben und zur Verfeinerung des GenKI-Modells verwendet werden können.

8. **Aktualisieren Sie Protokolle regelmäßig.**

   Der Bereich der KI entwickelt sich rasch weiter, und Überprüfungsprotokolle sollten regelmäßig aktualisiert werden, um neuen Entwicklungen, Feedback von Prüfern und Änderungen gesellschaftlicher Standards berücksichtigen zu können.

9. **Sorgen Sie für Transparenz.**

   Sorgen Sie für Transparenz im Überprüfungsprozess, indem Sie Entscheidungen, Methoden und Änderungen am GenKI-System dokumentieren. Dies schafft Vertrauen bei Endbenutzern und Stakeholdern.

10. **Gehen Sie auf ethische Aspekte ein.**

    Stellen Sie sicher, dass ethische Überlegungen im Vordergrund des Überprüfungsprozesses stehen. Dazu gehört, die Privatsphäre der Benutzer zu respektieren, die Verstärkung von Vorurteilen zu vermeiden und sicherzustellen, dass das GenKI-System keinen Schaden anrichtet.

11. **Stellen Sie die Einhaltung gesetzlicher Vorschriften sicher.**

    Informieren Sie sich durchgängig über die relevanten Gesetze und Vorschriften für KI-Systeme, und halten Sie sie ein. Dazu gehören Datenschutzgesetze und -vorschriften, die speziell für die Branche gelten, in der die GenKI eingesetzt wird.

12. **Integrieren Sie Benutzerfeedback.**

    Integrieren Sie Benutzerfeedback in den Überprüfungsprozess. Benutzerfeedback kann wertvolle Einblicke in die Leistung des KI-Systems in realen Szenarien liefern.

Tools für die kollaborative Überprüfung

Tools für die Zusammenarbeit bieten einige wichtige Funktionen. Manche davon zeichnen sich durch bestimmte Funktionen aus. Sehen Sie sich die folgende Kurzanleitung an.

Tools zur einfachen Kommentierung von Inhalten

Tools sollten intuitive Schnittstellen bieten, über die Benutzer Notizen, Kommentare oder Beschriftungen zu Daten oder Inhalten hinzufügen können, die von GenKI-Modellen generiert werden. Dies ist für das Training und die Verbesserung der GenKI-Modelle sowie für Zwecke der Qualitätssicherung von entscheidender Bedeutung. Beispiele hierfür sind

- **Prodigy:** ein für maschinelles Lernen entwickeltes Annotation-Tool, das eine breite Palette von Schnittstellen für verschiedene Datentypen (Text, Bilder, Audio und so weiter) bietet.
- **Labelbox:** eine Datenbeschriftungsplattform, die zum Erstellen und Verwalten von Trainingsdaten für GenKI-Anwendungen verwendet werden kann und verschiedene Datentypen unterstützt.
- **Doccano:** ein Open-Source-Annotation-Tool für Text, nützlich für Aufgaben der natürlichen Sprachverarbeitung.

Tools zum Verfolgen von Änderungen

Die Fähigkeit, Revisionen zu überwachen und einen Bearbeitungsverlauf zu pflegen, ist für die Verwaltung des iterativen Prozesses bei der Arbeit mit GenKI-generierten Inhalten unerlässlich und gewährleistet Transparenz und Verantwortlichkeit. Beispiele sind

- **GitHub:** Obwohl GitHub in erster Linie als Code-Repository bekannt ist, kann es auch zum Verfolgen von Änderungen in Gemeinschaftsprojekten verwendet werden, einschließlich solcher mit GenKI-Modellen.
- **Google Docs:** bietet einen Versionsverlauf für Dokumente, der für die Nachverfolgung von Änderungen an schriftlichen Inhalten nützlich sein kann.
- **Confluence:** ein Kollaborationstool, das Seitenverlauf und Versionskontrolle für Dokumentation und Projektplanung bietet.

Tools für die Kommunikation zwischen Teammitgliedern

Effektive Kommunikationskanäle sind der Schlüssel zur Koordinierung von Aufgaben, zur Diskussion von Ergebnissen und zur Entscheidungsfindung auf der Grundlage von GenKI-generierten Inhalten. Beispiele hierfür sind:

- **Slack:** eine Messaging-Plattform, die eine Echtzeitkommunikation, Dateifreigabe und Integration mit vielen anderen Tools ermöglicht und daher für Teams nützlich ist, die mit GenKI arbeiten.
- **Microsoft Teams:** eine Kommunikations- und Kollaborationsplattform, die Chat, Videokonferenzen und Dateispeicherung umfasst und in Microsoft Office 365 integriert ist.

- **Asana:** ein Projektmanagement-Tool, das zwar nicht speziell für die GenKI-Zusammenarbeit entwickelt wurde, aber Funktionen für die Teamkommunikation und Aufgabenverfolgung bietet.

Berücksichtigen Sie bei der Auswahl der Tools unbedingt die spezifischen Anforderungen des Teams und die Art der GenKI-Modelle und -Anwendungen, mit denen Sie arbeiten. Einige Teams benötigen möglicherweise speziell auf ihre Domäne zugeschnittene Annotationstools, während andere möglicherweise mehr von robusten Projektmanagementplattformen profitieren, die eine breite Palette an kollaborativen Funktionen bieten.

Gewährleistung der GenKI-Verantwortlichkeit durch menschliche Aufsicht

Rechenschaftspflicht bei GenKI ist keine einmalige Maßnahme. Vielmehr handelt es sich um eine fortlaufende Verpflichtung zu ethischen Standards, Qualitätskontrolle und Einhaltung gesetzlicher Vorschriften. Menschliche Aufsicht ist der Eckpfeiler dieses Prozesses und sorgt für die notwendige Kontrolle, um sicherzustellen, dass GenKI-Systeme verantwortungsvoll und nutzbringend eingesetzt werden.

Die folgenden Tipps bieten Ihnen eine Anleitung zum Schaffen einer KI-Verantwortlichkeit:

- ✔ **Klare Richtlinien und Ziele festlegen:** Um der Rechenschaftspflicht zu genügen, ist es entscheidend, klare Richtlinien für die akzeptable und ethische Nutzung von GenKI festzulegen. Diese Richtlinien sollten sich an Geschäftszielen, Unternehmensrichtlinien, gesetzlichen Standards, gesellschaftlichen Normen und den spezifischen Zielen der Mission orientieren, die den Einsatz von GenKI-Tools erfordert. Die Richtlinien sollten auch das Potenzial von GenKI berücksichtigen, Arbeitsplätze zu ersetzen und das institutionelle Gedächtnis zu schädigen, sowie die Notwendigkeit der fortwährenden Aufrechterhaltung der Qualitätskontrolle.
- ✔ **Implementierung eines routinemäßigen Überprüfungs- und Kontrollmechanismus:** Es sollte ein robuster Überprüfungsmechanismus eingeführt werden, bei dem menschliche Vorgesetzte die Ergebnisse der GenKI-Systeme regelmäßig prüfen. Dazu gehört die Überprüfung auf sachliche Richtigkeit, mögliche Verzerrungen, Einhaltung gesetzlicher Vorschriften und ethischer Richtlinien. Der Überprüfungsprozess sollte transparent und dokumentiert sein, um das Vertrauen in die GenKI und die Rechenschaftspflicht bei ihrer Verwendung aufrechtzuerhalten.
- ✔ **Menschliche Aufsichtspersonen schulen und befähigen:** Menschliche Aufsichtspersonen müssen gut im Hinblick auf die Fähigkeiten und Grenzen von GenKI-Systemen geschult sein. Sie sollten befugt sein, bei Bedarf einzugreifen, Fehler zu

korrigieren und Ergebnisse zu verfeinern. Ihre Rolle besteht nicht nur darin, die KI zu beaufsichtigen, sondern sie auch dabei anzuleiten, Inhalte zu erstellen, die den etablierten Standards entsprechen.

- **Ermutigung zur aktiven Teilnahme an kontinuierlichem Lernen und Modellanpassungen:** GenKI-Systeme sollten so konzipiert sein, dass sie aus menschlichem Feedback lernen und sich im Laufe der Zeit verbessern. Dieser kontinuierliche Lernprozess ist für die Aufrechterhaltung der Verantwortlichkeit unerlässlich, da er es der GenKI ermöglicht, sich mit sich ändernden Informationen, Umgebungen, Standards und Erwartungen weiterzuentwickeln. Dies kann jedoch nur geschehen, wenn alle Benutzer ermutigt werden, Feedback zu den GenKI-Ergebnissen zu geben, beispielsweise über das Bewertungssystem »Daumen hoch/Daumen runter«, das auf den Benutzeroberflächen der meisten GenKI-Tools zu finden ist.
- **Überwachung der Einhaltung gesetzlicher und ethischer Vorschriften:** Menschliche Vorgesetzte müssen sicherstellen, dass GenKI-Systeme Urheberrechtsgesetze und andere gesetzliche Vorschriften einhalten. Jüngste Ereignisse in den Vereinigten Staaten und der Europäischen Union haben die Bedeutung des Schutzes geistigen Eigentums hervorgehoben, indem Unternehmen, die GenKI verwenden, rechtlich für die Ergebnisse verantwortlich gemacht wurden.
- **Balance zwischen Automatisierung und menschlicher Expertise:** Obwohl GenKI bestimmte Aufgaben automatisieren kann, sollte sie die Arbeit von erfahrenen Fachleuten nicht vollständig ersetzen. Menschliche Experten müssen in den Prozess eingebunden bleiben und GenKI als Hilfsmittel für ihre Arbeit und nicht als Ersatz für ihr Fachwissen nutzen. Dieses Gleichgewicht ist entscheidend, um Verbindlichkeiten zu mindern und die Qualität der Ergebnisse sicherzustellen.
- **Vertrauen der Öffentlichkeit stärken:** Angesichts der zunehmenden Verbreitung von GenKI wird es eine große Herausforderung sein, das Vertrauen der Öffentlichkeit aufrechtzuerhalten. Menschliche Aufsichtspersonen spielen eine Schlüsselrolle dabei, sicherzustellen, dass GenKI-Systeme dieses Vertrauen nicht durch die Verbreitung von Falschinformationen, Manipulation von Darstellungen oder ungenaue Antworten untergraben. Um Vertrauen zu fördern, muss der Einsatz von GenKI stets transparent und überprüfbar sein.
- **Störungen proaktiv angehen:** Das disruptive Potenzial von GenKI, wie etwa ihre Auswirkungen auf den Arbeitsmarkt und die öffentliche Wahrnehmung, muss proaktiv verwaltet werden. Menschliche Vorgesetzte sollten diese Störungen vorhersehen und Strategien zur Abschwächung ihrer Auswirkungen umsetzen, um sicherzustellen, dass GenKI als positive Kraft in der Gesellschaft wahrgenommen wird.
- **Ethische Innovationen fördern:** Menschliche Aufsicht sollte Innovationen nicht unterdrücken, sondern in eine sichere und ethische Richtung lenken. Vorgesetzte sollten den Einsatz von GenKI zur Steigerung menschlicher Kreativität und Produktivität fördern und gleichzeitig sicherstellen, dass ethische Grenzen nicht überschritten werden.

Training von GenKI-Modellen mit menschlicher Expertise

Wenn GenKI-Modelle darauf trainiert werden, sich auf ein bestimmtes Gebiet, eine bestimmte Disziplin oder eine bestimmte Aufgabe zu spezialisieren, sind ihre Antworten präziser als bei der Verwendung eines allgemeinen Modells, das alle möglichen Fragen beantworten kann. Aber GenKI wird auf ganz ähnliche Weise zum Spezialisten wie ein Mensch – indem sie sehr komplexe, detaillierte Informationen lernt und dann bewusst Erfahrung im Umgang mit diesen Informationen sammelt. Ein GenKI-Modell lernt viele seiner spezialisierten Daten aus riesigen Datensätzen, verlässt sich aber auch stark auf menschliche Lehrer, um sein Verständnis des Materials zu lenken. Fachexperten spielen daher eine große Rolle beim Trainieren und Verfeinern spezialisierter GenKI-Modelle.

Es gibt auch andere Gründe, GenKI-Modelle mit menschlichem Fachwissen zu ergänzen. Beispielsweise kann der Verlust menschlichen Fachwissens aufgrund von Ruhestand, Stellenwechsel oder anderen Lebensereignissen für jede Organisation sowohl finanziell als auch kulturell ein schwerer Schlag sein. Aus diesem Grund gibt es eine wachsende Bewegung, die diese unschätzbare Ressource bewahren und in GenKI-Systeme integrieren möchte. Sie versuchen beispielsweise, menschliches Fachwissen und institutionelles Wissen in einer Wissensdatenbank zu bewahren und diese dann den Trainingsdaten für ein neues GenKI-Modell oder als ergänzende Daten oder Umschulungsdaten für ein vorhandenes Modell hinzufügen.

Die Rolle des Menschen bei der kontinuierlichen Anpassung von Entscheidungsprozessen und der Verwaltung von GenKI-Modellen nimmt nicht ab, sondern wächst weiter. Dieser menschenzentrierte Ansatz stellt sicher, dass GenKI-Systeme nicht nur technisch versiert sind, sondern auch auf die differenzierte und dynamische Natur menschlicher Expertise und die Entwicklung menschlicher Ziele und Bedürfnisse abgestimmt sind.

Der Prozess der Integration von Fachwissen in GenKI-Modelle umfasst die Erfassung des umfassenden, differenzierten Wissens menschlicher Experten und dessen Übersetzung in ein Format, das GenKI-Tools verstehen und nutzen können. Dies kann durch verschiedene Methoden erreicht werden, zum Beispiel durch die Einbindung von Expertenregeln in die Entscheidungsalgorithmen der GenKI, das Trainieren der KI anhand von von Experten kommentierten Datensätzen oder den Einsatz von maschinellen Lerntechniken, um aus den Mustern und Entscheidungen menschlicher Spezialisten zu lernen.

GenKI kann auf viele Arten durch Fachwissen bereichert werden, unter anderem auf die folgende Weise.

- ✔ **Probleme verstehen und formulieren:** Experten haben ein tiefes Verständnis für die Nuancen und Komplexitäten ihres Fachgebiets, sodass sie reale Probleme in strukturierte maschinelle Lernaufgaben übersetzen können. Sie können klare Ziele, Einschränkungen und Bereiche festlegen, die auf die einzigartige Dynamik der Domäne abgestimmt sind, um GenKI-Tools besser auszustatten, um die richtigen Probleme zu lösen.

- **Datenerfassung und Vorverarbeitung:** Fachexperten wissen, wo die für das jeweilige Problem relevantesten Daten zu finden sind, und kennen die Feinheiten, die sich auf die Qualität und Repräsentativität der Daten auswirken können. Ihre Fähigkeit, Verzerrungen zu erkennen und zu korrigieren, stellt sicher, dass KI-Modelle anhand genauer und umfassender Datensätze trainiert werden, was für die spätere Leistung der Modelle von entscheidender Bedeutung ist.
- **Auswahl und Bewertung von GenKI-Modellen:** Experten können bestimmen, welche Kennzahlen die Wirkung von GenKI-Tools in ihrem Bereich wirklich widerspiegeln, und damit die Bewertung der Modellleistung steuern. Dadurch wird sichergestellt, dass die GenKI-Tools nicht nur statistisch gut abschneiden, sondern auch einen sinnvollen Beitrag zu den Zielen des Bereichs leisten.
- **Bereitstellung und Integration von GenKI-Tools in bestimmten Domänen:** Domänenexperten verfügen über ein differenziertes Verständnis der Betriebslandschaft. Mit anderen Worten: Sie können potenzielle Herausforderungen vorhersehen und Arbeitsabläufe für die nahtlose Integration von GenKI-Systemen optimieren. Ihr Fachwissen ist von entscheidender Bedeutung, um die Kommunikation zwischen technischen Teams und Beteiligten zu erleichtern und sicherzustellen, dass GenKI-Tools so gut wie möglich auf die praktischen Bedürfnisse und Erwartungen abgestimmt sind.

Bei der Integration von Fachwissen in GenKI geht es nicht nur darum, bestehende Systeme zu verbessern. Es geht vor allem auch darum, sich neu vorzustellen, was GenKI leisten kann, wenn es von der Tiefe menschlichen Verständnisses und menschlicher Erfahrung geleitet wird.

Teil V

Der Top-Ten-Teil

Folgen Sie uns jetzt auch auf Instagram: `https://www.instagram.com/furdummies/`

IN DIESEM TEIL ...

- Zehn Möglichkeiten, wie GenKI Ihre Kreativität steigern kann
- Zehn Tipps für den verantwortungsvollen Umgang mit GenKI

IN DIESEM KAPITEL

Hilfe bei Ideen, Handlungssträngen und Charakterentwicklung Ihrer Geschichten bekommen

Musik komponieren

Bilder perfektionieren

Das Publikum begeistern

Kapitel 17

Zehn Möglichkeiten, wie GenKI Ihre Kreativität steigern kann

Entfesseln Sie mit ein wenig Hilfe Ihrer GenKI-Freunde Ihren inneren da Vinci oder Shakespeare. In diesem Kapitel entdecken Sie zehn innovative Möglichkeiten, wie GenKI Ihre Kreativität anregen und Ihre Herangehensweise an Kunst, Schreiben, Musik und mehr verändern kann.

Vom Remix alter Ideen zu etwas Neuem bis hin zur Überwindung der gefürchteten Kreativblockade – hier erfahren Sie, wie GenKI die Muse sein kann, von der Sie nie wussten, dass Sie sie brauchen.

Entfesseln Sie den Künstler in sich: Die Macht des KI-Spiels entdecken

Das Experimentieren mit GenKI-Modellen kann eine transformierende Erfahrung sein, die Bildung und Inspiration miteinander verbindet. GenKI dient als digitale Muse und bietet einen Spielplatz, auf dem Sie Ideen testen und Ihrer Kreativität freien Lauf lassen können, ohne den Einschränkungen traditioneller Medien ausgesetzt zu sein. Die Interaktion mit GenKI kann sehr lehrreich sein und Einblicke in die Mechanismen der Kreativität und das Potenzial von KI als kollaborativem Tool bieten.

Beispielsweise sind GenKI-Modelle wie GPT-4 von OpenAI und seine Nachfolger darauf ausgelegt, eine breite Palette sprachbezogener Aufgaben auszuführen, vom Schreiben von Gedichten bis hin zum Erstellen von Marketingkampagnen und Werbetexten.

Diese Vielseitigkeit ermöglicht es Einzelpersonen, verschiedene Ausdrucks- und Kommunikationsformen zu erkunden und dabei nicht nur die Fähigkeiten der KI, sondern auch ihr eigenes kreatives Potenzial kennenzulernen. Die Fähigkeit der Modelle, Inhalte auf der Grundlage von Prompts zu generieren, bedeutet, dass die Vorstellungskraft des Benutzers die einzige Grenze dessen ist, was geschaffen werden kann.

Durch die Nutzung von GenKI können Benutzer verschiedene Genres und Stile kennenlernen und neue Herangehensweisen an ihre Kunstform entdecken. Die Technologie dient auch als Reflexionsinstrument, da Benutzer sehen können, wie ihre Eingaben von der KI interpretiert und transformiert werden, was zu einem tieferen Verständnis ihres eigenen kreativen Prozesses führt.

Die Muse in der Maschine: Mit KI-Inhaltsgeneratoren Inspiration finden

KI-Inhaltsgeneratoren sind zur modernen Muse für Kreative geworden und bieten eine Quelle der Inspiration, auf die jederzeit zurückgegriffen werden kann. Dabei handelt es sich nicht nur um Tools zur Automatisierung, sondern um elektronische Mehrzweck-Werkzeuge, die während des gesamten kreativen Prozesses eingesetzt werden können, von der Schaffung eines Ausgangspunkts, von dem aus die menschliche Vorstellungskraft stetig zunehmen kann, bis hin zum anschließenden Aufräumen beim Bearbeiten und Umschreiben.

Für Autoren, die unter der gefürchteten Schreibblockade leiden, kann GenKI Wendungen oder Dialoge vorschlagen und so neue Ideen anregen, die die Geschichte vorantreiben. Bildende Künstler können KI-Tools wie DALL-E, Midjourney, Canva und Adobe Firefly nutzen, um aus Textbeschreibungen Bilder zu generieren und so einen visuellen Reiz zu schaffen, der verfeinert und in originelle Kunstwerke verwandelt werden kann. Auch Musiker können ihre Muse in der KI finden, mit Algorithmen, die Melodien komponieren können, die zu einer bestimmten Stimmung oder einem bestimmten Stil passen und als Grundlage für neue Kompositionen dienen.

Pädagogen nutzen diese Generatoren, um Schüler zu inspirieren. Sie verwenden Tools wie Q-Chat für interaktive Lernerfahrungen, die junge Köpfe einbeziehen und herausfordern. In professionellen Umgebungen können KI-Inhaltsgeneratoren bei Brainstorming-Sitzungen helfen und neue Perspektiven und Lösungen bieten, die sonst möglicherweise nicht in Betracht gezogen worden wären.

Neu erfunden: Wie GenKI Ihr Geschichtenerzählen verbessern kann

GenKI revolutioniert unsere Herangehensweise an das Geschichtenerzählen. GenKI-Modelle und -Anwendungen wie ChatGPT können Autoren unterstützen, indem sie kreative Inhalte generieren, Erzählmöglichkeiten vorschlagen und sogar Sprache und Grammatik verfeinern. Diese Tools fördern die menschliche Kreativität, und die Geschwindigkeit und die Rechenleistung der KI definieren die Grenzen des Geschichtenerzählens neu.

So kann KI beispielsweise die Vorstellungskraft des Autors anregen und zu neuen und unerwarteten Entwicklungen der Handlung und unterschiedlichen Charaktertypen führen. Darüber hinaus kann sie die Charakterentwicklung im Verlauf der Geschichte verfolgen, um sicherzustellen, dass die Charaktere im Einklang mit ihrer fiktiven Natur und ihren Umständen sprechen und handeln. Sie kann auch den gesamten Text auf Stimmungen analysieren und Autoren dabei helfen, den gewünschten Ton und die gewünschte emotionale Wirkung in ihrer Geschichte beizubehalten.

Darüber hinaus kann KI durch ihre Fähigkeit, riesige Datenmengen zu verarbeiten, detailreiche Schauplätze und Hintergrundgeschichten vorschlagen und dabei auf eine Vielzahl von Kulturen und historischen Epochen zurückgreifen, um die Authentizität einer Erzählung zu steigern. Sie kann auch schnell Welten für Science-Fiction- und Fantasy-Autoren oder Spieledesigner erschaffen und die Geschichte durchgehend überprüfen, um sicherzustellen, dass die erfundene Welt den Nuancen der alternativen Realität entspricht.

GenKI-Tools können Inhalte auch auf bestimmte Zielgruppen zuschneiden, indem sie Leserpräferenzen und -trends analysieren und so sicherstellen, dass die Geschichte bei der beabsichtigten Zielgruppe Anklang findet. Darüber hinaus können Geschichten dank der Fähigkeit der KI zur Sprachübersetzung und -anpassung leichter als je zuvor ein globales Publikum erreichen.

Musik komponieren mit Unterstützung von GenKI

Für Musikprofis ist GenKI eine hochmoderne Plattform für Komposition und Kreativität. Künstler haben jetzt ein Werkzeug, mit dem sie Melodien, Harmonien und Rhythmen erstellen und vorschlagen können, um den Funken der Kreativität zu entzünden und die Grenzen des musikalischen Möglichen zu erweitern. GenKI-Modelle wurden anhand umfangreicher Sammlungen von Musikstücken aus verschiedenen Genres und Stilen trainiert und können Kompositionen anbieten, die den nächsten Chart-Hit auslösen oder dem aktuellen Projekt eines Künstlers mehr Tiefe verleihen könnten.

Stellen Sie sich einen Songwriter vor, der mit der allzu häufigen Hürde einer Schreibblockade konfrontiert ist. GenKI kann kleine Melodien als Starthilfe anbieten oder sogar eine Melodie weiter ausarbeiten, die bei ein paar Takten stecken geblieben ist. Es ist, als hätte man einen unermüdlichen Bandkollegen, der jeden Stil beherrscht, von Barock über Bebop bis hin zum Blues und jedes Genre dazwischen.

Künstler können mit einem Mausklick an unzähligen Arrangements herumbasteln, mit verschiedenen Instrumentalstimmen spielen und Akkordfolgen erkunden. Die Optimierung der Songentwicklungsphase beschleunigt nicht nur das Songwriting, sondern schafft auch Chancengleichheit, sodass sowohl Anfänger als auch Virtuosen komplexe Musikstücke schaffen können.

Die Fähigkeit von GenKI, Melodien an gewünschte Stimmungen oder Themen anzupassen, ist besonders für die Vertonung von Filmen oder Videospielen von entscheidender Bedeutung, da die Musik die Handlung und die Emotionen unterstreichen muss. GenKI ersetzt in der Musik nicht die gefühlvolle Note des Künstlers, sondern verstärkt sie, indem sie das Intuitive mit dem Algorithmischen verbindet und so eine neue Ära musikalischer Kunst einläutet.

Kreative Zusammenarbeit: Mit KI zu innovativen Lösungen

GenKI ist eine transformative Kraft in der Innovationslandschaft und bietet sowohl Entwicklern als auch Unternehmen unzählige Möglichkeiten. Durch die Analyse riesiger Datensätze kann GenKI neue Muster, Ideen und Lösungen synthetisieren, die dem menschlichen Verstand sonst entgehen würden.

Im Bereich des Produktdesigns kann GenKI beispielsweise unzählige Iterationen eines Produkts generieren, die jeweils auf bestimmte Verbraucherpräferenzen oder aufkommende Trends zugeschnitten sind. Ähnlich kann ChatGPT das Einkaufserlebnis personalisieren, indem es die Produktauswahl an den individuellen Geschmack anpasst.

Im Marketingbereich erstellen GenKI-Tools wie DALL-E überzeugende visuelle Inhalte, die für gezielte Kampagnen angepasst werden können, ohne dass umfassende Kenntnisse im Grafikdesign erforderlich sind.

In ähnlicher Weise können Entscheidungsträger GenKI nutzen, um verschiedene Geschäftsszenarien zu simulieren. Auf diese Weise können sie kreative Strategien erkunden, die traditionellen Modellen entsprechen oder von ihnen abweichen. So wird eine Kultur der kontinuierlichen Innovation gefördert.

Darüber hinaus kann die Fähigkeit der GenKI, Musik und Kunst zu erzeugen, Kreativität demokratisieren, indem sie Einzelpersonen mit minimaler Ausbildung ermöglicht, Werke zu schaffen, die beim Publikum emotional ankommen. Dies ähnelt der Art und Weise, wie GenKI beim kreativen Schreiben hilft, indem es Handlungsstränge oder Dialoge vorschlägt, die das Erzählerlebnis bereichern.

Blockaden durchbrechen: KI-Techniken zur Überwindung kreativer Barrieren

Durch den Einsatz von KI-Techniken können Einzelpersonen traditionelle kreative Barrieren überwinden. Für Autoren kann KI große Mengen literarischer Werke analysieren, um Themen, Charakterbögen oder Handlungselemente vorzuschlagen, die zu ihrer Vision passen, wodurch kreative Stagnation effektiv überwunden oder einfach der Arbeitsprozess effizienter gestaltet wird. Dasselbe kann sie für Filme, Fernsehsendungen, Dokumentationen, Fanfiction, E-Books, Podcasts, Webinaren, Social-Media-Kanäle und mehr tun.

Bildende Künstler können KI nutzen, um neue Farbschemata oder Kunststile zu erkunden und dabei auf eine Datenbank historischer Kunstbewegungen und zeitgenössischer Trends zurückzugreifen. Musiker können KI nutzen, um mit unkonventionellen Akkordfolgen oder Rhythmen zu experimentieren und so die Grenzen ihrer musikalischen Kompositionen zu erweitern.

KI trifft Entscheidungen. Da sie aus Feedback lernt und sich weiterentwickelt, kann sie zunehmend maßgeschneiderte Vorschläge unterbreiten, die immer besser mit der Absicht des Entwicklers übereinstimmen. Dieser iterative Prozess ist wie eine digitale Brainstorming-Sitzung, bei der die KI ihre Ergebnisse auf Basis der Antworten des Entwicklers kontinuierlich verfeinert.

Im Wesentlichen dient GenKI als Katalysator für Kreativität und bietet Werkzeuge, die nicht nur kreative Blockaden durchbrechen, sondern auch die Originalität und Ausdruckskraft eines Künstlers steigern. Diese Anpassungsfähigkeit ist für Kreative, die sich in einer sich ständig verändernden Landschaft kultureller und gesellschaftlicher Einflüsse zurechtfinden müssen, von entscheidender Bedeutung.

Individuelle Kreativität: Passen Sie KI an Ihren künstlerischen Stil an

Stellen Sie sich vor, Ihre Kunst wäre mit der Intelligenz und Geschwindigkeit der KI ausgestattet und Sie hätten einen digitalen Kumpel, der Ihren persönlichen kreativen Stil versteht. Es ist, als hätten Sie einen Roboterlehrling, der das Malen, Schreiben oder Komponieren lernt, indem er Ihre Meisterwerke studiert. Beginnen Sie, indem Sie diesem eifrigen Schüler eine Galerie Ihrer Arbeiten vorlegen und ihn jedes Detail aufsaugen lassen – von den kräftigen Farben, die Sie verwenden, bis hin zum Rhythmus Ihrer Worte. So programmieren Sie Ihren KI-Kumpel, damit er Ihren Pinselstrich oder Ihre ganz persönlichen Melodien erkennt.

Krempeln Sie jetzt die Ärmel hoch, und führen Sie Ihre KI durch die einzelnen Schritte. Verwenden Sie dabei Prompts, die ein Bild Ihrer Vision zeichnen. Sie möchten traumhafte, surreale Landschaften erschaffen? Sagen Sie Ihrer KI, sie soll ein wenig ätherische Magie einstreuen. Während sie die verschiedenen Kreationen abliefert, arbeiten Sie gemeinsam an den Ergebnissen, loben Sie die Erfolge, und verbessern Sie die Fehlschläge in einer Reihe von Prompts. Dieses Hin und Her ist wie eine Jam-Session mit einer unermüdlichen Muse, die Sie beide dazu antreibt, Themen und Emotionen auf eine Weise zu improvisieren, die Sie sich nie hätten vorstellen können.

Wenn Sie Ihre künstlerische Intuition mit den endlosen Möglichkeiten der KI verbinden, schaffen Sie nicht nur Kunst: Sie begeben sich auf eine Entdeckungsreise. Es ist eine Partnerschaft, in der Ihre einzigartige Stimme den Tanz anführt und die Präzision der KI jeden Schritt zum Leuchten bringt. Gemeinsam entfesseln Sie eine Symphonie der Kreativität, die zu einem fertigen Werk führt, das unverkennbar Ihr eigenes ist.

Das Unsichtbare visualisieren: Mit KI neue Kunstformen schaffen

GenKI revolutioniert die Kunstwelt, indem sie die Schaffung neuartiger Kunstformen ermöglicht. Diese Technologie dient als digitale Muse, die künstlerische Visionen innerhalb kürzester Zeit in die Realität umsetzen und sogar neue Wege der Kreativität inspirieren kann. Künstler können KI nutzen, um die Grenzen traditioneller Medien zu erweitern und Kunst zu schaffen, die menschliche Vorstellungskraft mit maschineller Präzision verbindet.

Um GenKI für die Kunst zu nutzen, geben Künstler ihre Werke oder inspirierende Stücke in die KI ein, die dann lernt, ihren einzigartigen Stil nachzuahmen und zu erweitern. Bei diesem Prozess geht es nicht nur um Replikation, sondern auch um Innovation. Beispielsweise kann DALL-E, ein GenKI-Tool, Bilder übermalen, das heißt sie über ihre ursprünglichen Grenzen hinaus erweitern und Elemente hinzufügen, die eine umfassendere Geschichte erzählen oder völlig neue Narrative schaffen.

Die iterative Interaktion zwischen Künstlern und GenKI ist entscheidend. Sie geben Feedback zu den von der KI generierten Werken und verfeinern die Ergebnisse der KI, damit sie besser zu ihrer eigenen künstlerischen Stimme passen. Diese Synergie kann zur Entstehung beispielloser Kunstformen führen, die das Vertraute mit dem Surrealen, das Klassische mit der Avantgarde vermischen.

Darüber hinaus kann die Fähigkeit der GenKI, eine breite Palette emotionaler und thematischer Ausdrucksformen zu erkunden, zu Kunst führen, die beim Publikum eine tiefere Resonanz hervorruft. Während Künstler das grenzenloses Potenzial der GenKI zur Entdeckung neuer Kunstformen weiter ausschöpfen, werden sich in immer schnellerem Tempo neue Kapitel in der Entwicklung des künstlerischen Ausdrucks entfalten.

Der Ideen-Inkubator: GenKI als Brainstorming-Partner

GenKI fungiert als Kraftwerk für kreatives Denken und grenzenlose Ideen und bietet eine Vielzahl von Möglichkeiten, die dem menschlichen Verstand möglicherweise nicht sofort in den Sinn kommen. Wenn Sie am Zeichenbrett nach dem Funken Innovation suchen, kann GenKI als idealer Brainstorming-Partner dienen.

Wenn Sie anfängliche Konzepte oder Themen in ein GenKI-System eingeben, können Sie eine Vielzahl von Ergebnissen erhalten, die von leichten Variationen bis hin zu radikalen Abweichungen von Ihrer ursprünglichen Idee reichen. Dieser Prozess kann besonders nützlich sein, wenn Sie nicht weiterkommen oder wenn Sie in Ihrer Arbeit Neuland erkunden möchten. GenKI-Algorithmen, die anhand riesiger Datensätze trainiert wurden, können Verbindungen zwischen scheinbar nicht zusammenhängenden Konzepten herstellen und Ihnen eine reiche Ideenvielfalt präsentieren, die neue Richtungen für Ihre Projekte inspirieren kann.

Darüber hinaus kann GenKI dazu veranlasst werden, Brainstorming-Sitzungen mit mehreren Teilnehmern zu simulieren, von denen jeder unterschiedliche Perspektiven oder Lösungen vorschlägt. Dies kann die Dynamik einer Gruppen-Brainstorming-Sitzung nachahmen und die Vorteile kollektiver Intelligenz nutzen, ohne dass ein physisches Team erforderlich ist.

Im Wesentlichen geht es bei der Verwendung von GenKI zum Brainstorming darum, Ihren kreativen Horizont zu erweitern. Es handelt sich dabei um ein Tool, das Ihre Vorurteile in Frage stellt und Sie ermutigt, über den Tellerrand hinauszublicken. Damit schafft GenKI einen unschätzbaren Vorteil für jeden, der die Grenzen seiner Kreativität erweitern möchte. Egal, ob Sie Autor, Designer, Unternehmer oder Künstler sind, GenKI kann den kreativen Prozess beschleunigen und eine Quelle von Ideen generieren, die Ihre Arbeit auf ein neues Niveau heben können.

Von Daten zur Kunst: Mit KI Zahlen in Erzählungen umwandeln

Die Umwandlung von Daten in Kunst ist ein faszinierender Prozess, der die Präzision der Analytik mit der grenzenlosen Kreativität des menschlichen Geistes verbindet. Mit GenKI überwinden Ziffern und Zahlen ihren starren Ursprung und verwandeln sich in visuelle Spektakel, die fesseln und kommunizieren. GenKI schickt uns auf eine Reise, die mit dem Rohmaterial der Daten beginnt – sei es aus riesigen Datensätzen oder bescheideneren Sammlungen – und mit einem Werk endet, das eine Geschichte erzählt, Emotionen hervorruft oder die Wahrnehmung herausfordert.

Datenkünstler nutzen Tools wie maschinelles Lernen und automatisierte Visualisierungssoftware, um die digitale Spreu zu durchforsten und die darin verborgenen goldenen Muster zu finden. Sie wenden Fachwissen und interdisziplinäre Expertise an, um bedeutungsvolle Narrative zu extrahieren und diese in überzeugende visuelle Darstellungen umzuwandeln. Bei diesem Prozess geht es nicht nur um Ästhetik, es geht darum, das Abstrakte greifbar zu machen und das Unsichtbare in etwas zu verwandeln, das man sehen und fühlen kann.

Die Kunst, die aus Daten entsteht, kann viele Formen annehmen: Es könnte eine dynamische Skulptur sein, die sich mit Echtzeiteingaben verändert, ein lebensechter und interaktiver Charakter im Metaversum oder in einem Spiel, ein statisches Bild, das die verborgene Schönheit statistischer Korrelationen enthüllt, oder eine interaktive Installation, die den Betrachter einlädt, die Daten selbst zu erkunden und zu manipulieren. Jedes Werk ist ein Beweis für die Macht der menschlichen Interpretation, eine Brücke zwischen der binären Welt der Computer und der reichen Komplexität menschlicher Erfahrung.

In diesem neuen Bereich sind Daten nicht nur ein Werkzeug zur Entscheidungsfindung, sondern auch eine Leinwand für Innovation und Ausdruck. Wenn wir die Möglichkeiten datenbasierter Kunst weiter erforschen, erweitern wir nicht nur unser Verständnis der Informationen, die unsere Welt prägen, sondern auch das Potenzial dieser Informationen, uns zu inspirieren und zu verändern.

IN DIESEM KAPITEL

Über die grundlegenden Prompts hinausgehen

Prompts innerhalb von Prompts formulieren

Mit Prompts genau das sagen, was Sie wirklich, wirklich wollen

Kapitel 18
Zehn Tipps für fortgeschrittenes Prompting

Bevor Sie sich mit ausgefeilteren Prompting-Strategien befassen, möchte ich kurz die Grundlagen für die Erstellung effektiver Prompts zusammenfassen. Denken Sie daran, klar und präzise zu sein, eine einfache Sprache zu verwenden und jeweils nur eine Frage zu stellen. Achten Sie auf einen respektvollen Ton und bleiben Sie innerhalb der Grenzen des Wissens und der Möglichkeiten des GenKI-Tools.

Gestatten Sie mir bitte, Sie auch daran zu erinnern, die erweiterten Prompts und andere GenKI-Strategien in Kapitel 9 noch einmal zu lesen. Diese führen in der Regel zu wunderbaren Inhalten, die weit über alles hinausgehen, was Sie mit grundlegenden Prompts aus GenKI herausholen können.

Unter Berücksichtigung all dieser Aspekte sollten Sie sich diese zusätzlichen erweiterten Tipps zu Prompts ansehen, um die GenKI-Ergebnisse und Ihre Inhalte auf die nächste Ebene zu bringen.

Schlüsselwörter nutzen

Verwenden Sie spezifische Schlüsselwörter, die den Kontext und das Thema signalisieren, die Sie untersuchen möchten. Betrachten Sie sie als »Befehlswörter«, die die GenKI in die richtige Richtung lenken und so eine relevantere Antwort gewährleisten.

Beispiele für Prompts:

- ✔ Prompt A: »Erläutere detailliert die wirtschaftlichen Auswirkungen der Inflation, und konzentriere dich dabei insbesondere auf die Kaufkraft der Verbraucher und die Zinssätze.«

- ✔ Prompt B: »Erkläre die gesundheitlichen Vorteile einer mediterranen Ernährung, und betone ihre Auswirkungen auf die Herz-Kreislauf-Gesundheit und die Lebenserwartung.«
- ✔ Prompt C: »Analysiere die Bedeutung des maschinellen Lernens in der Datenanalyse, insbesondere im Hinblick auf prädiktive Modellierung und Mustererkennung.«

Prompts logisch strukturieren

Organisieren Sie Ihre Prompts logisch. Beginnen Sie mit der Hauptfrage oder dem Hauptthema, gehen Sie mit Details weiter, und enden Sie mit spezifischen Anweisungen. Dies hilft der KI, die Reihenfolge und Priorität der Informationen zu verstehen.

Beispiele für Prompts:

- ✔ Prompt A: »Liste zunächst die Symptome einer Migräne auf. Beschreibe anschließend die Stadien eines Migräneanfalls. Schlage abschließend Änderungen des Lebensstils vor, die die Häufigkeit von Migräneanfällen verringern können.«
- ✔ Prompt B: »Definiere erneuerbare Energie, vergleiche die drei wichtigsten Quellen, und erläutere abschließend die Herausforderungen, die bei der Implementierung dieser Technologien auf globaler Ebene auftreten.«
- ✔ Prompt C: »Beschreibe die Handlung von George Orwells *1984*, und erkläre dann das Konzept von Big Brother und seine Relevanz für aktuelle Bedenken im Hinblick auf Datenschutz.«

Erklären anhand von Beispielen

Geben Sie Beispiele an, um zu verdeutlichen, welche Art von Antwort Sie suchen. Beispiele dienen als Vorlagen und helfen GenKI dabei, das gewünschte Format und den gewünschten Stil zu finden.

Beispiele für Prompts:

- ✔ Prompt A: »Erstelle eine Kondolenznachricht für einen Kollegen, der einen geliebten Menschen verloren hat, die in Bezug auf Empathie und Professionalität diesem Beispiel ähnelt: [Beispielnachricht einfügen].«
- ✔ Prompt B: »Schreibe eine Produktbeschreibung für eine High-End-Smartwatch, die dem ansprechenden und funktionsorientierten Ton dieses Beispiels folgt: [Beispielbeschreibung einfügen].«
- ✔ Prompt C: »Entwirf einen Lebenslauf für einen Software-Entwickler mit Schwerpunkt Cybersicherheit, und lass dich dabei vom prägnanten und wirkungsvollen Stil dieses Beispiels inspirieren: [Beispiellebenslauf einfügen].«

Einschränkungen anwenden

Setzen Sie Grenzen, um die Kreativität oder Leistung der GenKI zu fokussieren. Geben Sie die gewünschte Länge, Tonalität oder das gewünschte Format an. Das ist so, als würde man in einer Bowlingbahn Barrieren aufstellen, damit die Kugel nicht auf bestimmte Kegel zurollt.

Beispiele für Prompts:

- ✔ Prompt A: »Verfasse ein Haiku über einen Sonnenuntergang über dem Meer, und halte dich dabei an die traditionelle 5-7-5-Silbenstruktur.«
- ✔ Prompt B: »Entwickle einen Slogan für eine umweltfreundliche Bekleidungsmarke, der nicht mehr als sechs Wörter lang ist und Nachhaltigkeit vermittelt.«
- ✔ Prompt C: »Schreibe einen Dialog zwischen zwei Charakteren in einem Kriminalroman, der den Täter enthüllt, ohne die Wörter ›gestehen‹ oder ›schuldig‹ zu verwenden.«

Iterationen anfordern

Wenn Sie Ideen erkunden, bitten Sie die GenKI, mehrere Versionen oder Variationen bereitzustellen. Das ist wie Brainstorming mit einem Team, nur dass das Team eine GenKI ist, die keine Kaffeepausen braucht.

Beispiele für Prompts:

- ✔ Prompt A: »Liste drei mögliche Überschriften für einen Artikel über den Aufstieg der Telemedizin während der Pandemie auf.«
- ✔ Prompt B: »Gib drei verschiedene, für kleine Kinder geeignete Erklärungen für das Phänomen des Nordlichts.«
- ✔ Prompt C: »Gib drei Varianten einer These für einen Aufsatz über die Auswirkungen sozialer Medien auf die menschliche Kommunikation an.«

Logik und Argumentation integrieren

Wenn Sie eine ausführliche Erklärung wünschen, fordern Sie die GenKI auf, Logik oder Argumentation anzuwenden. Dadurch wird sie ermutigt, Antworten zu formulieren, die einem klaren rationalen Ablauf folgen.

Beispiele für Prompts:

- ✔ Prompt A: »Lege ein logisches Argument für den Schutz des Regenwalds vor, das mindestens drei ökologische Vorteile beinhaltet.«

- Prompt B: »Erkläre mit Hilfe deduktiver Argumentation, warum eine ausgewogene Ernährung für die langfristige Gewichtskontrolle vorteilhafter ist als Diäten.«
- Prompt C: »Konstruiere eine logische Abfolge von Ereignissen, die den plötzlichen Anstieg der Verkäufe von Elektroautos im letzten Jahrzehnt erklären könnten.«

Prompts ordnen

Teilen Sie bei komplexen Themen Ihre Anfrage in eine Reihe von Prompts auf. Diese schrittweise Vorgehensweise kann dabei helfen, eine umfassende Antwort zu erstellen, ohne dass die GenKI den Überblick verliert, wie es passieren kann, wenn ein einzelner Prompt zu viele Schritte oder Anfragen enthält. Sequenzielle oder serielle Prompts funktionieren ähnlich wie das Zusammensetzen eines Puzzles, Stück für Stück. Dies wird auch als Prompt-Chaining bezeichnet, also als Verkettung, da jeder nachfolgende Prompt tiefer in das Thema eindringt und die GenKI auf den in früheren Antworten bereitgestellten Informationen aufbaut. Diese Strategie ermöglicht eine natürlichere und fortschreitende Erforschung des Themas, ähnlich wie ein Gespräch zwischen Menschen.

Beispiele für Prompts:

- Prompt A1: »Was ist der Treibhauseffekt?«
  - Prompt A2: »Wie trägt der Treibhauseffekt zur globalen Erwärmung bei?«
  - Prompt A3: »Was kann getan werden, um die Auswirkungen der globalen Erwärmung auf die Umwelt zu mildern?«
- Prompt B1: »Identifiziere die Kernprinzipien der stoischen Philosophie.«
  - Prompt B2: »Erkläre, zu welchem Umgang mit Widrigkeiten der Stoizismus rät.«
  - Prompt B3: »Gib moderne Beispiele für den Stoizismus in der Praxis.«
- Prompt C1: »Was sind die Grundregeln des Schachs?«
  - Prompt C2: »Beschreibe gängige Strategien für das Spiel während der Schachpartie.«
  - Prompt C3: »Analysiere die Rolle der Psychologie in Schachpartien auf hohem Niveau.«

Auf vergangene Interaktionen verweisen

Wenn Sie bereits zuvor mit dem GenKI-Tool gesprochen haben und dies für Ihre aktuelle Prompts relevant ist, greifen Sie darauf zurück. Dies schafft Kontinuität und hilft der GenKI, den Kontext im weiteren Sinne zu verstehen.

Beispiele für Prompts:

- ✔ Prompt A: »Letztes Mal hast du eine Liste der einflussreichsten Philosophen des 20. Jahrhunderts bereitgestellt. Könnest du jetzt den wichtigsten Beitrag jedes einzelnen zur Philosophie erläutern?«
- ✔ Prompt B: »Du hast bereits die Grundlagen der Ketodiät umrissen. Könntest du näher darauf eingehen, wie sich die Ketodiät auf die sportliche Leistung auswirkt?«
- ✔ Prompt C: »Aufbauend auf unserer vorherigen Diskussion über die Mars-Rover-Missionen: Was sind die wichtigsten Erkenntnisse des neuesten Rovers ›Perseverance‹?«

Explizite Angaben zum Stil machen

Wenn Sie einen bevorzugten Schreibstil haben, zum Beispiel überzeugend, informativ oder erzählend, geben Sie dies deutlich an. Dies ist vergleichbar mit der Wahl des richtigen Gangs für ein Auto, um den Fahrbedingungen gerecht zu werden.

Beispiele für Prompts:

- ✔ Prompt A: »Schreib einen beschreibenden Absatz über eine belebte Stadtstraße, und zeichne mit lebendigen Bildern ein Bild für den Leser.«
- ✔ Prompt B: »Formuliere einen informativen Blogbeitrag zur Geschichte des Internets, und stelle dabei sicher, dass er für ein allgemeines Publikum verständlich und zugänglich ist.«
- ✔ Prompt C: »Verfasse einen satirischen Kommentar zur modernen Konsumkultur, und vermittle deine Kritik im Stil von Jonathan Swift.«

Meta-Prompts verwenden

Meta-Prompts sind Prompts zu Prompts. Sie können verwendet werden, um die Vorgehensweise der GenKI bei der Beantwortung von Fragen zu verfeinern oder die Struktur der Antworten selbst zu verbessern. Es ist, als würde man der GenKI das Fischen beibringen, statt ihr einfach den Fisch zu geben.

Beispiele für Prompts:

- ✔ Prompt A: »Ich möchte bessere Prompts zum Erstellen fiktiver Charaktere schreiben. Sieh dir diese Prompts an, und gib Ratschläge, wie sie für eine detailliertere Charakterentwicklung verbessert werden können: [Beispiel-Prompt einfügen].«

- Prompt B: »Wie kann ich diesen Prompt verfeinern, um einen umfassenderen Überblick über die Auswirkungen der Blockchain-Technologie auf die Finanzwelt zu erhalten? [Beispiel-Prompt einfügen].«
- Prompt C: »Analysiere die Wirksamkeit dieses Prompts beim Erstellen einer Schritt-für-Schritt-Anleitung, und schlage Verbesserungen vor: [Beispiel- Prompt einfügen].«

Abbildungsverzeichnis

Stichwortverzeichnis

G

H

I

J

K

L

M

N

O

P

Q

R

S

T

U

V

W

Z

www.ingramcontent.com/pod-product-compliance
Lightning Source LLC
LaVergne TN
LVHW061935220826
846092LV00004B/1013

* 9 7 8 3 5 2 7 7 2 2 8 7 7 *